Wegfall der Geschäftsgrundlage im deutschen und spanischen Recht

Schriften der
Deutsch-Spanischen
Juristenvereinigung

Schriftleitung:
Lutz Carlos Moratinos Meissner, LL.M.
(Vorstandsmitglied der DSJV)

Wissenschaftlicher Beirat:
Prof. Dr. Juan Hernandez Martí
Prof. Dr. Stefan Leible

Band 50

PL ACADEMIC RESEARCH

Ingrid Schleper

Wegfall der Geschäftsgrundlage im deutschen und spanischen Recht

PL ACADEMIC RESEARCH

Bibliografische Information der Deutschen Nationalbibliothek
Die Deutsche Nationalbibliothek verzeichnet diese Publikation in der Deutschen Nationalbibliografie; detaillierte bibliografische Daten sind im Internet über http://dnb.d-nb.de abrufbar.

Zugl.: Bayreuth, Univ., Diss., 2016

Umschlagabbildung:
Logo der Deutsch-Spanischen Juristenvereinigung e.V.
Abdruck mit freundlicher Genehmigung der
Deutsch-Spanischen Juristenvereinigung e.V.

D 703
ISSN 1433-884X
ISBN 978-3-631-71701-1 (Print)
E-ISBN 978-3-631-70621-3 (E-PDF)
E-ISBN 978-3-631-70622-0 (EPUB)
E-ISBN 978-3-631-70623-7 (MOBI)
DOI 10.3726/b10797

PL Academic Research ist ein Imprint der Peter Lang GmbH.

Peter Lang – Frankfurt am Main · Bern · Bruxelles · New York ·
Oxford · Warszawa · Wien

Diese Publikation wurde begutachtet.

www.peterlang.com

Vorwort

Die vorliegende Arbeit wurde im Wintersemester 2015 / 2016 von der Rechts- und Wirtschaftswissenschaftlichen Fakultät der Universität Bayreuth als Dissertation angenommen.

Bedanken möchte ich mich zunächst bei meinem Doktorvater Prof. Dr. Martin Schmidt-Kessel, der mir die Möglichkeit gegeben hat, rechtsvergleichend zu promovieren und die Anregung zu diesem Thema gab.

Prof. Dr. Stefan Leible danke ich für die zügige Erstellung des Zweitgutachtens und die wertvollen Anmerkungen.

Ich danke der deutsch-spanischen Juristenvereinigung für die Aufnahme der Arbeit in ihre Schriftenreihe und die großzügige Gewährung eines Druckkostenzuschusses.

Bei meiner Schwester Marion und bei Susanne bedanke ich mich für die kritische Durchsicht des Manuskriptes. Zudem danke ich Thomas für seine geduldige Unterstützung und sein Verständnis.

Besonderer Dank gilt meinen Eltern für ihre Unterstützung während meines Studiums und der Promotion sowie meinem Bruder Norbert für konstruktive Ratschläge und motivierenden Zuspruch in allen Phasen der Anfertigung dieser Arbeit.

Hamburg, im Oktober 2016 Ingrid Schleper

Inhaltsverzeichnis

Abkürzungsverzeichnis

AA.VV	Autores Varios
AC	Actualidad Civil
AcP	Archiv für die civilistische Praxis
a.F./A.F.	alte Fassung/Alte Fassung
AP	Nachschlagwerk des Bundesarbeitsgerichts, Arbeitsrechtliche Praxis
Art.	Artikel/Artículo
AS	Aranzadi Social
AT	Allgemeiner Teil
AuR	Agrar- und Umweltrecht
Az	Aktenzeichen
BAG	Bundesarbeitsgericht
BAGE	Amtliche Sammlung der Entscheidungen des Bundesarbeitsgerichts
BB	Betriebs-Berater
Bd.	Band
BeckRS	Beck-Rechtsprechung
Begr./begr.	Begründer/begründet
BFH	Bundesfinanzhof
BFHE	Entscheidungen des Bundesfinanzhofs
BGB	Bürgerliches Gesetzbuch vom 18.8.1896 (RGBl. 195) in der Form der Bekanntmachung vom 2.1.2002 (BGBl. I, 42)
BGBl	Bundesgesetzblatt
BGHZ	Entscheidungen des Bundesgerichtshofs in Zivilsachen
Bl.	Blatt
BOE	Boletín Oficial del Estado
BPflV	Bundespflegesatzverordnung
BStBl	Bundessteuerblatt
BverfG	Bundesverfassungsgericht

BverfGE	Entscheidungen des Bundesverfassungsgerichts
bzw.	beziehungsweise
CC	Código Civil
CCJC	Cuadernos Cívitas de Jurisprudencia Civil
C.d.c.	Código de Comercio
C.E	Constitución Española
CISG	United Nations Convention on Contracts for the International Sale of Goods
DB	Der Betrieb
DCFR	Draft Common Frame of Reference
DJT	Deutscher Juristentag
DStR	Deutsches Steuerrecht
Ed.	Edición
EG	Europäische Gemeinschaft
EGV	Vertrag zur Gründung der Europäischen Gemeinschaft
EheG	Ehegesetz
EStG	Einkommenssteuergesetz
ET	Estatuto de los Trabajadores
FG	Festgabe
FJ	Fundamento Jurídico
FN	Fußnote
FS	Festschrift
GG	Grundgesetz
GrStG	Grundsteuergesetz
GrStDV.	Durchführungsverordnung zum Grundsteuergesetz
h.M.	herrschende Meinung
IBR	Zeitschrift Immobilien- und Baurecht
IPR	Internationales Privatrecht
i.S.d.	im Sinne des
i.S.v.	im Sinne von
JA	Juristische Arbeitsblätter
JR	Juristische Rundschau
JuS	Juristische Schulung
JW	Juristische Wochenschrift

JZ	Juristenzeitung
Kap.	Kapitel
KVStG	Kapitalversteuergesetz
LG	Landgericht
LM	Lindenmaier-Möhring, Nachschlagewerk des Bundesgerichtshofs
MDR	Monatsschrift für Deutsches Recht
MRG	Gesetz zur Neuordnung des Geldwesens
m.w.N.	mit weiteren Nachweisen
NJW	Neue Juristische Wochenschrift
NJW-RR	Neue Juristische Wochenschrift, Rechtsprechungsreport Zivilrecht
Nr.	Nummer
NvWZ	Neue Zeitschrift für Verwaltungsrecht
NZA	Neue Zeitschrift für Arbeitsrecht
NZA-RR	Neue Zeitschrift für Arbeitsrecht – Rechtsprechungsreport
NZM	Neue Zeitschrift für Miet- und Wohnungsrecht
OLG	Oberlandesgericht
OLGR	Oberlandesgericht Rechtsprechungsreport
OLGZ	Entscheidungen der Oberlandesgerichte in Zivilsachen
PECL	Principles of European Contract Law
RCDI	Revista Critica de Derecho Inmobilario
RCL	Repertorio cronológico de Legislación
RdA	Recht der Arbeit. Zeitschrift für die Wissenschaft und Praxis des gesamten Arbeitsrechts
RDM	Revista de Derecho Mercantil
RDN	Revista de Derecho Notarial
RDP	Revista de Derecho Privado

Rev.	Revista
Rev. De Der. Patr.	Revista de Derecho Patrimonial
Rev. española de Der. del Trabajo	Revista española de Derecho del Trabajo
RFH	Reichsfinanzhof
RG	Reichsgericht
RGD	Revista General de Derecho
RGLJ	Revista General de Legislación y Jurisprudencia
RGZ	Reichsgericht , Entscheidungen in Zivilsachen
RJ	Repertorio Jurisprudencia Aranzadi
RJC	Revista de Jurídica de Cataluña
RStBl.	Reichssteuerblatt
RTC	Repertorio Aranzadi del Tribunal Constitucional
S.	Seite
SAE	Sammlung arbeitsrechtlicher Entscheidungen
SAP	Sentencia Audiencia Provincial
SchR	Schuldrecht
SSTS	Sentencias Tribunal Supremo
STC	Sentencia Tribunal Constitucional
STS	Sentencia Tribunal Supremo
Trad.	Traducción
TVG	Tarifvertragsgesetz
u.a.	unter anderem
UstDB	Umsatzsteuer-Durchführungs-verordnung
v.a.	vor allem
VergabeR	Zeitschrift für das gesamt Vergaberecht
vgl./Vgl.	vergleiche/Vergleiche
VO	Verordnung
Vol.	Volumen
VwVfG	Verwaltungsverfahrensgesetz
WM	Zeitschrift für Wirtschafts- und Bankrecht
WRP	Wirtschaft in Recht und Praxis

WuM	Wohnungswirtschaft und Mietrecht
z.B./Z.B.	zum Beispiel/Zum Beispiel
ZeuP	Zeitschrift für europäisches Vertragsrecht
ZfA	Zeitschrift für Arbeitsrecht
ZGB	Zeitschrift für das Schweizerische Zivilgesetzbuch
ZGS	Zeitschrift für das gesamte Schuldrecht
ZIP	Zeitschrift für Wirtschaftsrecht
ZR	Zivilrecht
ZTR	Zeitschrift für Tarifrecht

Einleitung und Gang der Untersuchung

Die vorliegende Arbeit beschäftigt sich mit der Frage, welche Auswirkungen veränderte Umstände auf bestehende Verträge in Deutschland und Spanien haben und unter welchen Voraussetzungen ein geschlossener Vertrag seine Bindungswirkung verlieren kann.

Die Lehre vom Wegfall der Geschäftsgrundlage aufgrund einer Veränderung der bei Vertragsschluss zugrunde liegenden Situation ist im deutschen Rechtskreis nicht erst seit der Schuldrechtsmodernisierung[1] fest verankert, sondern beschäftigt die Lehre seit Jahrhunderten. So zählte Chiotellis in seiner Untersuchung zur Geschäftsgrundlage im Jahre 1979 bereits 56 mehr oder weniger eigenständige Theorien.[2]

Der Schwerpunkt dieser Untersuchung soll nicht in der theoretischen Aufarbeitung der Lehre liegen. Ihr Anliegen ist vielmehr rechtsvergleichender Natur. Es soll erörtert werden, ob und inwieweit das Prinzip der Vertragstreue im deutschen und im spanischen Recht eingeschränkt werden kann. Bei der Darstellung wird bewusst mit der deutschen Rechtsordnung begonnen, da sich die spanische Rechtsordnung durch eine Rezeption ausländischer und insbesondere deutscher Rechtsauffassungen auszeichnet. Eine anschauliche rechtsvergleichende Analyse kann daher nur erfolgen, wenn die spanischen Lösungsmodelle im Anschluss an die deutschen dargelegt werden. Schwerpunkt der Arbeit soll die Frage sein, wie in Spanien der Situation veränderter Umstände Rechnung getragen wird. Dabei ist eine funktionale Betrachtungsweise vorzunehmen, soweit in Spanien andere Rechtsinstrumente zur Lösung angewandt werden.

Im ersten Teil der Arbeit erfolgt eine kurze Darstellung der historischen Entwicklung innerhalb der Rechtslehre in Deutschland, die der spanischen Entwicklung gegenübergestellt wird. Es werden die Meinungsströmungen auf diesem Gebiet dargelegt, da das geltende Recht nur hinreichend gewürdigt werden kann, wenn die historischen Zusammenhänge geklärt sind. Obwohl die Behandlung der Umstandsänderungen durch die Rechtsprechung in engem Zusammenhang mit der Rechtslehre steht, erfolgt eine getrennte Vorstellung. Dieses geschieht zum einen aus Gründen der Übersichtlichkeit, zum anderen aufgrund der immensen Bedeutung der Rechtsprechung des Tribunal Supremo mangels einer gesetzlichen Regelung der Problematik.

---

1 Gesetz zur Modernisierung des Schuldrechts vom 26.11.2001, BGBl. I, S. 3138–3218.

2 *Chiotellis*, Rechtsfolgenbestimmung, S. 29.

Das Hauptaugenmerk der Arbeit liegt auf der praktischen Umsetzung durch die Rechtsprechung, da sowohl in Deutschland vor der Schuldrechtsreform als auch in Spanien die Geschäftsgrundlagenfälle stark vom Richterrecht geprägt waren und immer noch sind. Daher ist die Arbeit nach Fallgruppen gegliedert, um konkrete Beispiele aus deutscher und spanischer Rechtsprechung vergleichen zu können. Dabei soll zunächst auf die Fallgruppen der Äquivalenzstörung, Leistungserschwerung und der Zweckvereitelung eingegangen werden. Die Ausführungen erfolgen durch Darstellung der höchstrichterlichen Rechtsprechung und vorangegangener Konkretisierungen durch die Tatrichter, denen sich jeweils eine rechtsvergleichende Betrachtung anschließt. Hervorzuheben sind die Entscheidungen des Tribunal Supremo aus dem Jahre 2014 im Zusammenhang mit der Finanz- und Immobilienkrise. Der Tribunal Supremo weicht in diesen Entscheidungen von seiner bisherigen Rechtsprechungslinie ab und lässt Ausnahmen von dem Grundsatz *„pacta sunt servanda"* zu, indem er den veränderten Umständen und der Anwendung der *clausula* eine bis dato kaum dagewesene Bedeutung beimisst. Besondere Berücksichtigung sollen im dritten Kapitel die Gesetzesänderungen und Rechtsprechungsänderungen, insbesondere im Bereich des Steuerrechts, erfahren. Derartige Änderungen stehen in unmittelbarem Zusammenhang mit der Rückwirkung, so dass auch auf verfassungsrechtliche Besonderheiten eingegangen wird. Dem schließt sich eine kurze Betrachtung des Tarifvertragsrechts an. Im letzten Teil der Arbeit wird auf entsprechende Regelungen im Gemeinschaftsprivatrecht hingewiesen. Neben den Besonderheiten im Zusammenhang mit der Euro-Einführung, finden die Bestimmungen im *CISG*, den *Principles of European Contract Law*, den *Unidroit Principles* und dem *DCFR* Beachtung. Ebenfalls wird an dieser Stelle auf die bislang noch nicht verabschiedete Schuldrechtsreform (*Propuesta de Modernización del Código Civil en Materia de Obligaciones y Contratos*) hingewiesen. In dem Vorschlag der vom spanischen Justizministerium eingesetzten *Comisión General de Codificación* findet sich ein eigenes Kapitel 8 in *Libro IV, Titulo 1,* das sich mit den veränderten Umständen beschäftigt und deutlich erkennbare Einflüsse des § 313 BGB aufweist. Die in dieser Arbeit gewonnenen Ergebnisse werden zum Abschluss noch einmal vergleichend gegenübergestellt.

1. Kapitel: Die Behandlung veränderter Umstände in Deutschland und Spanien

1. Abschnitt: Die historischen Zusammenhänge

A. Die historischen Wurzeln der Lehre der Geschäftsgrundlage in Deutschland

Die deutsche Rechtswissenschaft gab im Vergleich zu anderen Ländern recht früh den Anstoß zu einer fundierten wissenschaftlichen Auseinandersetzung.[3] Daher verwundert es wenig, dass die entwickelten Theorien von vielen anderen europäischen Autoren übernommen und ihre Befürworter und Vertreter bis heute zitiert werden. Der Überblick beschränkt sich dabei auf die wesentlichsten Aussagen der Theorien, die für die Entwicklung der heutigen Auffassung von besonderer Bedeutung waren.

I. Die clausula rebus sic stantibus

1. Darstellung

Auch wenn die Mitbegründer der gegenwärtigen Rechtslage sich zumeist auf Oertmanns Lehre von der Geschäftsgrundlage beziehen[4], so war die Problematik der veränderten Umstände und ihrer Auswirkungen auf einen Vertrag vor Oertmanns Veröffentlichung im Jahr 1921 bekannt. Bei Beginn der Beratungen über das BGB existierten bereits zwei Lehren, die den veränderten Umständen Bedeutung beimessen wollten: Windscheids Voraussetzungslehre und die gemeinrechtliche Lehre der *clausula rebus sic stantibus*. Letztere ist aufgrund ihrer langen geschichtlichen Tradition als Ausgangspunkt vieler anderer später entwickelter Theorien zu werten. Die *clausula rebus sic stantibus*[5] wurde im Mittelalter von scholastischen Moralphilosophen entwickelt und gelangte im 15. Jahrhundert in das weltliche Recht.[6]

---

3 Eine Darstellung dieser Entwicklung findet sich im HKK/*Meyer-Pritzl*, § 313 BGB Rdnr. 3 ff.

4 So verweist auch die Gesetzesbegründung auf Oertmann, vgl. BT/Drs. 14/6040, S. 174

5 Abkürzung für contractus qui habent tractus succesivus vel dependientia de futuro rebus sic stantibus intelliguntur. *Köbler*, Juristisches Wörterbuch, S. 86 übersetzt die Clausula mit: „Klausel bei unveränderter Sachlage", die „eine Rechtsfolge davon abhängig macht, dass sich die wesentlichen Verhältnisse nicht ändern".

6 *Köbler*, Clausula, S. 30; *Gieg*, Clausula, S. 27 ff.

Einige Stimmen in der Literatur wollen ihre Ursprünge sogar bis in die Zeit der Glossatoren zurückverfolgen können.[7] Nach der *clausula*-Lehre soll jedem Vertrag auch ohne besondere Abrede die stillschweigende Bedingung gleichbleibender Umstände innewohnen.[8] Demnach kann der Vertrag nur solange gelten, wie auch die grundlegenden Verhältnisse fortdauern. Die *clausula* muss dabei, losgelöst von der Bedeutung als Teil einer Individualvereinbarung, als Vertragsklausel verstanden werden[9], die eine Vertragsänderung schon bei geringfügigen Veränderungen erlaubt.

Innerhalb der deutschen Rechtswissenschaft hat relativ früh eine fundierte Auseinandersetzung mit ihr stattgefunden. Bereits im 17. Jahrhundert erfolgten erste Stellungnahmen, denen sich zahlreiche Dissertationen anschlossen.[10] Dieses führte zur allgemeinen Anerkennung der *clausula* im 17. und 18. Jahrhundert.[11] Ein Zeichen dieser Anerkennung setzte § 12, IV, 15 des *Codex Maximilianeus Bavaricus Civilis.* Das bayrische Landesrecht aus dem Jahre 1756 formulierte erstmals die Voraussetzungen einer Anwendung und erkannte als Rechtsfolge die Vertragsanpassung als geltendes Recht an. Auch zu der Kodifikationszeit des allgemeinen preußischen Landrechts genoss die *clausula* noch hohes Ansehen mit der Folge, dass sie im § 377 f ALR Berücksichtigung fand.[12]

---

7 So: *Pfaff*, in: FS Unger, S. 221, 224; Staudinger/*Weber* (11. Auflage) § 242 BGB Rdnr. E 7; *Kegel*, Gutachten, S. 138, 139; *Fikentscher*, Geschäftsgrundlage, S. 3; ablehnend z.B. *Köbler*, Clausula, S. 30, der zwar feststellt, dass die Konstruktion der stillschweigenden auflösenden Bedingung in der Kommentierung des Baldus als allgemeiner Rechtsgrundsatz auftaucht, der Begriff der clausula sich aber erst im frühen 16. Jahrhundert nachweisen lasse.

8 *Köbler*, Clausula, S. 30.

9 *Köbler*, Clausula, S. 2. Deswegen wird im Völkerrecht zumeist von der Doktrin der clausula rebus sic stantibus gesprochen. Dass der Begriff durchaus auch losgelöst von einer Individualvereinbarung Anwendung finden kann, zeigt das Beispiel der Generalklausel.

10 Die Nachweise aus dem 17. Jahnhundert können nur der Sekundärliteratur entnommen werden, vgl. *Pfaff*, in: FS Unger, S. 221, 231 f. Danach folgten umfangreiche Darstellungen von Wernher, Leyser, Kopp, Brunnemann, Brusselius; Nachweise vgl. *Pfaff*, in: FS Unger, S. 221, 234 ff, 244 ff.; *Köbler*, Clausula, S. 30 f.; es folgten *Stammler*, Recht der Schuldverhältnisse, S. 88 ff.; *Bindewald*, clausula; *Matthias*, Rechtswirkungen der clausula; *Stahl*, Die sogenannte clausula rebus sic stantibus; *Kaufmann*, clausula rebus sic stantibus; *Grub*, Die Lehre von der clausula.

11 *Gieg*, Clausula, S. 27 sieht als Hochblüte das 18. Jahrhundert an.

12 Vgl. *Schering*, Allgemeines Landrecht für die Preußischen Staaten, Text im Anhang. Unter Geltung dieser Norm wandte auch das RG die clausula an. Hier sind vor allem die Branntweinsteuer-Fälle zu nennen, vgl. RG vom 26.09.1888, RGZ 22, 81. Das RG kam in

2. *Die Kritik und Ablehnung*

Dem Schrifttum zufolge vollzog sich die Entwicklung der *clausula rebus sic stantibus* von einer „Geschichte der Restriktion eines konturenlosen Rechtssatzes zu einem praktisch handhabbaren Tatbestand, hin zu einer Geschichte der nahezu umfassenden Ignoranz".[13] Aufgrund einer fehlenden Stütze im römischen Recht erfuhr der Grundsatz insbesondere von den Vertretern der deutschen Pandektenwissenschaft des 19. Jahrhunderts Kritik.[14] Als „fadenscheiniges Rechtsmäntelchen"[15] des Vertragsbruchs betitelt, wurde sie aufgrund ihrer vagen, unkonkreten und unbestimmten Art generell abgelehnt[16] oder gar nicht mehr[17] in Lehrbüchern erwähnt. Diese zunehmende Kritik beeinflusste schließlich auch die deutsche Gesetzgebung. Wegen einer Gefährdung der Rechtssicherheit fand die *clausula* in neueren Kodifikationen wie dem Bürgerlichen Gesetzbuch für das Königreich Sachsen aus dem Jahre 1865 und dem späteren BGB keine Berücksichtigung.[18] Neben Stahl, der 1909 den Einzelbestimmungen des BGB die Anerkennung der *clausula* entnehmen wollte, hat auch Pfaff angenommen, dass die *clausula* als allgemeines Prinzip in der gesamten Rechtsordnung zu finden sei.[19] Zwar fand sich der Gedanke der *clausula* durchaus in einigen Vorschriften des BGB wieder[20], daraus konnte aber kein gemeinsamer Rechtsgedanke entnommen werden, der eine

---

dem Fall zu der Auffassung, dass die Leistungserschwerung aufgrund der eingeführten Branntweinsteuer die Natur des Äquivalenz voraussetzenden Kaufvertrags derart verändert habe, dass der Endzweck der Parteien im Sinn des § 378 ALR nicht mehr erreicht werden konnte; RG vom 19.6.1888, RGZ 21,178. Das RG gelangte aber zu der Auffassung, dass das ALR und somit auch die clausula keine Anwendung finden sollte. Ausführlich zu den Vorschriften beider Kodifikationen: *Köbler,* Clausula, S. 43–45, 47–49.

13 So treffend beschreibt es *Köbler*, Clausula, S. 62.

14 Ablehnend: *Regelsberger*, Pandekten I, § 175; *Wendt*, Pandekten, § 41; auf die Ablehnung der Pandektenlehre bezieht sich auch *Köbler*, Clausula, S. 62; *Fikentscher*, Geschäftsgrundlage, S. 7.

15 So *Schneider*, Die völkerrechtliche clausula, S. 89.

16 *Thibaut*, System des Pandektenrechts II, § 671; *Weber*, Systematische Entwickelung, S. 44–47; vgl. *Pfaff*, in: FS Unger, S. 221, 275 und *Köbler*, Clausula, S. 63.

17 So z.B. bei *Savigny*, vgl. *Köbler*, Clausula, S. 63.

18 *Motive II*, S. 199, 843; *Protokolle I*, S. 631 f.

19 *Stahl*, Clausula, S. 49; *Pfaff*, in: FS Unger, S. 221, 223 ff.

20 Z.B. §§ 321, 490, 519, 528, 530, 605, 775 Abs. 1 BGB vgl. NK/*Krebs,* § 313 BGB Rdnr. 4; MK/*Finkenauer*, § 313 BGB Rdnr. 27, der von dem in der 5. Auflage des Kommentars noch genannten „krönenden Abschluss" der Weiterentwicklung der clausula Lehre Abstand nimmt und dies angesichts dessen Unbestimmtheit in Frage stellt, vgl. MK/*Roth,* 5.Auflage, § 313, Rdnr. 42.

Analogie ermöglichte.[21] Der Verzicht einer Kodifizierung der gemeinrechtlichen Lehre der *clausula* war als Ablehnung eines derartigen Grundsatzes zu deuten.

II. Die Lehre von der Voraussetzung

1. Windscheids Lösungsvorschlag zur Behandlung der Geschäftsgrundlagenfälle

Trotz der Ablehnung der *clausula* blieb die Diskussion um diese auf Seiten der deutschen Wissenschaft lebendig. „Zur Thüre hinausgeworfen, kommt sie zum Fenster wieder herein"[22], stellte Windscheid in seiner Abhandlung zur Lehre von der Voraussetzung als unentwickelte Bedingung fest.[23] Dieser Lehre muss eine prägende Rolle bei der Problemgeschichte der veränderten Umstände zugestanden werden. Anknüpfend am Parteiwillen sollte die vertragliche Verpflichtung nicht weiter reichen als dieser Wille. Windscheid zufolge habe nämlich auch derjenige seinen Willen beschränkt, der von einem bestimmten Zustand der Verhältnisse ausgehe, ohne den er nicht gewollt haben würde. Darin besteht für ihn die Voraussetzung.[24] Ändert sich dieser vorausgesetzte Zustand, so müsse die vertragliche Verpflichtung zunächst bestehen bleiben. Da sie aber nicht dem wahren eigentlichen Willen des Erklärenden entspreche, könne sich der Beeinträchtigte gegen die Geltendmachung des Anspruchs durch eine Einrede wehren und erbrachte Leistungen so kondizieren.[25] Dabei sollte es ausreichen, wenn der Erklärungsempfänger die Einschränkung des Willens erkennen konnte, unabhängig davon, ob er diese Einschränkung auch tatsächlich erkannt hat.[26]

2. Gesetzliche Regelungen und Kritik

Windscheids Kritiker zweifeln gerade dieses Willensdogma als geeignetes Fundament zur Lösung veränderter Umstände an. Häufig sind die in den problematischen Fällen eingetretenen Umstände abwegig gelagert und deswegen unmöglich zu berücksichtigen.[27]

---

21 *Nauen*, Leistungserschwerung und Zweckvereitelung, S. 55.

22 *Windscheid*, AcP 78 (1892) 161, 197.

23 *Windscheid*, AcP 78 (1892) 161 ff.; *Windscheid/Kipp*, Pandektenrecht I, S. 509 f.

24 *Windscheid/Kipp*, Pandektenrecht I, S. 510, *Gieg*, Clausula, S. 7.

25 *Windscheid/Kipp*, Pandektenrecht I, S. 510.

26 *Windscheid*, Voraussetzung, S. 83.

27 *Köbler*, Clausula, S. 67; Windscheid zählte selbst weitere Kritker seiner Lehre auf, vgl. *Windscheid/Kipp*, Pandektenrecht I, S. 507, Fn. 1.

Oftmals zeichnen sich die Fallkonstellationen gerade dadurch aus, dass sich die Parteien gar keine Gedanken über zukünftige Entwicklungen gemacht haben.

Windscheids größter Kritiker war Lenel. Er definierte die Willenserklärung als Erklärung dessen, was man bedingt oder unbedingt wolle, und nicht als Erklärung dessen, was man unter gewissen Eventualitäten wollen würde.[28] Seine Hauptkritikpunkte an Windscheids Lehre lagen in der praktisch unmöglichen Unterscheidung zwischen unbeachtlichem einseitigen Motiv und beachtlicher Voraussetzung sowie der unflexiblen Rechtsfolge der Vertragsauflösung.[29] Dies belegte er mit dem sogenannten Aussteuerfall. Der Brautvater, der beim Kauf der Möbel dem Verkäufer die baldige Hochzeit seiner Tochter mitgeteilt habe, erhebe diesen Umstand nicht allein deswegen zur Voraussetzung mit der Konsequenz, dass er sich bei einer Absage der Hochzeit von der Verpflichtung lösen könne. Derartige Vorstellungen müssten ausdrücklich zur Bedingung des Vertrages erhoben werden, um ihnen Relevanz zusprechen zu können. Diese Kritik konnte selbst Windscheid nicht von sich weisen, der ein Rückforderungsrecht in dem Aussteuerfall ablehnte und zugab, dass die Grenzziehung eine schwierige Frage sei.[30]

Die daraus folgende Rechtsunsicherheit führte schließlich zum Scheitern des Versuchs Windscheids, seine Lehre von der Voraussetzung in das BGB zu integrieren. So stieß dieses Vorhaben bereits in dem BGB für das Königreich Sachsen aus dem Jahr 1865 auf grundsätzliche Ablehnung. Dessen Bürgerliches Gesetzbuch enthielt lediglich in § 1534 im Rahmen des Bereicherungsrechts eine Berücksichtigung der Voraussetzungslehre.[31] Die erste Kommission zur Schaffung des BGB hatte die Lehre Windscheids noch zum Teil[32] übernommen, indem sie in § 742 des Entwurfs ausführte: „Wer unter der ausdrücklichen oder stillschweigend erklärten Voraussetzung des Eintritts oder Nichteintritts eines künftigen Ereignisses oder eines rechtlichen Erfolges eine Leistung bewirkt, kann, wenn die Voraussetzung sich nicht erfüllt, von dem Empfänger das Geleistete zurückfordern."[33] Der von Windscheid daraufhin als Mitglied der ersten Kommission

28 *Lenel*, AcP 79 (1892) 49, 60.

29 *Lenel*, AcP 74 (1889), 215; vgl. auch *Wieling*, Jura 1985, 506 f.; *Fikentscher*, Geschäftsgrundlage, S. 5 f.

30 *Windscheid*, AcP 78 (1892) 161, 169.

31 Text im Anhang.

32 Entgegen der ursprünglichen Konzeption wurden nur zukünftige und nicht vergangene oder gegenwärtige Ereignisse erfasst.

33 Motive II, S. 842.

neu eingebrachte Gesetzesvorschlag34 wurde aber schließlich gar nicht mehr berücksichtigt.[35]

III. Die Lehre von der Geschäftsgrundlage

1. Oertmanns Theorie von der Geschäftsgrundlage

Die Lehre Oertmanns setzt bei diesen Hauptvorwürfen gegen Windscheids Voraussetzungslehre an. Er bezweifelt den bereicherungsrechtlichen Ausgangspunkt und den Umstand, dass die Voraussetzung lediglich einseitig gesetzt wird und nicht von den Parteien vereinbart werden muss.[36]

Oertmann prägte als Erster den Begriff der Geschäftsgrundlage und trug so maßgeblichen Anteil an dem späteren Durchbruch der Lehre der Geschäftsgrundlage.[37] Die Veröffentlichung im Jahre 1921 erfolgte zu einer Zeit, in der Deutschland aufgrund des Krieges und der englischen Seeblockade wirtschaftlich isoliert und von Rohstoffmangel betroffen war. 1929 folgte dann die Weltwirtschaftskrise, die zu einer rapiden Geldentwertung führte. Aufgrund dieser historischen Hintergründe war es an der Zeit, eine sachgerechte Lösung zu entwickeln.

Nach Oertmanns Formel ist Geschäftsgrundlage die „beim Geschäftsabschluss zutage tretende und vom etwaigen Gegner in ihrer Bedeutsamkeit erkannte und nicht beanstandete Vorstellung eines Beteiligten oder die gemeinsame Vorstellung der mehreren Beteiligten vom Sein oder vom Eintritt gewisser Umstände, auf deren Grundlage der Geschäftswille sich aufbaut."[38] Eine von Windscheid befürwortete reine Erkennbarkeit der Voraussetzung für den anderen Teil sollte damit nicht ausreichen, vielmehr muss der andere Teil damit einverstanden sein, dass die Umstände die Grundlage des Geschäfts bilden.[39] Im Unterschied zu dem bloß einseitigem Motiv wisse der Gegner, dass die Vorstellung die Grundlage des Willensentschlusses für den anderen Teil darstelle, auch wenn er diese nicht

---

34 „Wer bei einer Willenserklärung an den Tag legt, dass er sie nicht abgeben würde, wenn er nicht von einer bestimmten Annahme (oder: Annahme oder Erwartung) ausginge, ist an die Willenserklärung nicht gebunden, wenn sich die Annahme (Erwartung) nicht bewährt", vgl. *Windscheid*, AcP 78 (1892) 161, 200.

35 *Protokolle II*, S. 690.

36 *Oertmann*, Geschäftsgrundlage, S. 3 f.

37 Der Begriff war zwar vorher bereits vorhanden, aber nicht näher präzisiert worden, vgl. Staudinger/*Weber* (11. Auflage) § 242 BGB Rdnr. E 32.

38 *Oertmann*, Geschäftsgrundlage, S. 37.

39 *Oertmann*, Geschäftsgrundlage, S. 27, 38.

teile.[40] Da das Schuldverhältnis in den Fällen, in denen die Vertragsgrundlage von Anfang an gefehlt habe, nie auf dem eigentlichen Willen der Parteien beruht habe, sei der Rücktritt oder Widerruf richtige Rechtfolge. Dies soll grundsätzlich auch bei einem nachträglichen Wegfall der Geschäftsgrundlage gelten.[41]

Hat die Vertragspartei das Risiko einer Veränderung der Geschäftsgrundlage bewusst übernommen oder es versäumt, Vorsichtsmaßnahmen zur Vermeidung des erkennbaren Risikos zu ergreifen, will Oertmann einen Rückgriff auf seine Lehre versagen.[42] Ähnlich soll es sich verhalten, wenn die Geschäftsgrundlage durch das eigene Verhalten der benachteiligten Partei weggefallen sei.[43]

2. Weiterentwicklung durch neue Lösungsansätze

Im Gegensatz zu Windscheid hat Oertmann versucht, den Begriff der Geschäftsgrundlage zu objektivieren. Als erster konkretisierte er diese und stufte das Problem als Unterfall des Grundsatzes von Treu und Glauben ein. Dennoch ist es ihm nicht ganz gelungen, sich von einer Anbindung an den Parteiwillen zu lösen.[44] Oertmanns Kritiker bemängelten vor allem die weite Reichweite der Theorie und eine fehlende Abgrenzung gegenüber dem Grundsatz der Vertragstreue.[45]

a) Objektiver Ansatz durch Krückmann und Locher

Krückmann und Locher kritisierten vor allem die dennoch verbliebene Subjektivität der Oertmannschen Formel.[46] Dem versuchten sie durch Entwicklung einer rein objektiven Theorie zu begegnen, nach der allein Inhalt und Zweck des Vertrages ausschlaggebend sein sollten.[47] Nach Krückmanns Ansicht sollte

---

40 *Oertmann,* Geschäftsgrundlage, S. 29 f.

41 Bei Dauerschuldverhältnisses zieht Oertmann aber die Kündigung vor, es sei denn die vorgestellte Geschäftsgrundlage hat von Anfang an nicht existiert: *Oertmann,* Geschäftsgrundlage, S. 161 f.

42 *Oertmann,* Geschäftsgrundlage, S. 174 f.

43 *Oertmann,* Geschäftsgrundlage, S. 170.

44 Vgl. *Oertmann,* Geschäftsgrundlage, S. 135, dieser führt aus, dass die Geschäftsgrundlage nie in reiner Unkenntnis, sondern auf einer positiven Vorstellung der Parteien beruhen muss.

45 *Larenz,* Geschäftsgrundlage, S. 8 ff.; *Locher,* AcP 121 (1923) 1, 6 ff. und 21 ff.; *Braun,* JuS 1979, 692, 694; *Beuthien*; Zweckerreichung, S. 55; Nachweise der Gegenstimmen bei Staudinger/*Weber* (11. Auflage) § 242 BGB Rdnr. E 32.

46 *Locher,* AcP 121, (1923) 1, 13 ff.; *Krückmann,* AcP 131 (1929) 1, 8 ff.

47 *Locher,* AcP 121 (1923) 1, 76 ff.; *Krückmann,* AcP 131 (1929) 1, 4 ff.

jedem Vertrag eine Klausel immanent sein, mit der Folge der Auflösbarkeit eines Vertrages, wenn dieser infolge einer unvorhergesehenen Änderung der Verhältnisse sinn-, zweck- oder gegenstandslos geworden sei.[48] Zur Beurteilung seien nicht die tatsächlichen Vorstellungen der Parteien im konkreten Fall, sondern objektive Maßstäbe, wie die Unzumutbarkeit, heranzuziehen.[49]

Locher definierte die Geschäftsgrundlage als „die Gesamtheit derjenigen Umstände, ohne deren Vorhandensein, Fortbestand oder Eintritt der mit dem Geschäft nach seinem Inhalt bezweckte Erfolg durch das Geschäft trotz ordnungsgemäßen Abschlusses und trotz Aufwendung der nach dem Inhalt des Geschäfts den Beteiligten zuzumutenden Opfer nicht erreicht werden kann."[50] Einseitige Vorstellungen blieben von ihm außer Betracht, der mit dem Geschäft bezweckte Erfolg musste von beiden Parteien akzeptiert worden sein. Die Grenze zumutbarer Opfer wollte er durch Betrachtung des Verhältnisses von Leistung und Gegenleistung ermitteln, wobei als Ziel deren Äquivalenz zu gewährleisten war.[51]

Dabei ist aber zu berücksichtigen, dass die meisten Austauschverträge sich gerade dadurch auszeichnen, dass die Parteien entgegengesetzte Ziele verfolgen.[52]

b) Auffassung von Larenz

Von immens großer Bedeutung war schließlich die Lehre von Larenz, der die Entwicklung der Geschäftsgrundlage nach dem 2. Weltkrieg am nachhaltigsten prägte. Dieser lehnte die Auffassungen Windscheids und Oertmanns und eine Berücksichtigung des Parteiwillens als maßgebliches Kriterium ebenfalls ab[53], bemängelte an Lochers Lehre aber einen fehlenden Lösungsansatz für die Fälle des beiderseitigen Irrtums.[54] Dem versuchte er durch Trennung in eine objektive und subjektive Geschäftsgrundlage Abhilfe zu schaffen.[55]

Der Anwendungsbereich seiner Lehre sollte bei noch nicht vollständig abgewickelten Verträgen dann eröffnet sein, wenn das Risiko nach dem Charakter

---

48 *Krückmann*, AcP 131 (1929) 257, 285 f.

49 *Krückmann*, AcP 131 (1929) 1, 72.

50 *Locher*, AcP 121 (1923) 1, 71 f.

51 *Locher*, AcP 121 (1923) 1, 93.

52 *Fikentscher*, Geschäftsgrundlage, S. 10; *Baier*, NZG 2004, 356, 357; *Köhler*, Unmöglichkeit. S. 137.

53 *Larenz*, Geschäftsgrundlage, S. 5–11.

54 *Larenz*, Geschäftsgrundlage, S. 16.

55 *Larenz*, Geschäftsgrundlage, S. 17 ff.

des Geschäfts nicht von der benachteiligten Partei zu tragen und die Veränderung nicht auf sie zurückzuführen sei.[56]

Eine bestimmte gemeinsame Vorstellung oder Erwartung beider Vertragsparteien, von der sie sich beim Abschluss des Vertrages haben leiten lassen, stellt Larenz zufolge die subjektive Geschäftsgrundlage dar.[57] Es handelt sich dabei um den beiderseitigen Motivirrtum, der aufgrund seines Bezuges zu den Willensmängeln dem allgemeinen Teil zuzuordnen ist. Da es für eine derartige Konstellation an einer Regelung fehlt, soll diese Lücke durch Anwendung der subjektiven Geschäftsgrundlage geschlossen werden.

Die objektive Geschäftsgrundlage werde demgegenüber durch jeden Umstand gebildet, dessen Vorhandensein oder Fortdauer sinngemäß vorausgesetzt werde, damit er die von den Parteien mit seiner Durchführung verbundenen Erwartungen wenigstens annäherungsweise erfüllen könne.[58] Dieser ordnet Larenz die nachträglichen Umstandsänderungen, unterteilt in Äquivalenz- und Zweckstörungen, zu. Für ihn verliere ein gegenseitiger Vertrag seinen Charakter, wenn die eine Partei die Leistung der anderen Partei nicht mehr annähernd als Äquivalenz für ihre erbrachte Leistung ansehen könne.[59] Wann das Äquivalenzverhältnis derart gestört sei, müsse vom Richter bewertet werden. Reine Spekulationsgeschäfte sollten nicht von der objektiven Geschäftsgrundlage umfasst sein, da bei diesen jeder Partei die künftige Entwicklung bewusst ungewiss sei.[60]

Die Fallgruppe der Zweckvereitelung sei als Zweck nicht einer Partei, sondern als gemeinsamer objektiver und für das Geschäft wesentlicher Vertragszweck zu werten, der bei einem gegenseitigen Vertrag im Erhalt der Gegenleistung läge. Der Zweck bloß einer Vertragspartei könne dann zum Vertragszweck werden, wenn die Höhe der Gegenleistung mit Rücksicht auf diesen Zweck festgesetzt worden sei oder wenn ein gemeinsames Interesse beider Parteien an der Erreichung bestehe.[61]

Im Falle der Unvorhersehbarkeit des Fortfalls der Geschäftsgrundlage, habe der Richter im Wege einer korrigierenden Vertragsauslegung diejenigen Rechtsfolgen aufzufinden, welche durch den Sinn des konkreten Vertrages und den Grundsatz der immanenten Vertragsgerechtigkeit gefordert werden.[62] Sollte eine

56 *Larenz*, Geschäftsgrundlage, S. 185.
57 *Larenz*, Geschäftsgrundlage, S. 184.
58 *Larenz*, Geschäftsgrundlage, S. 17, 185.
59 *Larenz*, Geschäftsgrundlage, S. 79.
60 *Larenz*, Geschäftsgrundlage, S. 90 ff.
61 *Larenz*, Geschäftsgrundlage, S. 105 ff.
62 *Larenz*, Geschäftsgrundlage, S. 170, 185 f.

Änderung des Vertrages nicht möglich sein, was insbesondere bei der Fallgruppe der Zweckvereitelung von Bedeutung sei, könne der Vertrag durch Rücktrittserklärung aufgehoben werden, ansonsten sei er anzupassen.[63]

Diese Lehre ist wohl als bedeutendste und als vor der Schuldrechtsreform herrschende Auffassung anzusehen. Kritiker haben ihr eine nicht durchführbare Trennung zwischen objektiver und subjektiver Geschäftsgrundlage vorgeworfen, da immer subjektive und objektive Momente zu berücksichtigen seien.[64] Eine derartig strikte Trennung muss aber gar nicht zwangsweise erfolgen. So wertet Larenz selbst den Fenstermietfall im Rahmen der Krönungszugfälle als Wegfall sowohl der subjektiven als auch der objektiven Geschäftsgrundlage.[65]

c) Vermittelnder Ansatz Lehmanns

Zur Vermeidung einer strikten Trennung zwischen objektiver und subjektiver Geschäftsgrundlage, entwickelte Lehmann die sogenannte Vereinigungsformel, nach der ein Wegfall der Geschäftsgrundlage sowohl unter subjektiver als auch unter objektiver Betrachtung beachtlich sein sollte.[66]

Die Veränderung sollte zum einen dann relevant sein, wenn die Parteien mit der Erheblichkeit sonstiger Umstände gerechnet, diese aber nicht zum Vertragsinhalt gemacht haben. Zum anderen dann, wenn die Vorstellungen der Parteien nicht bloßer Beweggrund geblieben sind, weil der Umstand zur Grundlage des Geschäfts gemacht wurde oder zumindest der eine Vertragsteil davon ausging und der andere es nicht beanstandete. Demnach müsse gefragt werden, ob der Vertragsgegner sich nach Treu und Glauben mit Rücksicht auf den Zweck des Vertrages auf die Abhängigmachung desselben von dem fraglichen Umstand eingelassen hätte oder redlicherweise hätte einlassen müssen, wenn man die Unsicherheit des Umstandes bei Vertragsabschluss in Betracht gezogen hätte.[67]

---

63 *Larenz*, Geschäftsgrundlage, S. 185 f.

64 Laut *Haarmann,* Wegfall der Geschäftsgrundlage, S. 25 verkennt Larenz hinsichtlich der subjektiven Geschäftsgrundlage, dass auch in Fällen, in denen psychologische Momente für den Wegfall bedeutsam sind, diese Momente die Rechtsfolgen nicht selbst auslösen, sondern nur Gesichtspunkte für die Wertung sind, ob die Geschäftsgrundlage weggefallen ist oder nicht; *Ulmer*, AcP 174 (1974) 167, 180; *Esser*, JZ 1958, 113, 115; *Kegel*, Gutachten, S. 138, 199; *Beuthien*, Zweckerreichung, S. 56.

65 *Larenz*, Geschäftsgrundlage, S. 47, 144, 172.

66 *Lehmann/Hübner*, AT, S. 292; *Lehmann*, JZ 1952, 10 ff.; *Beuthien*, Zweckerreichung, S. 56 hält Lehmanns Ansatz für den überzeugendsten.

67 *Lehmann/Hübner*, AT, S. 292.

d) Große und kleine Geschäftsgrundlage

Einen neuen Ansatz entwickelte Kegel in seinem Gutachten zum 40. deutschen Juristentag 1953. Er setzte sich vor allem mit den von Larenz entwickelten Ansätzen auseinander und differenzierte die große von einer kleinen Geschäftsgrundlage.[68] Risiken des normalen Geschäftslebens als typisches Risiko bei Schuldverträgen seien der kleinen Geschäftsgrundlage zuzuordnen, die die Parteien nicht dazu berechtigen, sich vom Vertrag zu lösen oder diesen anzupassen.[69]

Handelt es sich um weitgreifende Störungen durch Naturkatastrophen und vor allem durch den Staatsbetrieb, also um derartige außerhalb des Machtbereichs der Parteien[70], sei die große Geschäftsgrundlage betroffen. Diese umfasse allgemeine Katastrophen wie Störungen eines Vertrages durch Krieg, kriegsähnliche Verhältnisse, Revolutionen, Hyperinflationen und Naturkatastrophen, die das „soziale Gefüge nachhaltig erschüttern".[71] Solche Störungen seien bei einem erheblichen Schaden, der bereits bei einer Leistungsentwertung von 25 % vorliegen sollte, dann zu berücksichtigen, wenn die Parteien mit diesem nicht haben rechnen müssen. Bei der Rechtsfolgenbestimmung betont Kegel die Ungerechtigkeit, nur einer Partei das Risiko aufzubürden und schlägt daher eine Schadenteilung vor.[72]

Ob eine derartige Trennung durchführbar und sinnvoll ist, muss bezweifelt werden.[73] So ist zu berücksichtigen, dass die Rechtsprechung auch in Krisenzeiten stets bemüht war, einmal geschlossene Verträge aufrecht zu erhalten.[74] Es müssen immer die einzelnen Fallkonstellationen beachtet werden. So ist es durchaus vorstellbar, dass die Parteien einen durch eine Sozialkatastrophe ausgelösten Nachteil als hinnehmbar empfinden, einen Wegfall der kleinen Geschäftsgrundlage aber nicht.[75] Ein erforderlicher Wertungsvorgang wird somit von ihm außer Acht gelassen.[76]

---

68 *Kegel*, Gutachten, S. 138, 201 f., die Begriffe der großen und kleinen Geschäftsgrundlage benutzt auch *Looschelders*, SchR AT, Rdnr. 752 f.

69 *Kegel*, Gutachten, S. 138, 201.

70 *Kegel*, Gutachten, S. 138, 201.

71 NK/*Krebs*, § 313 BGB Rdnr. 70.

72 *Kegel*, Gutachten, S. 138, 204.

73 *Flume*, AT II, S. 499 f., 525 f.; *Nicklisch*, BB 1980, 949, 950.

74 Als Beispiel von vielen nach dem Zusammenbruch im Jahre 1945: BGH DB 1952, 430, 431; BGHZ 7, 238, 243; BGH DB 1953, 144; BGHZ 15, 27, 34.

75 So *Wieling*, Jura 1985, 505, 508.

76 *Haarmann*, Wegfall der Geschäftsgrundlage, S. 29.

Die Auffassung Kegels muss aber unter Berücksichtigung des damaligen zeitlichen Kontextes bewertet werden. Im Jahre 1953 gab es aufgrund des 2. Weltkrieges und der darauf beruhenden wirtschaftlichen Probleme vermehrt Geschäftsgrundlagenfälle. Derartige Katastrophenfälle kommen in heutiger Zeit äußerst selten vor. Inzwischen haben sich längst völlig andere Konstellationen im Hinblick auf einen Wegfall der Geschäftsgrundlage entwickelt.

e) Ablehnende Haltung Flumes und Beuthiens

Schließlich sind auch die Stimmen im Schrifttum zu nennen, die der Lehre von der Geschäftsgrundlage ablehnend gegenüberstanden. Auf gänzliche Ablehnung stieß das Institut bei Flume.[77] Er schlug vor, die Fälle, die Kegel als kleine Geschäftsgrundlagenstörungen beurteilte, nach den bis dato gesetzlich normierten Vorschriften, insbesondere der ergänzenden Vertragsauslegung, den Risikoregelungsnormen und den allgemeinen Leistungsstörungsnormen für die einzelnen Schuldvertragstypen zu lösen.[78]

Naturkatastrophen und Kriege sollten keinen zivilrechtlichen Anspruch begründen, sondern müssten als Teil des sozialpolitischen Bereichs auch dort eine Lösung erfahren, da es ansonsten zu Billigkeitslösungen kommen würde.[79] Der Richter könne andernfalls sein eigenes Billigkeitsdenken anstelle des Rechts setzen.[80]

In den Fällen, denen nicht mit gesetzlichen Regelungen begegnet werden könne, müsse der Eigentümer die Gefahr des zufälligen Untergangs oder sonstigen Schadens an der Sache selbst tragen.

Ähnlicher Auffassung war Beuthien.[81] Er entwickelte Flumes Ansatz weiter und versuchte eine Lösung in dem Leistungsstörungsrecht zu finden. Dabei unterschied er Fälle der Leistungsstörung, bei denen der Erfolg aufgrund einer Störung der Leistungshandlung nicht mehr bewirkt werden konnte, von denen der Zweckstörung, bei denen der Erfolg zwar bewirkt, aber ein vereinbarter Zweck nicht mehr erreicht werden konnte. Konnte der Schuldner eine zweckbestimmte Leistung nur noch zweckneutral erbringen, so nahm er Unmöglichkeit der Leistung und eine Befreiung nach § 275 BGB an.[82] Der Schuldner habe dabei

77 *Flume*, AT II, S. 494 ff., 525; ihm folgend: *Goltz*, Motivirrtum und Geschäftsgrundlage, S. 228 ff.

78 *Flume*, in: FS DJT Bd. 1, S. 135, 236.

79 *Flume*, in: FS DJT Bd. 1, S. 135, 210, 218, 229–236.

80 *Flume*, in: FS DJT Bd. 1, S. 135, 237.

81 *Beuthien*, Zweckerreichung, S. 304 ff.

82 *Beuthien*, Zweckerreichung, S. 160.

allerdings die geschuldete Leistung nur zweckgeeignet zu erbringen, das Risiko der Zweckerreichung habe der Gläubiger zu tragen.[83]

f) Stellungnahme

Es muss bedacht werden, dass die Lehre der Geschäftsgrundlage gerade aufgrund der flexiblen Rechtsfolgen im Vergleich zum Unmöglichkeitsrecht überzeugt. Eine nicht zu extensive und undifferenzierte Anwendung der Lehre von der Geschäftsgrundlage kann Gefahren für die Rechtssicherheit und Billigkeitsentscheidungen zumindest mindern.[84]

So kann mit Köhler angenommen werden, dass die Stärke der Lehre der Geschäftsgrundlage gerade in ihrer Schwäche, der Unbestimmtheit des Tatbestands und der Rechtsfolge liegt, da die Rechtsprechung so die nötigen Freiräume zur Erzielung von sachgerechten Ergebnissen erhalten kann.[85]

B. Die Auffassung der Rechtslehre in Spanien

I. Die Rezeption durch spanische Autoren

Während im deutschen Recht damit schon früh nach möglichen Lösungsmöglichkeiten zur Behandlung veränderter Umstände gesucht wurde, zeichnete sich die spanische Rechtslehre durch Zurückhaltung aus. Mangels einer gesetzlichen Regelung des Wegfalls der Geschäftsgrundlage sind die Auffassungen der spanischen Rechtswissenschaftler zu der Thematik von besonderer Bedeutung.

Eine unterschiedliche und uneinheitliche Problembehandlung wird bereits bei der terminologischen Einkleidung des Problems deutlich. Im Gegensatz zum deutschen Recht, wo von einem Wegfall oder einer Störung der Geschäftsgrundlage gesprochen wird, gibt es innerhalb der spanischen Lehre keine einheitliche Begriffsbezeichnung. Am geläufigsten ist wohl die Bezeichnung der *clausula rebus sic stantibus*. Teilweise wird angelehnt an die italienische Regelung der *eccesiva onerositá* von der *excesiva onerosidad* gesprochen. Wiederum andere Autoren sprechen lediglich von einer *alteración de las circunstancias*, einer Veränderung der Umstände. In jüngerer Zeit wird häufiger der aus dem deutschen Rechtskreis übernommene Begriff von der Geschäftsgrundlage, der *base del negocio,*

83 *Beuthien*, Zweckerreichung, S. 181.

84 *Hedemann*, Flucht in Generalklauseln, S. 76; *Haarmann*, Wegfall der Geschäftsgrundlage, S. 31.

85 *Köhler*, in: FG 50 Jahre BGH I, S. 295, 296.

verwendet. Als Bezeichnung für die Untergruppe der Zweckvereitelung wird meistens, anlehnend an die anglosächsische Problembehandlung, der Begriff *frustración* benutzt.

Bei einer Betrachtung der spanischen Literatur fällt auf, dass die spanischen Autoren ein besonderes Augenmerk auf andere Länder und dortige Rechtsauffassungen richten.[86] Genau dieses beklagte bereits Castan Tobeñas[87], der aus den Schriften von Durán und Bas zitierte: „Wir haben keine eigene Rechtsschule, wir verfolgen die europäische Wissenschaftsbewegung nur aus großer Entfernung (...) Wir schwanken zwischen verschiedenen Rechtsschulen, ohne uns eine bestimmte wirklich zu eigen zu machen."[88] Derartige weitreichende Folgerungen sind heute gewiss nicht mehr zutreffend, dennoch erfolgt in den meisten Fällen eine abstrakte Problembehandlung durch Darstellung ausländischer Lösungsmodelle. Dabei fehlt oftmals eine Stellungnahme zu den jeweiligen Auffassungen und Lösungsvorschlägen, so dass eine Herausarbeitung einer eigenen Meinung zu der Thematik in Spanien erschwert wird.

Größtenteils herrscht aber inzwischen Einigkeit darüber, dass eine Berücksichtigung veränderter Umstände nicht nur im Fall von großen wirtschaftlichen Krisen erforderlich ist.[89] Die zurückhaltenden Äußerungen des Schrifttums zu dieser Problematik können auf die stabilen wirtschaftlichen Verhältnisse bis zum Beginn des ersten Weltkrieges sowie auf die neutrale Rolle Spaniens während des Krieges zurückgeführt werden.[90] Zwar gab es vermehrt Umstandsänderungen, die eine Anwendung der Lehre der Geschäftsgrundlage gerechtfertigt hätten, diese erreichten aber nie ein derartiges Ausmaß wie in Deutschland, Italien oder Frankreich.[91] Aufgrund der Orientierung am französischen code civil hatten daneben die französischen Juristen Pothier und Domat Anteil an der Zurückhaltung. Da diese einen großen Einfluss auf das französische Zivilgesetzbuch

---

86 *Gomez-Ferrer Sapiña*, RGD 1990, 4389, 4394 betont, dass die Problematik veränderter Umstände seit langer Zeit von der deutschen, französischen (genannt werden die Gas de Burdeos Fälle) und englischen (Krönungszugfälle) Rechtsprechung behandelt und diskutiert werden.

87 Castán Tobeñas gilt als einer der einflussreichsten Juristen in Spanien. Er war sowohl in der Zeit der Republik als auch unter Franco Richter am Tribunal Supremo, vgl. *Serrano González/Rittig*, Ein Tag im Leben eines Gerichtspräsidenten.

88 Escritos de *Manuel Durán y Bas,* Band I, Barcelona 1885–1895, zitiert nach: *Castán Tobeñas*, Hacia un nuevo Derecho Civil, S. 60, Fn. 1.

89 *Sánchez González*, Alteraciones económicas, S. 10 ff.

90 *Díaz Cruz*, RGLJ 1946, 530, 537; *Candil*, Cláusula, S. 121.

91 *Candil*, Cláusula, S. 121.

ausübten, führte ihr Schweigen und ihre grundsätzliche Ablehnung einer Beachtlichkeit der Umstandsänderungen dazu, dass sowohl das französische Gesetzbuch als auch die diesem nachfolgenden Kodifikationen die veränderten Umstände und ihre Rechtsfolgen nicht normierten.[92]

Mitte des 20. Jahrhunderts begannen schließlich einige Stimmen der Literatur, sich mit dem Thema zu befassen[93] und die von anderen Ländern entwickelten Lösungsvorschläge zu betrachten oder zu übernehmen. Neben Frankreich und Italien spielte Deutschland bei diesem Rezeptionsvorgang eine entscheidende Rolle.[94] Die deutsche Rechtswissenschaft wurde als Pionier bezüglich einer Lösung der veränderten Umstände gelobt.[95] Diese wichtige Rolle verdeutlichen die Übersetzungen einflussreicher deutscher Autoren ins Spanische.[96] Es wurden dabei nicht nur die in Deutschland entwickelten Theorien übernommen, sondern auch die in diesem Zusammenhang entwickelten Begriffe wortgetreu übersetzt.[97] Teilweise erfolgte von der Lehre auch ein Hinweis auf Entscheidungen des Reichgerichts.[98] Als besonders einflussreich sind die Abhandlungen von González Perez und Alguer zu bewerten, die in ihrer Übersetzung des Lehrbuchs von Ennecerus und Lehmann zu deren verschiedenen Thesen Stellung genommen haben.[99] Im Jahre 1946 folgte die Darstellung von Candil, der als erster in seinem Werk eine Studie zum Ursprung der *clausula rebus sic stantibus*, ihrer

92 *Badenes Gasset*, Riesgo imprevisible, S. 31, *Batlle*, Anales de universidad de Murcia 44–45, 385, 387.

93 Literatur, die Anfang und Mitte des 20 Jahrhunderts erschien und zu der Problematik Stellung nahm: *Castán Tobeñas*, Hacia un nuevo Derecho Civil; *Pérez González y Alguer*, Tratado 1933, S. 212 ff.; *Hernández Gil/Mora Ledesma*, RDP 1941, 17 ff.; *Dualde Goméz*, in: AA.VV 1943, S. 25 ff.; *Batlle*, Anales de universidad de Murcia 44–45, 385 ff.; *Díaz Cruz*, RGLJ 1946, 530 ff.

94 *Martínez Velencoso*, RCDI 2004, 283, 283, *Puig Ferriol*, ZEuP 2000, 195 ff.; Die Entwicklung zur Lehre der Geschäftsgrundlage stellt *Puig Brutau*, Fundamentos de Derecho Civil II 1, S. 354 ff. dar.

95 *Martínez Velencoso*, Alteración de las circunstancias, S. 27.

96 Erste monographische Abhandlungen zu dieser Thematik erschienen auch in spanischer Sprache, z.B. *Lenel*, RDP 23, 193; *Ennecerus/Lehmann*, RJC 1933, 115 ff.; *Oertmann*, RDP 1929, 65 ff.

97 Als Beispiel können die wirtschaftliche Unmöglichkeit, Zweckstörungen, Äquivalenzstörungen genannt werden. Auf die Übersetzungen: destrucción de la equivalencia de las prestaciones,imposibilidad de cumplir el fin del contrato, imposibilidad economica macht *De Cossio*, Frustraciones, S. 61 aufmerksam.

98 *Díaz de Lazcano Sevillano*, Revista de Ciencias Jurídicas 1996, 71, 78 bezieht sich auf das Urteil vom RG vom 21.09.1920.

99 *Pérez González/Alguer*, Tratado (1933).

Anwendung in Spanien und ihrem Fundament vornahm.[100] In demselben Jahr veröffentlichte auch Badenes Gasset seine Abhandlung zum *riesgo imprevisible* mit Erwägungen zu einer Problembehandlung.[101]

1. Die clausula rebus sic stantibus

Während die *clausula rebus sic stantibus* in deutschen Lehrbüchern der heutigen Zeit kaum noch Beachtung und lediglich in Kommentaren kurze Erwähnung findet, wird diese von spanischen Autoren häufig durch eine umfangreiche Darstellung gewürdigt.[102] Sie wird grundsätzlich als adäquate Möglichkeit beurteilt, um Abweichungen zwischen Moral und Recht zu korrigieren.[103] In ihrer ursprünglichen Bedeutung wird die Lehre dennoch als zu vage und unkonkret abgelehnt.[104] Zur Begründung dieser Haltung wird häufig auf Kritikpunkte von ausländischen Rechtswissenschaftlern verwiesen. So erfolgt oftmals eine Bezugnahme auf Lenel[105] und die Ablehnung aufgrund eines implizierten Willens der Parteien.[106] Beachtung findet auch Krückmanns Kritik an der *clausula* in ihrer ursprünglichen Konzeption und die Auffassung, dass über den Fortfall der vertraglichen Bindung objektive Maßstäbe entscheiden sollten.[107]

Teilweise wird behauptet, dass die *clausula* aufgrund des traditionellen Konzeptes des Vertrages als Ausdruck des bewussten Willens das Problem nicht zu lösen vermag.[108] Andere wollen eine Anwendung als Konsequenz des freien Willens des Richters zulassen, aber nicht auf Grundlage eines objektiven Gesetzes.[109] Immer wieder wird der Vorwurf der Fiktion und die Gefahr für

---

100 *Candil*, Cláusula.

101 *Badenes Gasset*, Riesgo imprevisible.

102 So veröffentlichte *De Amunátegui Rodríguez* im Jahr 2003 ihre Abhandlung: Cláusula rebus sic stantibus; weitere Darstellungen lassen sich in fast allen Lehrbüchern finden, vgl. u. a. *Ragel Sánchez*, Derecho Civil, S. 113 f.

103 *Sánchez de Valle*, RCDI 1954, 262, 264.

104 *Beltrán de Heredia y Castaño*, Cumplimiento, S. 305 ff.; *Díez Picazo*, Fundamentos II, S. 1061.

105 Die Veröffentlichung eines Aufsatzes von *Lenel* in RDP 1923, 193 ff. stellte eine erste Abhandlung des Themas dar.

106 Dieses ist der Kritikpunkt u. a. von *Díez-Picazo*, Fundamentos II, S. 1060.

107 Auf Krückmann bezieht sich z. B. *Díaz Cruz*, RGLJ 1946, 530, 535.

108 *Dualde Gómez*, in: AA.VV, S. 25, 31 ff. Mit diesem Argument lehnt der Autor auch Oertmanns Auffassung von der Geschäftsgrundlage ab. In seinen Augen ist der Begriff eine Erfindung ohne Nutzen und Konkretion.

109 *Puig Brutau*, Fundamentos de Derecho Civil II 1, S. 365.

die Rechtssicherheit hervorgehoben.[110] Lluis y Navas Brusi haben in ihrer Abhandlung zur *clausula rebus sic stantibus* dem Argument den Einwand entgegengebracht, dass in den problematischen Fällen immer ein Problem mit der Rechtssicherheit bestehe. Diesem müsse durch eine Begrenzung des Anwendungsbereichs und nicht durch eine Ablehnung begegnet werden.[111] Derartige Einschränkungen hat die *clausula* später durch die Rechtsprechung erfahren.

Wenn im Schrifttum und in dieser Darstellung demnach die *clausula rebus sic stantibus* erwähnt wird, dann ist damit nicht die Lehre in ihrer ursprünglichen Bedeutung gemeint, sondern vielmehr steht diese Bezeichnung als Synonym, unter dem die Problematik der *resolución* oder *revisión* des Vertrages aufgrund veränderter Umstände diskutiert wird.[112] In ihrem strengen und ursprünglichen Sinn wird die *clausula* in der Literatur nicht vertreten.[113]

a) Gesetzliches Fundament der clausula

Größere Schwierigkeiten als die grundsätzliche Zulässigkeit der *clausula* bereitet dem Schrifttum die Suche nach einem geeigneten dogmatischen Fundament. Die verschiedenen Auffassungen reichen von den Normen über den Rechtsmissbrauch, die ungerechtfertigte und rechtsgrundlose Bereicherung, über den Substanzirrtum, die Billigkeit, Treu und Glauben bis zu dem Kriterium der Gegenseitigkeit der Rechte und Pflichten als Konsequenz der Billigkeit und der *lesión*. Die genaue dogmatische Einordnung ist in der heutigen Zeit längst nicht mehr so umstritten wie noch in den 50er Jahren.

Es soll an dieser Stelle auf den Grundsatz der *buena fe* und auf die *equidad* eingegangen werden. Daneben wird noch auf eine traditionellere Meinungsströmung hingewiesen, die sich auf die *causa* als mögliches Fundament bezieht. Hierbei handelt es sich um die Rechtsinstitute, die am ehesten geeignet sind, die *clausula* dogmatisch einzuordnen.

110 *De Casso y Romero/Cervera y Jiménez-Alfaro*, Diccionario de derecho privado, S. 908

111 *Lluis y Navas Brusi*, RGLJ 1956, 370, 402.

112 *Gómez-Ferrer Sapiña*, RGD 1990, 4389, 4400; *Manrique López*, Rev. española de Der. del Trabajo 1985, 59, 68.

113 *Martinez Velencoso*, Alteración de las circunstancias, S. 27; *Martinez Velencoso*, Rev. de Der. Patr. 2002, 211, 214.

aa) Buena fe

Die überwiegende und herrschende Lehre sieht den Grundsatz der *buena fe* als geeignetes Fundament an.[114] Dies wird unter anderem damit begründet, dass ausländische Rechtsordnungen, die keine gesetzliche Regelung der Geschäftsgrundlage haben, die jeweiligen Grundsätze von Treu und Glauben heranziehen. Sowohl in Italien als auch in Frankreich ist bei der Vertragserfüllung dieser Grundsatz als grundlegendes Prinzip zu beachten.[115] In Spanien ist die *buena fe* in Art. 1258 und Art. 7 I CC[116] verankert. Im Gegensatz zu Deutschland, wo man sich schon früh mit dem Gebot von Treu und Glauben auseinandersetzte, wurde dem Grundsatz der *buena* fe in Spanien jedoch nie große Beachtung geschenkt.[117] Grundsätzlich ist eine objektive oder eine subjektive Ausprägung möglich. In objektiver Sicht ist der Redlichkeitsgrundsatz, vergleichbar mit §§ 157, 242 BGB, betroffen, während die subjektive Ausprägung die eigene Überzeugung der Person von der Richtigkeit ihres Verhaltens meint. Letztere erinnert an die subjektive Gutgläubigkeit, die im deutschen Recht beispielsweise beim gutgläubigen Erwerb eine Rolle spielt. Inzwischen wird der Art. 1258 CC überwiegend im objektiven Sinne verstanden.[118]

Der Grundsatz der *buena fe contractual* hat im Zusammenhang mit der *clausula rebus sic stantibus* erhebliche praktische Bedeutung in Spanien erlangt. So soll die *buena fe* Anwendung finden, um die Lücken des Vertrages zu füllen,

---

114 *Bonet Ramon*, Código Civil, S. 958; *Conde Marín/Camara Botia*, Buena fe, S. 221; *Martínez Velencoso*, Rev. de Der. Patr. 2002, 211, 216; *Arechederra Aranzadi*, Equivalencia, S. 233, 238; *Badenes Gasset*, Riesgo imprevisible, S. 188; *Candil*, Cláusula, S. 96 ff.; *De Cossio*, Frustraciones, S. 103; *Díez-Picazo*, Fundamentos II, S. 1069; *Espert Sanz*, Frustración, S. 117 ff.; *Fernández Rodríguez*, ADC 1958, 1267, 1271; *Jordano Fraga*, CCJC 1987, 4423, 4435; *Martínez de Aguirre y Aldaz*, Curso, S. 431; *Puig Brutau*, Fundamentos de Derecho Civil II 1, S. 369; *Terraza Martorell*, Modificación, S. 50; *Gómez Ferrer Sapiña*, RGD 1990, 4389, 4403, der betont, dass das Fundament im objektiven Gedanken von Treu und Glauben oder in der causa zu suchen sei.

115 Vgl. Art. 1.374–1.375 des Codice Civil und Art. 1134 des Code civil.

116 Art. 7 wurde erst in den 70er Jahren in den CC aufgenommen.

117 *García Amigo*, AC 2000, 1, 2. Erst Mitte des 20. Jahrhunderts setzte man sich mit der buena fe auseinander.

118 Dieses ist inzwischen herrschende Meinung im Schrifttum, vgl. *De Amunátegui Rodríguez*, Cláusula, S. 146, *Jordano Fraga*, Responsibilidad contractual, S. 138.

das Risiko gerechter zu verteilen[119] und damit das Gleichgewicht der Leistungen wieder herzustellen[120].

Nicht immer wird eine deutliche Trennung der *buena fe* von der Auslegung und Vertragsergänzung vorgenommen. Dass der Grundsatz eine ergänzende Funktion hat, ist unumstritten.[121] Im Código Civil gibt es keine Norm, die den guten Glauben als hermeneutisches Kriterium in unabhängiger Form wiedergibt. Der Grundsatz soll als Generalklausel daher nach allgemeiner Ansicht für alle Aufgaben der Auslegung stehen.[122] In seinen Stellungnahmen zu der Übersetzung von Larenz' Werk „Geschäftsgrundlage und Vertragserfüllung" führte Carlos Fernandez Rodriguez aus, dass das spanische Gesetz mit Art. 1258 CC die Prinzipien, die das deutsche Recht in §§ 157 und 242 BGB findet, in einer Norm synthetisiert habe.[123] In Spanien sind daher nach allgemeiner Auffassung in der Lehre, Art. 1258 und Art. 7 CC als Fundament für die Lehre der *clausula rebus sic stantibus* heranzuziehen.

bb) Equidad

Der Grundsatz der *equidad* wird zum einen als Fundament oder Stütze der *clausula rebus sic stantibus* zum anderen als Richtlinie bei der späteren Vertragsanpassung durch den Richter gewertet.[124] Die Figur der *equidad* kann somit sowohl als Ausnahme von dem Prinzip der Vertragstreue als Rechtfertigung für den Richter operieren, in die bestehende vertragliche Beziehung der Parteien

---

119 *De Amunátegui Rodríguez*, Cláusula, S. 151.

120 STS de 23.11.1962, RJ 1962, 5005: „Pues es justa consequencia de buena fe, en sentido objetivo, el restablecimiento de la base contractual con reciprocidad real y equitativa de las obligaciones."

121 So: *De los Mozos*, Principio de la buena fe, S. 124; *Garcia Amigo*, AC 2000, 1, 7; *Lasarte*, RDP 1980, 50, 71. So sieht auch *De Amunátegui Ródriguez*, Cláusula, S. 146 f. vielmehr die Vertragsergänzung und nicht die Auslegung als Problem veränderter Umstände an, da nicht der Wille ermittelt werden, sondern das wirtschaftliche Gleichgewicht durch eine angemessene Riskoverteilung wieder hergestellt werden soll.

122 Albaladejo García/*Roca Guillamon*, Art. 1258, S. 426.

123 *Fernández Rodríguez*, in: Larenz: Estudio Preliminar, S. 15, 34.

124 *Lluis y Navas Brusi*, RGLJ 1956, 370, 387; *Sánchez del Valle*, RCDI 1954, 262, 264; *Carrasco Perera*, CCJC 1985, 2581, 2585 ff. beschäftigt sich in seinem Kommentar zum Urteil des Tribunal Supremo vom 19.4.1985 intensiv mit 5 unterschiedlichen Funktionen der equidad. Neben dem generellen Prinzip der Gerechtigkeit, soll diese zur Auslegung, als Anpassung der Rechtsfolgen im Falle von Ungerechtigkeiten, als Ableitung oder Fundament der buena fe, als Klausel der Unanfechtbarkeit oder Anfechtbarkeit einer Handlung herangezogen werden.

einzugreifen als auch als Mittel, um das vertragliche Gleichgewicht wiederherzustellen.[125]

Der Anerkennung als alleiniges Fundament steht der Wortlaut des Gesetzes entgegen, der in Art 3 Nr. 2 CC bestimmt, dass die Gerichte bei ihren Entscheidungen nur dann ausdrücklich auf die *equidad* abstellen dürfen, wenn das Gesetz dieses ausdrücklich zulässt.

Grundsätzlich kann die *equidad* also nicht in eine direkte Verbindung mit der *clausula* gebracht werden, da dieses dem Wortlaut des Gesetzes widersprechen würde.[126] So wird die *equidad* bloß als Norm mit moralischem Charakter und nicht im technischen Sinn als wirkliches Prinzip gesehen.[127]

cc) Causa – Erweiterung des Geltungsbereichs der causa

In Spanien hängt in Übereinstimmung mit der romanischen Rechtstradition die Gültigkeit eines Rechtsgeschäfts von einer wirksamen *causa* ab.[128] Als eine der essentiellen Voraussetzungen neben dem Vertragsgegenstand und der Willenseinigung wird die *causa* in Art. 1261 Nr. 3 CC aufgeführt. Bei ihrem Fehlen ist der Vertrag unheilbar nichtig.

Eine direkte Anwendung der Regelungen über die *causa* im Fall der Umstandsänderungen scheidet auf dem ersten Blick aus, da sie eine Wirksamkeitsvoraussetzung für den Vertrag darstellt. Diese Wirksamkeitsvoraussetzung ist in den problematischen Fällen erfüllt, da bei Vertragsschluss ja eine *causa* vorlag. Erst nach Vertragsschluss kann aufgrund des Eintritts der veränderten Umstände von einer Änderung der *causa* gesprochen werden. Bei strenger Beachtung des Gesetzeswortlauts müsste eine derartige Umstandsänderung für das Vorliegen der *causa* unerheblich sein.

Innerhalb der Literatur herrscht über eine Beachtlichkeit der *causa* nach Vertragsschluss allerdings Uneinigkeit. Aufgrund ihrer Unbestimmtheit zählt die Behandlung der *causa* zu den umstrittensten Themen innerhalb der spanischen Rechtswissenschaft. Diese Fragestellung ist deswegen von Bedeutung, da im Fall einer Ausdehnung ihres Geltungsbereichs bei einer Umstandsänderung auf die gesetzliche Regelung zur *causa* zurückgegriffen werden könnte.

---

125 *De Amunátegui Rodríguez*, Cláusula , S. 157.

126 Auf die Schwierigkeit, die clausula mit dem Gesetzeswortlaut zu vereinbaren weist auch *Díaz de Sevillano,* Revista de Ciencias Jurídicas 1996, 73, 87 hin.

127 *Beltran de Heredia y Castaño*, Cumplimiento, S. 346.

128 Die causa wird erwähnt in Art. 1255, 1261 Nr. 3, 1274, 1275 CC.

Ausgehend vom Gesetzeswortlaut misst ein Meinungssektor einer Veränderung der *causa* nach Vertragsschluss keinerlei Bedeutung bei.[129] Demnach sei ihre Funktion erfüllt, wenn diese als Wirksamkeitsvoraussetzung bei Vertragsschluss vorläge.[130] Eine Erweiterung stelle eine unverständliche Auslegung dar.[131] Da eine derartige Annahme auf einem implizierten Willen beruhe, könne sie mit den gleichen Argumenten, die zu einer Ablehnung von Windscheids Lehre der Voraussetzung führten, zurückgewiesen werden.[132] Zudem ist zu berücksichtigen, dass im Falle der Vertragsauflösung die verletzte Partei einen Antrag wie bei einer einvernehmlichen Auflösung durch übereinstimmende Parteierklärung stellen müsse, vgl. Art. 1124 III CC. Eine automatische Nichtigkeit des Vertrages ist nach dem Gesetzeswortlaut nur bei einem anfänglichen Fehlen der *causa* möglich. Folgt man dieser Ansicht, so ist eine Umstandsänderung nach Vertragsschluss für die *causa* des Vertrages irrelevant.[133]

Große Teile der Literatur nehmen aber inzwischen die Möglichkeit eines nachträglichen Wegfalls der *causa* an, da diese während der gesamten Vertragsdauer vorliegen müsse.[134] Die *clausula rebus sic stantibus* könne demnach auf Art. 1274 CC gestützt werden.[135] Die *causa* solle dann im Sinne der Lehre als „*función concreta*" agieren und wegfallen, wenn das Gleichgewicht zwischen den Leistungen nicht mehr existiere oder das Ziel des Vertrages vereitelt worden sei.[136]

Diese Auffassung wurde im italienischen Recht entwickelt und von der spanischen Literatur übernommen. So wurde bereits in der spanischen Übersetzung des Lehrbuchs des italienischen Rechtswissenschaftlers De Ruggiero aus dem Jahre 1931 ausgeführt: „*Si el contrato surge sin causa es originariamente*

129 *De Castro y Bravo,* Negocio jurídico, S. 313; *Candil,* Cláusula, S. 58; *Ossorio Morales,* RGLJ 1941, 245, 256.

130 *Candil,* Cláusula, S. 81.

131 *Candil,* Cláusula , S. 81; daneben ablehnend: *Beltran de Heredia y Castaño,* Cumplimiento, S. 332.

132 *Candil,* Cláusula, S. 81.

133 *Ossorio Morales,* RGLJ 1941, 245, 256.

134 *De Cossío,* Frustraciones, S. 33; *Espert Sanz,* Frustración, S. 111; *Manrique Lopez,* Rev. española de Der. del Trabajo 1985, 59, 71; *Jordano Fraga,* CCJC 1987, 4423, 4434; *De Amunátegui Rodríguez,* Cláusula, S. 129 sellt dieses als selbstverständlich dar.

135 *Carrasco Perera,* CCJC 1985, 2581, 2588 ist der Auffassung, dass die clausula voll und ganz zur Doktrin der causa iSd Art. 1274 CC gehört; ebenso: *Martínez Velencoso,* Rev. de Der. Patr. 2002, 211, 217.

136 *Gómez Ferrer Sapiña,* RGD 1990, 4389, 4403.

nulo; si surge con causa y luego ésta desaparece, sobreviene la nulidad.“[137] Zur Unterstützung dieser Position kann auf andere gesetzliche Regelungen verwiesen werden. So ordnet zum einen Art. 644 CC die Möglichkeit des Widerrufs einer Schenkung unter Lebenden an, wenn der Schenkende nach seiner Schenkung Kinder bekommt oder wenn ein Kind des Schenkenden doch lebt, von dem er bei Vornahme der Schenkung glaubte, es sei tot. Art. 997 CC bestimmt, dass die Annahme und Ausschlagung der Erbschaft nach ihrer Erklärung unwiderruflich sind und eine Anfechtung nur möglich ist, wenn ein unbekanntes Testament aufgefunden wird.[138] Diese Artikel verdeutlichen, dass veränderten Umständen auch nach Vertragsschluss durchaus rechtliche Relevanz zugesprochen werden kann. Als Gegenargument kann aber hervorgebracht werden, dass derartige beachtliche Konstellationen im Gesetz auch ausdrücklich normiert sind. Eine Rechtfertigung dafür, dass sich veränderte Umstände auch nach Vertragsschluss auf die *causa* auswirken können, kann darin nicht erkannt werden.

Dem wird entgegengehalten, dass die auf Art. 1261 CC folgenden Artikel, die auf die *causa* Bezug nehmen, in keinem Paragraphen eine Ausdehnung des Geltungsbereichs verbieten.[139]

Von anderer Seite wird betont, dass der Eingriff der *clausula rebus sic stantibus* sich meistens in Situationen ereignet, in denen die *causa* des Vertrages auf beiden Vertragsseiten einen Mangel erlitten habe: Seitens des Schuldners bestehe aufgrund des Eintritts des Ereignisses kein wirklicher Wille mehr zum Vertragsschluss, so dass keine wirksame *causa* mehr vorläge, seitens des Gläubigers verlange die Erfüllung der Vereinbarung in der Grundform eine Sittenwidrigkeit von ihm ab, so dass die *causa* ebenfalls nichtig sei.[140] Die Problematik der Erweiterung des Geltungsbereichs könne mit den Sukzessivverträgen verglichen und befürwortet werden: Bei diesen können sowohl anfängliche, genetische, Mängel als auch funktionale Mängel auftreten, die sich erst im Laufe der Vertragszeit entwickelt haben. Erstere betreffen dann das sogenannte genetische und letztere das funktionale Synallagma mit divergierenden Rechtsfolgen. Mängel bei Vertragsschluss, wie das Fehlen einer *causa*, beträfen den Vertrag als Akt und müssten zur Nichtigkeit desselben führen. Mängel in dem funktionalen Synallagma hingegen beträfen den Vertrag als „Vertragsverhältnis“, der gültig bleiben müsse,

137 *De Ruggiero*, Instituciones de Derecho Civil, Trad. esp., T. II, S. 294.
138 Auf diese Artikel bezieht sich *De la Haza Díaz*, Incumplimiento resolutorio, S. 87
139 So *Ossorio Morales*, RGLJ 1941, 245, 260.
140 *Lluis y Navas Brusi*, RGLJ 1956, 383, 384.

aber aufgelöst werden könne.[141] Das Synallagma könne somit als Teil der *causa* bewertet werden, das sich in dem Moment der Erfüllung der Leistungen manifestiere.[142] Wird die Erfüllung somit für eine Partei kostspieliger und belastender, so ändere sich das vertragliche Synallagma durch einen Wegfall der *causa*. Zwar handele es sich dabei nicht um völlig identische Situationen, aber wenn das vertragliche Gleichgewicht als gleichsetzbar mit dem funktionalen Mangel angesehen werde, sei automatisch auch die *causa* betroffen.

b) Beurteilende Zusammenfassung

Der Auffassung, dass die *causa* während der gesamten Vertragsdauer vorliegen muss, ist zunächst einmal zuzustimmen. Mangels einer ausdrücklichen Ablehnung im Gesetz kann dies als Wille des Gesetzgebers gewertet werden. Es erscheint widersprüchlich ihr eine immens hohe Bedeutung als Wirksamkeitsvoraussetzung des Vertrages zuzusprechen, ihr aber dann nach Vertragsschluss keiner Beachtung mehr zu schenken. Dennoch darf und kann die *causa* nicht als alleinige Stütze der *clausula* angesehen werden. Eine Begründung, warum eine derartige Diskussion innerhalb der spanischen Rechtslehre geführt wird und welche Vorteile sie sich von einer Anwendung der *causa* erhofft, lässt sich dem Schrifttum nicht entnehmen. So ist davon auszugehen, dass der einzige Vorteil in der Möglichkeit liegt, auf eine gesetzliche Regelung zurückgreifen zu können und so die Lückenlosigkeit des Gesetzes zu gewährleisten. Umstandsänderungen, die zu einer Zerstörung des vertraglichen Gleichgewichts führen, betreffen durchaus auch die *causa* als Ausdruck des Synallagmas, dennoch dürfen beide Institute nicht gleichgesetzt werden. Vielmehr erscheint es aufgrund der flexibleren Rechtsfolgen sinnvoller auf den Grundsatz der *buena fe* zurückzugreifen. Eine fehlende *causa* hat nämlich eine *resolución* des Vertrages zur Folge, die in den vorliegend interessierenden Fällen gerade nicht primäre Rechtsfolge sein soll. Zudem sind die Fälle der Äquivalenzstörungen und Leistungserschwerungen davon geprägt, dass die Leistung durchaus, wenn auch unter erschwerten

141 Diese Argumentation stammt aus der italienischen Rechtswissenschaft, *Galgano*, El negocio, S. 486.

142 Eine wirtschaftliche Gegenseitigkeit kann zum Beispiel Art. 1124 oder 1274 CC entnommen werden. Schon der französische Rechtswissenschaftler *Pothier*, Traité de obligations, Nr. 42 betonte, dass die causa der einen Verpflichtung in der Verpflichtung des anderen Teils bestehe, so dass diese mit dem genetischen Synallagma des deutschen Rechts gleichgesetzt werden kann, vgl. *Klinke*, Causa und genetisches Synallagma, S. 94 ff., der die Berührungspunkte von causa und Geschäftsgrundlage untersucht hat.

Bedingungen, noch möglich ist. In derartigen Konstellationen von einer Zerstörung der *causa* zu sprechen erscheint konstruiert, da die dem Geschäft zu Grunde liegende *causa* durchaus noch existent ist. Die wirtschaftliche Äquivalenz kann nicht als Bestandteil der *causa* gewertet werden. Eine andere Sichtweise kann bei der Fallgruppe der Zweckvereitelung geboten sein.[143]

2. La doctrina del riesgo imprevisible/ Imprevisión

Badenes Gasset versuchte die französische Lehre der *imprevisión* in das spanische Rechtssystem einzugliedern.[144] Diese Theorie der *imprevisión* wurde von der französischen Lehre[145] und Rechtsprechung entwickelt und ist auf die *Gas de Burdeos* Fälle zurückzuführen.[146] Sie wurde nicht von den französischen Zivilgerichten, sondern durch die Rechtsprechung des Staatsrates entwickelt, um Probleme in langfristigen Verträgen im Zusammenhang mit öffentlichen Dienstleistungen der Leistungsverwaltung zu lösen. In diesen Entscheidungen hatte der *Conseil d'Etat* eine Anpassung von Verträgen in bestimmten Fällen für zulässig erklärt und so verhindert, dass die Gasversorgung in Bordeaux aufgrund der drohenden Insolvenz der *Compagnie Générale de Gaz* unterbrochen wurde. Die zentrale Idee dieser Theorie liegt in dem Versuch, die entwickelte verwaltungsrechtliche Rechtsprechung auf den zivilrechtlichen Bereich auszudehnen und sich so von den klassischen Lösungsansätzen wie der *clausula*-Lehre zu distanzieren. Grundsätzlich wird innerhalb der französischen Rechtswissenschaft aufgrund des Schweigens des Code civil angenommen, dass die Autoren sich bewusst und geprägt von den Erfahrungen in der Revolutionszeit für eine strenge Vertragsbindung entschieden haben.[147] Eine Heranziehung des in Art. 1134 al. 3 Code Civil verankerten Prinzips von Treu und Glauben sei abzulehnen, da dieses

---

143 Vgl S. 146 f.

144 *Badenes Gasset*, Riesgo imprevisible, S. 106, 120, 211. Auch nach Auffassung von *De Amunátegui Rodríguez*, Cláusula, S. 78 ist diese Theorie durchaus geeignet, die veränderten Umstände zu beurteilen, da es sich bei den Fällen der Leistungserschwerungen letztendlich um eine Frage der Risikoverteilung handele. Siehe auch: *Martín-Ballestero*, Riesgo imprevisible; erwähnt wird die Lehre auch von *Lacruz Berdejo*, Elementos II 2, S. 507.

145 *De Bornier*, Essai sur la théorie de l'imprévision; *Hauriou*, RDP 1926, 1 ff.

146 CE, 30.3.1916: D. 1916.3.25, S. 1916.3.17, zu der Problematik: *Auverny-Bennetot*, La theórie de l'imprévision, S. 43 ff.

147 *Laurent*, Principes de droit francais XVII, Rdnr. 471; *Carbonnier*, Droit civil IV, S. 268; *Auverny-Bennetot*, La théorie de l'imprévision, S. 2.

lediglich eine Bekräftigung und Erweiterung des in Art. 1134 al. 1 niedergelegten Grundsatzes der Vertragstreue bezwecke.[148]

Die Gegenmeinung dieser herrschenden Auffassung wird als *théorie de l'imprévision* bezeichnet. Im Interesse der Rechtssicherheit seien demnach zwar einige Nachteile hinzunehmen, aber in schweren Krisenzeiten solle von einer derartig strikten und ungerechten Vertragsbindung abzusehen sein.[149] Dieses müsse vor allem im Hinblick auf langfristige Verträge geschehen.[150] Gestützt wird diese Ansicht auf eine Analyse des Parteiwillens[151], da eine Vertragsbindung nicht weiter reichen dürfe, als der für den Vertragsinhalt maßgebliche Wille der Parteien.[152] Dieser umfasse aber ja gerade nicht die nicht vorhersehbaren veränderten Umstände. Die Theorie der *Imprevisión* wird mit dieser Unvorhersehbarkeit begründet.

Im spanischen Recht wird diese Figur *riesgo imprevisible* genannt.[153] Aufgrund der Unzulänglichkeit der *fuerza mayor* soll sie nach Ansicht von Badenes Gasset als neue Figur operieren, da sie einen geringeren Eingriff und größere Menschlichkeit ermögliche.[154] Mit ähnlicher Begründung schlug Anfang der 20er Jahre bereits Hauriou vor, die Theorie aus dem Verwaltungsrecht auch auf das Privatrecht zu übertragen.[155] Verwirklicht sich ein zum Zeitpunkt des Vertragsschlusses unvorhersehbares Risiko, so solle zur Vermeidung von exzessiven Belastungen einer Vertragspartei der Vertrag angepasst werden können.

Die Tatsache, dass diese Theorie noch häufig von spanischen Autoren erwähnt wird, kann auf den enormen Einfluss der französischen Rechtswissenschaft auf das spanische Zivilrecht zurückgeführt werden. Auch aufgrund des wachsenden Einflusses der deutschen wissenschaftlichen Ausführungen, ließ die Einflussnahme der französischen Rechtswissenschaft aber in den 30er Jahren des 20. Jahrhunderts nach.[156]

---

148 *Stoyanovitch,* De l'intervention du juge, S. 426 ff.

149 *Bruzin,* Essai sur la notion d'imprévision, S. 352.

150 *De Bornier,* Essai sur la théorie de l'imprévision, S. 132 f., *Fyot,* théorie de l'imprévision, S. 154.

151 *Auverny-Bennetot,* La théorie de l'imprévision, S. 11 f.; *Bomsel,* La théorie de l'imprévison, S. 25 f., 68; *De Bornier,* essai sur la théorie d l'imprévision, S. 126 f.

152 *Bomsel,* La théorie de l'imprévision, S. 26.

153 Vgl. *Sánchez Jiménez,* Riesgo imprevisible.

154 *Badenes Gasset,* Riesgo imprevisible.

155 *Hauriou,* RDP 1926, 1–15.

156 *Puig Ferrol,* ZEuP 2000, 195.

Inzwischen nimmt die spanische Literatur von der französischen Auffassung, den Umstands-änderungen nach Vertragsschluss keinerlei Bedeutung beizumessen Abstand und auch die Theorie der *imprevisión* wird nahezu einhellig abgelehnt oder es wird gar keine Stellung zu dieser Ansicht bezogen.[157]

So wird bereits die Bezeichnung der Theorie als *riesgo imprevisible* als verfehlt beurteilt. Zum einen handele es sich bei dem Begriff der *Imprevisión* um keine rechtsgültige Bezeichnung, zum anderen dürfe diese Theorie nicht im Zusammenhang mit dem Risiko gebracht werden, da schließlich ein Risiko immer unvorhersehbar sei.[158] Zudem wird es als unzureichend angesehen, den Schwerpunkt auf die Willensautonomie der Parteien zu setzen. Vielmehr müssten sich die Rechtsfolgen aus objektiven Umständen und nicht ausschließlich aus dem Willen der Parteien ergeben.[159] Andere Autoren sehen in der Theorie ein weiteres Argument für eine Anwendung der *clausula*, die den Anwendungsbereich durch das Merkmal der *Imprevisión* begrenze.[160]

Nach Meinung Candils hat die Lehre der *imprevisión* aber in den Fällen der Notstandsgesetzgebung, wie zum Beispiel in der *Ley* vom 17. Mai 1940 und vom 21. Juni 1940, Berücksichtigung gefunden.[161]

3. *Teoría de la presuposición*

Auch wenn Windscheid von einem Teil der spanischen Literatur als „genialer Pandektist" gelobt wird[162], fand seine Theorie der *presuposición*, die von Italien nach Spanien gelangte, wenig Anhänger.[163] Der Theorie wird die Möglichkeit zugestanden, den Parteiwillen mit akzessorischem Charakter einzugrenzen, um so den Eintritt von Konsequenzen gegen den wirklichen Willen des Handelnden zu verhindern.[164] Im Unterschied zur *ex post facto* wirkenden *clausula rebus sic*

---

157 *Fernández Hierro*, Modificación, S. 21 ff. begnügt sich mit einer kurzen Darstellung und dem Verweis, dass diese Theorie nie von der französischen Rechtsprechung im Privatrecht anerkannt wurde.

158 *Candil*, Cláusula, S. 86 spricht von einem: „Concepto netamente jurídico."

159 *Manrique López*, Rev. española de Der. del Trabajo 1985, 59, 71.

160 *Lluis y Navas Brusi*, RGLJ 1956, 370, 401.

161 *Candil*, Cláusula, S. 89.

162 *Batlle*, Anales de universidad de Murcia 44–45, 385, 393 („genial pandectistica alemán").

163 Ablehnend: *Batlle*, Anales de universidad de Murcia 1944–1945, 385, 394; *Lluis y Navas Brusi*, RGLJ 1956, 370, 392 ff.; *Gómez Ferrer Sapiña*, RDN 1970, 103, 118.

164 *Candil*, Cláusula, S. 51.

stantibus sei die *presuposición* Teil des vertraglichen Willens.[165] Obwohl häufig zur Rechtfertigung dieser Theorie auf andere Normen des Código Civil verwiesen wurde, konnte sie keine Zustimmung erfahren. So herrscht Einigkeit darüber, dass insbesondere die Irrtumsregeln der Art. 1266 CC nicht auf die *Teoría de la presupoción* zurückzuführen seien. Der Irrtum beziehe sich auf das Wesen der Sache, die Gegenstand des Vertrages sei. Der Wille sei dabei nicht das einzige Element, sondern auch die Selbstverantwortung und das Vertrauen des Empfängers in die Willensäußerung. Außerdem sei nur der Irrtum über vergangene oder gegenwärtige Umstände von Bedeutung und nicht der Irrtum über zukünftige Umstände.[166] Die Nichtberücksichtigung der Lehre im Código Civil, trotz ihrer Entwicklung 40 Jahre vor Erlass des spanischen Gesetzbuches, lässt auf die Ablehnung des Gesetzgebers schließen. Der Código Civil erklärt damit nur den wirklich geäußerten Willen für beachtlich.[167]

Die Theorie der *presuposición* wurde mit nahezu identischer Kritik wie in Deutschland abgelehnt, da sie auf eine Fiktion hinauslaufe und aufgrund ihrer Unbestimmtheit zu gefährlichen und willkürlichen Ergebnissen führen könne.[168] Bemängelt wurde auch die schwierige Abgrenzung zwischen unbeachtlichem Motiv und Voraussetzung.[169] Da die Erkennbarkeit der Beweggründe ausreichend sei, könne somit jede Vertragspartei, die sich getäuscht fühlt, den Vertrag anfechten, was zu starken Belastungen der Rechtssicherheit führe.[170]

In spanischen Lehrbüchern wird zudem neben Windscheid auch häufig auf Osti Bezug genommen und die italienische Lehre der *presupposizione* genauer betrachtet.[171] Diese Auffassung konnte sich aber nicht durchsetzen.

4. *Teoría de la base del negocio*

Die Lehre von der Geschäftsgrundlage, die *teoría de la base del contrato*, genießt zunehmendes Ansehen innerhalb der spanischen Literatur. Den Anstoß für

---

165 *Terraza Martorell*, Modificación, S. 119–121.

166 *Gavidia Sánchez*, ADC 1987, 525, 548.

167 *De Cossio*, Frustraciones, S. 52.

168 *Díez Picazo*, Fundamentos II, S. 1063; *Gavidia Sánchez*, ADC 1987, 525, 547 untersuchte eine mögliche Übertragung dieser Theorie auf das spanische Recht. Sie kommt schließlich zu dem Ergebnis, dass im spanischen Recht keine einzige Norm diese Theorie unterstütze.

169 *Lenel*, RDP 1923, 193, 199.

170 *Lenel*, RDP 1923, 193 ff., z. B. zitiert von *De Amunátegui Rodríguez*, Cláusula, S. 67.

171 Vgl. *De Cossio*, Frustraciones, S. 53; *Díez Piacazo*, Fundamentos II, S. 1057. Die Resultate Ostis wurden v. a. von Candil und Badenes Gasset betrachtet.

diese Entwicklung gaben Pérez González und Alguer, die schon 1933 in ihrer ersten Auflage der Übersetzung des Lehrbuchs von Ennecerus und Lehmann versuchten, die Lehre von der Geschäftsgrundlage auf das spanische Recht zu übertragen.[172] Diese Übersetzung und die Ausführungen der Autoren haben auf die gesamte spanische Rechtswissenschaft einen erheblichen Einfluss ausgeübt.[173] Sie wollten als Erste einer Umstandsänderung rechtliche Bedeutung beimessen unter Berücksichtigung der *clausula rebus sic stantibus*, der Lehre der Voraussetzung, der *lesión* und der Lehre vom Wegfall der Geschäftsgrundlage. Wenn aufgrund wirtschaftlicher Veränderungen die Leistung einer Partei nicht mehr der ursprünglich gewollten entspreche, könne keine vertragliche Gegenseitigkeit mehr angenommen werden.[174] Sie befürworteten dabei die Ansicht Lehmanns, betonten aber, dass alle Lehren in der gleichen Weise versuchen, einen gerechten Ausgleich durch Abwägung der Parteiinteressen unter Berücksichtigung der *buena fe* durchzuführen.

Bei der Darstellung der Problematik werden inzwischen häufig die von Oertmann und Larenz entwickelten Thesen in umfangreicher Weise wiedergegeben. Oertmanns Vorschlag wird aber aufgrund der problematischen Bestimmung der für die Bildung der Geschäftsgrundlage relevanten Umstände als unzufriedenstellend zurückgewiesen.[175] Daher wird dessen Lehre oft als zu komplex und weitläufig kritisiert.[176] Zudem wird der fiktive Charakter dieser Theorie bemängelt, die eine Lösung für derartige Fälle vermissen lässt, in denen die Parteien sich gar keine Gedanken gemacht haben.[177] Andere sehen in der Lehre der *base del negocio* bloß eine andere Bezeichnung für die *clausula*-Lehre, wobei letztere weitergehender sei.[178]

Aufgrund der Übersetzung von Larenz` Werk über die Geschäftsgrundlage[179] beschäftigen sich ebenfalls die wichtigsten Werke der heutigen spanischen

---

172 *Pérez González/Alguer*, Tratado 1933, S. 216.

173 *Puig Ferrol*, ZEuP 2000, 195 hat in seinem Aufsatz betont, dass sich mit dieser Übersetzung abzeichnete, dass sich der beherrschende Einfluss der französischen Lehre, die bis zu den 30er Jahren des 20. Jahrhunderts bestanden hatte, dem Ende entgegenneigte.

174 *Pérez González/Alguer*, Tratado, S. 214.

175 *De Cossio*, Frustraciones, S. 56.

176 *Lluis y Navas Brusi*, RGLJ 1956, 370, 398; *Díez Picazo*, Fundamentos II, S. 1064.

177 *De Cossio*, Frustraciones, S. 59; *Beltran de Heredia y Castaño*, Cumplimiento, S. 313.

178 *Terraza Martorell*, Modificación, S. 125.

179 *Larenz*, Base del negocio jurídico.

Zivilrechtswissenschaft mit seiner Auffassung.[180] Dessen Ansichten erfreuen sich hoher Anerkennung, wenngleich vereinzelt angezweifelt wird, ob es sich um eine eigenständige Theorie der Geschäftsgrundlage oder bloß um eine Synthese und Anpassung der verschiedenen Erläuterungen und Positionen der Lehre handele.[181] Zwar sei die Lehre im Vergleich zur *clausula*-Lehre deutlich objektiver, dennoch müsse dem Richter bei der Bewertung einer Zerstörung des vertraglichen Gleichgewichts und der gemeinsamen Parteivorstellung bei Vertragsschluss Subjektivität zugestanden werden.[182] Die Unterteilung in eine objektive und subjektive Geschäftsgrundlage wird teilweise positiv hervorgehoben.[183] Allerdings müsse bezüglich der dogmatischen Grundlage eine Trennung vorgenommen werden: Die subjektive Geschäftsgrundlage sei auf dem Gebiet der Motive anzusiedeln und könne mit den Regelungen über den *error* beurteilt werden.[184] Im Gegenteil dazu beziehe sich die objektive Geschäftsgrundlage, die wirtschaftlicher und juristischer Natur sei,[185] auf die gemeinsame Intention der Parteien und der daran orientierten Verwirklichung des Vertragsziels. Andere merken an, dass durch eine Unterscheidung zwischen objektiver und subjektiver Geschäftsgrundlage sowie den Motiven die Problematik nur verkompliziert werde.[186] Díez Picazo hingegen bezeichnet die Auffassung von Larenz als perfekteste Konstruktion aller Lehren.[187] Ein Wegfall der Geschäftsgrundlage könne vorliegen, wenn das Gleichgewicht der Leistungen völlig zerstört worden sei oder das gemeinsame Ziel des Geschäftes nicht erreicht werden könne. Dieser Wegfall der Geschäftsgrundlage müsse auf außerordentliche und unvorhersehbare Umstandsänderungen zurückzuführen sein und schließlich eine ungerechtfertigte Benachteiligung auslösen, die nicht kompensiert werden könne.[188]

---

180 So z.B. bei *Fernández Hierro*, Modificación , S. 16–21; *Gómez Ferrer Saplña,* RGD 1990, 4389, 4397 ff., *Castán Tobeñas*, Derecho Civil, S. 622 f.; *Manrique López*, Rev. española de Der. del Trabajo 1985, 59, 71 bezeichnet die Theorie von Larenz als „construcción más perfecta"; Dieselbe Wortwahl benutzt *Díez Picazo*, Fundamentos II, S. 1064.

181 So *Fernández Hierro*, Modificación, S. 17.

182 *Fernández Hierro*, Modificación, S. 21.

183 Vgl. *Ragel Sánchez*, Derecho Civil, S. 115.

184 *De Cossio*, Frustraciones, S. 62; *Martinez Velencoso*, Alteración de las circunstancias, S. 122; *Manrique López*, Rev. española de Der. del Trabajo 1985, 59, 61; *Puig Brutau*, Fundamentos II 1, S. 374.

185 *Delgado de Miguel*, Instituciones III, S. 192.

186 *Fernández Hierro*, Modificación, S. 27.

187 *Díez Picazo*, Fundamentos II, S. 1064.

188 *Díez Picazo*, Fundamentos II, S. 1064 ff.

De Castro y Bravo stimmt der deutschen Lehre völlig zu und behauptet, dass die Theorie der Geschäftsgrundlage sehr gut auf das spanische Rechtssystem zu übertragen sei.[189] Er definiert die Geschäftsgrundlage als Gesamtheit aller Umstände, ohne deren Existenz, Fortdauer oder Eintritt das vorgesehene Ergebnis des Geschäftes nicht erreicht werden könne.[190]

Auch die weiteren Entwicklungen von Locher oder Krückmann werden von der Literatur oftmals aufgegriffen.[191] So wird die Auffassung Lochers aufgrund einer Objektivierung als Verbesserung der Lehre Oertmanns angesehen.[192] Aufgrund des großen Einflusses von Pérez González y Alguer wird häufig auch die Auffassung von Lehmann hervorgehoben.[193]

II. Ablehnende Haltung innerhalb der Literatur

Innerhalb der spanischen Rechtslehre hat sich somit eine grundsätzliche Beachtlichkeit der Umstandsänderungen durchgesetzt. Dennoch lässt sich im Schrifttum auch die Auffassung finden, den veränderten Umständen nach Vertragsschluss keine Bedeutung beizumessen.[194] Besonders kritisch ist Beltrán de Heredia y Castaño, der in seinem Werk über die vertragliche Erfüllung äußerst detailliert die Problematik und entwickelten Lösungsansätze darstellt und dennoch zu der Schlussfolgerung gelangt, den Umstandsänderungen keinerlei Auswirkungen auf den Vertrag zuzugestehen: Danach habe der Grundsatz der Vertragstreue uneingeschränkt zu gelten. Um der *clausula rebus sic stantibus* Geltung zu verschaffen, müsse der Gesetzgeber die Unmöglichkeits- oder Billigkeitsregeln erweitern. Die von der Lehre entwickelten Auffassungen können dieser Meinung nach nur als Ziel oder Ideal gesehen werden, eine Lösung der Problematik habe aber der Gesetzgeber und nicht die Lehre zu treffen.[195]

Auch Castan Tobeñas, der Richter und mehr als 20 Jahre Präsident am Tribunal Supremo war[196], hat in seinem oben bereits zitierten Werk eine Neukodifikation des Código Civil gefordert.[197] Er verlangt eine einheitliche Kodifikation für Spanien

189 *De Castro y Bravo*, Negocio jurídico, S. 323 f.

190 *De Cakstro y Bravo*, Negocio jurídico, S. 323 f.

191 Vgl. *Gómez Ferrer Sapiña*, RDN 1970, 103, 121.

192 *Candil,* Cláusula, S. 55.

193 Vgl. *Gómez Ferrer Sapiña*, RDN 1970, 103, 121 f.

194 *Beltran de Heredia y Castaňo*, Cumplimiento. S. 347.

195 *Beltran de Heredia y Castaňo*, Cumplimiento. S. 347.

196 Und dabei mit dem Urteil vom STS 14.2.1944, RJ 1944, 293 der Lehre vom abuso del derecho in der Praxis Anerkennung verschaffte.

197 *Castán Tobeñas*, Hacia un Nuevo Derecho Civil, S. 93.

und nimmt dabei die technische Präzision des BGB und die Volksnähe des ZGB zum Vorbild.[198] Im zukünftigen Zivilgesetzbuch müsse dem Richter ein Recht zustehen, die Verträge aufzulösen oder zu ändern, wenn die vertraglich vorgesehene Erfüllung aufgrund unvorhersehbarer Ereignisse erschwert werde. Zudem fordert er eine Möglichkeit der Kontrolle, die den Fortbestand des Vertrages garantiere. Da diese über die gesamte Dauer des Vertrages bestehen bleiben solle, spricht er von einer nachträglichen *laesio enormis*.[199] Damit kann aber nichts anderes als eine gesetzliche Verankerung der *clausula rebus sic stantibus* gemeint sein. Ähnlich sieht dieses Candil, der keine der dargestellten Lösungsansätze derart überzeugend findet, dass sie eine gesetzliche Verankerung entbehrlich machen könnten. Eine mangelhafte gesetzliche Regelung ist ihm dabei lieber als eine fehlende.[200]

De Castro y Bravo betont in seinen Ausführungen zum Rechtsgeschäft, dass die dargestellten Theorien Konstruktionen des deutschen Rechts seien, um die Probleme zu lindern, die dort aufgrund des Verzichts auf eine Regelung der *causa* entstanden seien. Seiner Meinung nach tauche die *causa* daher im Gewand der Theorie der Geschäftsgrundlage wieder auf.[201] Eine Übertragung der deutschen Auffassungen und Theorien auf das spanische Rechtssystem sei aufgrund der Regelungen über die *causa* überflüssig.

C. Vergleichende Zusammenfassung

Innerhalb der deutschen Rechtslehre hat eine fundierte wissenschaftliche Auseinandersetzung mit der Problematik veränderter Umstände und ihrer Auswirkungen auf den bestehenden Vertrag stattgefunden. Diese Auffassungen haben nicht nur im deutschen Rechtskreis Beachtung gefunden, sondern auch auf das spanische Schrifttum Einfluss ausgeübt. Bei der Entwicklung des Instituts der Geschäftsgrundlage innerhalb des deutschen Schrifttums ist auffallend, dass diese sich durch eine gewisse Kontinuität auszeichnete. So bezog sich Oertmann auf Windscheids Voraussetzungslehre, Larenz wiederum knüpfte an Krückmann und Oertmann an.

---

198 *Castán Tobeñas*, Hacia un Nuevo Derecho Civil, S. 74.

199 *Castán Tobeñas*, Hacia un Nuevo Derecho Civil, S. 116.

200 *Candil*, Cláusula, S. 104, 143.

201 In fast schon poetischer Ausführung formulieren die Autoren *De Castro y Bravo*, Negocio jurídico, S. 322: „La causa, expulsada del Código Civil alemán, ha vuelto a cobrar su vieja importancia y, aunque con un disfraz de base del negocio, serán traídas de la mano de los Tribunales y tratadistas para cumplir su secular misión.“

Eine solch kontinuierliche Entwicklung hat es im spanischen Schrifttum nicht gegeben. Die wissenschaftliche Auseinandersetzung mit der *clausula rebus sic stantibus* begann in Spanien zu einem Zeitpunkt, als in Deutschland die Problembehandlung schon längst seinen festen Platz hatte. Bereits im Jahre 1756 war in dem bayrischen Landesrecht eine gesetzliche Verankerung der *clausula* zu finden, während die ersten Äußerungen des spanischen Schrifttums erst Mitte des 20. Jahrhunderts erfolgten. Die spanische Rechtslehre ging zunächst von einer starken Bindung an den Gesetzestext aus, so dass den Umstandsänderungen nach Vertragsschluss keinerlei Bedeutung beigemessen werden konnte. Dieses kann damit begründet werden, dass die spanische Literatur noch unter dem französischen Einfluss stand und sich nicht wie deutsche Literaten auf derartige Problemstellungen einlassen wollte. Zudem beruhte dies auf historischen Gesichtspunkten wie der Niederlage der Deutschen im Ersten Weltkrieg und die darauffolgende Inflation. So mussten sich die deutschen Rechtswissenschaftler und Gerichte viel früher mit den veränderten Umständen auseinandersetzen als die spanischen.

Obwohl bereits im Jahr 1929 eine Veröffentlichung eines Aufsatzes Oertmanns in der spanischen *Revista de Derecho Privado* erfolgte, fanden die deutschen Lehrmeinungen erst durch Pérez González und Alguer vermehrt Beachtung. Bereits in der ersten Auflage ihrer Übersetzung im Jahr 1933 wollten sie den Umstandsänderungen auch in Spanien Bedeutung beimessen. Danach begann das Schrifttum sich, zumeist unter Verwendung der *clausula rebus sic stantibus*, mit möglichen Auswirkungen derartiger Umstände auf den Vertrag zu beschäftigen. Die Darstellungen waren dabei überwiegend rechtsvergleichender Natur. Es gibt bis zum heutigen Zeitpunkt kaum eine Monographie, die auf eine Darstellung ausländischer Rechtsauffassungen verzichtet. Dabei sind deutliche Parallelen zum deutschen Recht erkennbar. Gerade die anfänglichen Stellungnahmen zeichneten sich durch die starke Rezeption des deutschen juristischen Gedankenguts aus. Zwar ist im spanischen Schrifttum die Bezeichnung als *clausula rebus sic stantibus* gebräuchlicher, die deutschen Theorien wurden dennoch wörtlich übersetzt wiedergegeben und oft mit derselben Kritik wie in Deutschland abgelehnt. So ging das spanische Schrifttum mit der deutschen Lehre davon aus, dass die *clausula* in ihrer strengen Auffassung zu vage und unkonkret sei. Die subjektiven, am Parteiwillen orientierten Theorien mussten sich dem Vorwurf der Fiktion aussetzen und wurden mit den Kritikpunkten Lenels zurückgewiesen. Einer möglichen Gefährdung der Rechtssicherheit sollte durch Begrenzung des Anwendungsbereichs der *clausula*-Lehre oder Lehre der Geschäftsgrundlage entgegengewirkt werden. Vorschläge einer möglichen Begrenzung konnte man in der Anfangsphase im spanischen Schrifttum nicht finden.

Da auch die vermeintlich objektiven Theorien häufig nicht ohne Zuhilfenahme von Fiktionen auskommen konnten, wurde vereinzelt die Notwendigkeit einer gesetzlichen Regelung zur Schaffung von Rechtsklarheit gefordert.

Es hat nie eine derartig intensive theoretische Auseinandersetzung mit den Auswirkungen von Umstandsänderungen wie in Deutschland stattgefunden. Nach der Übersetzung von Larenz' Abhandlung über die Geschäftsgrundlage orientierte sich die spanische Rechtswissenschaft überwiegend an dessen Aussagen. Viel größere Beachtung als die Frage der grundsätzlichen Zulässigkeit eines Eingriffs in den bestehenden Vertrag hat die dogmatische Einordnung der *clausula* erfahren. Trotz der fehlenden praktischen Konsequenzen wird dieser Problematik außerordentlicher Bedeutung zugestanden. Inzwischen hat sich die Lehrmeinung gefestigt, die *buena fe* als Rechtfertigung für eine Anwendung der *clausula* heranzuziehen. Dieses geschah wieder in Übereinstimmung mit der deutschen Auffassung.

Wie groß die Einflüsse des deutschen Rechts sind, zeigt schließlich die Einstellung zu der italienischen gesetzlichen Regelung zu den veränderten Umständen. Die Theorie der *excessiva onerosidad* wurde aus dem italienischen Recht übernommen. Bei dieser handelt es sich um eine streng objektive Regelung, die auf dauernde oder wiederkehrende Leistungen ausgerichtet ist sowie auf Verträge, bei denen Vertragsschluss und Erbringung der Leistung zeitlich auseinanderfallen.[202] Nach dieser Regelung kann die Partei, für die die Leistung als Konsequenz von außergewöhnlichen und unvorhersehbaren Ereignissen absolut belastend wird die *resolución* des Vertrages fordern. Die gegnerische Partei kann eine solche verhindern, indem sie eine gerechte Anpassung der Vertragsbedingungen anbietet. Im spanischen Recht erfolgt selten eine umfangreiche Auseinandersetzung mit der italienischen Regelung. Vielmehr existiert die Tendenz, angesichts des Respekts vor anderen gefestigten Lehren wie der *clausula* oder der Theorie der Geschäftsgrundlage, die Wirksamkeit und Unabhängigkeit der Doktrin der *excesiva onerosidad sobrevenido* abzulehnen.[203]

---

202 Eine umfangreiche, überzeugende Darstellung zur Problembehandlung im italienischen Recht findet sich bei *Reiter*, Vertrag und Geschäftsgrundlage.

203 So bezeichnet *Díez Picazo*, Fundamentos II, S. 1062 die Objektivierung zwar als plausibel, die Theorie aber als nicht ausreichend, da sie keine Zweckvereitelung umfasse.

2. Abschnitt: Lösungsansätze durch die Rechtsprechung

A. Rechtsprechung in Deutschland bis zur Schuldrechtsreform

Die Entwicklung der Lehre von der Geschäftsgrundlage wurde durch die Diskussion der höchstrichterlichen Urteile vorangetrieben. Daher soll an dieser Stelle eine abstrakte Darstellung der für die Bildung der Lehre von der Geschäftsgrundlage wichtigsten Urteile erfolgen. Konkrete Entscheidungen der Rechtsprechung werden im 2. Kapitel durch eine Zuordnung zu bestimmten Fallgruppen aufgezeigt, um die rechtsvergleichende Analyse übersichtlich durchführen zu können.

I. Reichsgericht

Das Reichsgericht lehnte sowohl die Doktrin der *clausula rebus sic stantibus* in ihrer ursprünglichen Bedeutung als auch die Ableitung einer solchen Lehre aus Einzelbestimmungen des BGB ab.[204] Auch noch nach Beginn des Ersten Weltkrieges orientierte sich das Reichsgericht strikt am Grundsatz der Vertragstreue und hielt eine Auflösung oder Anpassung der Verträge für nicht erforderlich.[205]

Vereinzelt hat das Reichsgericht im Laufe der Zeit eine Berufung auf die *clausula* für zulässig erachtet.[206] Diesen Entscheidungen konnte aber kein Hinweis auf eine dogmatische Lösung entnommen werden, die Bezeichnung als *clausula rebus sic stantibus* diente vielmehr lediglich der Problembeschreibung.[207] Vor der Entwicklung der Lehre von der Geschäftsgrundlage erfolgte ein Rückgriff vor allem in Inflationszeiten, um gerechte Ergebnisse herbeizuführen.[208] Zudem sollten nach Ansicht des Reichsgerichts Unterhaltsverträge und Altenteilsverträge mit Versorgungscharakter regelmäßig nach einer gemäß § 157 BGB vorzunehmenden Auslegung den

---

204 RGZ 21, 178, 180; RGZ 50, 255, 257; RGZ 99, 258, 260.

205 RGZ 86, 397, 399; RGZ 90, 374, 377; RGZ 90, 102, 105; zuletzt in einem Urteil vom 8.7.1920, RGZ 99, 258, 259.

206 RGZ 60, 56, 60; RGZ 103, 177, 178.

207 *Rüthers*, Unbegrenzte Auslegung, S. 37.

208 Vgl. RGZ 100, 129. Dieser Fall wird bei den Äquivalenzstörungen auf S. 112 f. kurz dargestellt.

Gedanken der *clausula* enthalten.[209] So konnte die Möglichkeit einer Anpassung erleichtert werden.[210]

Windscheids Lehre von der Voraussetzung wurde von einigen Obergerichten und auch vom Reichsoberhandelsgericht angewandt, jedoch schließlich vom Reichsgericht im Jahr 1889 verworfen.[211] Die endgültige Ablehnung erfolgte aufgrund der fehlenden quellenmäßigen Begründung für die Voraussetzungslehre. Die Auffassung der Rechtsprechung stimmte insofern mit der herrschenden Lehre überein. Eine strikte Zurückweisung durch die Rechtsprechung ließ sich allerdings nur zu Zeiten stabiler ökonomischer und gesellschaftlicher Verhältnisse durchführen. Nach dem Ersten Weltkrieg hatte das Reichsgericht aufgrund von Umstandsänderungen durch die Geldentwertung eine große Anzahl von Rechtsstreitigkeiten zu entscheiden. Hauptsächlich ging es dabei um Fälle der übermäßigen Leistungserschwerung, die das Reichsgericht zu einer Revision ihrer bisherigen ablehnenden Haltung zwangen. Aus diesem Zeitraum stammen einige uneinheitliche Urteilssprüche, was auf die Vielzahl der Sachverhalte zu dieser Thematik zurückzuführen ist. Eine dogmatische Lösung konnte in dieser Zeit noch nicht entwickelt werden. Die Gerichte versuchten vielmehr möglichst gerechte Ergebnisse unter Berücksichtigung des Einzelfalls zu treffen, in denen dann häufig eine genaue Begründung der Rechtsfolge unterblieb.

1. Wirtschaftliche Unmöglichkeit – Mühlenbrandfälle

Später behalf sich die Rechtsprechung mit einer Gleichstellung der wirtschaftlichen Unmöglichkeit mit der Unmöglichkeit. Diese Lehre wurde auf die Mühlenbrandfälle aus den Jahren 1898 und 1904 gegründet.[212] In diesen wurde ein Vertrag über eine bestimmte Sorte Mehl geschlossen, jedoch brannte vor der Lieferung des Mehls die Mühle ab mit der Folge, dass eine neue Lieferung erst nach dessen Wiederaufbau möglich wurde.

Im ersten Fall aus dem Jahre 1898 begründete das Reichsgericht die Anwendung der Unmöglichkeitsvorschriften damit, dass aufgrund einer notwendigen

---

209 Vgl. RGZ 106, 233, 235, wo das RG feststellte, dass „dem Unterhaltsvertrag regelmäßig die clausula stillschweigend innewohnt." Daran sollte auch die Schuldrechtsreform nichts ändern, vgl. BT/Drs. 14/6040, S. 176.

210 Allerdings hat die Rechtsprechung diese Ansicht inzwischen aufgegeben und stützt die Anpassung jetzt auf § 313 BGB, vgl. Palandt/*Grüneberg*, § 313 BGB Rdnr. 11; BGH NJW 2001, 3618; BGH NJW 2007, 2249.

211 RGZ 24, 169. Vorher hat das Reichsgericht in der Entscheidung RGZ 14, 212, 216 allerdings die condictio causa data causa non secuta mit der Voraussetzung begründet.

212 RGZ 42, 114 und RGZ 57, 116.

neuen Ernte der Leistungsgegenstand so verändert worden sei, dass er seine Tauglichkeit zur Vertragserfüllung eingebüßt habe.[213] Würde der Leistungsgegenstand aus einer anderen Ernte beschafft werden, würde er demnach ein aliud darstellen.

Im zweiten Fall war trotz des Brandes der Mühle noch ein Teil des Produktes erhalten geblieben, weil in der Nacht vor dem Feuer ein größerer Posten für einen anderen Abnehmer verladen wurde. Da dieser Teil aber eben für einen anderen Abnehmer bestimmt war, war er nach Ansicht des Gerichts bereits in festen Händen und nicht mehr auf dem Markt erhältlich. Das Reichsgericht hielt eine Anwendung der Unmöglichkeitsvorschriften auch dann für angebracht, wenn die Wiederbeschaffung der Ware für den Verkäufer in einem außergewöhnlichen Maße erschwert worden und unzumutbar geworden sei.[214] Diese Einschränkung leitete das Gericht aus § 242 BGB her. Allerdings mussten die Beschaffungsschwierigkeiten derart außergewöhnlich sein, dass sie nach der Verkehrsauffassung der Unmöglichkeit gleichgestellt werden konnten.

Während das Gericht im ersten Fall aufgrund einer Veränderung des Leistungsinhalts auf die Unmöglichkeit abstellte, wurde im zweiten Fall die Unzumutbarkeit der Unmöglichkeit gleichgesetzt. Eine wirtschaftliche Unmöglichkeit konnte also nach Ansicht des Reichsgerichts durch diese zwei Möglichkeiten entstehen.[215] Der Vorteil dieser Lösung lag in der Umgehung des Problems einer fehlenden Regelung durch Anwendung eines normierten Tatbestands mit eindeutigen Rechtsfolgen. Der Schuldner wurde nach den §§ 275 I, 323 a.F. BGB automatisch befreit.

Eine derartige Gleichsetzung war auf Dauer wenig überzeugend. Es sind Fallkonstellationen zu berücksichtigen, in denen Störungen des Gleichwertverhältnisses vorliegen, ohne dass damit eine zeitweilige Unmöglichkeit eintritt. Daher wird durch die wirtschaftliche Unmöglichkeit das Problem lediglich verlagert, um eine bestimmte Rechtsfolge zu erreichen. Dabei muss berücksichtigt werden, dass die Rechtsfolge des Wegfalls der Leistungspflicht nicht immer zu zufriedenstellenden Ergebnissen führt.

---

213 RGZ 42, 114, 116: „Der Leistungsgegenstand wird selber verändert und hat die Fähigkeit, als Vertragserfüllung zu dienen, verloren."

214 RGZ 57, 116, 118.

215 RGZ 88, 71, 74; RGZ 90, 102, 105; RGZ 92, 87, 88; RGZ 93, 341, 342; RGZ 94, 45, 47; in RGZ 100, 129, 131 wird die wirtschaftliche Unmöglichkeit sogar teilweise mit der clausula gleichgestellt, indem ausgeführt wird: „Die clausula rebus sic stantibus sei unverhüllt zutage getreten", zuletzt RGZ 106, 233, 235.

2. *Ruintheorie*

Ab dem Jahre 1918 wurde die Figur der wirtschaftlichen Unmöglichkeit langsam von einer allgemeinen Bezugnahme auf Treu und Glauben unter Berücksichtigung der Zumutbarkeit abgelöst.[216] Bezüglich der genauen Ausgestaltung des unbestimmten Rechtsbegriffs der Unzumutbarkeit herrschte zunächst Uneinigkeit. Deshalb entwickelte der 3. Senat des Reichsgerichts die Ruintheorie als Kriterium, die den wirtschaftlichen Verhältnissen der Parteien besondere Beachtung schenken sollte. Der Schuldner sollte immer dann von der Erfüllung der Leistungspflicht frei werden, wenn diese ihn wirtschaftlich vernichten oder an den Rand des Ruins bringen würde.[217] Die anderen Senate begegneten einem derartigen Verständnis mit Skepsis oder Ablehnung und passten die Ausführungen des 3. Senats entsprechend an.[218] Seitens des ersten Senats wurde betont, dass neben den subjektiven Verhältnissen auch dem Interesse der Allgemeinheit durch angemessene Berücksichtigung der Vertragstreue und Verkehrssicherheit Rechnung getragen werden müsse. Die strikte Auffassung des 3. Senats führe zu einer Bevorzugung des vermögensarmen Schuldners. Zwar sei der wirtschaftliche Ruin durchaus als Indiz zu werten, er dürfe aber nicht zur alleinigen Voraussetzung erhoben werden.[219] Die Ruintheorie in ihrer ursprünglichen Bedeutung konnte daher nicht überzeugen.

Seit einem Urteil vom 19. Mai 1920 stütze das Reichsgericht seine Rechtsprechung in der Regel auf den Grundsatz von Treu und Glauben und versagte einen Anspruch auf Vertragserfüllung, wenn die Äquivalenz von Leistung und Gegenleistung gestört war.[220] Dennoch argumentierte es teilweise noch mit dem drohenden wirtschaftlichen Ruin. Ein Beispiel stellt das Urteil vom 8. Juli 1920 dar.[221] Aufgrund erheblicher Preissteigerungen wollte der Vermieter eines langfristigen Mietvertrags diesen kündigen oder den zu zahlenden Mietzins heraufsetzen. Das Reichsgericht wies dieses Begehren mit der Begründung zurück, dass nicht jede größere wirtschaftliche Umwälzung dem Benachteiligten das Recht

---

216 Seit RGZ 99, 115, 116; vgl. u.a. RGZ 94, 46, 47; RGZ 94, 68, 69; RGZ 95, 41, 43; RGZ 99, 258, 259; RGZ 100, 129, 132.

217 RGZ 100, 134, 138; RGZ 102, 272, 273 f.

218 Der 7. Senat führte aus, dass sich keine allgemeine Regel in der Art aufstellen lasse, dass eine Befreiung der Leistungspflicht nur dann anzunehmen sei, wenn diese den wirtschaftlichen Ruin zur Folge habe, vgl. RG JW 1921, 833. Der 1. Senat lehnte eine derartige Ansicht sogar strikt ab, vgl. RGZ 101, 74, 76; RGZ 103, 177, 178.

219 RGZ 101, 74, 77.

220 RGZ 99, 115, 116.

221 RGZ 99, 258.

zur Lösung von dem Vertrag geben dürfe, es sei denn ein Festhalten am Vertrag habe ruinöse Folgen für ihn. In jüngerer Zeit findet der Gedanke der Ruintheorie noch teilweise Berücksichtigung, wenn enge persönliche Beziehungen zwischen den Vertragsparteien bestehen, wie es beispielsweise bei einem Arbeitsverhältnis, einem Gesellschaftsvertrag oder bei Unterhaltsverträgen anzunehmen ist.[222]

3. *Rückgriff auf Oertmanns Lehre von der Geschäftsgrundlage*

Die Rechtsprechung hatte bis zum Jahr 1920 somit noch keinen einheitlichen Weg gefunden, um der Problematik veränderter Umstände zu begegnen. Vor diesem Hintergrund entwickelte Oertmann genau zur richtigen Zeit seine Lehre von der Geschäftsgrundlage. Trotz einiger im Schrifttum geäußerter Bedenken gegen die Theorie, griff das Reichsgericht bereits ein Jahr nach dem Erscheinen seiner Abhandlung die Formel Oertmanns im Jahre 1921 auf. Für die Entscheidungsfindung war dabei die Frage wesentlich, ob die Parteien bei Kenntnis der anderen Sachlage den Vertrag gar nicht oder nicht in der Form abgeschlossen hätten.[223]

Eine der ersten Entscheidungen in diesem Zusammenhang stammte vom 29. November 1921.[224] In dieser Entscheidung verdeutlichen sich die bestehenden Unsicherheiten des Reichsgerichts im Umgang mit den entwickelten Kriterien. Der Entscheidung lag folgender Sachverhalt zugrunde: Ein Industrieunternehmen hatte im Oktober 1918 zehn Tonnen geglühten Eisendraht verkauft und sich zum Liefertermin auf veränderte Umstände berufen. Das Reichsgericht setzte in der Begründung bei der *clausula rebus sic stantibus* an, stellte sodann im Hinblick auf die Ruintheorie fest, dass der Umstand, ob die Erfüllung zu einem wirtschaftlichen Zusammenbruch des Schuldners geführt habe, nicht entscheidungserheblich sein dürfe. Vielmehr sei der entscheidende Grund einer Aufhebung der vertraglichen Bindung in der Auflösung des vertraglich festgesetzten Äquivalenzverhältnisses zu sehen. Es dürfe nicht danach differenziert werden, „ob man einen vermögenden Schuldner vor sich hat oder einen Mann, der nichts besitzt."[225] Das Gericht bezog sich daher auf § 242 BGB.

---

222 Vgl. BGH LM § 242 BGB Nr.2: Eine Berücksichtigung der persönlichen Verhältnisse der Parteien wird dann in Betracht kommen, wenn dies nach dem Sinne der zwischen ihnen getroffenen Vereinbarung angezeigt ist, etwa bei besonderer persönlicher Verbundenheit oder einem gesellschaftsähnlichen Verhältnis.

223 Z.B. RGZ 116, 15, 17; RGZ 122, 200, 203.

224 RGZ 103, 177 ff.

225 RGZ 103, 177, 178.

Kurze Zeit später im Februar 1922 konnte das Gericht in dem bekannten „Vigognespinnereifall"[226] das erste Mal Oertmanns Lehre anwenden: Der Kläger verlangte Erfüllung des Kaufvertrages gegen Zahlung des vereinbarten Kaufpreises. Der Beklagte verkaufte nach Ende des Ersten Weltkrieges eine Spinnerei für 600.000 DM an den Kläger. Die Übereignung sollte Anfang 1920 und die Zahlung in zwei Raten, fällig am 1. Januar 1920 und 1. Januar 1921, erfolgen. Eine starke Inflation nach Vertragsschluss im Herbst 1919 führte dazu, dass das Geld bereits im Januar 1920 um 80 % entwertet war. Wegen der Wertlosigkeit des Geldes verweigerte der Beklagte die Vertragserfüllung. In der Entscheidung des Reichsgerichts wird betont, dass es „um mit den Worten Oertmanns zu reden" allgemein darauf ankomme, „ob die Grundlage des Geschäfts im Sinne einer beim Geschäftsschluss zutage getretenen Vorstellung der Beteiligten über den Bestand gewisser maßgeblicher Verhältnisse hinfällig geworden ist."[227] Die Unzulässigkeit des Erfüllungszwangs wurde dabei aus der Unangemessenheit der Gegenleistung hergeleitet und der Wegfall der Geschäftgrundlage als Unterfall des § 242 BGB eingeordnet. An der in dem Urteil entwickelten Begriffsbestimmung hielt das Reichsgericht ohne Berücksichtigung abweichender Lehrmeinungen fest,[228] jedoch distanzierte es sich im Laufe der Zeit vom Inhalt der Lehre Oertmanns und berücksichtigte vermehrt die konkreten Einzelfälle.

II. Auffassung des BGH

Die aufgezeigte Rechtsprechung des Reichsgerichts setzte der BGH schließlich fort[229], ohne die ausführlichen Diskussionen in der Lehre zu berücksichtigen. Die Instanzgerichte folgten dessen Rechtsprechung ausnahmslos, so dass die Lehre von der Geschäftsgrundlage fast ausschließlich von der Rechtsprechung eine genaue Bestimmung und Konkretisierung erfuhr. Der BGH wiederholte die vom Reichsgericht übernommene Formel Oertmanns nahezu stereotypisch in zahlreichen Urteilsbegründungen. So entwickelte sich der Rechtsbegriff der Geschäftsgrundlage mit großer „juristischer Kreativität und Phantasie"[230] zu einem praktisch allgemein anerkannten Rechtsinstitut. Nach Ansicht des BGH wird die Geschäftsgrundlage gebildet durch die nicht zum eigentlichen Vertragsinhalt

226 RGZ 103, 328.
227 RGZ 103, 328, 332.
228 RGZ 106, 7, 10; RGZ 106, 422, 424 f.; RGZ 107, 124, 128; RGZ 122, 200, 203; RGZ 152, 403; RGZ 153, 356, 358; RGZ 168, 121, 126.
229 Urteil vom 23.5.1951: BGHZ 2, 176, 188 ff.
230 *Köhler*, in: FG 50 Jahre BGH I, S. 295, 296.

erhobenen, beim Vertragsschluss aber zutage getretenen, dem Geschäftsgegner erkennbaren und von ihm nicht beanstandeten Vorstellungen des einen Vertragsteils oder durch die gemeinsamen Vorstellungen beider Teile vom Vorhandensein oder künftigen Eintritt gewisser Umstände, sofern der Geschäftswille auf diesen Vorstellungen aufbaut.[231] Der Formulierung war dabei eher bloß deklaratorische Bedeutung beizumessen, da der BGH auf eine genaue Subsumtion unter die genannten Voraussetzungen häufig verzichtete.[232] Das Institut des Wegfalls der Geschäftsgrundlage wurde bis zum Jahre 2002 auf das Prinzip von Treu und Glauben, § 242 BGB, gestützt.[233]

Aufgrund der Unbestimmtheit der Lehre der Geschäftsgrundlage konnte die Rechtsprechung die Gefahr, reine Billigkeitsentscheidungen zu treffen, nicht immer vermeiden. Um Ausuferungen vorzubeugen, wurde eine Zulässigkeit der Lehre nur dann angenommen, wenn dies zur Vermeidung eines untragbaren, mit Recht und Gerechtigkeit nicht zu vereinbarenden und damit der betroffenen Partei nach Treu und Glauben nicht zuzumutenden Ergebnisses unabweislich erschien.[234] Danach sollten Umstände, die nach dem Vertragszweck ersichtlich in den Risikobereich einer der Parteien fielen, kein Recht begründen sich auf dieses Rechtsinstitut zu berufen.[235]

Auf der Rechtsfolgenseite sollte sodann geprüft werden, ob der Vertrag in einer den berechtigten Interessen beider Parteien Rechnung tragenden Form der wirklichen Sachlage angepasst werden könne.[236] War eine Aufrechterhaltung des Vertrages trotz der Anpassung nicht zumutbar, so kam ein Rücktritt in Betracht.[237] Bereits ausgetauschte Leistungen sollten nach Bereicherungsrecht rückabgewickelt werden.[238] Da die Lehre von der Geschäftsgrundlage nur dann

231 Vgl. BGHZ 25, 390, 392; BGHZ 40, 334, 335; BGH LM § 242 (Bb) BGB Nr. 18; BGH WM 1961, 212; BGH WM 1969, 335 und 496; BGH WM 1973, 752 und 839; BGHZ 74, 370; BGH NJW 1987, 1629; BGHZ 121, 378, 391; BGH NJW 1995, 2031; BGH ZIP 2006, 765.

232 So schreibt *Rüthers*, Unbegrenzte Auslegung, S. 52 der Formel „kaum mehr als floskelhaft-ornamentale Bedeutung zu", *Emmerich*, Grundlagen, S. 449 sieht die Anwendung des BGH als „verbales Bekenntnis" an.

233 Vgl. BGH NJW 1951, 863; BGHZ 25, 390, 392; BGHZ 40, 334, 335 f.; BGHZ 74, 370, 373; BGHZ 84, 1, 8 f.; BGHZ 88, 180, 191; BGHZ 89, 226, 231; BGH NJW 1984, 1746, 1747.

234 BGH NJW 1976, 565, 566 m.w.N.; BGH JR 1979, 60, 61.

235 BGH NJW 1976, 565, 567; BGH WM 1978, 1008, 1009.

236 BGH NJW 1976, 565, 567.

237 Vgl. Palandt/*Heinrichs*, 61. Auflage, § 242 BGB Rdnr. 130 ff.

238 Palandt/*Heinrichs*, 61. Auflage, § 242 BGB, Rdnr. 132.

eingriff, wenn der Umstand von keiner der Parteien zu vertreten war, hafteten beide Parteien aufgrund einer analogen Anwendung des § 327 S. 2 a.F. BGB nach Bereicherungsrecht.[239]

Diese Erfordernisse hat der BGH durch Wertungsgesichtspunkte und Bildung von Fallgruppen in seiner umfangreichen Rechtsprechung herausgearbeitet. Auf eine tiefergehende Darstellung kann an dieser Stelle verzichtet werden, da der § 313 BGB die von der Rechtsprechung definierten Voraussetzungen im Wesentlichen übernommen hat und somit an entsprechender Stelle eine Auseinandersetzung mit diesen erfolgt.

B. Die Rechtsprechung in Spanien

I. Erste Stellungnahmen durch den Tribunal Supremo

Die Entwicklung innerhalb des spanischen Schrifttums blieb auch vom Tribunal Supremo nicht unbeachtet. So lässt sich bei einer Analyse der Entscheidungen ein deutlicher Einfluss von Pérez González und Alguer und auch von Castán Tobeñas erkennen, da die Rechtsprechung sich nach deren Veröffentlichungen mit der Problematik der Umstandsänderung befasste.[240]

Pérez González und Alguer hingegen wollten schon in früheren Entscheidungen des Tribunal Supremo einen Nachweis der Anerkennung der deutschen Lehre der Geschäftsgrundlage erkennen.[241] Das erste Urteil, das sich ihrer Meinung nach mit den veränderten Umständen befasste, stammte aus dem Jahre 1902:[242] In dem Fall stritten die Parteien um die Erfüllung eines Lieferungsvertrages über Baumwolle, deren Preise während der Vertragslaufzeit aufgrund des Krieges mit den USA anstiegen. Das Gericht kam in seinen Entscheidungsgründen, unter Einbeziehung der Grundsätze der *fuerza mayor*, zu dem Ergebnis, dass die Preiserhöhung keine Befreiung von der Leistungspflicht bewirken könne. Eine Verletzung des im Handelsrecht in Art. 57 des C.d.c. verankerten Grundsatzes der

239 Palandt/*Sprau*, 61. Auflage, § 812 BGB Rdnr. 79; a.A.: Soergel/*Teichmann*, § 242 BGB Rdnr. 271 für eine vertragsrechtliche Rückabwicklung.

240 *Díez Picazo*, Cuadernos de Derecho Judicial 1996, 669, 671.

241 *Pérez González/Alguer*, Tratado 1933, S. 214; auch *Castrillo*, RDP 1940, 104, 107 bestätigt, dass diese Autoren das Thema der veränderten Umstände das erste Mal detailliert betrachteten.

242 Sachverhaltsdarstellung des STS 4.6.1902 bei *Pérez González/Alguer*, Tratado 1933, S. 214; dieses Urteil wird auch von *Gomez-Ferrer Sapiña*, RGD 1990, 4389, 4394 als Beispiel für die Problembehandlung der spanischen Rechtsprechung im Bereich der veränderten Umstände angeführt.

buena fe wurde ausgeschlossen, da die Preiserhöhung als aleatorisches Moment die Handelsverträge für gewöhnlich begleite. Eine Stellungnahme des Tribunal Supremo zu den veränderten Umständen lässt sich dieser Entscheidung jedoch nicht entnehmen.

Das Urteil des Tribunal Supremo vom 25. März 1913 wurde von den Autoren schließlich als Leitentscheidung für die Geltung der Lehre vom Wegfall der Geschäftsgrundlage deutscher Prägung angesehen:[243] In dem Fall reduzierte eine Versicherungsgesellschaft während der Vertragslaufzeit eines Versicherungsvertrages ihr Stammkapital derart, dass die Garantieleistungen der Versicherungsnehmer beeinträchtigt wurden. Die Versicherungsnehmer sahen darin eine Nichterfüllung des Vertrages, da sich eine andere Garantieleistung als die vertraglich vereinbarte ergeben habe. Der Tribunal Supremo erklärte die *resolución* des Vertrages auf Grundlage des Art. 1124 CC und führte aus, dass eine Pflicht der Gesellschaft zum Erhalt des Garantiekapitals bestehe, wenn in der Police bestimmte Entschädigungen vorgesehen seien. Das wesentliche Element eines Versicherungsvertrages läge in der Zustimmung der Versicherungsnehmer bezüglich der Sicherheitsleistung der Versicherung. Dies verbiete eine Anpassung ohne Zustimmung der anderen Partei. In dieser Entscheidung fand zwar eine Annäherung zu dem entscheidenden Aspekt der *clausula rebus sic stantibus* statt, da der Vertrag von Umständen berührt wurde, die anfangs so nicht vorgesehen waren[244], die Umstandsänderung beruhte aber auf einer Handlung der Versicherungsgesellschaft und kann daher nicht als klassischer Geschäftsgrundlagenfall eingeordnet werden.

Vor den 50er Jahren gab es somit keine Entscheidungen, die sich explizit mit der *clausula rebus sic stantibus* beschäftigten. Erst zu dieser Zeit fingen die Gerichte an, derartige Fälle zunehmend unter Zuhilfenahme der Terminologie der *clausula rebus sic stantibus* zu behandeln. Aufgrund der fehlenden Normierung des Instituts existierte keine klare Richtlinie, um diesem klare Konturen zu verleihen, was zwangsläufig die Uneinheitlichkeit der diesbezüglichen Rechtsprechung zur Folge hatte. Dennoch fällt die bis heute fast stereotypische Wiederholung einiger

243 Sachverhaltsdarstellung des STS 25.3.1913 bei *Pérez González/Alguer,* Tratado 1933, S. 213 ff.; auf dieses Urteil bezieht sich auch *Badenes Gasset*, Riesgo imprevisible, S. 200.

244 *Lluis y Navas Brusi*, RGLJ 1956, 370, 425; Für *Pérez González/Alguer*, Tratado 1933, S. 214 ist die Sicherheitsleistung aber als Geschäftsgrundlage des Vertrages anzusehen und das Urteil als Beginn einer Entwicklung der Lehre der Geschäftsgrundlage zu werten. In der zweiten Auflage ihres Lehrbuches werden diese Urteile aber schon nicht mehr erwähnt.

Urteile aus den 40er und 50er Jahren auf.[245] Da eine genaue Analyse der Rechtsprechung nur nach einer Betrachtung dieser Urteile möglich ist, sollen diese kurz zur Übersicht dargestellt werden.[246]

1. *STS vom 14. Dezember 1940*

In dem Fall vom 14. Dezember 1940 verlangten die Kläger Erfüllung eines Kaufvertrages, während die Beklagten sich auf Umstandsänderungen aufgrund von Veränderungen der Produktionsbedingungen beriefen.[247] Die Parteien schlossen im Jahr 1934 einen Vertrag, der die Beklagten verpflichtete, der kaufenden Gesellschaft 50.000 Tonnen Eisenerz aus den Minen der Beklagten zu einem festgesetzten und nicht veränderbaren Preis von 18 Peseten je Tonne in eine der Fabriken der Käuferin zu liefern. Der Vertrag sollte drei Jahre gültig sein, wobei er auf Wunsch der Gesellschaft um weitere drei Jahre verlängert werden konnte. Fälle der *fuerza mayor* sollten den bestehenden Vertrag nicht außer Kraft setzen, sondern lediglich ein Recht auf Verlängerung des Vertrages für eine unbestimmte Dauer geben.[248] Im Jahr 1935 und der ersten Hälfte des Jahres 1936 erfolgte die Lieferung wie vereinbart, ehe die Käuferin im September 1936 aufgrund veränderter Arbeitsbedingungen[249] schriftlich die vorübergehende Unmöglichkeit der Entgegennahme des Erzes mitteilte. Im Februar 1937 forderte die Klägerin die Verkäufer auf, die Lieferung fortzusetzen und die noch ausstehenden Mineralien zu liefern. Ungeachtet eines daraufhin geäußerten Anpassungsbegehrens der Beklagten, forderte die Klägerin erneut Lieferung und Schadensersatz und erhob schließlich Klage auf Erfüllung. Die Beklagten erwiderten, dass der Vertrag aufgrund eines unvorhersehbaren Wandels der Produktionsbedingungen und des Mineralstoffmarktes zum 1. Januar 1937 seine Gültigkeit verloren habe.

---

245 Vgl. SSTS de 6.6.1959, RJ 1959, 3026; 23.4.1991, RJ 1991, 3023; 17.11.2000, RJ 2000, 9343, 12.11.2004, RJ 2004, 6900; Hinweis auch bei *Fernández Hierro*, Modificación, S. 15; *Castán Tobeñas*, Derecho Civil, S. 629.

246 Eine kurze Darstellung findet sich bei *Lluis y Navas brusi*, RGLJ 1956, 370, 426 ff.; *Gómez Ferrer Sapiña*, RDN 1970, 103, 138 f.

247 RJ 1940, 1135. Eine Darstellung dieses Urteils findet sich u.a. in dem Aufsatz von *Ossorio Morales*, RGLJ 1941, 245, 254.

248 Der genaue Wortlaut der Klausel 8 lautete „se considerán casos de fuerza mayor las huelgas de los trabajadores en las fábricas y minas, ya sean generales o parciales, o cualquiera otra que se produzca en el exterior y obligue a una parada en los trabajos de las fábricas o de las minas, los accidentes que produzcan el mismo efecto, las guerras, epidemias, disturbios, o cualquiera otros que sean causa de la mencionada paralización.“

249 Hervorgerufen durch eine Reduzierung der Anzahl der Hochöfen.

In der Urteilsbegründung nahm der Tribunal Supremo zu der *clausula rebus sic stantibus* Stellung, indem er ausführte, dass die bis zum damaligen Zeitpunkt im spanischen Recht nicht beachtete Klausel zwar gerecht und notwendig, aber dennoch vorsichtig anzuwenden sei.[250] Man könne allein im Código Civil und in der Gesetzgebung des „neuen Staates" in Bezug auf bestimmte Sachbereiche einige schwache Spuren und die vereinzelte Anwendung der *clausula* vorfinden. Die Preiserhöhung, die zur Nichterfüllung des Vertrages geführt habe, sei aber weder als unvorhersehbar zu bewerten noch hätte sie ein derartiges Ausmaß erreicht, dass ein Wegfall der Geschäftsgrundlage angenommen werden könne.

2. STS vom 17. Mai 1941

Kurze Zeit nach dieser Entscheidung hatte der Tribunal Supremo erneut über eine Zulässigkeit der *clausula rebus sic stantibus* zu entscheiden.[251] Gegenstand war die Frage, ob eine Erhöhung der Tarife der Eisenbahn eine Vertragsänderung rechtfertigen konnte. Das Gericht erster Instanz stellte die Unwirksamkeit des Vertrages fest, die das Berufungsgericht bestätigte, indem sie die Klägerin von der Kostentragungspflicht der Transportkosten freisprach. Der Tribunal Supremo wiederholte fast wörtlich die Bekräftigungen der zuvor dargestellten Entscheidung über eine mögliche Anwendung und Gefahren der Klausel. Die Erhöhung der Tarife nach Vertragsschluss im Jahre 1914 könne demnach nicht als völlig unvorhersehbar gewertet werden.[252] Dennoch wurde die grundsätzliche Möglichkeit einer Anwendung der *clausula* aus Gründen der Billigkeit befürwortet. Zudem nahm das Gericht zu möglichen Rechtsfolgen Stellung, indem es die Anordnung einer *resolución* des Vertrages, unter Berücksichtigung der Gegenseitigkeit der Interessen und der *buena fe*, als Widerspruch gegen die Gerechtigkeit und Vernunft wertete. Eine Befreiung einer Partei von ihren Verpflichtungen würde den völligen Verlust der Rechte der anderen Partei bedeuten.

3. STS vom 13. Juni 1944

Das Urteil vom 13. Juni 1944[253] ist die bis dato bedeutendste Entscheidung im Zusammenhang mit der *clausula rebus sic stantibus*, da das erste Mal in einen

---

250 „Tan equitativa como necisitada de aplicación muy cautelosa."

251 STS 17.5.1941, RJ 1941, 632; *Polo*, RDP1941, 453 ff.

252 „La elevación por el Estado de las tarifas ferroviarias (...) es un hecho que no cae dentro de lo totalmente imprevisible."

253 RJ 1944, 893.

bestehenden Vertrag eingegriffen wurde.[254] Bei diesem Urteil handelte es sich um eine bahnbrechende Entscheidung bezüglich einer Aufrechterhaltung des Vertrages unter Berücksichtigung der Risikoverteilung.

Zwei Kaufmänner schlossen im Juni 1936 einen Kaufvertrag über eine große Menge Olivenöl. Der Käufer bestimmte dabei den Ort der Anlieferung. Aufgrund des spanischen Bürgerkrieges befand sich die ausgewählte Ortschaft in der sogenannten roten Zone, so dass das Öl von den Marxisten kontrolliert und veräußert wurde mit der Folge der unmöglichen Vertragserfüllung. Als nach dem Krieg eine Kommunikation wieder möglich war, beharrte der Käufer auf Lieferung, die der Verkäufer unter Berufung auf den stark gestiegenen Ölpreis verweigerte. Zunächst stellte der Tribunal Supremo fest, dass der Eintritt des Krieges nicht zu einer *resolución* des Vertrages aufgrund der *fuerza mayor* führen dürfe. Da die Ware noch lieferbar war und die Risikoverteilung im Kaufrecht berücksichtigt werden müsse, wurde die Verpflichtung des Verkäufers für bestehend erklärt. Der Grundsatz der Vertragstreue sei dennoch unter Einbeziehung der *buena fe* und der objektiven Gerechtigkeit, die in dem Erfordernis der *causa* verankert sei, gewissen Restriktionen unterworfen. Wie Art. 1103, 1124 und 1154 CC verdeutlichen, bestehe auch im Código Civil die Möglichkeit einer Vertragsanpassung durch den Richter. So wird die Rechtsfolge der Anpassung vom Tribunal Supremo im konkreten Fall begrüßt, wenngleich eine solche auch nur mit großer Vorsicht Anwendung finden dürfe. Diese vorgenommene Abänderung des Vertrages stützte das Gericht in erster Linie auf die Gleichwertigkeit der Leistungen im gegenseitigen Vertrag. Es entschied daher den Betrag des noch abzuliefernden Olivenöls herabzusetzen.[255]

4. STS vom 5. Juni 1945

Dass diese Entscheidung aber nicht zu einer Reihe von *clausula*-Anerkennungen führte, beweist die folgende Entscheidung vom 5. Juni 1945.[256] Diese zeichnete sich durch die bereits aus den Jahren 1940 und 1941 bekannten Aussagen aus. Der Tribunal Supremo setzte sich in der vorliegenden Entscheidung mit der Frage auseinander, ob unvorhersehbare Umstände Einfluss auf den Bestand eines Kaufversprechens haben können. Der Vermieter einer Liegenschaft hatte dem Mieter bei Vertragsschluss 1929 eine Kaufoption für zwölf Jahre eingeräumt. Im Jahre 1929 wurde die Liegenschaft noch mit knapp 350 000 Peseten bewertet, während

254 *Leonsegui Guillot,* in: FS Albaladejo García, S. 2685, 2688; *Manrique López,* Rev. española de Der. del Trabajo 1985, 59, 62.

255 So: STS 13.6.1944, RJ 1944, 893.

256 RJ 1945, 698.

der Wert letztendlich mittels eines Sachverständigengutachtens auf über eine Million Peseten geschätzt wurde. Als der Mieter 1941 sein Recht ausüben wollte, verweigerte der Vermieter unter Berufung auf die *clausula* seine Mitwirkung, da sich der Wert der Liegenschaft infolge der Inflation verdreifacht hatte.

In seiner Urteilsbegründung betonte der Tribunal Supremo, dass eine bloße Leistungserschwerung keinen Fall des Wegfalls der *causa* darstelle und daher weder die Nichtigkeit noch die *rescisión* eines Vertrages zur Folge haben könne. Zwar sei eine Anwendung der *clausula rebus sic stantibus* zur Wiederherstellung des Gleichgewichts des Leistungsaustausches durchaus möglich, aufgrund der Gefahren für die Rechtssicherheit sei diese aber vorsichtig anzuwenden. Im vorliegenden Fall wurde ein Ungleichgewicht abgelehnt und eine Anwendung der *clausula* mit Argwohn betrachtet.

Wenngleich genaue Voraussetzungen erst später definiert wurden, hat die Rechtsprechung in den dargestellten Urteilen zum ersten Mal zur *clausula* Stellung bezogen und erste interessante Erwägungen angestellt. So betonte der Tribunal Supremo zwar immer wieder die grundsätzliche Möglichkeit der Anwendung, bekundete zugleich aber Misstrauen und beschränkte eine solche auf Ausnahmesituationen.[257]

II. Anwendungsbereich der clausula

Bevor die einzelnen Voraussetzungen dargestellt werden, soll zunächst der Anwendungsbereich der *clausula* mit möglichen Ausschlussmöglichkeiten betrachtet werden. Teilweise wird von Lehre und Rechtsprechung gleichermaßen der Anwendungsbereich mit den Voraussetzungen vermischt. Es ist aber sinnvoller und übersichtlicher, zunächst durch eine genaue Bestimmung des Anwendungsbereichs die möglichen Fallgruppen einzugrenzen und anschließend die einzelnen Voraussetzungen zu erarbeiten.[258]

1. Verträge

Die schuldrechtlichen Verträge stellen sicherlich den Hauptanwendungsbereich dar. Eine Anwendung der *clausula* kommt grundsätzlich in Betracht bei Verträgen, die auf eine andauernde oder wiederkehrende Leistung gerichtet sind. Es muss sich dabei nicht zwingend um Dauerschuldverhältnisse handeln, auch wenn derartige Verträge in der Praxis am häufigsten von den veränderten Umständen betroffen sind. In der Theorie soll es ausreichen, wenn die Veränderung in der Zeit zwischen

257 Vgl. STS de 6.11.992, RJ 1992, 9226 : „En casos excepcionales y con gran cautela."

258 So auch: *De Amunátegui Ródriguez*, Cláusula, S. 232 ff.; *Lluis Navas Brusi*, RGLJ 1956, 370, 410.

Vertragsschluss und Ausführung eintritt. Dieses bestätigte der Tribunal Supremo in einem Urteil, in dem er betonte, dass in Verträgen, die eine einmalige Leistung zum Gegenstand haben, eine Anwendung der *clausula*-Lehre noch seltener und außergewöhnlicher sei als bei Dauerschuldverhältnissen oder Verträgen, denen Teillieferungen zugrunde liegen.[259] Damit hat er die generelle Möglichkeit einer Anwendung zugestanden. Meist sind es Werk- oder Kaufverträge, in denen die Verpflichtung erst nach einem gewissen Zeitraum fällig wird oder Pacht- oder Lieferungsverträge, bei denen der Tribunal Supremo die Möglichkeit der Anwendung der *clausula* annimmt.

2. *Anwendung der clausula außerhalb der schuldrechtlichen Verträge*

Außerhalb der schuldrechtlichen Verträge erfolgt sehr selten eine Anwendung der *clausula*- Lehre. Bei rechtlichen Problemen im Zusammenhang mit einer Eltern-Kind-Beziehung schließt der Tribunal Supremo eine Anwendungsmöglichkeit gänzlich aus. Da es sich in derartigen Fällen um eine Frage des *ordre publics* handele, sei der vertragliche Inhalt unveränderbar, eine Anwendung der Klausel sei nur in wirtschaftlichen oder vermögensrechtlichen Streitigkeiten gerechtfertigt.[260]

Die Möglichkeit einer Anwendung der *clausula* bei sachenrechtlichen Verträgen ist von der Rechtsprechung nicht abschließend geklärt worden. Dieses verdeutlichen zwei Urteile des Tribunal Supremo mit divergierenden Ergebnissen.

In dem ersten Fall hatte der Tribunal Supremo über eine Umstandsänderung im Rahmen eines Vertrages über ein *derecho de superficie*[261] zu entscheiden. Das Gericht versagte eine Anwendung der *clausula*-Lehre, da es sich bei dem *derecho de superficie* um ein Sachenrecht handele, das daher *erga omnes* wirke.[262]

Im Jahr 2001[263] hingegen ließ der Tribunal Supremo die *clausula* und die Möglichkeit der *revisión* eines Vertrages über ein *derecho de superficie* zu. Aufgrund der Rückforderung des Rechts an dem betroffenen Grundstück durch den Staat konnte eine vorgesehene Bebauung nicht durchgeführt werden. Das Gericht befreite daraufhin für einen gewissen Zeitraum vom Nutzungszins.[264] Ein Ausschluss der *clausula* bei sachenrechtlichen Verträgen ist demnach nicht

---

259 SSTS 23.4.1991, RJ 1991, 3023; 10.2.1997, RJ 1997, 665; 15.11.2000, RJ 2000, 9214.

260 STS 22.5.1993, RJ 1993, 3977: In der Entscheidung ging es um das Besuchsrecht für die Kinder.

261 Dabei handelt es sich um ein Oberflächenrecht, vergleichbar mit dem deutschen Erbbaurecht.

262 STS de 6.10.1987, RJ 1987, 6720.

263 STS de 20.2.2001, RJ 2001, 1490.

264 STS de 20.2.2001, RJ 2001, 1490.

zwingend, vielmehr ist die konkrete Fallgestaltung zu beachten. Tatsächlich gibt es jedoch keine weiteren Entscheidungen, die bei sachenrechtlichen Fallkonstellationen eine Anwendung der *clausula* zulassen.

3. *Fundament der clausula*

Während innerhalb der Rechtslehre die Frage nach dem geeigneten Fundament der *clausula* einen hohen Stellenwert genießt, existiert keine gefestigte Rechtsprechung dazu.

Dieses erkannte selbst der Tribunal Supremo, der in einem Urteil aus dem Jahre 1983 feststellte, dass sich die Rechtsprechung nicht in der erforderlichen Tiefe damit beschäftigt habe, ein Fundament der *clausula* zu bestimmen, sondern hauptsächlich versucht habe, genaue Voraussetzungen zu definieren.[265]

Der Tribunal Supremo folgt dem Grundsatz der herrschenden Meinung und stützt die *clausula rebus sic stantibus* zumeist auf den Grundsatz der *buena fe*. Dabei sei nicht auf die *buena fe subjetiva*, sondern auf den objektiven Grundsatz abzustellen, der ein ehrenvolles, gerechtes Verhalten verlange.[266] Daneben wird in der *equidad* häufig ein weiteres Fundament für die Anwendung der *clausula* gesehen oder diese als Synonym für die *buena fe* verwendet.[267] Ein Rückgriff allein auf die *equidad* als normative Stütze lehnt der Tribunal Supremo als ungeeignet ab, in der Regel wird in der *equidad* ein geeignetes Hilfsmittel bei der Anpassung des Vertrages gesehen.[268]

III. Konkretisierung durch den Tribunal Supremo

Nachdem die Diskussion um eine grundsätzliche Beachtlichkeit der veränderten Umstände durch den Tribunal Supremo positiv entschieden war, musste die Rechtsprechung dem Institut klare Konturen verleihen. Die Rechtslehre hatte sich bis dato noch nicht mit möglichen Voraussetzungen beschäftigt, so dass zunächst die formulierten Voraussetzungen des Tribunal Supremo und sodann Vorschläge zur Konkretisierung der Elemente durch die Literatur dargestellt werden.

---

265 STS 9.5.1983, RJ 1983, 2678.

266 STS 26.10.1995, RJ 1995, 8349, dieses bestätigend: STS 10.2.1997, RJ 1997, 665.

267 Vgl. SSTS 17.11.2000, RJ 2000, 9343; 19.4.1985, RJ 1985, 1804; 6.10.1987, RJ 1987, 6720; 12.11.1990, RJ 1990, 8701.

268 STS 26.10.1990, RJ 1990, 8049.

Der Tribunal Supremo setzte sich in der Entscheidung vom 17. Mai 1957[269] und somit im selben Jahr, in dem Larenz' Werk über die Geschäftsgrundlage in Spanien veröffentlicht wurde mit der *clausula*-Lehre auseinander. Die in der Entscheidung definierten Voraussetzungen sind bis heute ständige Rechtsprechung.[270] Dem Tribunal Supremo gelang es, die *clausula*-Lehre zu objektivieren und von ihrer streng subjektiven Ausprägung Abstand zu nehmen. Im Gegensatz zu der Frage nach dem gesetzlichen Fundament der *clausula*, lässt sich bezüglich der entwickelten Voraussetzungen seit nunmehr über 50 Jahren eine klare Linie erkennen.

1. STS vom 17. Mai 1957

Der Entscheidung lag folgender Sachverhalt zugrunde[271]: Der Kläger verlangte die Erfüllung eines Kaufvertrages zu den vereinbarten Konditionen, während der Beklagte sich auf eine Anwendung der *clausula* berief. Der Beklagte verpflichtete sich in dem 1935 abgeschlossenen Vertrag zu der Lieferung diverser lithographischer Werke an den Käufer. Nachdem die Parteien regulär mit den Erfüllungen begannen, unterbrach der spanische Bürgerkrieg die weitere Ausführung des Vertrages. Die Vertragsbeziehungen erholten sich von Juni bis August 1939 wieder, so dass die Verbindung durch Briefwechsel unter Zugrundelegung des ursprünglichen Vertrages wieder aufgenommen wurde. Aufgrund eines Anstiegs der Herstellungs- und Fabrikkosten verweigerte der Beklagte jedoch weitere Lieferungen. Aus einem Sachverständigengutachten ging hervor, dass die Kosten für Rohstoffe im Jahre 1948 im Vergleich zu 1935 um über 700 % gestiegen waren. Das Gericht der ersten Instanz und die Audiencia Territorial sprachen den Beklagten von der Leistungspflicht frei. Aufgrund der Kostensteigerung lag nach Ansicht der Gerichte eine gravierende Umstandsänderung vor, die eine Anwendung der *clausula rebus sic stantibus* rechtfertige. Der Kläger wandte sich an den Tribunal Supremo, der sich aufgrund der Urteile der vorangegangenen Instanzen zu einer Formulierung genauer Voraussetzungen für einen Rückgriff auf die *clausula*-Lehre verpflichtet sah. In seiner Urteilsbegründung sprach sich der Tribunal Supremo im Grundsatz gegen eine Anwendung der *clausula* aus. Die im Código Civil verwurzelte Tradition der Willensfreiheit, die durch den Grundsatz

269 STS 17.5.1957, RJ 1957, 2164.

270 Von vielen: SSTS 17.5.1957, RJ 1957, 2164; 27.6.1984, RJ 1984, 3438; 21.10.1958, RJ 1958, 3110; 6.6.1959 , RJ 1959, 3026; 28.1.1970, RJ 1970, 503; 15.3.1972, RJ 1972, 1252; 27.3.1980, RJ 1980, 1141; 27.1.1981, RJ 1981, 114; 13.3.1987, RJ 1987, 1480; 26.10.1990, RJ 1990, 8049; 10.12.1990, RJ 1990, 9927; 4.2.1995, RJ 1995, 739.

271 Siehe STS 17.5.1957, RJ 1957, 2164.

der Vertragstreue seinen Ausdruck gefunden habe, dürfe nicht gefährdet werden. Dem fügte der Tribunal Supremo aber hinzu, dass die *clausula* dennoch von den Gerichten zugelassen und weiterentwickelt werden könne.[272] Diese Möglichkeit sei aufgrund der Entwicklung innerhalb der Lehre und des Grundsatzes der *equidad* einzuräumen.[273] Als Bestätigung dieser Auffassung wurde auf die oben dargestellten Urteile aus den 40er Jahren und die in diesen getroffenen Feststellungen zu der *clausula*-Lehre verwiesen. Daneben wurde erneut auf die Gefahren der Klausel und die Vorsicht bei einer Anwendung hingewiesen.

Im Ergebnis lehnte der Tribunal Supremo dennoch eine Anwendung der *clausula* ab, weil der Vertrag vom Beklagten kurz vor dem Ausbruch des spanischen Bürgerkrieges unterzeichnet wurde und somit eine Erhöhung der Preise vorhersehbar gewesen sei. Trotzdem formulierte der Tribunal Supremo Voraussetzungen, bei deren Vorliegen eine Anwendung der *clausula* gerechtfertigt sein kann. Demnach muss sich 1. eine außerordentliche Veränderung der im Vergleich zu den bei Vertragsschluss niedergelegten Umstände während der Vertragserfüllung ereignet haben („*alteración extraordinaria de las circunstancias en el momento de cumplir el contrato en relación con las concurrentes al tiempo de su celebración*"), 2. muss sich daraus ein exorbitantes Ungleichgewicht zwischen den Leistungen entwickelt haben, das den Vertrag in seinem Wesen derart tiefgreifend verändert hat, dass dadurch eine Äquivalenzstörung zwischen den Leistungen entstanden ist („*una desproporción exorbitante, fuera de todo calculo, entre las pretensiones de las partes contratentes, que verdaderamente derrumpen el contrato por aniquilamiento del equilibrio de las prestaciones*") und schließlich müssen diese Umstände 3. unvorhersehbar gewesen sein („*que todo ello acontezca por la sobreveniencia de circunstancias radicalmente imprevisible*"). In einem nachfolgenden Urteil fügte der Tribunal Supremo als letzte Voraussetzung die Subsidiarität einer Anwendung der *clausula* hinzu.[274]

Bezüglich der Rechtsfolgen wird betont, dass statt einer *resolución* des Vertrages in erster Linie eine Vertragsänderung vorzunehmen sei, um das Ungleichgewicht der Leistungen und Verpflichtungen zu kompensieren („*hasta el presente le ha negado los rescisorios, resolutorios o extintivos del contrato, otorgándole solamente*

272 STS 17.5.1957, RJ 1957, 2164: „Aunque existe la possibilidad de que sea admitida y elaborada por los Tribunales."

273 STS 17.5.1957, RJ 1957, 2164: „Sin embargo, dada su elaboración doctrinal y los principios de equidad a que puede servir existe una posibilidad de ser elaborada y admitida por los Tribunales."

274 STS 6.6.1959, RJ 1959, 3026.

los modificativos del mismo encaminados a compensar el desequilibrio de las prestaciones u obligaciones").

2. *Voraussetzungen*

Diese einzelnen Voraussetzungen sollen im Folgenden näher betrachtet werden. Insbesondere soll untersucht werden, ob der Tribunal Supremo in späteren Entscheidungen Beurteilungskriterien entwickelt hat.

a) Alteración extraordinaria

Als erste Voraussetzung müssen sich Umstände, die bei Vertragsschluss vorgelegen haben, derart verändert haben, dass eine extreme Belastung für eine Partei eingetreten ist. Diese Veränderungen können auf objektiven Begebenheiten wie Krieg, Naturkatastrophen oder einer Inflation beruhen. Wie die Formulierung des Tribunal Supremo verdeutlicht, müssen die Umstände nach Vertragsschluss eingetreten sein. Zu beachten ist dabei, dass eine außergewöhnliche Veränderung aber durchaus bei Leistungen in Betracht kommt, die teilweise erfüllt worden sind oder in Fällen, in denen die Gegenleistung bereits erbracht worden ist, aber die Verpflichtung aufgrund der Umstandsänderung nicht geleistet werden kann.

b) Desproporcion exorbitante entre las prestaciones, que rompan el equilibro de las prestaciones

Durch die eingetretene Veränderung muss schließlich ein exorbitantes Ungleichgewicht entstanden sein. Diese Voraussetzung hat seitens der Rechtsprechung keine einheitliche Terminologie erfahren. So wird teilweise gefordert, dass sich die Umstände eindeutig und augenscheinlich geändert haben („*alterado manifestamiento*"[275]) und dadurch die Erfüllung erschwert oder das wirkliche Gleichgewicht zwischen den Parteiinteressen zerstört wurde („*mucho mas gravoso; se rompa la reciprocidad real entre las intereses de las partes*"[276]).

In einem Urteil aus den 90er Jahren wird ein exorbitantes nicht kalkulierbares Ungleichgewicht der Leistungen verlangt, welches das vertragliche Gleichgewicht der Leistungen zerstört hat.[277] Diese Wortwahl in den Urteilsbegründungen verdeutlicht, dass eine bloß wirtschaftliche Veränderung unzureichend ist.

---

275 STS 13.10.1954, RJ 1954, 2601.

276 STS 12.6.1956, RJ 1956, 2485.

277 STS 23.4.1991, RJ 1991 3023: „una desproporción exorbitante fuera de todo cálculo entre las prestaciones de las partes contratantes que verdaderamente derrumben el contrato por aniquilación del equilibrio de las prestaciones", von einer „desproporción

Eine Zerstörung des vertraglichen Gleichgewichts soll dann vorliegen, wenn sich das Schuldverhältnis in einen gegenseitigen Vertrag verwandelt hat, der für den Schuldner eine schwere wirtschaftliche Last bedeutet.[278] Ob tatsächlich ein derartiges Ungleichgewicht vorliegt, hat durch einen Vergleich der verschiedenen Momente zu erfolgen.[279] Genaue Ausführungen dazu lassen sich innerhalb der Rechtsprechung nicht finden. Es handelt sich bei der Frage des Ungleichgewichts somit um eine Tatsachenfrage, die von den Instanzgerichten zu klären ist. Dabei kommt diesen ein weiter Ermessensspielraum zu. Die Bestimmung muss immer unter Berücksichtigung der konkreten Interessen des Einzelfalls erfolgen, wobei die Anforderungen der Rechtsprechung an dieses Erfordernis sehr hoch sind. So wurde ein derartiges Missverhältnis abgelehnt in einem Fall, in dem sich der Wert eines Grundstückes aufgrund unvorhersehbarer Umstände verdreifachte.[280]

c) Radicalmente imprevisible

Liegen die beiden Voraussetzungen vor, so ist zu prüfen, ob die Veränderung zum Zeitpunkt des Vertragsschlusses für beide Parteien unvorhersehbar war. Die Rechtsprechung hat diesem Erfordernis immer höchste Bedeutung beigemessen. Das Fehlen der Voraussetzung der Unvorhersehbarkeit wird als radikales Hindernis für die Beachtung und Zulassung der *clausula* gewertet.[281] In dem Urteil vom 17. Mai 1957 führt der Tribunal Supremo aus, dass die Umstände „*radicalmente imprevisible*" sein müssten. Eine genaue Definition, wann eine derartige Unvorhersehbarkeit vorliegt, liefert die Rechtsprechung aber nicht. Im Gegensatz zur deutschen Rechtsprechung, die teilweise einen Wegfall der Geschäftsgrundlage nicht allein wegen fehlender Unvorhersehbarkeit des Umstandes abgelehnt hat, gibt es im spanischen Recht zahlreiche Urteile, bei denen eine Anwendung der *clausula rebus sic stantibus* an diesem Erfordernis gescheitert ist.[282] Dieses lässt auf sehr hohe diesbezügliche Anforderungen der Rechtsprechung schließen. Die Unvorhersehbarkeit wird insbesondere häufig bei Verträgen mit

exorbitante" ist auch in den Urteilen SSTS 1.7.1969, RJ 1969, 3823 und 27.6.1984, RJ 1984, 3438 die Rede.

278 Diesen Wortlaut wählte der TS im Urteil vom 28.1.1970, RJ 1970, 503.

279 STS 6.11.1992, RJ 1992, 9226.

280 STS 5.6.1945, RJ 1945, 698.

281 STS 31.10.1963, RJ 1963, 4264: „Radical obstáculo."

282 SSTS 19.10.1999, RJ 1999, 6927; 14.12.1940, RJ 1940, 1135; 26.3.1963, RJ 1963, 2120; 10.12.1990, RJ 1990, 9927; 26.10.1990, RJ 1990, 8049; 23.4.1991, RJ 1991, 3023; 4.2.1994, RJ 1994, 910; 29.5.1996, RJ 1996, 3862.

sehr langer Laufzeit abgelehnt, da hier eher mit Umstandsänderungen, besonders mit Preisschwankungen, zu rechnen sei. Als Beispiel für eine Ablehnung der *clausula* mangels *impresevibilidad* kann das Urteil vom 16. Oktober 1989 angeführt werden:[283] Eine Schifffahrtsgesellschaft erhob in dem Fall Klage auf Erfüllung der mit einer Bank geschlossenen Darlehensverträge. Dieser wurden die Darlehen unter anderem gewährt, um die Finanzierung der Bauarbeiten an einigen Schiffen zu gewährleisten. Eine Klausel in den Verträgen verpflichtete die Darlehensnehmerin, das erhaltene Kapital in die Errichtung bestimmter, noch im Bau befindlicher Schiffe zu investieren. Zudem sollte sich während der Laufzeit des Darlehens nichts an dem Ziel ändern, diese Schiffe dem Tourismus zur Verfügung zu stellen. Durch eine weitere Klausel wurde die Bank unter dem Stichwort *rescisión* ermächtigt, eine Rückzahlung des Kapitals zuzüglich Zinsen und Auslagen im Fall einer Klauselverletzung einzufordern. In derartigen Fällen sollte der Bank außerdem Schadensersatz in Höhe von 30 % des geschuldeten Kapitals zustehen.

Die Schifffahrtsgesellschaft verkaufte schließlich die Schiffe, woraufhin die Bank das Darlehen zurückforderte und Schadensersatzansprüche geltend machte. Die Gesellschaft erhob Klage auf Erfüllung der Verträge und berief sich unter anderem auf die *clausula rebus sic stantibus*. Sie habe sich nämlich aufgrund nicht erfüllter Prognosen über einen Aufschwung in der Tourismusbranche zum Verkauf gezwungen gesehen. Dem Tribunal Supremo oblag daher die Prüfung, ob der Verkauf eine Nichterfüllung der vertraglich vereinbarten Verpflichtungen darstellte. Dafür nahm das Gericht Ausführungen zur *clausula rebus sic stantibus* vor, indem es zunächst die generelle Auffassung der Rechtsprechung darstellte und sodann zu der Auffassung des Instanzgerichts Stellung nahm. Dieses hatte die vertragliche Nichterfüllung der Schifffahrtsgesellschaft mit den drohenden finanziellen Verlusten gerechtfertigt. Eine derartige Situation sei aber weder als außerordentliches Ereignis noch als unvorhersehbar zu werten. Vielmehr sei mit dem Vertragsabschluss ein industrielles Risiko übernommen worden und die Nichterfüllung bestimmter Erwartungen somit dem Risikobereich der Gesellschaft zuzuordnen. Der Verkauf sei als vertragliche Nichterfüllung und als Verstoß gegen die Klausel des Darlehensvertrages zu werten, was die Bank berechtigt habe, von dem Mittel der *rescisión* Gebrauch zu machen.

283 STS 16.10.1989, RJ 1989, 6927.

aa) Risikoübernahme

Das soeben dargestellte Urteil verdeutlicht, dass die Risikoübernahme von den Gerichten nicht als eigenständige Voraussetzung, sondern innerhalb der *imprevesibilidad* geprüft wird, ihr aber durchaus Bedeutung beigemessen wird. Die daraus folgende Notwendigkeit der Prüfung einer Risikoübernahme obliegt den Gerichten, sie wird aber nicht immer durchgeführt.

Handelt es sich um aleatorische Verträge, so schließt der Tribunal Supremo eine Anwendung der *clausula* nicht grundsätzlich aus. So hatte er in einer Entscheidung vom 23. November 1962[284] über die Auswirkungen von Umstandsänderungen auf einen Vertrag über die Leibrente zu entscheiden. Der Klägerin war in diesem Vertrag vom 30. Juni 1939 eine jährliche Rente von 7.200 Peseten eingeräumt worden. Aufgrund veränderter wirtschaftlicher Umstände forderte sie 1955 eine Rentenerhöhung. Das Gericht erster Instanz wies die Klage ab. Die Audiencia Territorial jedoch gab der Klage auf Erhöhung des Betrags auf 30.000 Peseten statt. Der Tribunal Supremo bestätigte die Anpassung. Begründet wurde dieses Vorgehen damit, dass zwischen der dem Vertrag zugrunde liegenden Aleatorität aufgrund des Vertragstyps und anderen unvorhersehbaren Ereignissen unterschieden werden müsse. Die unvorhersehbaren Ereignisse seien demnach unabhängig von der Aleatorität zu beurteilen und könnten eine Anwendung der *clausula* dann rechtfertigen, wenn sie mit dieser nicht in unmittelbarem Zusammenhang stünden.

Eine ausdrückliche Risikozuweisung kann zudem durch Parteivereinbarung erfolgen. Als Beispiel kann das Urteil vom 16. Juni 1983[285] angeführt werden. In dem Werkvertrag war eine Regelung enthalten, die eine Übernahme des Risikos im Fall eines Streiks der Arbeiter in der Baubranche festsetzte. Daher konnten die Parteien sich nicht mehr auf derartige Veränderungen berufen.

Die Rechtsprechung nimmt eine einzelfallbezogene Bewertung der Risikoverteilung vor. Der Fokus bei der Untersuchung der Verteilung der Risiken liegt auf dem Willen der Vertragsparteien. Dieses kann in zweierlei Hinsicht gesteuert werden. Zum einen können die Parteien sich bewusst für einen bestimmten Vertragstyp entscheiden und sind dann dessen Risikoverteilung unterworfen zum anderen können sie sich durch Klauseln vor derartigen Umstandsänderungen schützen. Enthält ein Vertrag bestimmte Geldwertsicherungsklauseln, kann sich die Vertragspartei im Falle von Währungsänderungen konsequenterweise nicht auf die *clausula* berufen. So hat auch der Tribunal Supremo Klauseln zur

284 STS 23.11.1962, RJ 1962, 5005.

285 STS 16.6.1983, RJ 1983, 3632.

Preisstabilisierung für zulässig erachtet.[286] Andere wirtschaftliche Verluste, die bei Vertragsschluss nach dem normalen Verlauf der Dinge als möglich erscheinen mussten, berechtigen nicht zur Vertragsanpassung.

Daneben sind die gesetzlichen Risikozuweisungen zu beachten. So bestimmt z.B. Art. 1593 CC, dass der Architekt oder Bauunternehmer, der zu einem Pauschalpreis die Errichtung eines Gebäudes oder anderen Werkes übernimmt keine Preiserhöhung fordern kann, wenn die Lohn- oder Materialkosten gestiegen sind.

bb) Verschulden

Schließlich dürfen die veränderten Umstände auch sonst keiner der Parteien zugeschrieben werden. Das Mittel der Verteidigung darf nach Ansicht des Tribunal Supremo nicht der Partei zur Verfügung stehen, die aufgrund eines Verstoßes gegen Sorgfaltspflichten die Umstandsänderungen zu vertreten habe.[287] Dieses Erfordernis wurde in der Entscheidung vom 17. Mai 1986 angesprochen.[288] Dem Fall lag eine Klage des Vermieters auf *resolución* des Vertrages und Zwangsräumung zugrunde. Das Gericht erster Instanz gab der Klage statt, das Appellationsgericht hingegen hob das Urteil auf und wies die Klage ab. Der Tribunal Supremo bestätigte die Entscheidung der ersten Instanz. Dem Urteil lag folgender Sachverhalt zugrunde: Die Parteien schlossen am 11. November 1973 einen Mietvertrag über ein Restaurant und eine Cafébar. Da die Kundenzahl ab 1981 rückläufig war, wurde das Restaurant geschlossen und die Cafébar lediglich an Feiertagen und deren Vortagen geöffnet. Der Vermieter verklagte die Mieterin und verlangte die Auflösung des Vertrages wegen Nichterfüllung sowie Räumung aufgrund der Nichtverwendung der vermieteten Sache. Der Klage wurde in erster Instanz stattgegeben, die Audiencia Tribunal führte jedoch aus, dass der Geschäftsrückgang durch die geringe Kundschaft hervorgerufen wurde. Dieses sei auf die Veränderung des Autobahnverlaufs zurückzuführen, da die Autobahn den Verkehr nun derart umleite, dass viele Fahrzeuge, die vorher über die Landstraße in Richtung *La Coruña*, wo das Restaurant liegt, gefahren seien, nun diese nutzen.

Auffällig an dem Urteil ist zunächst, dass der Tribunal Supremo die bis dato klassische Aufzählung der Voraussetzungen unterließ.[289] Der Tribunal Supremo

286 SSTS 15.3.1972, RJ 1972, 1252; 10.12.1990, RJ 1990, 9927; 17.11.1988, RJ 1988, 8604.

287 SSTS 15.3.1994, RJ 1994, 1784 (zudem Ablehnung der imprevesibilidad); 4.7.1996, RJ 1996, 5881.

288 STS 17.5.1986, RJ 1986, 2725.

289 So auch schon STS 19.4.1985, RJ 1985, 1804. In der Entscheidung werden die Voraussetzungen in einem Satz, der inhaltlich in eine ähnliche Richtung geht, zusammengefasst.

führte an, dass die Umleitung eines Großteils der Fahrzeuge keine außerordentliche Veränderung der Umstände bewirkt habe und auch nicht völlig unvorhersehbar gewesen sei. Ein Bau von einer derartigen Tragweite bedürfe schließlich langer Vorbereitung und häufig werde mit Betroffenen nach Kompromissen oder einer gütlichen Einigung gesucht. Dem Pächter sei es nach den Grundsätzen der *buena fe* und aufgrund des Prinzips „*pacta sunt servanda*" nicht erlaubt, den Betrieb praktisch zu zerstören, indem er die Bar nur noch an bestimmten Tagen öffne. Daher sei der schlechte Umsatz auf sein Verhalten zurückzuführen.

d) Subsidiarität

Schließlich darf kein anderes Mittel zur Nachteilsabwendung zur Verfügung stehen.[290] Dieses später hinzugefügte Erfordernis soll den Ausnahmecharakter der Lehre und den Vorrang der gesetzlichen Regelungen verdeutlichen.

3. *Rechtsfolgen der clausula rebus sic stantibus*

Gelangt der Richter zu der Auffassung, dass die Voraussetzungen für die Anwendung der Lehre der *clausula* vorliegen, so kommen als Rechtsfolgen eine *rescisión*, die einseitige Vertragsaufhebung, eine *resolución*, die Vertragsauflösung wegen Nichterfüllung oder die *revisión*, die Vertragsänderung durch Anpassung, in Betracht. Letztere stellt die im Zusammenhang mit der *clausula* am häufigsten vertretene Variante dar.

Trotz mangelnder Regelung der veränderten Umstände kennt das spanische Recht dennoch die Möglichkeit einer Anpassung des Vertrages. So regelt beispielsweise Art. 1154 CC die richterliche Vertragsanpassung, Art. 1801 CC bestimmt, dass das Gericht Spielschulden mildern kann und Art. 1103 CC gibt dem Richter die Möglichkeit, die Haftung für Fahrlässigkeit je nach Fallgestaltung herabzusetzen. Wie der Tribunal Supremo in den Entscheidungsgründen des Urteils vom 17. Mai 1957 betonte, befürwortet er eine Anpassung, um das gestörte Gleichgewicht der Leistungen wieder herzustellen.[291] So verfährt die Rechtsprechung seit Jahren einheitlich. Die Anpassung erfolgt dabei auf Antrag des Teils, der sich auf die veränderten Umstände berufen will.[292]

Die *resolución por incmplimiento* ist in Art. 1124 CC geregelt und enthält nur einen allgemeinen Tatbestand der Nichterfüllung. Durch die *resolución* wird der

---

290 STS 6.6.1959, RJ 1959, 3026.

291 Von vielen: SSTS 17.5.1957, RJ 1957, 2164; 16.10.1989, RJ 1989, 6927; 23.4.1991, RJ 1991, 3023; 18.9.1996, RJ 1996, 1728; 10.2.1997, RJ 1997, 665; 15.11.2000, RJ 2000, 9214.

292 STS 10.12.1990, RJ 1990, 9927.

Vertrag nach allgemeiner Auffassung rückwirkend unwirksam. Diese Rückwirkung wird mit Billigkeitserwägungen begründet, da sonst eine ungerechtfertigte Bereicherung eintreten würde.[293] Von besonderer Relevanz sind Teil- und Sukzessivlieferungsverträge, bei denen bereits erbrachte Leistungen durch eine *resolución* nicht berührt werden. Weil jeder Teil der Leistung einen wirtschaftlich und rechtlich eigenständigen Charakter habe, kann nur eine Befreiung für zukünftig zu erbringende Leistungen angenommen werden.[294]

Als Konsequenz sind neben der Leistungsbefreiung die bereits verwirklichten Kosten rückabzuwickeln.

Bei Betrachtung der wenigen Urteile, die eine Anwendung der *clausula* erlauben, lassen einige eine Anpassung des Vertrages, andere hingegen die *resolución* zu. Die *resolución* greift aber in derartigen Fällen[295] immer als subsidiäre Lösung ein, wobei die Gerichte nie versäumen, die Vorzugswürdigkeit der *revisión* zu betonen.[296] So heißt es in der Entscheidung vom 28. Januar 1970, dass die auflösende Wirkung in ihrer Anwendung beschränkt bleiben müsse auf jene Fälle, in denen das juristische Gleichgewicht in anderer Weise nicht wiederhergestellt werden könne.[297]

---

293 *Martín Bernal,* Manual de Derecho Civil Patrimonial, S. 350; *Clemente Meoro,* Resolución, S. 244; SSTS 31.5.1985, RJ 1985, 2837; 14.11.1972, RJ 1972, 4289; 14.3.1964, RJ 1964, 1594.

294 STS 1.5.1950, RJ 1950, 728; so sieht es auch die überwiegende Auffassung in der Literatur, vgl.: *Martínez de Aguirre y Aldaz,* Revista jurídica de Navarra 2000, 47, 58; *Espert Sanz,* Frustración, S. 259; *Clemente Meoro,* Resolución, S. 246; *Díaz de Lezcano Sevillano,* Revista de Ciencias Jurídicas 1996, 73, 76; *Espina Lafuente,* in: FS Castán Tobeñas, 141, 154 f.; STS 10.3.1950, RJ 1950, 704.

295 STS 23.3.1988, RJ 1988, 2228 ist eine vereinzelte Entscheidung, die die resolución anordnet, vgl. *Martínez Velencoso,* Rev. de Der. Patr. 2003, 369, 382. Dieses ist nach ihrer Ansicht darauf zurückzuführen, dass aufgrund einer Insolvenz des Schuldners ansonsten nur schwerlich das anfängliche Gleichgewicht hätte wieder hergestellt werden können.

296 STS 28.1.1970, RJ 1970, 503. Der Sachverhalt dieser Entscheidung wird auf S. 124 f. dargestellt. In den Fällen der Zweckvereitelung neigt die Rechtsprechung zur Rechtsfolge der resolución, vgl. u. a. SSTS de 30.6.1948, RJ 1948, 1115; 9.12.1983, RJ 1983, 6925.

297 STS 28.1.1970, RJ 1970, 503: „El efecto resolutorio ha de quedar limitado en su aplicación a aquellos casos en que no sea posible restablecer el equilibrio jurídico de otra forma"; *Lete del Río/ Lete Achirica,* Derecho de obligaciones II, S. 91.

IV. *Weitere Entwicklung innerhalb der Rechtsprechung – Beachtung der base del negocio*

Bei Betrachtung der Entscheidungen der Rechtsprechung zu der *clausula rebus sic stantibus* lässt sich feststellen, dass sich eine der Parteien zwar häufig auf eine Anwendung der *clausula* beruft, diese aber nur selten von den Gerichten auch zugelassen wird.[298] Eine klassische Auseinandersetzung des Tribunal Supremo mit der *clausula* erfolgt durch eine Betonung der Gefährlichkeit der Klausel und anschließender Darstellung der erarbeiteten Voraussetzungen und Rechtsfolgen.[299] Dabei erfolgt in der Regel ein Hinweis auf die Rechtsprechung der 40er Jahre und zumeist die Ablehnung einer *revisión* oder *resolución*. So haben Díez Picazo und Ponce de León in ihren Ausführungen zur *clausula rebus sic stantibus* festgestellt, dass von 22 untersuchten Entscheidungen bis zum Jahre 1991 20 diese ablehnten, während bloß zwei sie zuließen.[300]

Was die Terminologie und die deutschen Lehrauffassungen betrifft, so werden auch diese durchaus vom Tribunal Supremo berücksichtigt. Die Erwähnung der *teoría de presuposición* in einigen Urteilsbegründungen erfolgte dabei aber ohne weitere Auseinandersetzung mit der Theorie, sondern mit gleichzeitiger Berufung auf die *clausula*-Lehre oder auf die Lehre von der *base del negocio*.[301] Letztere hat sich inzwischen auch beim Tribunal Supremo, wohl nicht zuletzt aufgrund der Abhandlung von Larenz, durchgesetzt. Bereits in einem der ersten oben dargestellten Urteile vom 14. Dezember 1940 hat der Tribunal Supremo, wenn auch neben der *clausula rebus sic stantius*, von einem Wegfall der Geschäftsgrundlage gesprochen[302]. Auch in jüngerer Zeit verweist er in seinen Urteilsbegründungen häufiger auf die Theorie von der *base del negocio*. So berief sich der Tribunal Supremo in dem Urteil vom 6. November 1992 auf die Lehre vom Wegfall der Geschäftsgrundlage, versicherte aber später, dass man bei einer Anwendung der *clausula*-Lehre zu derselben Lösung gelangt wäre.[303] Dabei verlangte er die für

298 *Verdera Server*, CCJC 2001, 491, 499.

299 *Fernández-Sancho Tahoces*, CCJC 1997, 653, 658, die dieses gleichartige Vorgehen bei ihrer Kommentierung des STS vom 10.2.1997, RJ 1997, 665 anspricht.

300 *Diez-Picazo* , Cuadernos de Derecho judicial 1996, 671, 678.

301 So geschehen z.B. STS 17.5.1986, RJ 1986, 2725: Dort wird für die Anwendung der Theorie der presuposición, der clausula oder der base del negocio eine tiefgreifende Veränderung der Umstände verlangt. Damit wird verdeutlicht, dass der TS der Theorie keine eigenständige Bedeutung beimisst, sondern sie lediglich als eine Lösungsmöglichkeit derartiger Fälle sieht.

302 STS 14.12.1940, RJ 1940, 1135.

303 SSTS 6.11.1992, RJ 1992, 9226; 15.3.1994, RJ 1994, 1784.

die *clausula rebus sic stantibus* entwickelten Voraussetzungen.[304] Ähnlich verfuhr er in den Urteilen vom 6. Oktober 1987 und 10. Dezember 1990 und bestätigte, dass die Lehre von der Geschäftsgrundlage wie die *clausula* einen Mechanismus darstelle, mit dem das Problem der veränderten Umstände behandelt werden könne.[305] Trotz dieser grundsätzlichen Gleichstellung werden in einer vereinzelt gebliebenen Entscheidung beide Lehren voneinander unterschieden. Das Urteil aus dem Jahr 1962 wurde schon bei den aleatorischen Verträgen und der Berücksichtigung der Risikoübernahme dargestellt.[306] Der Tribunal Supremo gab einer Anpassung eines Leibrentenvertrages statt, verneinte aber im Gegensatz zur ersten Instanz eine Anwendung der *clausula rebus sic stantibus* und nahm eine Anpassung unter Beachtung der Lehre von der Geschäftsgrundlage vor. Der Tribunal Supremo betonte, dass die *clausula* aufgrund der Gefahren für die Rechtssicherheit mit großer Vorsicht lediglich in Ausnahmefällen anzuwenden sei. Die Vorinstanz habe den Art. 1091 CC und den Grundsatz „*pacta sunt servanda*" nicht hinreichend gewürdigt. Vielmehr sei es unzweifelhaft, dass die Geschäftsgrundlage aufgrund der unvorhersehbaren Ereignisse eine schwerwiegende Veränderung erfahren habe. Eine Anpassung sei auf Art. 1258 CC zu stützen, der, im objektiven Sinne verstanden, die Grundlage des Vertrages wiederherstellen könne. Der Tribunal Supremo benutzte in diesem Fall lediglich eine andere Terminologie für die *clausula* mit denselben Voraussetzungen und Rechtsfolgen.

Neben der *clausula rebus sic stantibus* wird die *base del negocio* ebenso in einem Urteil aus dem Jahre 1993 angesprochen, in dem eine Auseinandersetzung mit der Terminologie von Larenz beobachtet werden konnte:[307] In dem Fall verlangten die Käufer einiger Wohnungen in einem Mehrfamilienhaus aufgrund einer baulichen Veränderung den gezahlten Kaufpreis heraus. Zum Zeitpunkt der Unterzeichnung des Kaufvertrages befand sich das Gebäude noch in der Bauphase. Nach Vertragsschluss wurde durch eine Verwaltungsvorschrift aufgrund einer Veränderung der Bebaubarkeit festgesetzt, dass das Gebäude keine vier, sondern nur drei Stockwerke aufweisen dürfe. Der Tribunal Supremo bezog sich in seiner Urteilsbegründung auf die Theorie der *base del negocio* unter Berücksichtigung der subjektiven und objektiven Ausprägung der Geschäftsgrundlage. Mangels Kenntnis genauer Umstände vermochte das Gericht nicht mit Sicherheit sagen, ob es sich um eine subjektive oder objektive Geschäftsgrundlagenstörung handelte. Die Vorstellung des Verkäufers ging zwar offensichtlich dahin, das Projekt wie geplant

304 SSTS 6.11.1992, RJ 1992, 9226; 15.3.1994, RJ 1994, 1784.

305 SSTS 6.10.1987, RJ 1987, 6720; 10.12.1990, RJ 1990, 9927; 23.4.1991, RJ 1991, 3023.

306 STS de 23.11.1962, RJ 1962, 5005, vgl. S. 53 f.

307 STS 14.12.1993, RJ 1993, 9881.

durchzuführen, jedoch folge daraus nicht, dass die Käufer diese Vorstellung auch teilten. Ob der Vertrag bei Kenntnis der Umstände nicht geschlossen worden wäre, könne nicht sicher festgestellt werden. Der Erwerb erstrecke sich nicht auf das gesamte Projekt, da die Käufer lediglich Wohnungen im ersten und zweiten Stock gekauft hätten. Es könne zudem nicht bewiesen werden, dass der Kaufpreis im gegenseitigen Einverständnis nur für den Fall des Baus eines Gebäudes mit vier Stockwerken festgesetzt wurde. Daher wurde das Vorliegen sowohl der objektiven als auch der subjektiven Geschäftsgrundlage abgelehnt und der Tribunal Supremo konnte sich so einer intensiveren Stellungnahme entziehen.

V. Wertendes Zwischenergebnis

Der Tribunal Supremo hat mit dem im Jahre 1957 gesprochenen Urteil somit eine Berufung auf die *clausula* und die deutsche Lehre in Spanien eingeführt.

Die dargelegten Voraussetzungen sind seit dem Urteil ständige Rechtsprechung und werden immer wieder vom Tribunal Supremo in seinen Urteilsbegründungen herangezogen.[308] Allerdings gab es sehr wenige Urteile, in denen alle Voraussetzungen auch tatsächlich vorlagen und eine Modifikation oder *resolución* des Vertrages durchgeführt werden konnte. Wie bereits dargestellt, scheitert eine Annahme der *clausula*-Lehre vorwiegend an den Voraussetzungen der *imprevisibilidad* oder dem Vorliegen der *circunstancias extraordinarias*, da bei diesen Voraussetzungen eine größere Subjektivität seitens der Richter möglich ist. Meistens führten die Gerichte aus, dass weder eine außerordentliche Veränderung noch eine Unvorhersehbarkeit der Umstände vorgelegen habe. Dieses verdeutlichen die Schwierigkeiten, die Voraussetzungen getrennt voneinander zu behandeln. Eine strikte Trennung ist nahezu unmöglich und auch nicht von praktischer Relevanz, da sich die einzelnen Voraussetzungen häufig ergänzen.

C. Vergleichende Gegenüberstellung

Die vergleichende Gegenüberstellung soll sich an dieser Stelle auf die wesentlichsten Punkte beschränken, da den im Zusammenhang mit der *clausula rebus sic stantibus* entwickelten Voraussetzungen die gesetzliche Regelung des § 313 BGB gegenübergestellt werden soll, auf die sogleich Bezug genommen wird.

Innerhalb der Rechtsprechung des Tribunal Supremo ist der deutsche Einfluss deutlich erkenn- und spürbar. Der Código Civil als napoleonische Kodifikation

308 SSTS 27.6.1984, RJ 1984, 3438; 17.5.1986, RJ 1986, 2725; 21.2.1990, RJ 1990, 707; 23.4.1991, RJ 1991, 3023 und aus neuerer Zeit STS 28.12.2001, RJ 2002, 1650.

steht dem Gedanken, den Umstandsänderungen Bedeutung beizumessen grundsätzlich ablehnend gegenüber. Aufgrund des französischen Einflusses geboten Ehre und Moral die Einhaltung des einmal gegebenen Wortes, so dass dem Grundsatz der Vertragstreue eine immense Bedeutung beigemessen wurde. Wegen der Verschonung Spaniens von den beiden Weltkriegen hat der Krieg von 1936–1939 als Wegbereiter für die Anerkennung der *clausula* gedient. Vor 1940 ist somit eine Vertragsänderung aufgrund veränderter Umstände nie als zulässig erachtet worden.

Innerhalb der spanischen Rechtsprechung kann keine derartige Entwicklung wie beim Reichsgericht beobachtet werden, das sich mit Ausführungen über die Ruintheorie oder der wirtschaftlichen Unmöglichkeit der Problematik veränderter Umstände langsam annäherte. Der Grund für die im Laufe der Zeit nachlassende Ablehnung der Berücksichtigung veränderter Umstände beruhte auch auf dem wachsenden Einfluss des deutschen Rechts. Bei einem Vergleich der Voraussetzungen zur deutschen Regelung wird deutlich, dass sowohl das Reichsgericht auch als der Tribunal Supremo stark von den deutschen Lehrmeinungen geprägt wurden. So kann dem Leiturteil aus dem Jahre 1957 deutlich Larenz' Lehre der Geschäftsgrundlage zugeordnet werden. Positiv zu bewerten ist, dass der Tribunal Supremo bereits 1962 auch begrifflich die Lehre von der Geschäftgrundlage angewandt hat, wenngleich die Entscheidung eine ziemlich vereinzelte geblieben ist. Die dieser Entscheidung zugrunde liegende Ablehnung der *clausula*-Lehre aufgrund ihrer Gefahren für die Rechtssicherheit und die gleichzeitige Zulassung der Lehre von der Geschäftsgrundlage ist nicht nachvollziehbar. In den vorherigen und nachfolgenden Entscheidungen hat das Gericht die *clausula rebus sic stantibus* und die *base del negocio* in der Regel nämlich nebeneinander angewandt und nie Differenzierungen getroffen. Es ist unverständlich, warum die *clausula rebus sic stantibus* im Gegensatz zur *base del negocio* aufgrund der Gefahren für die Rechtssicherheit keine Anwendung finden darf, wenn beiden grundsätzlich dieselben Voraussetzungen zugrunde gelegt werden. Eine Abkehr von der *clausula rebus sic stantibus* als terminologische Einkleidung der veränderten Umstände hin zur *base del negocio* konnte durch diese Entscheidung jedoch nicht erreicht werden. Die bis heute andauernde Bezeichnung als *clausula* erinnert an die Entscheidungen des Reichsgerichts, das die *clausula* anfangs auch als Umschreibung der Problematik angewandt hat. Auch der häufige gleichzeitige Bezug auf die Voraussetzungslehre und die Theorie der Geschäftsgrundlage verdeutlichen, dass sich die Rechtsprechung nicht auf ein wirkliches Institut festlegen möchte. Zwar ist diese Problematik eher theoretischer Natur, dennoch würde eine einheitlichere Rechtsprechung bezüglich der Terminologie helfen, dem Institut klarere Konturen zu verleihen.

Der Tribunal Supremo hat sich nie in einer derartigen Tiefe und Detailliertheit mit der Problematik beschäftigt, wie es bei der deutschen Rechtsprechung zu beobachten war. Zwar ist die spanische Rechtsprechung verstärkt auf eine Billigkeitsrechtsprechung angewiesen und kann nicht wie die deutsche Rechtsprechung auf eine gewisse Tradition zurückblicken, dennoch fehlt eine Auseinandersetzung mit wichtigen dogmatischen Fragen. So lassen sich kaum Urteile finden, in denen eine klare Abgrenzung zu verwandten Rechtsinstituten vorgenommen wird. Zudem ist die stereotypische Wiederholung der in den 40er Jahren ergangenen Urteile längst überholt. Zwar wurden dort erste Erwägungen zur Anwendung der *clausula*-Lehre angestellt, jedoch wurde sie nur einmal zugelassen. Diese restriktive Handhabe ist sicherlich bei einem gesetzlich nicht verankerten Rechtsinstitut geboten, dennoch ist das Unbehagen die *clausula* oder *base del negocio* anzuwenden, zu bedauern. Demgegenüber ist es aber durchaus positiv und bemerkenswert, dass innerhalb der spanischen Rechtsprechung und Literatur überhaupt eine derartige Auseinandersetzung mit der Problematik stattgefunden hat. Zumeist zeigt sich der Tribunal Supremo in seinen Entscheidungen sehr unflexibel bezüglich einer Beachtung der veränderten Umstände und weicht nur ungern von seiner eigentlichen Rechtsprechung ab. Inzwischen hat er eine derartig stark gefestigte Rechtsprechung erreicht wie das Reichsgericht und der BGH, der sich durch eine stereotypische Wiederholung der Formel Oertmann auszeichnete. In demselben Maße wiederholt auch der Tribunal Supremo seine in den 40er Jahren gewonnenen Erkenntnisse und die später entwickelten Voraussetzungen für eine Anwendung der *clausula*.

3. Abschnitt: Die Einflüsse der Rechtsprechung auf Gesetzgebung und Lehre

A. Deutschland

Die Lehre vom Wegfall der Geschäftsgrundlage war in Deutschland von der Rechtsprechung allgemein anerkannt. Demnach stand einer gesetzlichen Normierung nichts mehr im Wege. An dieser Stelle soll der durch die Schuldrechtsreform neu geschaffene § 313 BGB betrachtet und seine Voraussetzungen kurz dargestellt werden. Die Übersicht begrenzt sich dabei auf die wichtigsten Aussagen. Im Anschluss daran sollen neue Probleme im Zusammenhang mit der gesetzlichen Regelung und Stellungnahmen aus dem Schrifttum zu der Kodifizierung erörtert werden.

I. Die gesetzliche Normierung durch § 313 BGB

Das BGB hat bis zur Schuldrechtsreform bewusst auf eine allgemeine Regelung zum Wegfall der Geschäftsgrundlage verzichtet. Die Ablehnung wurde zumeist mit einer Gefährdung der Rechtssicherheit und einer fehlenden Abgrenzungsmöglichkeit zum Motivirrtum begründet.[309]

Bereits Kegel machte im Jahr 1953[310] auf dem 40. deutschen Juristentag den Vorschlag einer Normierung der Lehre des Wegfalls der Geschäftsgrundlage.[311]

In einem vom Bundesjustizministerium eingeholten Gutachten zur Vorbereitung der Schuldrechtsreform[312] haben schließlich Norbert Horn und Ulrich Huber zu einer gesetzlichen Verankerung Stellung genommen.[313] Horn sah eine Normierung grundsätzlich für erforderlich und als begrüßenswert an, beschränkte seine Formulierung aber ausschließlich auf eine Erschwerung oder Entwertung der Leistung.[314] Mangels eines einheitlichen dogmatischen Konzepts dieser Doktrin hielt Ulrich Huber hingegen eine geschlossene Regelung der Lehre von der Geschäftsgrundlage für unmöglich. Eine einzige Vorschrift konnte seiner Meinung nach nicht das gesamte Spektrum der Lehre abdecken, sondern höchstens einzelne Problembereiche regeln.[315]

Da aber die Rechtsprechung das Institut gegen die von den Verfassern des BGB ausdrücklich getroffene abweichende Entscheidung entwickelt hatte, hielt die Kommission zur Überarbeitung des Schuldrechts eine Kodifizierung für erforderlich.[316] Der Gesetzgeber wertete eine fehlende gesetzliche Verankerung wichtiger und in der Rechtwirklichkeit bewährter Rechtsinstitute

---

309 Vgl. *Motive II*, S. 199; so auch schon RGZ 24, 169.

310 Zwar gab es schon während der Zeit des Nationalsolzialismus Diskussionen um eine Normierung, die eingesetzte Kommsion zur Schuldrechtsreform hat sich aber bewusst entschieden, die zu dem Zeitpunkt entstandenen Reformvorschläge nicht in die Beratungen einzuschließen, vgl. *Heinrichs*, in: FS Heldrich, S. 183, 186.

311 „Neue Gebilde, die sich hinreichend gefestigt haben und damit kodifikationsreif geworden sind, sollten eingefügt werden, sonst erstarrt das Gesetzbuch und verliert an Lebenskraft", *Kegel,* Gutachten, S. 138, 233. Text im Anhang.

312 *BMJ,* Gutachten und Vorschläge zur Überarbeitung des Schuldrechts, Band I.

313 *Horn,* in: BMJ Gutachten I, S. 551–645; *Huber*, in: BMJ Gutachten I, S. 647–909.

314 *Horn*, in: BMJ Gutachten I, S. 551, 636. Text im Anhang.

315 *Huber,* in: BMJ Gutachten I, S. 647, 748 ff.

316 Diese bestand aus 6 Richtern, 4 Hochschullehrer, 4 Ministerialbeamte, einem Rechtsanwalt und einem Notar, zur genauen Zusammensetzung vgl. *BMJ*, Abschlussbericht, S. 14 f.

als Mangel.[317] § 313 BGB beruht auf dem Abschlussbericht der Schuldrechtskommission von 1992[318] und ist schließlich durch das Schuldrechtsmodernisierungsgesetz von 2001 ins BGB gelangt. Systematisch gesehen soll die Regelung aber weiterhin einen gesetzlich geregelten Fall von Treu und Glauben darstellen.[319]

Die Störung der Geschäftsgrundlage des § 313 BGB umfasst sowohl den nachträglichen Wegfall als auch das anfängliche Fehlen der Geschäftsgrundlage.[320] Die Formulierung entspricht der herrschenden Ansicht der Literatur und der ständigen Rechtsprechung des BGH. Daher sollen die strengen Anforderungen, die schon früher an das Institut gestellt wurden, laut Regierungsentwurf weiter unverändert aufrecht erhalten bleiben.[321] Die Intention des Gesetzgebers lag nicht in einer Änderung der Rechtslage, sondern in einer deklaratorischen Klarstellung.[322] Durch die Normierung sollte sich dabei weder eine Änderung der materiell-rechtlichen noch der prozessualen Behandlung der Geschäftsgrundlage ergeben.[323] Eine genaue Konkretisierung der Norm sollte der Rechtsanwendung vorbehalten bleiben.[324] Daher ist es weiterhin erforderlich, eine Abgrenzung zu verwandten Rechtsinstituten vorzunehmen.

1. Abgrenzung zu anderen Rechtsinstituten

a) Vertragsauslegung

Die Regelung des § 313 BGB ist relativ allgemein gehalten, so dass viele Differenzierungen und Abgrenzungen auch heute noch von Bedeutung sind.[325]

Die Abgrenzung der Lehre der Geschäftsgrundlage von dem Institut der ergänzenden Vertragsauslegung beschäftigt Lehre und Rechtswissenschaft seit langem. Zwar wird häufig betont, dass der Übergang von einer ergänzenden Vertragsauslegung zu einer Anpassung durch Anwendung der Geschäftsgrundlagenlehre in der Praxis oft fließend sei und die vorgenommene Abgrenzung

317 BT/Drs. 14/6040, S. 93, 175.
318 *BMJ*, Abschlussbericht, S. 146.
319 BT/Drs. 14/6040, S. 175.
320 *Jauernig*/Stadler, § 313 BGB Rdnr. 3.
321 BT/Drs. 14/6040, S. 176.
322 BT/Drs. 14/6040, S. 176.
323 *Westermann/Bydlinski/Weber*, SchR AT, § 12 Rdnr. 5.
324 BT/Drs. 14/6040, S. 93.
325 *Westermann/Bydlinski/Weber*, SchR AT, § 12 Rdnr. 1.

daher willkürlich erscheine,[326] dennoch will die herrschende Auffassung beide Institute voneinander trennen. Der Ermittlung des Vertragsinhalts durch die ergänzende Vertragsauslegung wird dabei der Vorrang eingeräumt.[327] § 313 BGB ist nur dann anzuwenden, wenn der tatsächlich zu Tage getretene Wille keine Ansatzpunkte für eine Lösung des Problems erkennen lässt.[328]

Ein bekanntes Beispiel aus der Rechtsprechung in diesem Zusammenhang ist sicherlich der Rubelfall:[329] Der Beklagte nahm ein Darlehen über 30.000 Rubel auf, wobei sowohl der Darlehensnehmer als auch der Darlehensgeber davon ausgingen, dass der Kurs im Vergleich zur deutschen Mark 4:1 betrage. Tatsächlich betrug das Verhältnis aber 100:1, das Darlehen hatte somit nur einen Wert von 300 Mark. Der Kläger klagte schließlich aus den Schuldscheinen. Das Reichsgericht behandelte den Irrtum als Inhaltsirrtum gemäß § 119 I BGB und ließ die hilfsweise erklärte Anfechtung mit der Folge der Unwirksamkeit der Schuldscheine zu. Der Anspruch aus dem Darlehen in Höhe von 300 Mark bestand fort.

Heute besteht Einigkeit darüber, dass nach dem Willen beider Parteien die Schuldscheine das in deutscher Währung zurückzuzahlende Darlehen zum entsprechenden Wechselkurs absichern sollten. Die Schuldscheine sind daher so auszulegen, dass sie in der Summe auf 300 Mark lauten.[330]

b) Gemeinsamer Irrtum

Die Regelungen über den Wegfall der Geschäftsgrundlage stehen zudem in engem Zusammenhang zu den Willensmängeln. Wenn die Rechtsinstitute der Geschäftsgrundlage und des Irrtums sich überschneiden, hat nach einer Ansicht im Schriftum der Irrtum wie vor der Schuldrechtsmodernisierung Vorrang.[331] Fälle, die zur Anfechtung nach § 119 I oder § 119 II BGB berechtigen, betreffen nicht

---

326 *Köhler*, in: FG 50 Jahre BGH, S. 295, 304; auch die Rechtsprechung entscheidet gleich gelagerte Fälle mal unter dem Aspekt der ergänzenden Vertragsauslegung und mal nach der Lehre der Geschäftsgrundlage: RGZ 163, 324 ff., BGH LM § 157 (I) BGB Nr. 27.

327 Bamberger/Roth/*Unberath*, § 313 BGB Rdnr. 17; NK/*Krebs*, § 313 BGB Rdnr. 11; *Hübner*, AT, Rdnr. 1099; BGH NJW-RR 2000, 1652: Irrtümliche Annahme, das Geschäft unterliege nicht der Umsatzsteuer; BGH NJW 1984, 1177, 1178; ; a.A.: *Nicklisch*, BB 1980, 949, 951, der lediglich einen graduellen Unterschied in der Rechtsfolgenbestimmung bei Geschäftsgrundlagenlehre und Vertragsauslegung sieht.

328 *Köhler*, in: FG 50 Jahre BGH, S. 295, 304.

329 RGZ 105, 406.

330 *Köhler*, JA 1979, 498, 500.

331 So noch MK/*Roth*, 5. Auflage, § 313 BGB Rdnr. 138; *Fikentscher/Heinemann*, SchR, Rdnr. 242.

die Geschäftsgrundlage, da sie von der Vertragserklärung umfasst sind und zum Vertragsinhalt gehören.[332] In seiner Regierungsbegründung zu § 313 II BGB hob der Gesetzgeber hervor, dass die Fälle des gemeinschaftlichen Motivirrtums nun von dem Fehlen der Geschäftsgrundlage umfasst seien.[333] Problematisch sind aber die Fälle des beiderseitigen Eigenschaftsirrtums. Teilweise wird vorgebracht, dass § 119 II BGB nur den einseitigen Irrtum erfasse und damit in derartigen Fällen die Lehre vom Wegfall der Geschäftsgrundlage vorzugswürdig sei.[334] Bei einem Irrtum habe die Anfechtung zudem die Unwirksamkeit der angefochtenen Regelung zur Folge, so dass der Anfechtende mit einem Vertrauensschaden gemäß § 122 BGB belastet werde. Es sei aber vom Zufall abhängig, welcher der beiden Irrenden zuerst anfechte und den Vertrauensschaden zu leisten habe.[335] Diese Ungerechtigkeit würde bei Anwendung des § 313 BGB vermieden. Dem wird entgegengehalten, dass grundsätzlich die Vertragspartei den Vertrag anfechten werde, für die der Irrtum nachteilig war.

Da eine Störung bei Abschluss des Vertrages vorläge, seien die Vorschriften über den Irrtum passender.[336]

Die flexibleren Rechtsfolgen sprechen jedoch in derartigen Fällen für eine Anwendung des § 313 BGB.[337]

Besonderheiten bestehen beim Kalkulationsirrtum. Bei diesem hat sich eine Partei bei der Preisermittlung zu ihrem Nachteil verrechnet. Dieses führt dazu, dass ein Vertrag geschlossen wird, den die Partei bei richtiger Berechnung so nicht bewilligt hätte.[338] Der BGH hat in derartigen Fällen häufig auf die Lehre der

---

332 *Hübner*, AT, Rdnr. 1101.

333 BT/Drs. 14/6040, S. 176; BGH NJW 2001, 226, 227; OLG Zweibrücken NJW-RR 1998, 1680, 1681.

334 Diese Ansicht stellt die wohl h.M. dar, Nachweise u.a. bei: BGHZ 25, 390, 392; Bamberger/Roth/*Grüneberg*, § 313 BGB Rdnr. 68; *Jauernig/Stadler*, § 313 BGB Rdnr. 9; *Löhnig*, JA 2003, 516, 517 will danach differenzieren, ob ein gemeinsamer Eigenschaftsirrtum sich auf einen Umstand beziehe, der im Einflussbereich einer der Parteien (dann Vorrang von § 119 BGB) oder in der neutralen Späre (dann § 313 BGB) liegt.

335 *Lehmann/Hübner*, AT, S. 268; *Bork*, AT, Rdnr. 944.

336 Für eine Anfechtung: *Medicus/Petersen*, Bürgerliches Recht, Rdnr. 162; *Medicus / Petersen*, AT BGB, Rdnr. 778; NK/*Krebs*, § 313 BGB Rdnr. 12; PWW/*Stürner/Medicus*, § 313 BGB Rdnr. 42; bereits noch zum alten Recht: *Stötter*, AcP 166 (1966) 149, 175 f.; MK/Finkenauer, § 313 Rdnr. 148 will beide Institute nebeneinander konkurrieren lassen.

337 So auch Palandt/*Ellenberger*, § 119 BGB Rdnr. 30.

338 *Emmerich*, Leistungsstörungen, § 28 Rdnr. 4.

Geschäftsgrundlage zurückgegriffen.[339] Dieses sollte aber nur bei einem gemeinschaftlichen Kalkulationsirrtum gelten, wenn die Grundlagen der Kalkulation so offen lagen, dass auch der andere Teil sie akzeptiert hatte.[340] Seit BGHZ 139, 177, 180 werden derartige Kalkulationsirrtümer als bloße Motivirrtümer gesehen. Hat die andere Partei den Irrtum gekannt, soll dem Irrenden ein Rechtsbehelf aus culpa in contrahendo (§ 311 II BGB) zugestanden werden, indem eine Aufklärungspflicht des anderen Teils angenommen wird, oder dem Fall mit Hilfe der Regeln über die unzulässige Rechtsausübung begegnet werden.[341] Abgegrenzt werden müssen diese Fälle vom internen oder verdeckten Kalkulationsirrtum. Ein derartiger Irrtum stellt nichts anderes als einen einseitigen unbeachtlichen Motivirrtum dar.[342]

c) Verhältnis zum Rücktrittsrecht bei Unmöglichkeit

Innerhalb der Lehre findet häufig eine umfangreiche Diskussion über die Abgrenzung zum Unmöglichkeitsrecht statt. Die Vorschrift des § 275 BGB sei demnach nach der Reform noch enger an die des Wegfalls der Geschäftsgrundlage gerückt.[343] Eine Abgrenzung wird insbesondere deswegen für erforderlich gehalten, weil § 275 BGB einen Wegfall der Leistungspflicht und § 313 BGB vorrangig eine Anpassung zur Folge hat. In gesetzessystematischer Hinsicht bleibt zunächst offen, in welchem Verhältnis die nunmehr kodifizierten Regelungen des Wegfalls der Geschäftsgrundlage zum Unmöglichkeitsrecht stehen. Die enger gefassten Tatbestandsvoraussetzungen des Unmöglichkeitsrechts, im Vergleich zum generalklauselartigen § 313 BGB, sprechen für den Vorrang dieses Rechtsinstituts.

In den Vorarbeiten zur Schuldrechtsmodernisierung hatte man sich noch zunächst bei einem Konkurrenzfall für einen Vorrang des § 313 BGB ausgesprochen.[344]

339 BGHZ 46, 268, 273: Die Parteien legten bei der Berechnung des Honorars für eine Vermögensverwaltung zu hohe, unübliche Sätze zugrunde; ablehnend beim Pauschalpreisvertrag: In derartigen Fällen soll eine offengelegte Kalkulation nur in sehr seltenen Fällen Geschäftsgrundlage werden, vgl. BGH NJW-RR 1995, 1360.

340 BGH LM § 328 BGB Nr. 46; BGH LM § 242 (Bb) BGB Nr. 35; OLG Köln BB 1991, 1377, OLG Nürnberg NJW 1996, 1479.

341 BGHZ 139, 177, 184 ff.; BGH LM § 242 (Bb) BGB Nr. 94.

342 BGHZ 139, 177, 180 f.; BGH LM VOB/A Nr. 9; BGH LM § 2 VOB/B 1973 Nr. 8; BGH NJW 2002, 2312 f.

343 *Zimmer*, NJW 2002, 1, 11.

344 *BMJ*, Abschlussbericht, S. 102, 151; *Wahl*, Schuldnerverzug, S. 50 ff.

Von diesem Vorschlag hat sich der Gesetzgeber aber später wieder distanziert.[345] Nach der Gesetzesbegründung soll § 275 I BGB dem § 313 BGB vorgehen, da bei einem Freiwerden des Schuldners wegen Unmöglichkeit kein Raum für eine Anpassung bleibe.[346]

Problematische Grenzfälle werden vor allem im Bereich der sogenannten wirtschaftlichen Unmöglichkeit gesehen, wenn die durchaus mögliche Leistungserbringung mit einem unverhältnismäßigen Aufwand für den Schuldner verbunden ist. Derartige Leistungen, die nur mit einem überobligationsmäßigen Aufwand zu erbringen sind und daher die „Opfergrenze" überschreiten, sollen dem Schuldner grundsätzlich nicht zugemutet werden.[347] In den meisten Fällen der Leistungserschwerung aus materiellen Gründen steige das Gläubigerinteresse in gleichem Maße wie der zu der Leistungserbringung erforderliche Aufwand.

Dann könne kein von § 275 II BGB vorausgesetztes Missverhältnis angenommen werden.[348] Eine solche Abgrenzung nach den verschiedenen Interessen nimmt auch die Rechtsprechung vor. Bei § 275 II BGB solle die Verhältnismäßigkeitsprüfung allein nach dem Interesse des Gläubigers an der Leistung ausgerichtet werden. Die Unmöglichkeitsvorschriften sollen anwendbar sein, wenn der für die Leistung notwendige Aufwand in einem krassen Missverhältnis zum Leistungsinteresse des Gläubigers steht.[349] Bei § 313 BGB seien dagegen auch die Interessen des Schuldners, wie die erzielte Gegenleistung und persönliche Interessen, zu berücksichtigen.[350] Diese Argumentation entspricht der herrschenden Meinung vor

345 *Canaris*, Schuldrechtsmodernisierung, S. 186. Die Passage in der Begründung zu § 307 DiskE wurde in der Begründung zum RegE in ihr Gegenteil verkehrt, BT/Drs. 14/6040, S. 176.

346 BT/Drs. 14/6040, S. 176, zustimmend: NK/*Krebs*, § 313 BGB Rdnr. 13; Palandt/*Grüneberg*, § 313 BGB Rdnr. 13.

347 *Medicus/Lorenz*, SchR AT, Rdnr. 424 f., 539.

348 *Fehre*, Unmöglichkeit und Unzumutbarkeit, S. 64. Die Autorin gesteht aber auch ein, dass durchaus Fälle denkbar sind, in denen das Leistungsinteresse des Schuldners nicht im gleichen Maße steigt wie der vom Schuldner zu fordernde Aufwand. Als Fallbeispiel wird die Konstellation genannt, in der der Schuldner Konkurrenz durch neue Arbeiter erhält, die sich die zur Leistungserbringung erforderlichen Rohstoffe auf dem Markt sehr viel billiger beschaffen können als der Schuldner. Dieses Beispiel findet sich bei *Koller/Roth/Zimmermann*, SchRmodernisierung 2002, S. 52. Bei derartigen Konstellationen handelt es sich ihrer Meinung nach aber um Ausnahmen.

349 *Eidenmüller*, Jura 2001, 924, 932.

350 BT/Drs. 14/6040, S. 130; *Canaris*, JZ 2001, 499, 501.

der Schuldrechtsreform[351], die aber schon damals nicht unumstritten war.[352] Der alleinige Bezug auf das Gläubigerinteresse könne keinen qualitativen Unterschied zur wirtschaftlichen Unmöglichkeit schaffen, da eine Abwägung im Einzelfall entscheiden müsse. Bei erheblichen Leistungserschwerungen könnten durchaus auch die Voraussetzungen des § 275 II BGB vorliegen.[353] § 275 II BGB sei auf die Fälle der ökonomisch krassen Ineffizienz und § 313 BGB auf die Fälle der krassen Ungerechtigkeit zu begrenzen.[354] § 275 II BGB soll somit ein geeignetes Instrument für leistungshindernisbedingten Mehraufwand darstellen, dessen Aufbringung nicht zu einer Erhöhung des Leistungswerts führt, sondern bloß den individuellen Schuldner belastet.

§ 313 BGB soll dagegen die Fälle erfassen, in denen die Tätigung des Mehraufwands zu einer Steigerung des Leistungswerts, mithin zu einer Verschiebung des Äquivalenzverhältnisses von Leistung und Gegenleistung, zu Ungunsten des Schuldners führt.[355]

Ob sich dieser Ansatz jedoch auch in der Praxis durchsetzt, muss abgewartet werden. In einer Entscheidung vom 20. Juli 2005 hat der BGH den § 275 II BGB sehr weit ausgelegt.[356] Das Urteil beschäftigte sich mit der Frage, wie weit die Verpflichtung des Vermieters zur Wiederherstellung einer beschädigten Mietsache reicht. Nach Ansicht des BGH ende die Verpflichtung dort, wo der erforderliche Aufwand die Opfergrenze überschreite. Dieses Ergebnis leitete er aus § 275 Abs. 2 BGB her, ohne § 313 BGB anzusprechen.[357] Demnach dürfe kein krasses Missverhältnis entstehen zwischen dem Reparaturaufwand einerseits und dem Nutzen der Reparatur für den Mieter sowie dem Wert des Mietobjekts und den aus ihm zu ziehenden Einnahmen andererseits. Jedoch ist zu berücksichtigen, dass bereits nach altem Schuldrecht derartige Fallkonstellationen aus

---

351 Vgl. nur BGH, NJW-RR 1991, 204, 205; *Soergel/Wiedemann*, 12. Aufl. (1987 ff.), § 275 Rdnr. 38 m.w.N.

352 A.A. war anfangs das Reichsgericht RGZ 94, 45, 47; 100, 129, 131; 101, 74, 77.

353 Staudinger/*Caspers*, § 275 BGB Rdnr. 120, MK/*Ernst*, § 275 BGB Rdnr. 23, *Eidenmüller*, Jura 2001, 824, 832.

354 *Eidenmüller*, Jura 2001, 824, 832.

355 *Finn*, Erfüllungspflicht und Leistungshindernis, S. 519.

356 Für *Hirsch*, Jura 2007, 81, 85 ist diese weite Anwendung bedenklich. In dem Fall hat das Gericht eine Beseitigungspflicht des Vermieters zur Beseitigung bestimmter Mängel aufgehoben, vgl. BGH WuM 2005, 713.

357 BGH WuM 2005, 713, 714.

praktischen Gründen über das Unmöglichkeitsrecht gelöst wurden und der BGH sich in seiner Begründung auch auf diese Entscheidungen berufen hat.[358]

Angesichts der schwierigen Abgrenzung beider Rechtsinstitute[359] wird vereinzelt vorgeschlagen, dem Schuldner ein Wahlrecht zwischen beiden Regelungen zuzusprechen.[360] Aufgrund der unterschiedlichen Voraussetzungen von § 275 II BGB und § 313 BGB erscheint es unbillig, dem Schuldner die Nichtdurchführung des Vertrages mit Verlust der Gegenleistung nach § 326 BGB zu verweigern, wenn zugleich ein großes Missverhältnis im Sinne von § 275 II BGB vorläge.[361] Der Schuldner, der die Umstände zur Geschäftsgrundlage gemacht habe, dürfe nicht nachteilig belastet werden, weil gleichzeitig auch die Voraussetzungen des § 275 II BGB begründet seien.[362]

Andere nehmen einen generellen Vorrang des § 313 BGB an, da die gesetzliche Bestimmung der Geschäftsgrundlagenstörung eine Spezialbestimmung für Leistungsstörungen in vertraglichen Austauschverhältnissen darstelle.[363] Demnach solle das Konkurrenzverhältnis anhand der Rechtsfolgen zu bestimmen sein, was zu einem Vorzug des § 313 BGB führe, da dieser eine Aufrechterhaltung des Schuldverhältnisses ermögliche.[364]

Von wiederum anderer Stelle wird auf die geringe praktische Bedeutung dieser Diskussion hingewiesen, da bei einer Lösung über die Störung der Geschäftsgrundlage kaum Wertungswidersprüche zum Unmöglichkeitsrecht beständen.[365] Ein wirklicher Überschneidungsbereich sei in der Praxis äußerst selten und komme nur in Extremfällen in Betracht, in denen der Mehraufwand so extrem hoch sei, dass er gleichzeitig beide für § 275 II BGB und § 313 BGB relevante Verhältnisse betreffe.[366]

Es scheint, als ob bei der Suche und Bestimmung von Abgrenzungskriterien die unterschiedlichen Funktionen beider Rechtsinstitute nicht hinreichend

---

358 BGH WuM 1990, 546, 547; OLG Karlsruhe WuM 1995, 307, 308.

359 *Picker*, JZ 2003, 1035, 1045; *Eidenmüller*, Jura 2001, 824, 832; *Wilhelm*, JZ 2001, 861, 867; anders: *Canaris*, Karlruher Forum 2002, S. 15.

360 *Schwarze*, Jura 2002, 73, 78; *Huber/Faust*, SchRmodernisierung, Kap. 2 Rdnr. 79.

361 *Huber/Faust*, SchRmodernisierung , Kap. 2 Rdnr. 79.

362 *Huber/Faust*, SchRmodernisierung , Kap. 2 Rdnr. 79.

363 *Schlüter*, ZGS 2003, 346, 350, 354.

364 *Schlüter*, ZGS 2003, 346, 350.

365 *Feldhahn*, NJW 2005, 3381, 3382.

366 *Finn*, Erfüllungspflicht und Leistungshindernis, S. 520 weist darauf hin, dass dieses schwierig sei, da eine für § 313 BGB notwendige Erhöhung des Leistungswerts dem Entstehen eines groben Missverhältnisses zuwiderlaufe.

gewürdigt wurden. Ausgegangen werden sollte von dem Begehren der Parteien. Verlangt der Gläubiger Erfüllung des Vertrages, so ist es sachgerecht zunächst § 275 II BGB anzuwenden, da dieser den Erfüllungsanspruch versagt. Dadurch darf den Parteien aber nicht die Möglichkeit genommen werden, eine Anpassung gemäß § 313 BGB zu begehren, die die Voraussetzungen der Einrede nach § 275 II in der Regel beseitigt.[367] Von diesem Ansatz ausgehend, kann auf die dargestellten Kriterien zur Abgrenzung verzichtet werden.

d) Mängelgewährleistung

Eine Abgrenzung zur Mängelgewährleistung wird besonders bei der nach dem subjektiven Vorstellungsbild zu beurteilenden Beschaffenheit relevant. Beispielsfall dafür ist die Annahme der möglichen Bebaubarkeit eines verkauften Grundstücks, dem jedoch die Baugenehmigung nach Vertragsabschluss versagt wird. Im Anwendungsbereich der Mängelhaftung ist § 313 BGB nach allgemeiner Ansicht nicht anwendbar.[368] In derartigen Fällen können die Regeln über den Wegfall oder das Fehlen der Geschäftsgrundlage durch die Sonderregelung über die Sachmängelgewährleistung des Verkäufers somit verdrängt werden. Die Bebaubarkeit eines Grundstücks nach öffentlichem Recht stellt eine zusicherungsfähige Eigenschaft dar und kann damit Gegenstand einer vertraglichen Beschaffenheitsangabe sein. Dieses gilt aber nur nur insoweit, als es um die Bebaubarkeit zu den nach diesen Vorschriften maßgebenden Zeitpunkten, nämlich des Gefahrübergangs und des Vertragsabschlusses geht. Die künftige Bebaubarkeit stellt keine Eigenschaft und kein Beschaffenheitsmerkmal des Grundstücks dar.[369] Demgegenüber können Fehlvorstellungen über Gegebenheiten, die keinen Sachmangel darstellen oder über zukünftige Gegebenheiten durchaus eine Störung der Geschäftsgrundlage begründen.[370]

e) Zweckverfehlungskondiktion

Als problematisch wird zudem oftmals die Abgrenzung zur Kondiktion wegen Zweckverfehlung nach § 812 I 2 Alt. 2 BGB gesehen. Gerade in den Fällen der Störung des Verwendungszwecks hat sich die Lehre der Geschäftsgrundlage dem

---

367 So *Schlechtriem/Schmidt-Kessel*, SchR AT, Rdnr. 485; PWW/*Schmidt-Kessel*, § 275 BGB Rdnr. 19. Dieses soll auch für § 275 I BGB gelten.

368 BGHZ 98, 103; BGH NJW 1992, 1384, 1385; BGH NJW 2000, 1714, 1716; *Fikentscher/Heinemann*, SchR, Rdnr. 242.

369 BGHZ 60, 319; BGH JZ 1977, 177; BGH LM § 242 (Bb) BGB Nr. 83; BGH WM 1992, 918.

370 BGHZ 60, 319; BGH JZ 1977, 177; BGH LM § 242 (Bb) BGB Nr. 83; BGH WM 1992, 918.

Bereicherungsrecht genähert, die Grenze wird als fließend beurteilt.[371] Nach der Rechtsprechung und Teilen des Schrifttums soll § 313 BGB vorrangig sein, denn wenn der fehlgeschlagene Leistungszweck die Geschäftsgrundlage eines vertraglichen Schuldverhältnisses bilde, so scheide aufgrund des Vorrangs der vertraglichen Ansprüche ein Bereicherungsanspruch wegen Nichterreichung des Leistungszwecks aus.[372]

Dabei wird aber übersehen, dass sich die Zweckverfehlungskondiktion bereits tatbestandsmäßig von der Geschäftsgrundlage unterscheidet, so dass die beiden Institute streng genommen gar nicht miteinander konkurrieren können.[373] Bei der Störung der Geschäftsgrundlage ist der verfehlte Zweck nämlich nur ein vorausgesetzter und kein vereinbarter.[374] Ist der Zweck bereits nach § 812 I 2. Alt. 2 BGB Inhalt des Rechtsgeschäfts geworden, so kann er nicht mehr Geschäftsgrundlage sein.[375] Ist eine Willenseinigung im Sinne der Kondiktionsnorm nicht nachweisbar, ist wiederum Raum für die Anwendung der Lehre von der Geschäftsgrundlage.[376]

2. *Anwendungsbereich*

Kann die Fallkonstellation nicht einer vorrangigen oder spezielleren Regelung zugeordnet werden, bleibt schließlich Raum für eine Anwendung des § 313 BGB.

Der Hauptanwendungsbereich des § 313 BGB erstreckt sich auf gegenseitige Austauschverträge des Schuldrechts.[377] In den meisten Fällen sind Dauerschuldverhältnisse oder Umsatzgeschäfte, bei denen zumindest eine Leistung zum Zeitpunkt der Störung noch nicht vollständig erbracht ist, von einer Störung der Geschäftsgrundlage betroffen.[378] Unter Berücksichtigung der Interessenbewertung können bei entsprechend gravierender Unzumutbarkeit Ausnahmen

---

371 *Fikentscher/Heinemann*, SchR, Rdnr. 242; Palandt/*Grüneberg*, § 313 BGB Rdnr. 15.

372 BGHZ 84, 1, 10 f.; BGHZ 108, 147, 149; Jauernig/*Stadler*, § 313 BGB Rdnr. 13; Palandt/*Grüneberg*, § 313 BGB Rdnr. 15.

373 So *Medicus/Petersen*, Bürgerliches Recht, Rdnr. 163; Staudinger/*Schmidt* (12. Auflage), § 242 BGB Rdnr. 924; nach Auffassung von BAG NJW 1987, 918 geht die Lehre der Geschäftsgrundlage vor.

374 *Hirsch*, Jura 2007, 81, 83.

375 PWW/Stürner/*Medicus*, § 313 BGB Rdnr. 6; HK/*Schulze*, § 313 BGB Rdnr. 11.

376 BGH LM § 242 (Bb) BGB Nr. 137.

377 NK/*Krebs*, § 313 BGB Rdnr. 28; Jauernig/*Stadler*, § 313 BGB Rdnr. 6; *Larenz/Neuner*, AT, § 42 Rdnr. 21.

378 MK/*Finkenauer*, § 313 BGB Rdnr. 48.

zugelassen werden.[379] Rechtlich unbeachtlich ist die Unterscheidung, ob Vorstellung und Wirklichkeit bereits im Zeitpunkt des Geschäftsschlusses auseinanderfielen oder sich die Umstände erst später veränderten, was durch eine Gleichstellung von Abs. 2 mit Abs. 1 belegt wird. Im Gegensatz zur früheren Rechtsprechung, die einen wirksamen, noch nicht vollständig erfüllten Vertrag für erforderlich erachtete[380], ist nach der neuen Rechtsprechung eine Anwendung des § 313 BGB nicht ausgeschlossen, wenn der Vertrag bereits voll erfüllt ist[381].

Eine Zweiseitigkeit des Rechtsgeschäfts sowie dessen schuldrechtliche Natur sind für eine Anwendung des § 313 BGB nicht zwingend erforderlich[382], so dass die Vorschrift auch Vergleiche[383], Gesellschaftsverträge[384] und sachen-, familien-[385] oder erbrechtliche[386] Verträge umfassen kann. Bei einseitigen Rechtsgeschäften wird eine Anwendung von § 313 BGB jedoch teilweise aufgrund der fehlenden Gegenpartei abgelehnt.[387] Allerdings ist zu berücksichtigen, dass sich auch bei einem einseitigen Rechtsgeschäft die Frage der Korrektur privatautonomer Regelungen zunächst in gleicher Weise stellt und von der Beteiligung einer zweiten Partei unabhängig ist.[388] Da aber häufig dem einseitig Handelnden das Störungsrisiko zugewiesen werden muss und daher eine tatsächliche Anwendung des § 313

379 BGH NJW 1989, 1990; BGH NJW 1990, 709: Rückzahlung empfangener Unterhaltsleistungen bei nachträglicher Rentenbewilligung.

380 BGH NJW 1956, 1275; BGH LM § 242 (Bb) BGB Nr. 56; BGH NJW 1983, 2143; BGH NJW 1996, 990, 992.

381 BGHZ 25, 390, 393 f.; BGHZ 74, 370, 373.

382 MK/*Finkenauer*, § 313 BGB Rdnr. 47.

383 BGH NJW 1984, 1746, 1747. § 779 BGB ist aber als Sonderfall zu berücksichtigen, der § 313 BGB verdrängt, wenn es um Umstände geht, die nach dem Inhalt des Vergleichs als „feststehend" zugrunde gelegt wurden.

384 BGHZ 10, 44, 51; BGHZ 62, 20, 24.

385 BGHZ 116, 167, 169 f.; BGHZ 129, 259, 263, 265.

386 BGHZ 134, 152, 156 ff.

387 BGH NJW 1993, 850 (für das testamentarische Vermächtnis); *Fikentscher*, SchR, Rdnr. 228; PWW/Stürner/ *Medicus*, § 313 BGB Rdnr. 3.

388 MK/*Finkenauer*, § 313 BGB Rdnr. 50, der aber eine analoge Anwendung ablehnt und die §§ 119 BGB vorzieht. Eine andere Bewertung sei nur dann gerechtfertigt, wenn das Rechtsgeschäft im Einvernehmen mit der anderen Partei anstelle einer vertraglichen Regelung vorgenommen wird. Für MK/*Roth*, 5. Auflage § 313 Rdnr. 127 bestand der Sinn der Einbeziehung der Gegenpartei darin, dass diese die Rechtfertigung dafür liefert, dass den Interessen ihres Partners auf Kosten ihrer vertraglichen Rechtsposition Rechnung getragen wird. Diese Schutzwürdigkeit des anderen Beteiligten sei bei einseitigen Rechtsgeschäften abgeschwächt.

BGB auf absolute Ausnahmefälle begrenzt bleibt, ist eine Anwendung sehr selten[389] oder wird gänzlich abgelehnt[390]. Bei einseitig verpflichtenden Verträgen, wie der Bürgschaft oder dem Schuldanerkenntnis, ist eine Geschäftsgrundlagenstörung durchaus denkbar.[391]

3. *Tatbestandsvoraussetzungen*

a) Reales Element

An dieser Stelle sollen die Tatbestandvoraussetzungen untersucht werden. Da eine genaue Konkretisierung bei der Betrachtung einzelner Entscheidungen im nächsten Kapitel erfolgt, ist nur auf die wesentlichsten Punkte einzugehen. § 313 I BGB erfordert das kumulative Vorliegen mehrerer Voraussetzungen. Zunächst müssen bestimmte Umstände, die sich nach Vertragsschluss schwerwiegend geändert haben, zur Grundlage des Vertrages geworden sein. Bei § 313 BGB ist eine vertragsimmanente Risikozuweisung zu beachten. Ergibt sich aus dem Vertrag eine typische oder individuelle Risikoverteilung, so ergeben sich die Rechtsfolgen direkt aus diesem, so dass § 313 BGB verdrängt wird.[392]

An dieser Stelle wird üblicherweise zwischen subjektiver und objektiver Geschäftsgrundlage unterschieden. Dabei kann die oben näher dargestellte Definition von Larenz aufgegriffen werden. § 313 II BGB betont das subjektive, § 313 I BGB das objektive Moment.[393] Es erscheint aber zweifelhaft, ob eine strikte Differenzierung durchführbar und überhaupt erforderlich ist. Auch wenn eine derartige Trennung nun im Gesetz verankert ist, so ist eine Unterscheidung unerheblich, da es sich nicht um zwei selbständige Rechtsinstitute handelt, sondern dieselben Rechtsfolgen angeordnet werden.[394] Daher kann die Problematik der

---

389 NK/*Krebs*, § 313 BGB Rdnr. 29.

390 Palandt / *Grüneberg*, § 313 BGB Rdnr. 8, Erman/*Böttcher*, § 313 BGB Rdnr. 14, MK/*Finkenauer*, §313 Rdnr. 50.

391 Jauernig/*Stadler*, § 313 BGB Rdnr. 6; Bamberger/Roth/*Unberath*, § 313 BGB Rdnr. 8. So auch: BGH NJW 88, 2174; BGH NJW 1994, 2146, 2147 für die Bürgschaft; BGH DB 1997, 301 für das abstrakte Schuldversprechen.

392 *Schlechtriem/Schmidt-Kessel*, SchR, Rdnr. 113. Die Aussage, dass die Umstände nicht zugleich Vertragsinhalt geworden sein dürfen, ist insoweit nicht ganz richtig, so aber: Palandt/*Heinrichs*, § 313 BGB Rdnr. 10.

393 BT/Drs. 14/6040, S. 176.

394 Nach *Larenz*/Neuner AT, § 42 Rdnr. 19 besteht ein „fließender Übergang“ *Medicus/Petersen*, Bürgerliches Recht, Rdnr. 165; *Medicus/Lorenz*, SchR AT, Rdnr. 534; *Chiotellis*, Rechtsfolgenbestimmung, S. 18 ff.; *Fikentscher*, SchR, Rdnr. 230; Palandt/*Grüneberg*, § 313 BGB Rdnr. 17.

Zuordnung zur objektiven oder subjektiven Geschäftsgrundlage an dieser Stelle offen bleiben. Eine in § 313 BGB geforderte schwerwiegende oder wesentliche Umstandsänderung ist dabei nur als Synonym anzusehen, die Grenzziehung ist abhängig von der Art des Vertrages und der aufgetretenen Störung sowie den sonstigen Umständen des Einzelfalls.[395] Grundsätzlich wird eine Störung nur dann als schwerwiegend bezeichnet, wenn nicht ernstlich zweifelhaft ist, dass eine der Parteien oder beide den Vertrag bei Kenntnis der Änderung nicht oder mit anderem Inhalt abgeschlossen hätten.[396] Damit auf die Geschäftsgrundlagenstörung nur in extremen Einzelfällen zurückgegriffen wird, ist eine restriktive Auslegung des Tatbestandsmerkmals der schwerwiegenden Änderung erforderlich. Der Festlegung eines allgemeinen Prozentsatzes oder einer festen Grenze steht die Funktion des Rechtsinstitutes als Billigkeitslehre entgegen.

b) Hypothetisches Element

Als hypothetische Voraussetzung ist zu untersuchen, ob der Umstand für die Partei, die ihn vorausgesetzt hat, so wichtig war, dass sie bei Kenntnis der wahren Sachlage den Vertrag nicht oder nicht so abgeschlossen hätte.[397] Dieses Element liegt regelmäßig vor, wenn eine schwerwiegende Änderung bejaht wurde. Die Störung erhält daher erst dann rechtliche Relevanz, wenn diese als wesentlich für den Vertragsabschluss bewertet werden kann.[398] Dieses Erfordernis verdeutlicht die Unmöglichkeit einer Trennung von objektiven und subjektiven Elementen. Die Veränderung der objektiven Umstände muss sich nämlich im subjektiven Vorstellungsbild der Parteien widerspiegeln.

c) Normatives Element

Schließlich muss das Festhalten am unveränderten Vertrag für den einen Teil unzumutbar geworden sein. Dieses ist insbesondere dann der Fall, wenn die jetzige Leistung des Schuldners nicht mehr das ursprünglich Vereinbarte umfasst.[399] Wie bereits erwähnt wurde, hat die Rechtsprechung in früheren Entscheidungen eine Berufung auf den Wegfall der Geschäftgrundlage dann für zulässig erachtet, wenn ein Festhalten am Vertrag zu untragbaren, mit Recht

---

395 Palandt/*Grüneberg*, § 313 BGB Rdnr. 18.

396 Palandt/*Grüneberg*, § 313 BGB Rdnr. 18.

397 *Emmerich*, Leistungsstörungen, § 28 Rdnr. 20; Hennsler/Graf von Westphalen/*Muthers*, Schuldrechtsreform, § 313 Rdnr. 18.

398 *Looschelders*, SchR AT, Rdnr. 754.

399 *Motsch*, JZ 2001, 428, 432.

und Gerechtigkeit nicht mehr zu vereinbarenden und damit der Partei nicht zumutbaren Ergebnissen geführt hat.[400] Auch wenn im Gesetzestext bloß von Unzumutbarkeit gesprochen wird, so finden gleich strenge Kriterien wie vor der Reform Anwendung.[401]

Das Festhalten an dem Vertrag soll dann zumutbar sein, wenn der Betroffene das Ergebnis hätte vermeiden können.[402] Bei der Frage der wirtschaftlichen Betroffenheit der Abhilfe suchenden Partei wird oftmals die persönliche Notlage oder drohende Existenzgefährdung mit berücksichtigt.[403] Da diese Bewertung aber immer vom Einzelfall abhängt, ist eine Aufstellung verallgemeinernder Beurteilungskriterien eher irreführend.[404]

aa) Risikozuweisung

Bei der Unzumutbarkeit handelt es sich somit um eine Wertungsfrage, die nach § 313 I BGB auf der Grundlage aller Umstände des Einzelfalls, insbesondere der vertraglichen oder gesetzlichen Risikoverteilung, und unter Abwägung der beiderseitigen Interessen festzustellen ist.[405] Die Abgrenzung der Risikosphären ergibt sich dabei aus dem Vertrag, dem Vertragszweck und dem anzuwendenden dispositiven Recht.[406]

Die Annahme von Teilen der Literatur, dass schon der Anwendungsbereich der Lehre der Geschäftsgrundlage bei vertraglicher Risikoübernahme einer Partei gar nicht eröffnet sei[407], erscheint durchaus sachgerecht, jedoch ist die Risikoverteilung streng genommen als Merkmal bei der Zumutbarkeit zu prüfen.

In welchem Maße eine vertragliche Risikoverteilung anzunehmen ist, ist durch Auslegung zu ermitteln.[408] § 313 BGB ist demnach nicht einschlägig, wenn eine Vertragsauslegung ergibt, dass die Parteien eine Umstandsänderung nicht

---

400 BGH, JZ 1978, 2355, 2356; BGH NJW 1977, 2262, 2263; BGH NJW-RR 1993, 880, 881.

401 *Huber*, in: FS Schlechtriem, 521, 534, derselbe befürchtete im Jahr 2000 noch eine Abwertung, vgl. *Huber*, ZIP 2000, 2137, 2148.

402 BGH WM 1978, 322, 323.

403 BGH LM § 242 (Bb) BGB Nr. 50; BGHZ 17, 317, 327; OLG Düsseldorf NJW-RR 1996, 1419, siehe die Ausführungen zu der Ruintheorie; S. 34.

404 MK/*Finkenauer*, § 313 BGB Rdnr. 76 betont, dass die Formel der Rechtsprechung nicht subsumtionsfähig sei und den Ausnahmecharakter des Insituts verdeutliche.

405 *Looschelders,* SchR AT, Rdnr. 756; *Finn*, Erfüllungspflicht und Leistungshindernis, S. 491.

406 BGHZ 74, 370 ff.; BGHZ 101, 152; BGH NJW 2000, 1714, 1716; BGH NJW 2006, 899.

407 So *Emmerich*, Leistungsstörungen, § 27 Rdnr. 27 ff, 36.

408 *Köhler*, in: FG 50 Jahre BGH I, S. 295, 301.

ausgeschlossen, sondern lediglich für unwahrscheinlich gehalten haben und infolgedessen auf eine diesbezügliche Regelung verzichteten.[409] Die Vereinbarung eines Fest- oder Pauschalpreises spricht in den meisten Fällen für eine konkludente Risikoübernahme.[410] § 313 BGB ist zudem grundsätzlich ausgeschlossen bei Spekulationsgeschäften.[411] Bei diesen wird die Auslegung in der Regel ergeben, dass der auf spekulative Gewinne hoffende Vertragspartner auch das Risiko eines entsprechenden Verlustes übernommen hat.[412] Ähnliches gilt beim Kauf von Bauerwartungsland für den Fall, dass das Grundstück später nicht als Bauland ausgewiesen wird.[413]

Haben die Parteien durch die Verwendung bestimmter Klauseln, wie beispielsweise Wertsicherungsklauseln, für den Fall des Eintritts zukünftiger Veränderungen Vorkehrungen getroffen, so kann § 313 BGB ebenfalls nicht zur Anwendung gelangen. Gleiches gilt, wenn mit einer Veränderung der Kaufkraft gerechnet, aber auf eine Aufnahme der Wertsicherungsklausel verzichtet wurde. Bei der Risikoverteilung sind allerdings gewisse Schranken zu beachten. Sind nur bestimmte, klar abgrenzbare Risiken übernommen worden, so sind nur diese und nicht alle weitergehenden Risiken zu tragen.

Schließlich sind die gesetzlichen Risikenverteilungen zu berücksichtigen. So bestimmt beispielsweise § 537 I 1 BGB, dass der Mieter das Risiko trägt, die Mietsache aus einem in seiner Person liegenden Grund nicht verwenden zu können.

Beachtung müssen ferner normative Risikozuweisungen erhalten. So trägt regelmäßig der Sachschuldner das Beschaffungs- oder Herstellungsrisiko, der Sachgläubiger das Verwendungsrisiko, der Geldleistungsschuldner das Risiko der Finanzierbarkeit und der Geldleistungsgläubiger das Risiko der Geldentwertung.[414] Diese Risikoverteilung endet dann, wenn das Risiko nicht mehr typisch und die Zumutbarkeitsgrenze überschritten ist.

---

409 OGHZ 1, 62, 69; 2, 202, 208 f.; BGH LM § 242 (Bb) BGB Nr. 91, BGH LM § 242 (Bb) BGB Nr. 92; BGH LM § 242 (Bb) BGB Nr. 114.

410 OLG München BB 1983, 2619 ff.: Ein Bauunternehmer, der eine Festpreisgarantie gibt, obwohl die Preise steigen, kann sich nicht auf einen Wegfall der Geschäftsgrundlage berufen. Dies gelte aber nur, wenn diese Steigerung vorhersehbar oder abwendbar war.

411 BGH NJW 2004, 58; BGH NJW 2006, 899; BAG NJW 2007, 2348.

412 NK/*Krebs*, § 313 BGB Rdnr. 46; z.B. Kauf von noch ungeschützter Erfindung, vgl. BGHZ 83, 283, 288 ff.; Erwerb nicht börsennotierter Aktien bei Scheitern des Börsengangs, vgl. BAG ZIP 2007, 140.

413 BGHZ 74, 370, 374, dieses Beispiel findet sich bei *Emmerich*, Leistungsstörungen. § 28 Rdnr. 31.

414 Soergel/*Teichmann*, § 242 BGB Rdnr. 232 f.; *Finn*, Erfüllungspflicht und Leistungshindernis, S. 495.

bb) Vorhersehbarkeit

Auf eine explizite Erwähnung der Vorhersehbarkeit im Gesetz hat der Gesetzgeber bewusst verzichtet, da eine Berufung auf die Geschäftsgrundlagenlehre bei Unvorhersehbarkeit nicht ausnahmslos ausgeschlossen war.[415] Allein wegen des Umstands, dass die Geschäftsgrundlagenstörung vorhersehbar war, darf nach richtiger Ansicht keine Ablehnung erfolgen.[416] Denn es sind durchaus Konstellationen denkbar, in denen die Parteien einen bestimmten Umstand einfach nicht bedacht haben, aber den Vertrag auf keinen Fall mit dem Inhalt abgeschlossen hätten.[417] In der Regel sind aber bei einer Vorhersehbarkeit des Eintritts der Umstandsänderung keine Rechte aus § 313 BGB begründet. Oftmals war es den Parteien nämlich möglich, zumutbare Vorkehrungen zu treffen. Haben sie solche nicht getroffen, dann wurde das Risiko bewusst in Kauf genommen und eine Anwendung des § 313 BGB scheidet aus.[418]

4. Ausschluss des § 313 BGB

Wenn der Schuldner die Veränderung vorsätzlich herbeigeführt[419], oder sonst verschuldet hat[420], sie z.B. während dessen Verzugs eingetreten ist[421], sind die Rechte aus § 313 BGB zu versagen. Dieses folgt bereits aus § 242 BGB.

5. § 313 II BGB

§ 313 II BGB betrifft schließlich die Fälle des Fehlens der subjektiven Geschäftsgrundlage.[422] An die Stelle des Merkmals der nachträglichen Veränderung der Umstände ist das Merkmal des anfänglichen Fehlens der subjektiven Geschäftsgrundlage getreten, die übrigen Voraussetzungen bleiben unverändert bestehen.[423] Erweisen sich wesentliche Vorstellungen demnach als falsch, so ist der

---

415 BT/Drs 14/6040, S. 175 ff.; Jauernig/*Stadler*, § 313 BGB Rdnr. 24.

416 Ablehnend aber: BGH NJW 2002, 3695, wo eine Annahme des Wegfalls der Geschäftsgrundlage wegen Vorhersehbarkeit abgelehnt wurde; anders: BGH NJW 1991, 830, 831: Dort wird betont, dass allein wegen der Voraussehbarkeit nicht die Geschäftsgrundlagenlehre ausgeschlossen werden dürfe. Entscheidend müsse sein, ob das Risiko bewusst in Kauf genommen wurde. A.A.: Palandt/*Grüneberg*, § 313 BGB Rdnr. 22.

417 *Fikentscher*, SchR, Rdnr. 232.

418 *Larenz/Neuner*, AT, § 43 Rdnr. 29.

419 BGH NJW 2005, 359, 362; BGH ZIP 2004, 2384, 2388.

420 BGHZ 129, 297, 310.

421 BGH LM § 284 BGB Nr. 2.

422 *Huber/Faust*, SchuldRmodernisierung, Kap. 9 Rdnr. 8.

423 Jauernig/*Stadler*, § 313 BGB Rdnr. 26.

Vertrag gemäß § 313 II BGB entsprechend anzupassen, wenn die Parteien bei Kenntnis der wahren Lage den Vertrag nicht abgeschlossen hätten. Wesentlich ist die Fehlvorstellung, wenn der Geschäftswille einer oder beider Vertragspartner auf ihr basiert.[424] Insofern entspricht die Wesentlichkeit der Fehlvorstellung dem Erfordernis der schwerwiegenden Veränderung der Umstände in § 313 I BGB.[425] Der Unterschied zwischen beiden Absätzen besteht darin, dass sich die Umstände in § 313 I BGB nach Vertragsschluss geändert haben, während die Umstände im Fall des Abs. 2 schon zum Zeitpunkt des Vertragsschlusses nicht vorlagen.[426]

Abs. 2 betrifft daher Fälle des beiderseitigen Motivirrtums[427] und Fälle, in denen sich nur eine Partei falsche Vorstellungen macht, die andere Partei diesen Irrtum aber ohne eigene Vorstellung hingenommen hat.[428]

6. *Rechtsfolge*

Die für beide Fallgruppen angeordnete Primärrechtsfolge besteht nach dem Gesetzeswortlaut in dem Recht, die Anpassung des Vertrages zu verlangen. Die Änderung tritt damit nicht von selbst ein, sondern muss verlangt werden.[429] Es soll eine möglichst interessengerechte Verteilung des verwirklichten Risikos bei möglichst geringem Eingriff in die ursprüngliche Regelung hergestellt werden.[430]

a) Anspruch auf Zustimmung = Neuverhandlungspflicht?

§ 313 BGB gewährt einen Anspruch auf Zustimmung zur Anpassung. Bei gerichtlicher Geltendmachung des Anspruchs ergeht damit kein Feststellungsurteil *ipso iure*, wie es nach früherer herrschender Meinung befürwortet wurde.[431] Diese vom bisherigen Meinungsstand abweichende Regelung wird in der Gesetzesbegründung besonders hervorgehoben.[432] Demnach sollen die Parteien zunächst selbst über die Anpassung verhandeln.[433] Diese Ausführungen sind sehr offen gehalten, dennoch wird darin teilweise ein Hinweis auf eine Neuverhandlungspflicht

---

424 Palandt/*Heinrichs*, § 313 BGB Rdnr. 38.

425 *Fehre*, Unmöglichkeit und Unzumutbarkeit, S. 36.

426 *Fehre*, Unmöglichkeit und Unzumutbarkeit, S. 36.

427 BT/Drs. 14/6040, S. 176.

428 BT/Drs. 14/6040 S. 176.

429 PWW/*Stürner/Medicus*, § 313 BGB Rdnr. 20.

430 BGH LM § 242 (Bb) BGB Nr. 158.

431 So bisher, vgl. BGH NJW 1972, 152, 153, Palandt/*Heinrichs* (61. Auflage), § 242 BGB Rdnr. 130; *Köhler*, in: FG 50 Jahre BGH I, S. 295, 307; BGH NJW 1972, 152.

432 BT/Drs. 14/6040, S. 175.

433 BT/Drs. 16/4060, S. 176.

gesehen. Im Schrifttum wurde bereits vereinzelt unter Geltung des alten Rechts die Verpflichtung oder Obliegenheit einer Verhandlung über die Anpassung angenommen.[434]

Im Allgemeinen wird jedoch eine solche Neuverhandlungspflicht abgelehnt.[435] Obgleich eine derartige Verhandlung in einigen Fällen, insbesondere aufgrund der Möglichkeit einer gerechten und angemessenen Anpassung, durchaus sinnvoll erscheint, lässt sich aus § 313 BGB keine Pflicht herleiten.[436] Eine solche wäre in der Praxis nur schwerlich durchsetzbar, vor allem wenn eine Partei verhandlungsunwillig ist und die Verhandlungen somit bewusst in die Länge gezogen werden. Dies führt oftmals nur zu einer sachlichen und zeitlichen Verzögerung mit dem Ergebnis, dass dennoch der Richter eine Anpassung vorzunehmen hat. Allein aufgrund des Gesetzeswortlauts und des bloßen Hinweises in der Gesetzesbegründung kann eine Obliegenheit zur Neuverhandlung nicht angenommen werden.[437] Die Gesetzesbegründung räumt daher den Vertragsparteien nur die Möglichkeit ein, zunächst selbst über eine Vertragsanpassung zu entscheiden, bevor dieses durch einen richterlichen Eingriff geschieht. Damit ist der Privatautonomie hinreichend Rechnung getragen.

b) Zumutbarkeit der Anpassung

Bei der Rechtsfolgenbestimmung ist zu berücksichtigen, was die redlich denkenden Vertragsparteien im Falle der Voraussehbarkeit vereinbart hätten.[438] Dabei kommt dem Merkmal der Zumutbarkeit erneut Bedeutung zu. Das aus dem

---

434 *Horn*, AcP 181 (1981) 255, 276 ff.; *Eidenmüller*, ZIP 1995, 1063, 1070.

435 Jauernig/*Stadler*, § 313 BGB Rdnr. 27; *Fikentscher/Heinemann*, SchR, Rdnr. 241; *Dauner-Lieb/Dötsch*, NJW 2003, 921, 925 kritisiert eine derartige Pflicht aufs Schärfste: „Die zügellose Konstruktion immer neuer ‚Pflichten', deren ‚Verletzung' über § 280 I BGB Schadensersatzpflichten in beliebiger Höhe begründen kann, liegt sicherlich im Trend". A.A.: Palandt/*Grüneberg*, § 313 BGB Rdnr. 41; *Larenz/Wolf*, AT, § 38 Rdnr. 45; nicht mehr *Larenz/Neuner*, AT, § 43, Rdnr. 33; auch *Riesenhuber*, BB 2004, 2697, 2699 führt aus, dass eine Einigung in Geschäftsgrundlagenfällen immer nur aufgrund von Verhandlungen möglich sein soll. Diese soll eine nicht leistungsbezogene vertragliche Nebenpflicht iSd § 241 II BGB darstellen.

436 *Riesenhuber*, BB 2004, 2697, 2699.

437 *Hey*, in: Beiträge für Canaris, S. 21, 39; *Teichmann*, BB 2001, 1485, 1491; Horn hatte jedoch in seinem für die Schuldrechtsreformkommission erarbeiteten Gutachten eine solche Neuverhandlungspflicht noch angeregt und wollte diese in einem neuen § 315 a BGB gesetzlich verankern, vgl *Horn*, in: BMJ Gutachten I, S. 551, 639.

438 *Medicus/Petersen, BGB AT*, Rdnr. 879; *Medicus/Petersen*, Bürgerliches Recht, Rdnr. 168; BGH NJW 1993, 259, 262.

Vertrag resultierende Ergebnis ist mit dem aus einer durchgeführten Anpassung zu vergleichen. Wird durch die Anpassung der erschwerten Partei eine erhebliche Entlastung verschafft und diese von dem ihr nicht zugewiesenen Risiko befreit, so spricht vieles für eine derartige Anpassung.[439] Dabei soll die Vereinbarung nicht stärker als unbedingt notwendig verändert werden.[440]

Ist die Vertragsanpassung nicht möglich oder einem Vertragspartner nicht zumutbar, wobei sich diese Unzumutbarkeit aus Sicht beider Vertragspartner ergeben kann, so kommt nach § 313 III 1 BGB ein Rücktrittsrecht in Betracht. Da der Gesetzgeber den Anwendungsbereich der §§ 346 BGB auf gesetzliche Rücktrittsrechte erweitert hat und die frühere Bestimmung des § 327 S. 2 BGB gestrichen hat, richtet sich dieses nun nach §§ 346 ff BGB.[441]

7. Prozessuale Durchsetzung

Da der Wegfall oder das Fehlen der Geschäftsgrundlage nun einen Anspruch auf Anpassung des Vertrages begründet, sind einige prozessuale Besonderheiten zu klären.

Zunächst drängt sich die Frage auf, wer überhaupt den Anspruch auf Anpassung geltend machen kann. Obwohl in den Gesetzesmaterialen betont wird, dass nur der durch die Änderung der Geschäftsgrundlage benachteiligten Partei ein Anspruch auf Anpassung zustehe[442], ist dennoch der Meinung im Schrifttum beizupflichten, die diesen Anspruch beiden Parteien des Vertrages zuspricht.[443] Andernfalls könnte die eine Partei ihre vertraglichen Ansprüche nicht mehr durchsetzen, da die andere Partei ihr wegen § 313 BGB eine Einrede entgegenhalten könnte.[444] Die im Prozess erfolgte Zug-um-Zug Verurteilung gemäß § 274 BGB könnte dann Kostennachteile für die nicht benachteiligte Partei zur Folge haben.[445] Der Wortlaut des § 313 I BGB schließt eine solche Handhabung ebenfalls nicht aus.

---

439 MK/*Finkenauer*, § 313 BGB Rdnr. 88.

440 BAG, NJW 2003, 3005, 3006.

441 RGZ 130, 119, 123; BGHZ 109, 139, 144; Köhler, JA 1979, 498, 505.

442 BT/Drs. 14 /6040, S. 176: „Die benachteiligte Partei soll Anpassung verlangen können."

443 *Dauner-Lieb/Dötsch*, NJW 2003, 921, 922; MK/*Finkenauer*, § 313 BGB Rdnr. 92; *Larenz/Wolf*, AT, § 38 Rdnr. 47.

444 Nach *Schmidt-Kessel/Baldus*, NJW 2002, 2076 folgt die Einrede aus § 273 BGB; ebenso: *Helm*, Einordnung, S. 156, 181.

445 *Schmidt-Kessel*/Baldus, NJW 2002, 2076, 2076; Dauner-*Lieb/Dötsch*, NJW 2003, 921, 922.

Will der Schuldner sich gegen eine Klage des Gläubigers auf Erfüllung mit dem Einwand einer Störung der Geschäftsgrundlage verteidigen, so hat er sich im Prozess einredeweise auf den Anpassungsanspruch aus § 313 I BGB zu berufen.[446] Die Darlegungs- und Beweislast für die Umstände, aus denen sich die Störung ergibt liegt dann beim Schuldner.[447] Wird der Einrede stattgegeben, so hat der Gläubiger lediglich eine Verurteilung des Schuldners zu einer Erfüllung Zug um Zug gegen eine Anpassung des Vertrages erlangt.[448]

Problematischer ist die Frage nach der richtigen Klageart für die Durchsetzung des Anspruchs aus § 313 BGB. Streng genommen müsste nach dem Prozess, gerichtet auf Anpassung aus § 313 I BGB, ein weiterer Prozess zur Durchsetzung des Leistungsanspruchs geführt werden.[449] Dies stellt einen bedeutenden Unterschied zur alten Rechtslage dar, da damals nach herrschender Meinung direkt Klage auf die ipso iure angepasste Leistung erhoben werden konnte.[450] Sinnvoll und prozessökonomischer erscheint es, wenn die Parteien einen offenen Klageantrag auf angemessene Anpassung des Vertrages stellen können.[451] Zumindest wenn der Gläubiger einen Anspruch auf Vertragsumgestaltung hat, ist es gerechtfertigt, ihm die Möglichkeit zur Klage auf die daraus resultierenden Rechtsfolgen zuzubilligen.[452]

Diese Problematik der Klageart erinnert an den vor der Schuldrechtsreform geführten Meinungsstreit über die Wandlung (§ 465 BGB a.F.). In den Fällen, in denen keine vertragliche Vereinbarung der Parteien über die Wandlung des Kaufpreises vorlag, ließ die Rechtsprechung aus Gründen der Prozessökonomie die Klage unmittelbar auf die sich ergebenden Rechtsfolgen zu.[453] Auch nach der Regierungsbegründung ist diese Argumentation auf § 313 BGB übertragbar.[454]

---

446 *Schmidt-Kessel/Baldus,* NJW 2003, 2076, 2077.

447 BGH, NJW 2003, 510.

448 *Dauner-Lieb/Dötsch*, NJW 2003, 921, 922 f.; *Schmidt-Kessel/Baldus* NJW 2002, 2076; abweisend: *Emmerich*, Leistungsstörungsrecht, § 29 Rdnr. 18 (Abweisung der Klage als zurzeit unbegründet).

449 *Dauner-Lieb/Dötsch*, NJW 2003, 921, 922; *Fehre*, Unmöglichkeit und Unzumutbarkeit, S. 39.

450 So BGHZ 91, 32, 36; BGHZ 133, 271, 296; a.A.: für eine Gestaltungsklage: *Schlechtriem*, Schr AT (4. Auflage), Rdnr. 100.

451 Dieser Auffassung sind *Schmidt-Kessel/Baldus,* NJW 2002, 2076, 2077.

452 So auch *Lettl*, JuS 2001, 660, 663; *Baldus/Schmidt-Kessel*, NJW 2002, 2076.

453 BGHZ 29, 148, 152 ff.

454 BT/Drs. 14/6040, S. 176. Dort wird erläutert, dass der Gesetzgeber im Rahmen des § 313 BGB nunmehr der zur Wandlung entwickelten Herstellungstheorie folgt.

Diskrepanzen ergeben sich aber vor allem im Hinblick auf § 60 VwVfG, der dieselbe Formulierung wie § 313 BGB enthält. Die herrschende Meinung hat hier Klage unmittelbar auf die angepasste Leistung abgelehnt und eine auf Anpassung gerichtete Leistungsklage befürwortet.[455] Da der Gesetzgeber sich auf die Vorbildwirkung des § 60 VwVfG berufen hat, erscheint es auf dem ersten Blick inkonsequent, sich bei der Durchführung des § 313 BGB anders zu entscheiden. Ein entscheidendes Kriterium dafür, zunächst auf eine effektive Durchführung der Vertragsänderung zu bestehen, bestand aber in der Formbedürftigkeit der öffentlich-rechtlichen Verträge.[456]

Daher kann mit der herrschenden Lehre eine Klage unmittelbar auf die angepasste Leistung zugelassen werden.[457] Teilweise wird von einzelnen Stimmen eine Klagehäufung[458] oder eine Stufenklage analog § 254 ZPO[459] zur Erreichung des gewünschten Erfolges vorgeschlagen. Bei nachvollziehbarem Rechtsschutzinteresse ist auch eine Klage auf Feststellung, dass die Leistungspflichten sich entsprechend verändert haben zulässig. Ähnliches gilt für eine Leistungsklage auf Zustimmung der Vertragsanpassung, wenn die Parteien Klarheit verlangen.[460]

Von einem im Sinne des § 253 II Nr. 2 ZPO hinreichend bestimmten Klageantrag kann abgesehen werden.[461] Da der Kläger die Höhe der angemessenen Leistung nicht kennt, müsste er das Risiko einer negativen Kostenfolge nach § 92 Abs. 1 S. 1 ZPO tragen. Daher ist der Meinung beizupflichten, dass ein unbezifferter Klageantrag auf eine angemessen angepasste Leistung möglich ist.[462] Eine Überwindung ist zudem durch § 139 ZPO denkbar.[463]

---

455 BVerwG NVwZ 1996, 171, 173, *Obermayer*,/Funke-Kaiser/*Lenz*, § 60 VwVfG Rdnr. 18.

456 *Obermayer*, § 60 VWvfG, Rdnr. 42; MK/*Finkenauer*, § 313 BGB, Rdnr. 128.

457 *Fehre*, Unmöglichkeit und Unzumutbarkeit, S. 38 f., *Heinrichs*, in: FS Heldrich, S. 182, 198.

458 *Wieser*, JZ 2004, 654. Allerdings soll dieses nicht kumulativ geschehen, sondern nur hilfsweise für den Fall des Erfolges der Zustimmungsklage zum Änderungsvertrag.

459 *Schmidt-Kessel/Baldus*, NJW 2002, 2076, 2077; *Dauner-Lieb/Dötsch*, NJW 2003, 923, 926 f.; *Schlüter*, ZGS 2003, 346, 353.

460 MK/*Finkenauer*, § 313 BGB Rdnr. 127; *Köhler*, in: FS Steindorff, S. 611.

461 *Riesenhuber*, BB 2004, 2699, 2698.

462 Vergleichbar mit den Lockerungen beim Schmerzensgeld, PWW/*Stürner/Medicus*, § 313 BGB Rdnr. 27.

463 *Heinrichs*, in: FS Heldrich, S. 182, 200.

8. *Veränderung durch die Kodifizierung und Bewertung*

Mit der Verankerung der Regelung über die Störung der Geschäftsgrundlage in das BGB entfällt die Notwendigkeit, eine Anpassung oder Auflösung des Vertrages zu begründen und zu legitimieren.

Obwohl die Aufnahme der Lehre von der Geschäftsgrundlage in die Kodifikation des BGB zwar nicht die Aufmerksamkeit auf sich gezogen hat wie andere Reformen im allgemeinen Leistungsstörungsrecht[464], so hat sie in der Literatur nicht nur Zustimmung erhalten.[465]

Auffallend ist zunächst, dass nicht die bis dato gebrauchte Standardformel der Rechtsprechung übernommen wurde. Bei dieser handelte es sich aber bloß um eine stereotypische Wiederholung, die für den BGH bei der Subsumtion nicht immer ausschlaggebend war.[466]

Teilweise wird der Regelung vorgeworfen, dass sie dem wichtigen Merkmal der Unzumutbarkeit keine hinreichende Beachtung geschenkt hat, weil sie nicht auf eine zu untragbaren mit Recht und Gerechtigkeit unvereinbaren Ergebnissen führende Situation bei Aufrechterhaltung des Vertrages abstellt. Daher wird angemerkt, dass eine Übernahme der subjektiven Formel der Rechtsprechung derartige Unklarheiten verhindert und die von der Rechtsprechung entwickelte Linie so aufrechterhalten hätte.[467] Der Gesetzeswortlaut ermöglicht aber eine Beachtung bei der Prüfung im Rahmen der Zumutbarkeit durch eine restriktive Anwendung des § 313 BGB.[468]

Von anderer Stelle wird vorgebracht, dass die Schuldrechtsmodernisierung nicht das vom Gesetzgeber versprochene einfachere und übersichtlichere Recht verankert habe, sondern vielmehr gerade im Hinblick auf § 275 II BGB immer noch eine Beschränkung mit Hilfe einer Wertung stattfinden müsse.[469] Allerdings ist es nahezu unmöglich einen Tatbestand des Wegfalls der Geschäftsgrundlage ohne Wertungen zu normieren, bei dem keine Abgrenzungsprobleme entstehen, da der Übergang zu einigen anderen Rechtsinstituten oftmals fließend ist.

---

464 *Hey*, in: Beiträge für Canaris, S. 21.

465 *Huber*, in: BMJ Gutachten I, S. 647, 747 ff.; *Diederichsen*, AcP 182 (1982) 101, 109; *Picker*, JZ 2003,1035, 1045; *Ehmann/Sutschet*, Modernisiertes SchR, S. 162; *Dauner-Lieb*, in: DiskE, S. 305, 323.

466 *Fikentscher*, Geschäftsgrundlage, S. 15; *Köhler*, in: FG 50 Jahre BGH I, S. 295, 298.

467 *Hirsch*, Jura 2007, 81, 83.

468 *Hey*, in: Beiträge für Canaris, S. 21, 31.

469 *Hirsch*, Jura 2007, 81, 86. Das Problem einer fehlenden Abgrenzung zu anderen Rechtsinstituten bemängeln auch: *Hey*, in: Beiträge für Canaris, S. 21, 28; *Picker*, JZ 2003, 1035, 1045; *Zimmer*, NJW 2002, 1, 11.

Auch muss sich der § 313 BGB den Vorwurf der Unbestimmtheit gefallen lassen, da sämtliche Fallgruppen in einer Norm erfasst sind.[470] Die unterschiedlichen Fallgruppen seien in eine einheitliche und damit notwendige abstrakte und dehnbare Formulierung gepresst worden.[471] Aufgrund der weitgehenden Formulierung wird eine Gefahr für die Vertragstreue und ein Einfallstor für unkontrollierte Billigkeitserwägungen befürchtet.[472] Durch Begriffe wie „Grundlage des Vertrages, schwerwiegende Veränderung, Unzumutbarkeit, Berücksichtigung aller Umstände des Einzelfalles" seien derartig viele wertungsoffenen Elemente enthalten[473], dass die Gefahr eines Missbrauchs nahe läge.[474] Diese kritischen Stimmen hätten eine Kodifizierung lediglich für die Fallgruppe der Äquivalenzstörung begrüßt, was auch eher den internationalen Standards entsprochen hätte.[475]

Zudem wird die Gefahr einer Aufwertung der Lehre für die Rechtsanwendung befürchtet, da die Störung der Geschäftsgrundlage als normaler Vorgang suggeriert werde[476] und der einstige „Auffangnotbehelf" zu einem gleichberechtigten Gestaltungsrecht des allgemeinen Schuldrechts mit eigenständigem Anwendungsbereich anerkannt wurde.[477]

Da die Regelung hauptsächlich darauf abziele, die bisher gestellten Anforderungen unverändert aufrecht zu erhalten, sei diese als „Merkzettel-Gesetzgebung"[478] oder „Kodifikation als Lehrbuchzitat"[479] zu bewerten.

---

470 *Härle*, Äquivalenzstörung, S. 192, 199.

471 *Dauner-Lieb*, in: DiskE, S. 305, 322.

472 *Arnold*, in Dauner-Lieb, Das neue SchuldR, § 3 Rdnr. 51; *Dauner-Lieb*, in: DiskE, S. 305, 323, *Dauner-Lieb*, JZ 2001, 8, 16; *Huber* in: DiskE, S. 31, 37 f.; *Picker*, JZ 2003, 1035, 1045.

473 *Emmerich*, Leistungsstörungen, § 27 Rdnr. 25, MK/Finkenauer § 313 BGB Rdnr. 7,

474 *Lobinger*, Grenzen rechtsgeschäftlicher Leistungspflichten, S. 117.

475 *Härle*, Äquivalenzstörung, S. 192, 199, *Dauner-Lieb*, in: DiskE, S. 305, 322; NK/*Krebs*, § 313 BGB Rdnr. 7.

476 *Eidenmüller*, Jura 2001, 824, 830; NK/*Krebs*, § 313 BGB Rdnr. 5, 7; *Hirsch*, Jura 2007, 81, 82.

477 *Feldhahn*, NJW 2005, 3381, 3383.

478 *Dauner-Lieb*, in: DiskE, S. 305, 328; Jauernig/*Stadler*, § 313 BGB Rdnr 1 („Merkposten").

479 *Dauner-Lieb*, in: DiskE, S. 305, 321; *Arnold*: in: Dauner-Lieb, Das neue SchuldR, § 3 Rdnr. 51.

Die gesetzliche Regelung stellt nun aber mehr auf objektive Merkmale ab, wodurch die früher von Rechtsprechung und Lehre benutzte subjektive Formel weitgehend an Bedeutung verliert.[480]

Nach einer Mindermeinung solle der § 313 BGB auf Äquivalenz- und Zweckstörungen keine Anwendung finden dürfen.[481] Äquivalenzstörungen seien durch einen Rückgriff auf das Unmöglichkeits- und Gewährschaftsrecht ausreichend und wertungsmäßig überzeugender zu lösen.[482] Insbesondere werde so der vertraglichen und gesetzlichen Risikoverteilung aufgrund der unmittelbaren Verwurzelung der §§ 323, 326 BGB im Vertrag und ihrem gleichsam immanenten Verweis auf besondere Regelungen der Gegenleistungsgefahr besondere Beachtung zuteil.[483] Diese Risikoverteilung sei durch § 313 BGB bedroht, da diese dort lediglich bei der Zumutbarkeitsprüfung im Rahmen der allumfassenden Interessenabwägung Beachtung erfahre.[484]

Dieser Ansatz wird auch auch für die Fallgruppe der Zweckstörung vertreten. Durch Anerkennung des subjektiven Fehlerbegriffs und dessen späterer Verankerung in § 434 BGB bestehe für die Anwendung der Geschäftsgrundlage kein Bedürfnis mehr. Während sie zu Zeiten Oertmanns als Notbehelf fungiert habe, sei es nun an der Zeit die Geschäftsgrundlagenlehre abzuschaffen statt sie zu kodifizieren.[485] Diese Frage eines gänzlichen Verzichts einer Normierung haben auch andere Meinungen im Schrifttum aufgegriffen.[486] Die idealisierende Sichtweise einer Kodifizierung allein aufgrund der anzustrebenden Lückenlosigkeit des Gesetzes oder der Erkennbarkeit des Rechts für die Leser ist

480 So auch: Jauernig/*Stadler*, § 313 BGB Rdnr. 4/5; *Heinrichs*, in: FS Heldrich, S. 183, 188 betont, dass Lehrbücher bei der Suche nach einer optimalen Formulierung häufig keine Hilfe sind.

481 *Lobinger*, Grenzen rechtsgeschäftlicher Leistungspflichten, S. 363.

482 *Lobinger*, Grenzen rechtsgeschäftlicher Leistungspflichten, S. 241.

483 *Lobinger*, Grenzen rechtsgeschäftlicher Leistungspflichten, S. 242.

484 *Lobinger*, Grenzen rechtsgeschäftlicher Leistungspflichten, S. 242.

485 *Lobinger*, Grenzen rechtsgeschäftlicher Leistungspflichten, S. 245 f. Er sieht als einzigen Regelungsanlass für eine Kodifikation die Fälle des beiderseitigen Motivirrtums und die der Anpassung familienrechtlicher Unterhaltsansprüche. Da aber laut Regierungsentwurf (BT/Drs. 14/6040, S. 176. § 313 BGB letztere Fälle nicht lösen soll und die Frage des Motivirrtums eine Grundfrage der Rechtsgeschäftslehre des AT sei, in die durch eine Kodifizierung tief eingegriffen werde mit darauf folgenden dogmatische Verwerfungen, wurde eine Kodifizierung dieser beiden Fallgruppen ebenfalls abgelehnt.

486 *Huber*, in: DiskE, S. 31, 37; *Dauner-Lieb*, in: DiskE, S. 305, 322.

zugegebenermaßen wenig überzeugend.[487] Bezugnehmend auf die Kritik der einheitlichen Behandlung aller Fallgruppen durch § 313 BGB ist anzumerken, dass eine ausdifferenzierte, alle denkbaren Fallgruppen erfassende Regelung, die von der Rechtsprechung als einheitliches Institut entwickelte Geschäftsgrundlage aufgelöst und weitere Probleme für die Rechtssicherheit herbeigeführt hätte.[488] Dieses hätte eine fundierte Auseinandersetzung mit den zahlreichen Theorien erfordert und neue Fragen der Abgrenzung der Regelungen untereinander aufgeworfen.

Auf heftige Ablehnung stößt die Regelung außerdem bei Eduard Picker, der die Lehre als „dogmatisches Fehlkonstrukt" bezeichnet.[489] Durch die Gesetzesnovelle werde der schon vor Jahren erbrachte Beweis ignoriert, dass die Störungsfälle nur dann rechts- und interessenkonform zu lösen seien, wenn der aktuelle oder fortgedachte Wille der Parteien und die ergänzenden Gefahrtragungsregelungen des Gesetzes beachtet werden.[490] Eine Anpassung stehe im Systemwiderspruch zum geltenden Recht, denn eine Lösung habe auf Grundlage des Parteiwillens, allenfalls ergänzt durch die Risikozuweisung durch das Gesetz, zu erfolgen.[491] Etwas anderes solle nur dann gelten, wenn beide Parteien sich freiwillig auf eine Anpassung verständigen. Die sich aus der Anpassungsmöglichkeit ergebende Gestaltungsbefugnis des Richters führe zu einer zivilrechtlichen Verdrängung der Selbstbestimmung.[492]

Im Ergebnis ist dem Gesetzgeber beizupflichten und das Institut der Geschäftsgrundlage, unter Berücksichtigung der jahrelangen Anwendung durch die Rechtsprechung und auch aufgrund des internationalen Vergleichs, als kodifikationswürdig zu beurteilen. Durch die seit langem erfolgte Übernahme des Rechtsinstituts in die höchstrichterliche Rechtsprechung ist eine ausreichende Festigung erreicht.[493]

Zwar herrscht in der Literatur bezüglich einzelner Punkte wie Begriff, Inhalt und dogmatische Einordnung Uneinigkeit[494], es ist aber zu berücksichtigen, dass

---

487 *Dauner-Lieb*, in: DiskE, S. 305, 322.

488 *Heinrichs*, in: FS Heldrich, S. 183, 187.

489 *Picker*, JZ 2003, 1035, 1045.

490 *Flume*, AT II, S. 497 ff., 525 ff.; *Lobinger*, Grenzen rechtsgeschäftlicher Leistungspflichten S. 241 ff., 244 f.; *Picker*, JZ 2003, 1035, 1045.

491 *Picker*, JZ 2003 1035, 1047.

492 *Picker*, JZ 2003 1035, 1047 f.

493 *Horn*, in: BMJ Gutachten I, S. 551, 629.

494 *Dauner-Lieb*, in: DiskE, S. 305, 321.

auch die Unmöglichkeitsregelungen Kritik erfahren, diese sich aber mehr auf ihre dogmatische Begründung als ihre Existenz bezieht.[495]

So beurteilt der überwiegende Teil der Literatur die Lehre der Geschäftsgrundlage als bedeutendes Element der Privatrechtsordnung, die in einem reformierten Schuldrecht erwähnt werden muss.[496] Unzweifelhaft hat die Regelung gegenüber der früheren Rechtslage und der noch allgemeineren Generalklausel des § 242 BGB eine Konkretisierung bewirkt.[497]

Die tatbestandliche Umschreibung einer schwerwiegenden Veränderung verbietet eine allzu voreilige Anwendung des Rechtsinstituts, was in der Gesetzesbegründung an mehreren Stellen ebenfalls ausdrücklich betont wird. Nach zutreffender Ansicht der Literatur wird der Gefahr einer Aufwertung durch die Kodifizierung aufgrund der Übernahme der strengen Voraussetzungen mehr entgegengewirkt, als wenn das Rechtsinstitut weiter ohne Vorgaben des Gesetzgebers Anwendung erfahren hätte.[498] Dennoch wird teilweise vorgeschlagen, das Institut in § 242 BGB zu integrieren, um die Anwendung der Lehre der Geschäftsgrundlage auf extreme Ausnahmefälle zu begrenzen.[499]

Trotz berechtigter Kritikpunkte, ist die Regelung dennoch den in anderen Gesetzen und Rechtsordnungen enthaltenen Einheitsregelungen mindestens gleichwertig, wenn nicht sogar überlegen. Insbesondere bestätigen die in den letzten Jahren ergangenen Entscheidungen zu § 313 BGB die Kritikpunkte und befürchteten Gefahren nicht. Der BGH und die Instanzgerichte beziehen sich in ihren Urteilsbegründungen noch oft auf vor der Schuldrechtsreform ergangene Entscheidungen[500] durch Anwendung der zuvor genutzten Standardformel[501]. Unter Aufrechterhaltung der strengen Voraussetzungen wird eine Störung der Geschäftgrundlage nicht schneller als vor der Reform angenommen.

---

495 *Hey*, in: Beiträge für Canaris, S. 21, 25 f.

496 *Heinrichs*, in: FS Heldrich, S. 183, 188; *Medicus*, in: Haas/Medicus/Rolland/Schäfer/Wendtland, Das neue SchuldR, Kap. 3 Rdnr. 173; *Hey*, in: Beiträge für Canaris, S. 21, 45.

497 *Finn*, Erfüllungspflicht und Leistungshindernis, S. 512; *Heinrichs*, in: FS Heldrich, S. 183, 189.

498 *Hey*, in: Beiträge für Canaris, S. 21, 31.

499 *Hirsch*, Jura 2007, 81, 83; Jauernig/*Stadler*, § 313 BGB Rdnr. 1.

500 Vgl. OLG Düsseldorf 19.12.2008, IBR 2009, 356, das auf eine „mit Recht und Gerechtigkeit schlechthin unvereinbares Ergebnis" abstellt.

501 Vgl. BGH, BB 2006, 911 f.

II. Weitere gesetzliche Konkretisierungen des Wegfalls der Geschäftsgrundlage

Neben § 313 BGB enthält § 593 I BGB eine gesetzliche Konkretisierung der Lehre der Geschäftsgrundlage. Haben sich demnach bei einem Landpachtvertrag die Verhältnisse, die für die Festsetzung der Vertragsleistung maßgebend waren, nachhaltig so geändert, dass die gegenseitigen Verpflichtungen in ein grobes Missverhältnis zueinander geraten sind, so kann nach § 593 Abs. 1 BGB jeder Vertragsteil eine Änderung des Vertrages, mit Ausnahme der Vertragsdauer, verlangen. Nach Absatz 2 Satz 1 kann eine Änderung aber frühestens zwei Jahre nach Beginn der Pacht oder nach dem Wirksamwerden der letzten Änderung der Vertragsleistungen verlangt werden. Bezüglich des Zeitpunktes des Wirksamwerdens bestimmt Abs. 3 der Vorschrift, dass die Änderung nicht für eine frühere Zeit als für das Pachtjahr verlangt werden kann, in dem das Änderungsverlangen erklärt wird. Damit ist eine weitreichende Rückwirkung der Vertragsanpassung zugelassen worden. Ziel dieser gesetzlichen Regelung ist die Beseitigung der eingetretenen Äquivalenzstörung. Eine vollständige Beseitigung kann aber nur erreicht werden, wenn die Rechtsfolge der Vertragsanpassung zurückwirkt auf den Zeitpunkt, in dem die Störung eingetreten ist.[502] Durch die Begrenzung auf den Zeitpunkt des Beginns des Pachtjahres, in dem das Anpassungsbegehren gestellt wird, werden die Interessen der anderen Partei, die auf den unveränderten Fortbestand des Vertrages vertraut hat, geschützt. Diese begrenzte Rückwirkung beruht auf einer Abwägung zwischen dem Interesse des Anpassungsberechtigten an der Wahrung der Äquivalenz und dem Interesse der Gegenpartei am Vertrauensschutz.[503]

B. Spanien

I. Abgrenzung zu anderen Rechtsinstituten

Da im spanischen Recht die *clausula rebus sic stantibus* nur im Fall fehlender gesetzlicher Regelungen eingreifen kann, muss eine Abgrenzung zu anderen spanischen Rechtsinstituten vorgenommen werden. Auch wenn es im spanischen Código Civil keine dem § 313 BGB entsprechende Regelung gibt, muss geprüft werden, ob es andere, vom deutschen Recht abweichende Regelungen gibt, die als Funktionsäquivalent herangezogen werden könnten. Gerade innerhalb des Schrifttums werden oftmals alternative Lösungsvorschläge aufgezeigt. Wichtig

502 *Köhler*, in FS Steindorff, S. 611, 613.
503 *Köhler*, in: FS Steindorff, S. 611, 614.

ist an dieser Stelle der Hinweis, dass im spanischen Recht alle Rechtsbehelfe wegen Vertragsscheiterns miteinander konkurrieren.[504]

1. *Interpretación*

Auch das spanische Recht kennt das Rechtsinstitut der ergänzenden Vertragsauslegung. Die Grundsätze der *interpretación integradora*, sind dabei aus Deutschland übernommen worden.[505] Die Vertragsauslegung wird vom spanischen Recht zunächst im subjektiven Sinn verstanden, wobei der wirkliche Wille der Parteien erforscht werden soll.[506] Dabei sind als subjektive Auslegungsnormen zur Ermittlung des tatsächlichen Willens Art. 1281, 1282, 1283 und 1285 CC heranzuziehen, während Art. 1284, 1286–1289 CC auf eine objektive Auslegung abzielen.[507] Diese Vorschriften werden als Konkretisierung des Grundsatzes von Treu und Glauben angesehen.[508] Daneben wird der Grundsatz der *buena fe* zur Auslegung verwendet.[509]

Da das Schrifttum nur selten Ausführungen bezüglich einer Abgrenzung zu anderen Rechtsinstituten macht, ist die Rechtsprechung heranzuziehen. Es lassen sich einige Urteile finden, in denen die spanische Rechtsprechung durch eine ergänzende Vertragsauslegung zu der gewünschten Rechtsfolge der Vertragsanpassung gelangt ist.

In einer Entscheidung vom 5. Januar 1980 wurde der Grundsatz der *buena fe* zur Auslegung des Vertrages herangezogen.[510] Der Kläger verlangte Zahlung des Kaufpreises aus einem Grundstückskaufvertrag. Die deutschen Käufer wollten auf dem Grundstück ein Chalet bauen, wobei der Standort aufgrund der Panoramasicht des Fels von Ifach und der Bucht von Calpe von entscheidender Bedeutung war. Der ebenfalls deutsche Verkäufer hatte den Käufern privatschriftlich garantiert, dass das seewärts gelegene Grundstück, das nicht in seinem Eigentum

504 *Morales Moreno,* ADC 1980, 585, 671 ff.; Ministerio de Justicia/*Morales Moreno*, Art. 1484 CC Nr. III; a.A. für einen Ausschluss des Art 1124 CC neben dem Kaufgewährleistungsrecht: STS 22.12.1971, ADC 1971, 356 ff.

505 *Vattier Fuenzalida*, ADC 1987, 495, 506.

506 *Núñez Tomás,* Derecho de obligaciones y contratos, S. 135; *Díez Picazo/Gullón*, Instituciones de Derecho Civil I, S. 445.

507 *Clavería Gosálbez*, in: FS Díez Picazo, S. 1647, 1656 f.

508 *Lasarte*, RDP 1980, 50, 68.

509 Albaladejo García/*Roca Guillamon*, Art. 1258 CC, S. 426.

510 STS 5.1.1980, RJ 1980, 19.

stand auf keinen Fall so bebaut werde, dass die Sicht eingeschränkt werde.[511] Aufgrund der besonderen Aussicht war der Betrag um 20.000 DM auf 40.000 DM erhöht worden. Die Beklagten wollten den vereinbarten Betrag nun um 20.000 DM herabsetzen, da es durch eine anderweitige Bebauung inzwischen zu einer Beeinträchtigung der Sicht gekommen war. Der Tribunal Supremo bestätigte die Entscheidung der Vorinstanz und setzte den Kaufpreis entsprechend herab. Dieses sei eine unausweichliche Konsequenz der *buena fe contractual*, die aus dem gegenseitigen Vertrauen folge, dass der Verkäufer mit seiner Verpflichtung auf sich genommen habe. Hinsichtlich der Wirkungen eines Rechtsgeschäfts müsse aufgrund der Art. 7 und Art. 1258 CC auf den Willen der Beteiligten abgestellt werden und durch Auslegung die Absichten und Beweggründe der Parteien ermittelt werden.

In einem Urteil vom 8. November 1983 gelangte der Tribunal Supremo ebenfalls durch Auslegung des Vertrages zu der Rechtsfolge der Anpassung.[512] Die beteiligten Parteien hatten einen mündlichen Werkvertrag geschlossen, in dem ein Bauunternehmer sich zur Verrichtung einiger Bauarbeiten verpflichtete. Die Arbeiten begannen im Jahr 1964 und dauerten bis zum Jahr 1974. Sowohl die erste Instanz als auch das Berufungsgericht verneinten eine Fortgeltung der ursprünglich vereinbarten Preise. Der Tribunal Supremo führte aus, dass es die Grundsätze der *equidad* und *buena fe* erfordern, eine *revisión* des Vertrages durchzuführen. Das Gericht gelangte zu einer Anwendung der Auslegungsregel des Art. 1287 CC, die als einzige auch analog für mündliche Verträge gelten soll und festsetzt, dass bei der Auslegung von Zweideutigkeiten in Verträgen die Bräuche und Sitten des Landes zu berücksichtigen sind. Lücken sind durch Bestimmungen zu ergänzen, die gewöhnlich vereinbart worden wären. Demnach sei eine Klausel, die eine Anpassung der Preise regele, in den Vertrag einzufügen.

2. Error

Die Umstandsänderungen sind zudem von den Irrtumsregeln des Art. 1266 CC abzugrenzen. Diese Norm des Código Civil erfasst als beachtlichen Irrtum nur den *error sobre la substancia,* der einen Irrtum über die Umstände, die Sache oder über eine Person voraussetzt.[513] Diese Aufzählung ist abschließend und

---

511 STS 5.1.1980, RJ 1980, 19: „Yo aseguro que no es posible construi un edificoio o casa en dirección de la vista del mar y vista de la Manzanera que destruya la bella vista."

512 STS 8.11.1983, RJ 1983, 6068.

513 Einen Überblick dazu gibt es bei *Morales Moreno*, Error.

alle anderen Irrtümer, wie der Kalkulationsirrtum oder Motivirrtum, sind daher unbeachtlich. Wenn überhaupt kann in den Geschäftsgrundlagenfällen nur ein Substanzirrtum angenommen werden, indem die geschäftswesentlichen Umstände als Bestand der Substanz des Vertragsgegenstandes bis zur Vertragsabwicklung als fortbestehend angesehen werden. Dieses erscheint aber konstruiert. Ein Irrtum ist zudem nur dann beachtlich, wenn er wesentlich und entschuldbar ist.[514] Wesentlich ist ein Irrtum dann, wenn er den nach subjektiven wie objektiven Kriterien festzustellenden Zweck des Vertrages vereitelt.[515] Entschuldbar ist der Irrtum, wenn er auch bei Anwendung der normalen Sorgfalt nicht hätte vermieden werden können; die Anforderungen an die Sorgfaltspflicht sind dabei höher, wenn der Irrende Expertenwissen hat.[516] Nicht erfasst von den Irrtumsregeln ist die Unkenntnis zukünftiger Dinge. Ein solcher *error der previsión* ist unbeachtlich. Bei diesem handelt es sich nicht um einen genetischen, sondern einen funktionellen Defekt des Vertrages, der nicht den Vertrag betrifft, sondern die obligatorische Beziehung, die aus ihm folgt.[517] Die veränderten Umstände treten aber gerade nach Vertragsschluss ein, so dass kein *error* über diese Umstände vorliegen kann.[518] Daher wird sowohl die *clausula rebus sic stantibus* als auch die Theorie von der *base del negocio* oder *frustración del fin del contrato* von den Gerichten nicht in Verbindung mit dem *error* gebracht. Jeder Vertragspartner muss das Risiko seiner Geschäftsführung übernehmen und darf seine eigenen Irrtümer nicht anderen zuweisen.[519] So stellte der Tribunal Supremo in seinem Urteil vom 14. Juni 1943 fest, dass der Código Civil mehr als jedes andere

---

514 STS 18.2.1994, RDP 1994, 1081.

515 *Morales Moreno*, Error, S. 189 ff. In STS 4.1.1982, RJ 1982, 179 hatte eine religiöse Vereinigung ein Grundstück erworben, um eine darauf befindliche Heilquelle gewerblich nutzen zu können. Zwei Monate später stellte die zuständige Behörde Verunreinigungen fest und verbot die Nutzung der Heilquelle. Der TS stufte den Irrtum über die Nutzbarkeit als wesentlich ein, da die Nutzung das eigentliche Ziel des Vertrages war.

516 *Morales Moreno*, Error, S. 217 ff. Abgelehnt wurde die Entschuldbarkeit in STS 9.10.1981, RDP 1982, 1127, da ein Kunsthändler die Fälschung eines Gemäldes hätte bemerken müssen.

517 *Gavidia Sánchez*, ADC 1987, 525, 548.

518 *Espert Sanz*, Frustración, S. 136; *DeCastro y Bravo*, Negocio jurídico, S. 316 f.; *Gavidia Sánchez*, ADC 1987, 525, 548; *Candil*, Cláusula, S. 67 ff.; *Roca Sastre/Puig Brutau*, in: Estudios de Derecho, S. 245. Nach Auffassung von *Lluis y Navas Brusi*, RGLJ 1956, 370, 386 exisitiert das gemeinsame Fundament von error und clausula in der Lehre von der causa falsa.

519 *Beltrán de Heredia y Castaño*, Cumplimiento, S. 321; *Morales Moreno*, Error, S. 93 f.

Zivilgesetzbuch das subjektive Element bei der Bewertung des *errors* hervorhebe, der Schwerpunkt dennoch bei objektiven Kriterien liegen müsse[520]. Die Anwendung des *errors* solle daher einen sehr begrenzten Bereich im spanischen Recht einnehmen und eine Ausweitung auf andere Rechtsinstitute nicht erlauben.[521] Eine Lösung der Geschäftsgrundlagenfälle durch Anwendung der Normen über den *error* wird vom Tribunal Supremo abgelehnt.

3. *Imposibilidad*

Im Zentrum des spanischen Leistungsstörungsrechts steht der einheitliche Tatbestand des Art. 1124 CC. Die Besonderheit im Gegensatz zum deutschen Recht besteht darin, dass diese Regelung nicht zwischen Unmöglichkeit, Verzug und Schlechtleistung unterscheidet.

Ähnlich wie im deutschen Recht ist die Abgrenzung der *clausula* zur Unmöglichkeit von Bedeutung, wenngleich sie nicht so umstritten ist wie innerhalb der deutschen Rechtslehre.[522] Die Unmöglichkeit der Leistung wird unter dem Stichwort „*perdida de la cosa debida*" in den Art. 1182–1186 CC geregelt. Demnach bestimmt Art. 1182 CC, dass der Schuldner von seiner Leistungspflicht befreit wird, wenn er ohne Verschulden oder Verzug einen Verlust des Vertragsgegenstandes erleidet. Es wird zwischen absoluter und relativer anfänglicher Unmöglichkeit unterschieden. Absolute anfängliche Unmöglichkeit liegt vor, wenn im Vertragsschlusszeitpunkt niemand das Leistungsversprechen erfüllen kann; relative Unmöglichkeit bedeutet, dass bloß der Versprechende sein Leistungsversprechen bei Vertragsschluss nicht einhalten kann und führt nicht zur Unwirksamkeit des Vertrages.[523]

Eine Anwendung der Unmöglichkeitsvorschriften im Falle der Umstandsänderungen liegt insbesondere aufgrund der gemeinsamen Voraussetzung der Unvorhersehbarkeit nahe. Allerdings wird eine derart ausgedehnte Auslegung der Unmöglichkeitsvorschriften auf die veränderten Umstände heute von der Rechtsprechung und der Literatur gleichermaßen abgelehnt und die Unterschiede zwischen den Tatbeständen werden betont.[524] Innerhalb der

---

520 STS 14.6.1943, RJ 1943, 719.

521 „Ya se enlance éste directamente (…) con la llamada „base del negocio" es obligado entender que la apreciación de la esencialidad del error requiere prueba y constancia del nexo…", vgl. *De Verda y Beamonte*, in: FS Puente, S. 541.

522 *Ragel Sánchez*, Derecho Civil, S. 115.

523 Monterroso Casado, Derecho de las obligaciones, S. 84; Lasarte, Derecho de Obligaciones, S. 134, 158.

524 *Fernández Campos*, Anales de universidad de Murcia 2002, 35, 42.

spanischen Lehre erfolgt die Abgrenzung strikt nach dem Gesetzeswortlaut. Im Fall der Umstandsänderungen ist die Erfüllung daher noch möglich, aber erschwert, schädlich oder sinnlos, während bei der Unmöglichkeit eine physische, absolute oder rechtliche Unmöglichkeit der Vertragsdurchführung vorliegen muss.[525]

Ebenso hat der Begriff der wirtschaftlichen Unmöglichkeit Einzug in die spanische Rechtswissenschaft gefunden.[526] Wie in Italien erfolgte eine auf Treu und Glauben gestützte Übernahme derselben. So führten schon Pérez González und Alguer aus, dass es der Unmöglichkeit gleichzusetzen sei, wenn eine Leistungserfüllung absolut unverhältnismäßige Opfer abverlange.[527] Teilweise wird daher die wirtschaftliche Unmöglichkeit als adäquates Mittel zur Lösung der veränderten Umstände herangezogen.[528] Dabei sollen aber die Interessen der Parteien in einem angemessenen Maße berücksichtigt werden. Der spanische Tribunal Supremo hat den Begriff der wirtschaftlichen Unmöglichkeit, der *imposibilidad en sentido económico*, in einigen seiner Urteilsbegründungen beachtet. So betonte er in einer Entscheidung vom 20. April 1994 ausdrücklich, dass neben der physischen oder rechtlichen Unmöglichkeit auch eine wirtschaftliche denkbar sei. Dieses sei insbesondere dann der Fall, wenn kein Gewinn aus der erhaltenen Leistung erzielt werden könne oder die Erfüllung ruinös wäre.[529] In einem Urteil vom 10. März 1949 wurde aber bereits betont, dass eine übermäßige Leistungserschwerung keine Unmöglichkeit im eigentlichen Sinne darstelle.[530] In derartigen Fällen solle eine *frustración del fin* del contrato vorliegen, die die Aufrechterhaltung des Vertrages behindert und die Möglichkeit gebietet, den Vertrag aufzulösen.[531] Dass der Fall der Leistungserschwerung nicht von dem Begriff *perdida* umfasst ist, bestätigt auch die Regelung über die aufschiebende Bedingung des Art. 1122 CC, die zwischen *perdida* und *deterioro* unterscheidet.

---

525 *Terraza Martorell*, Modificación, S. 88 ff.; *Ragel Sánchez*, Derecho Civil, S. 115; *Albaladejo García*, Derecho Civil, S. 466, nota 5.

526 Vgl. nur *Martinez Velencosco*, Alteración de las circunstancias, S. 178 ff.; *Sánchez de Valle*, RCDI 1954, 262, 267.

527 *Pérez González/Alguer*, Tratado, S. 214.

528 So *Pérez Serrano*, in: Cuestiones actuales 1944, S. 9 ff.

529 STS 20.4.1994, RJ 1994, 3216.

530 STS 10.3.1949, RJ 1949, 536.

531 SSTS de 16.10.1989, RJ 1989, 6927; 20.4.1994, RJ 1994, 3216; *Castilla Barea*, Imposibilidad, S. 39 ff.; *Fernández Campos*, Anales de universidad de Murcia 2002, 35, 42 f.

4. *Abuso del derecho*

Zudem wird teilweise versucht, den veränderten Umstände mit den Regeln über den Rechtsmissbrauch zu begegnen, weil der Gläubiger, der die Leistung trotz deutlich erschwerter Umstände begehrt sein Forderungsrecht missbrauche.[532] Das Recht zur Durchsetzung eines vertraglich bestehenden Anspruchs solle demnach dort seine Grenzen finden, wo die wirtschaftliche Existenz des unverschuldet in Not geratenen Schuldners auf dem Spiel stehe.

Nach der Rechtsprechung liegt ein derartiger Rechtsmissbrauch dann vor und kann als Rechtsinstitut der Billigkeit somit nur geltend gemacht werden, wenn das Recht mit der entschiedenen Absicht ausgeübt worden sei, einem anderen einen Schaden zuzufügen oder wenn es auf nicht normale und widersprüchliche Weise zum sozialen Zusammenleben ausgeübt werde.[533] Neben einer Anormalität der Rechtsausübung müsse in subjektiver Hinsicht ein entsprechender Willen des Schädigers oder das Fehlen eines rechtmäßigen Interesses vorliegen. Dabei solle in objektiver Hinsicht ausreichend sein, dass die normalen Grenzen bei der Rechtsausübung überschritten werden. Der entstandene Schaden sei nicht die essentielle Idee für den Missbrauch, sondern nur eine Voraussetzung für den Eintritt der Rechtsfolge.[534] Es ist offensichtlich, dass diese Erfordernisse in den Fällen der Umstandsänderungen nicht erfüllt sind.[535] Daher ist die Auffassung, derartigen Fällen mit Hilfe der Lehre vom Rechtsmissbrauch zu begegnen auf heftige Kritik gestoßen.[536] Die aus dem französischen Recht stammende Lehre darf demnach nicht ohne weiteres auf das spanische Recht übertragen werden, da diese im Gesetz nicht ausdrücklich verankert sei.[537] Diese Lösung würde die Sache verkomplizieren und neue ungerechte Situationen herbeiführen.

---

532 *Lluis y Navas Brusi*, RGLJ 1956, 370, 383 sieht die Problematik als Facette des Rechtsmissbrauchs an.

533 Diese Begründung findet sich in den SSTS 28.11.1967 und 5.6.1972; Nachweise in der Entscheidung STS 30.6.1998, RJ 1998, 5286.

534 *Díaz de Lezcano Sevillano*, Revista de Ciencias Juridicas 1996, 73, 85.

535 *Díaz de Lezcano Sevillano*, Revista de Ciencias Juridicas 1996, 73, 83.

536 *Candil*, Cláusula, S. 90 bezeichnet diese Auffassung als „totalmente falsa"; *Gómez Ferrer Sapiña*, RGD 1990, 4389, 4403.

537 *Beltran de Heredia y Castaño*, Cumplimiento, S. 344; *Gómez Ferrer Sapiña*, RDN, 1970, 103, 115.

5. Lesión

Früher wurde häufig die Aufhebung des Vertrages wegen eines groben Missverhältnisses, der *rescición por lesión*, als geeignetes Mittel bewertet, um ein Gleichgewicht der Leistungen wieder herzustellen.[538] So wurde es von Candil als unzweifelhaft angesehen, dass in jedem Fall der *clausula* auch ein Fall der *lesión* zu sehen sei.[539] Vereinzelt wird daher versucht, eine Aufhebung oder Anpassung des Vertrages mit der *lesión* zu begründen, da das jedem Vertrag zugrunde liegende Leistungsgleichgewicht durch Eintritt des Ereignisses zerstört wurde. Dieses aus dem römischen Recht stammende Rechtsinstitut sollte im Fall des Kaufs Anwendung finden, um dem Käufer die Möglichkeit der *rescisión* zu geben, wenn die erhaltene Leistung weniger als der Hälfte des wirklichen Wertes der Sache entsprach.[540] Das Fundament der *lesión* wurde zum großen Teil in der *equidad* gesehen.[541]

Im spanischen Código Civil ist die Aufhebung des Vertrages wegen einer *lesión* außerordentlich restriktiv geregelt worden. Die gesetzlichen Regelungen der Art. 1291 i.V.m. 1293 CC sind abschließend, es existiert keine generelle Regelung.[542] Dieser Verzicht soll der Willensfreiheit der Parteien Rechnung tragen.[543] Daher darf kein generelles Prinzip der vertraglichen *lesión* angenommen werden, da im Gesetz ein spezielles Konzept derselben existiert.[544] Diese Ablehnung einer *laesio enormis* hatte sich bereits in den Gesetzesberatungen früh durchgesetzt.[545] Abgesehen davon ist die *lesión* auch nicht geeignet, auf derartige *clausula* Fälle Anwendung zu finden, da es sich bei der *clausula rebus sic stantibus* und der *lesión* um zwei unterschiedliche Situationen handelt. Der *lesión* liegt bereits ein Ungleichgewicht zwischen den Leistungen am Anfang der Vertragsausführung zugrunde, während die *clausula rebus sic stantibus* zu einem späteren Zeitpunkt, nämlich zwischen Vertragsschluss und Ausführung, eingreifen soll.[546]

---

538 *Sánchez González*, Alteraciones económicas, S. 10.

539 *Candil*, Cláusula, S. 72.

540 *Candil*, Cláusula, S. 74.

541 *Lluis y Navas Brusi*, RGLJ 1956, 370, 390.

542 *De Cossio*, Frustraciones, S. 81, *Candil*, Cláusula, S. 77; *Fernández Hierro*, Modificación, S. 11.

543 So: *De Amunátegui Rodríguez*, Cláusula, S. 120.

544 *Beltran de Heredia de Castaño*, Cumplimiento, S. 340; ablehnend auch: *Sánchez de Valle*, RCDI 1954, 262, 269.

545 *García Goyena*, Concordancias III, S. 177 ff.

546 Vgl. hierzu *Martínez de Aguirre y Aldaz*, Revista jurídica de Navarra 2000, 47, 50, 56, 57; *Sánchez González*, Alteraciones económicas, S. 10.

Aufgrund dieses Unterschiedes sind die *lesión* und die Lehre von der *clausula* als unterschiedliche Figuren einzustufen, die auch unterschiedliche Lösungen erfordern.[547] Zumindest liegt ihnen aber mit der Wiederherstellung des vertraglichen Gleichgewichts die gleiche Zielsetzung zu Grunde.[548] Eine gesetzliche Regelung einer *lesión* aufgrund veränderter Umstände lässt sich aus Art. 70 der *ley de Contratación en Zona Roja* vom 5. November 1940 entnehmen. Demnach war eine Anpassung von Verträgen, die vor dem 18. Juni 1936 geschlossen wurden, dann möglich, wenn auf Grund einer Revolution oder eines Krieges nachträglich Umstände eintraten, die ein Ungleichgewicht der Leistung von mehr als einem Drittel zur Folge hatten.[549] Hierbei handelt es sich um eine Notstandsgesetzgebung, einer *legislación de emergencia*[550], so dass nicht generell die *lesión* zur Regelung der veränderten Umstände in Betracht gezogen werden sollte.

6. *Enriquecimiento injusto*

Schließlich ist eine Abgrenzung zu der Regelung über die ungerechtfertigte Bereicherung, Art. 1895 CC, notwendig. Die sehr schmale Regelung des Kondiktionsrechts entspricht dem Vorbild des französischen Rechts.[551] Es existiert keine allgemeine Regel der ungerechtfertigten Bereicherung. Das Prinzip, wonach sich niemand auf Kosten eines anderen ungerechtfertigt bereichern darf, ist vielmehr in mehreren Einzelbestimmungen des Código Civils enthalten.[552] Im Gegensatz zum deutschen Recht existiert im spanischen Recht keine gesonderte Möglichkeit einer Rückforderung wegen Zweckverfehlung. Seitens der Rechtsprechung wird zudem eine sehr restriktive Anwendung des Prinzips befürwortet.[553]

In den problematischen Fallkonstellationen könnte angenommen werden, dass der Vertragspartner in ungerechtfertigter Weise bereichert sei, da seiner Leistung keine gleichwertige Gegenleistung gegenüberstehe.

---

547 *Candil*, Cláusula, S. 23; *Leonsegui Guillot*, in: FS Albaladejo García, S. 2685, 2700.

548 *Sánchez González*, Alteraciones económicas, S. 10.

549 Vgl. *Hernandez Gil/Mono Ledesma*, RDP 1941, 17 ff.Ähnliche Regelungen enthielten das Ley de 28.5.1937 sobre condonación de rentas, Decretos de 27.8 und 9.11.1939 sobre moratorias.

550 Dieser Begriff wird wieder aufgegriffen von *Velasco*, RDM 1948, 431; *Díaz de Lazcano Sevillano*, Revista de Ciencias Jurídicas 1996, 73.

551 *Moreno Quesada*, Curso de Derecho Civil II-2, S. 467; *Hübner/Constantinesco*, Einführung in das französische Recht, S. 160.

552 Vgl. STS 12.1.1943, RJ 1943, 17.

553 *Candil*, Cláusula, S. 92.

Ein derartiges Verständnis ist aufgrund des Wortlauts der Vorschriften kritisiert worden. Art. 1895 CC setze einen Empfang der Leistungen voraus, Art 1896 CC eine Annahme der ungerechtfertigten Leistung und Art. 1901 CC eine Übergabe. Derartige Situationen lägen in den *Clausula*-Fällen aber gerade nicht vor.[554] Zudem trete eine ungerechtfertigte Bereicherung aufgrund der anfänglich fehlenden causa ein. Eine solche habe aber bei Vertragsschluss in den problematischen Fällen vorgelegen.[555]

7. *Fuerza mayor*

Ähnlich wie in Deutschland[556] zu Zeiten der Inflation von 1920–1923 gab es auch in Spanien Stimmen, die Umstandsänderungen nach Vertragsschluss mit der *fuerza mayor* oder dem *caso fortuito* gleichzusetzen versuchten. Dabei wird häufig die in der Literatur vielfach problematisierte Abgrenzung und Unterscheidung zwischen der *fuerza mayor* und dem *caso fortuido* diskutiert. Fälle des *caso fortuidos* finden nach der objektiven Theorie in der Sphäre des Schuldners statt, während Fälle der *fuerza mayor* sich außerhalb von dieser ereignen.[557] Nach dem romanischen Verständnis[558] und der diesem folgenden subjektiven Theorie[559], sei der *caso fortuido* nicht vorhersehbar oder im Falle der Vorhersehbarkeit zumindest vermeidbar gewesen. Die Fälle der *fuerza mayor* dagegen seien unausweichlich und unvermeidbar. Im spanischen Schrifttum hat sich die Auffassung durchgesetzt, dass eine derartige Unterscheidung nicht vorgenommen werden müsse.[560] Aufgrund einer fehlenden gesetzlichen Differenzierung im Código Civil ist diese weder von Bedeutung noch von praktischem Interesse.[561] Die Rechtsprechung gebraucht die *fuerza mayor* und den *caso fortuido* synonym. So spricht sie mal von der einen und mal von der anderen Figur, befürwortet

---

554 *Beltran de Heredia y Castaño,* Cumplimiento, S. 341.

555 *Clemente de Diego*, Instituciones, S. 122; so auch SSTS 17.5.57, RJ 1957, 2164; 14.12.93, RJ 1993, 9881.

556 *Díaz de Lezcano Sevillano*, Revista de Ciencias Jurídica 1996, 73, 76 bezieht sich auf Kisch; *Candil*, Cláusula, S. 61 auf Titze.

557 *Lasarte*, Derecho de Obligaciones, S. 136. Dieses Verständnis ging auf *Josserand*, Cours T. II, Núms 451 ff. S. 219 ff zurück.

558 *De Ruggiero*, Instituciones II, S. 137.

559 *Castán Tobeñas*, Derecho Civil, S. 230 gibt als Beleg für diese Auffassung *Goldschmidt*, Zeitschrift für Handelsrecht III, S. 58 ff. an.

560 *Castán Tobeñas,* Derecho Civil, S. 231.

561 *Badenes Gasset*, Riesgo imprevisible, S. 103.

aber für beide Figuren eine Befreiung des Schuldners und damit eine einheitliche Rechtsfolge.[562]

Die *fuerza mayor* ist in Art. 1105 CC verankert. Ein Zusammenhang zu den Umstandsänderungen wird häufig aufgrund des Erfordernisses der *imprevesibilidad* gesehen. Wird Art. 1105 CC so ausgelegt, dass die Umstände im Zeitpunkt des Vertragsschlusses nicht vorhersehbar und vermeidbar waren, so liegen dieselben Voraussetzungen wie bei der *clausula rebus sic stantibus* vor. Daher wird teilweise eine direkte Anwendung des Art. 1105 CC begrüßt.[563]

Diese Meinung hat sich aber nicht durchgesetzt.[564] Teilweise wird als Argument einer Ablehnung angebracht, dass im Gegensatz zu der *fuerza mayor* die Umstände häufig durchaus vorhersehbar waren, bloß von den Parteien nicht mit in den Vertrag aufgenommen worden sind. Abgesehen davon läge nicht wie bei der höheren Gewalt eine absolute Unmöglichkeit vor, sondern lediglich eine Erschwerung der Leistungserbringung.[565] Ferner sei auch der unterschiedliche Anwendungsbereich zu berücksichtigen. Während die *clausula* oder ihr nachfolgenden Theorien nur bei Rechtsgeschäften angewendet werden könnten, agiere die *fuerza mayor* auch in der Materie des Deliktsrechts.[566]

So haben schon die bei der Problembehandlung durch die Rechtsprechung dargestellten Urteile des Tribunal Supremo vom 4. Juni 1902 und 5. Januar 1923 ausgeführt, dass zwischen der Unmöglichkeit durch *fuerza mayor* und der Leistungserschwerung unterschieden werden müsse.[567] Eine Lösung über die Regeln der *fuerza mayor* führt nach herrschender Lehre zu Komplikationen.[568] Die *clausula rebus sic stantibus* sei als eigenständiges, von der Lehre entwickeltes Institut anzusehen, das unabhängig und autonom sei und nicht durch andere Regelungen ersetzt werden könne.[569] So wird auch die Bezugnahme der deutschen Lehre

562 SSTS 7.3.1965, RJ 1965, 2118; 19.1.1972, RJ 1972, 76.

563 *Díaz Cruz*, RGLJ 1946, 530, 552; ähnlich auch : *Sánchez Jiménez*, Riesgo imprevisible, S. 30; *Terraza Martorell*, Modificación, S. 160.

564 *Villar Palasi*, ADC 1948, 543 ff.

565 *De Cossio*, Frustraciones, S. 86; *Batlle*, Anales de universidad de Murcia 44–45, 385, 391.

566 *Batlle*, Anales de universidad de Murcia 44–45, 385, 391.

567 Diese Urteile werden von *Gomez-Ferrer Sapiña*, RGD 1990, 4389, 4401 genannt. Zustimmend: *Castán Tobeñas* RDI 1923, 365 ff., der bestätigte, dass Fälle der Leistungserschwerung nie als caso fortuido eingestuft werden dürfen.

568 *Díaz de Lezcano Sevillano*, Revista de Ciencias Jurídicas 1996, 73, 81; zu diesem Endergebnis kommt auch *Candil*, Cláusula, S. 63, *Castrillo*, RDP 1940, 104, 108.

569 *Sánchez de Valle*, RCDI 1954, 262, 270, der aufgrund der unterschiedlichen Konzeption auch eine Gleichstellung zur *lesión* ablehnt.

auf die höhere Gewalt als bloße Notlösung für die Zeiten nach dem 1. Weltkrieg gewertet.[570]

8. *Gewährleistungsrecht*

Die Gewährleistungsrechte des Käufers sind in Art. 1486–1488 CC geregelt. Im Fall eines Sachmangels ist der Käufer zum Rücktritt oder zur Minderung des Vertrages berechtigt. Ein solcher Fehler liegt vor, wenn die Kaufsache für den vertraglich vereinbarten Zweck unbrauchbar ist, vgl. Art. 1484 CC. Ein Recht auf Nachbesserung der Kaufsache oder eine Ersatzlieferung, damit das Vertragsverhältnis aufrecht erhalten bleiben kann, kann dem spanischen Recht nicht entnommen werden. Innerhalb der Literatur lassen sich keine Abgrenzungen zu der *clausula* finden. Wie bereits eingangs schon betont wurde, konkurrieren im spanischen Recht nach überwiegender Meinung alle Rechtsbehelfe wegen Vertragsscheiterns miteinander.[571] Aufgrund einer fehlenden gesetzlichen Regelung und der Subsidiarität des entwickelten Rechtsinstituts, sind aber die Gewährleistungsrechte abschließend und vorrangig.

II. Gesetzliche Konkretisierungen

1. Regelung in der Compilación de Navarra

Die *Compilación de Navarra* regelt im *ley* 493.3[572] die Auswirkungen veränderter Umstände auf einen Vertrag. Die gesetzliche Regelung verankert die Grundsätze der ständigen Rechtsprechung des Tribunal Supremo, indem sie folgendes festsetzt:[573]

„Cuando se trate de obligaciones de largo plazo o tracto sucesivo, y durante el tiempo de cumplimiento se altere fundamental y gravemente el contenido economico de la obligación o la proporcionalidad entre las prestaciones, por haber sobrevenido circunstancias imprevistas que hagan extraordinariamente oneroso el cumplimiento para una de las partes, podrá ésta solicitar la revisión judicial para que se modifique la obligación en terminos de equidad o se declare su resolución.“

---

570 *Díaz de Lezcano Sevillano*, Revista de Ciencias Jurídicas 1996, 73, 81.

571 Ministerio de Justicia/*Morales Moreno*, Art 1484 Nr. III, *Lacruz Berdejo/Rivero Hernández*, Elementos II-2, Nr. 392 C; für einen Ausschluss des Art 1124 neben dem Kaufgewährleistungsrecht teilweise STS 22.12.1971, ADC 1971, 356.

572 Erlassen durch Ley vom 1.3.1973 Nr. 1/1973, BOE 14 marzo 1973.

573 Vgl. Rubio Torrano/*Egusquiza Balmaseda*, Ley 493 S. 1664 f.

Es muss sich somit um Dauerschuldverhältnisse oder Verträge mit mehreren Teillieferungen handeln, bei denen sich der wirtschaftliche Inhalt des Vertrages oder das Äquivalenzverhältnis schwerwiegend geändert hat. Von der Norm erfasst sind nur nachträgliche unvorhersehbare Ereignisse. Die Erfüllung des Vertrages muss dabei für eine der Vertragsparteien eine außergewöhnliche Belastung darstellen.

Als Rechtsfolge kommt dem Gesetz zufolge entweder die *resolución* oder eine Anpassung nach Billigkeitsgrundsätzen in Betracht. Somit wird der Rückgriff auf beide Instrumente ermöglicht und jede Diskussion vermieden. Die Entscheidung darüber liegt beim Richter, er soll aber zunächst die Möglichkeit der *revisión* nutzen und nur subsidiär auf die *resolución* zurückgreifen.[574]

Die Gemeinsamkeiten zwischen den von der Rechtsprechung entwickelten Voraussetzungen für die *clausula* und der gesetzlichen Normierung in Navarra wurden durch den Tribunal Superior de Justicia de Navarra am 24. Mai 1995[575] hervorgehoben. Dort bezog sich das Gericht auf die vom Tribunal Supremo entwickelten Voraussetzungen, was darauf schließen lässt, dass keine Besonderheiten im Vergleich zu den bereits dargestellten Erfordernissen zu beachten sind.

2. Regelung im Ley de arrendamiento rusticos

Artikel 43 des *Ley de arrendamiento rústicos* eröffnet die Möglichkeit einer Vertragsänderung im Fall veränderter Umstände. Der Gesetzgeber hat sich durch diese Norm klar dazu bekannt, dass er den Schutz des Pächters über eine Einhaltung des Vertrages stellt.

> „1.- Cualquiera de las partes podrá solicitar la revisión extraordinaroa de la renta o participación por haber cambiado de las circunstancias que influyeron en su determinacón, dando lugar a una lesión superior al 15 por 100 de la renta justa.
>
> 2. – Si se accede a la revisión extraordinaria a solicitud del arrendador el arrendatorio-podrá optar por la cesación de la relación arrendaticia.“

Dieser Artikel ähnelt der deutschen Regelung über die Landpacht in § 593 I BGB. Im Gegensatz zum deutschen Recht, wo von einem groben Missverhältnis der gegenseitigen Verpflichtungen gesprochen wird, trifft die spanische Regelung dabei konkretere Aussagen. Danach kann jede der Parteien eine *revisión* des Landpachtvertrages verlangen, wenn sich die für die Festsetzung der Vertragsleistungen bestimmenden Umstände geändert haben und infolgedessen

---

574 *De Amunátegui Rodríguez*, Cláusula, S. 50.
575 STSJ Navarra, 24.5.1995, RJ 1995, 4330.

eine *lesión* in Höhe von 15 % des Pachtzinses eingetreten ist.[576] Bei dieser gesetzlichen Vorschrift handelt es sich somit um eine sehr weit gefasste und flexible Bestimmung, da neben diesem Erfordernis keine weiteren Voraussetzungen wie die Unvorhersehbarkeit der Veränderung gefordert werden.[577] Als Rechtsfolge kommt zunächst die Änderung des Vertrages in Betracht, jedoch kann sich der Pächter für eine Einstellung des Pachtverhältnisses aussprechen.

III. Stellungnahme der Lehre zu den von der Rechtsprechung entwickelten Voraussetzungen

Ein Vergleich mit den Ausführungen in den Lehrbüchern oder anderen Abhandlungen zu den von der Rechtsprechung entwickelten Voraussetzungen ergibt eine überwiegende Übereinstimmung mit diesen.

Die Literatur hat die in den 40er und 50er Jahren ergangenen Entscheidungen begrüßt. Mit sehr viel Lob wurde insbesondere das Urteil vom 13. Juni 1944 aufgenommen, in dem zum ersten Mal eine Vertragsanpassung durchgeführt wurde. Betont wurden insbesondere die klaren Bezüge zur vertraglichen Risikoverteilung, was grundsätzlich ungewöhnlich für den Tribunal Supremo ist.[578] Bemängelt wird teilweise der häufige Verzicht auf eine Anpassung durch die Gerichte aufgrund einer Ablehnung des Merkmals der *Imprevesibilidad*. Das wichtige Urteil vom 17. Mai 1957, in dem die Voraussetzungen durch den Tribunal Supremo festgesetzt wurden, ist in der Literatur auf Aufmerksamkeit gestoßen. So wird zwar durchaus bestätigt, dass die Parteien mit einem Anstieg der Produktionskosten aufgrund der schwierigen wirtschaftlichen Situation rechnen konnten, allerdings wird bezweifelt, dass sie auch mit einer Steigerung in einem derartigen Ausmaß rechnen mussten. Dieses sei nämlich neben dem Bürgerkrieg auch auf eine wirtschaftliche Isolierung Spaniens und den Beginn des zweiten Weltkrieges zurückzuführen.[579] Es seien demnach nicht alle Umstände vorhersehbar gewesen, die zu dieser Erhöhung geführt haben. Der Kommentator dieses Urteils, der zugleich auch Larenz' Werk der Geschäftsgrundlage kommentierte, weist darauf hin, dass die Lehre von Larenz durch dieses Urteil in das spanische

---

576 *Lete del Rio*, Derecho de obligaciones, S. 91, *Castán Tobeñas*, Derecho Civil, S. 631 f.: „Cuando el desfase entre la renta pacatada y la renta justa"; *Moreno Quesada*, Curso de Derecho Civil II-2, S. 225.

577 *De Amunátegui Rodríguez*, Cláusula, S. 41, FN 35.

578 *De Amunátegui Rodrgiuez*, Cláusula, S. 183.

579 Diese Zweifel äußert *Fernández Rodríguez* in seinem Kommentar zu dem Urteil, vgl. ADC 1958, 1267, 1274.

Recht aufgenommen worden ist. Bestätigt sieht er dieses vor allem aufgrund der Formulierung der Voraussetzung: „*Una desproporción exorbitante, fuera de todo calculo entre las pretensiones.*"[580]

Neben den Stimmen, die dieselben Voraussetzungen wie der Tribunal Supremo für erforderlich erachten[581], sind auch die Meinungen in der Literatur zu beachten, welche die von der Rechtsprechung im Laufe der Jahre entwickelten Voraussetzungen erweitert haben.[582]

Dabei wird von einigen Autoren eine äußerst weitreichende und ausgedehnte Darlegung bestimmter Voraussetzungen gefordert. Die entwickelten Erfordernisse der Rechtsprechung werden dabei immer erwähnt und innerhalb des Schrifttums nicht in Frage gestellt. Da diese aber vom Tribunal Supremo keine nähere Konkretisierung erfahren haben, lassen sich im Schrifttum unterschiedliche Ansätze zur genauen Bestimmung der Voraussetzungen finden. Insbesondere die

580 *Fernández Rodríguez*, ADC 1958, 1267, 1273. Er bezieht sich dabei auf die Definition eines Wegfalls der objektiven Geschäftsgrundlage.

581 *Archederra Aranzadi*, Equivalencia, S. 218; Voraussetzungen der Rspr: *Sánchez González*, Alteraciones económicas, S. 12 ff.; *Albaladejo García*, Derecho Civil, S. 469 verlangt zudem, dass der benachteiligten Partei an den Umstandsänderungen keine Schuld trifft und es kein anderes Mittel gab, um das Geschäft aufrecht zu erhalten.

582 *De Castro y Bravo*, Negocio jurídico, S. 319; der als Voraussetzung den guten Glauben und ein fehlendes Verschulden desjenigen, der sich auf die clausula beruft, hinzufügt; *Díez-Picazo,* Fundamentos II, S. 1070 fordert zudem, dass sich ein plötzliches Verschwinden der Geschäftsgrundlage („desaparicióin sobrevenida de la base de negocio") ereignet hat und dass die Veränderung zu einer ungerechten Benachteiligung im Hinblick auf die Verantwortlichkeit der Obliegenheiten geführt hat; *Martínez de Aguirre y Aldaz,* Curso, S. 432 f. fügt zwei Voraussetzungen bei: Zum einen den Ausschluss aleatorischer Verträge und zum anderen das Erfordernis, dass die Veränderung sich vor Erfüllung ereignet hat; *Castán Tobeñas*, Derecho Civil, S. 625 zählt den Ausschluss aleatorischer Verträge ebenfalls zu den Voraussetzungen, *Gomez Ferrer Sapiña*, RDN 1970, 103, 135 ff., der alle in der Literatur verbreiteten Ergänzungen aufgegriffen hat und zu Voraussetzungen deklariert: Imprevesibilidad, ein exorbitantes Ungleichgewicht, das Risiko dürfe nicht bestimmendes Motiv des Vertrages sein, zudem müsse eine der Parteien sich auf die clausula berufen, keine der Parteien dürfen schuldhafte Handlungen vorzuwerfen sein, des Weiteren müsse es sich um einen Sukzessivlieferungsvertrag oder Vertrag mit verzögerter Erfüllung handeln, der Schuldner dürfe nicht im Verzug sein, schließlich müsse eine nachträgliche Veränderung von einer gewissen Dauerhaftigkeit eingetreten sein und kein anderes Mittel der Abhilfe möglich sein, um das Geschäft zu erhalten; *Roca Sastre y Puig Brutau*, in: Estudios de Derecho, S. 247 zählen 7 Voraussetzungen.

Merkmale der außerordentlichen Veränderung und der *Imprevesibilidad* haben aufgrund ihrer Unbestimmtheit zu Diskussionen im Schrifttum geführt.

1. *Anwendungsbereich*

Die herrschende Meinung im Schrifttum hält einen gegenseitigen, entgeltlichen Vertrag für zwingend erforderlich.[583] Dem wird entgegengehalten, dass bei gegenseitigen Verträgen zwar am häufigsten Äquivalenzstörungen entstehen, ein Ungleichgewicht allerdings auch bei einseitigen Verträgen vorliegen könne. Als Beispiel wird der Widerruf der Schenkung einer Geldsumme angeführt, die nun weniger Kaufkraft besitzt als zum Zeitpunkt der Schenkung.[584]

In der Literatur wird zudem eine Anwendung der *clausula* beim *Venta de Bienes de Consumo*, dem Verbrauchsgüterkauf, diskutiert: Ohne Zweifel sind der Grundsatz der *buena fe* und des Gleichgewichts zwischen Leistung und Gegenleistung Quelle jeglicher Normen, die dem Schutz der Verbraucher dienen sollen. Fehlende gesetzliche Normierungen der Leistungserschwerungen deuten nicht auf einen Ausschluss der *clausula*, sondern vielmehr auf die grundsätzliche Anwendbarkeit allgemeiner Regeln hin.[585]

Eine weitere Besonderheit wird teilweise auch bei Handelsverträgen angenommen: Das Handelsgesetzbuch, der *Código de Comercio*, von 1885 regelt in Art. 57 den Grundsatz der *buena fe*. Danach müssen alle Handelsverträge unter Berücksichtigung der *buena fe* erfüllt und ausgeführt werden. Nach einer Mindermeinung in der älteren Literatur müsse der Grundsatz „*pacta sunt servanda*" aufgrund der Verkehrssicherheit im Handelsrecht besondere Beachtung finden. Da Handelsverträge immer ein gewisses spekulatives Risiko beinhalten, müsse in besonderem Maße mit Umstandsänderungen gerechnet werden.[586] Ausnahmsweise beachtliche Umstandsänderungen seien abschließend im Gesetz geregelt und der Grundsatz der *buena fe* sei nicht wie im Código Civil ausgestaltet:[587] Art. 57 des C.d.c. beziehe sich nicht auf den Inhalt des Vertrages, sondern verlange als subjektive Ausrichtung von Treu und Glauben lediglich ein anständiges Handelsverhalten. Damit könne dieses Prinzip im Handelsrecht nicht als Grundlage für die *clausula* gesehen werden.[588] Eine Anerkennung der Lehre von der *clausula* habe der Gesetzgeber in Art. 955 C.d.c. abschließend festgesetzt. Demnach seien

583 Vgl. *Espert Sanz*, Frustración, S, 169; *Lete del Rio*, Derecho de obligacions, S. 91.

584 *Albaladejo García*, Derecho Civil. S. 470.

585 *De Amunátegui Rodríguez*, Cláusula, S. 245.

586 *Velasco*, RDM 1948, 431, 434.

587 Dieser Meinung ist *Velasco*, RDM 1948, 431 ff.

588 *Velasco*, RDM 1948, 431, 435 f.

Kriege, Epidemien und Revolutionen beachtliche außerordentliche Ereignisse.[589] Diese Auffassung vermag aber nicht zu überzeugen und hat im Schrifttum keine Anhänger gefunden. Das den Handelsverträgen innewohnende spekulative Element ist nicht solchen Ausmaßes, dass es einen Rückgriff auf die *clausula* unzulässig macht. Ebenso wenig darf das Prinzip der *buena fe* von dem im Código Civil unterschieden werden. In beiden Fällen erfordert es von den Vertragsparteien ein bestimmtes Verhalten und die Beachtung von Obliegenheiten im Hinblick auf die Vertragserfüllung, wodurch notwendigerweise auch der Vertragsinhalt beeinflusst wird.[590] Die Vorschriften ähneln sich und haben denselben Ursprung, so dass die Anwendung der *clausula* auch im Handelsrecht auf das Prinzip von Treu und Glauben gestützt werden kann.[591]

2. *Alteración extraordinaria*

Bevor eine außerordentliche Veränderung seitens der Rechtsprechung zu einer Voraussetzung deklariert wurde, erachtete das Schrifttum teilweise eine schwere Umstandsänderung als ausreichend. Dabei sollten zum einen die Intensität der Konsequenzen und zum anderen die Wichtigkeit des anzupassenden Umstandes berücksichtigt werden.[592] Nach einer Definition im Schrifttum sollen all die Ereignisse als außergewöhnlich zu werten sein, die aus der Sicht eines objektiven Beobachters als unwahrscheinlich gelten. Dazu seien die Umstände zu zählen, die sich nicht mit einer gewissen Regelmäßigkeit oder Häufigkeit ereignen.[593] Um den außerordentlichen Charakter der Veränderung der Umstände festzustellen, seien demnach objektive Kriterien vom Standpunkt einer Durchschnittsperson aus zu betrachten und unter Beachtung der Vertragsart heranzuziehen. Teilweise wird der statistische Charakter bei der Beurteilung der Außerordentlichkeit hervorgehoben.[594] Das Erfordernis solle durch Ermittlung eines Wertes genauer eingegrenzt werden. Candil sieht daher in den Fällen eine außerordentliche

589 *Velasco*, RDM 1948, 431, 437.

590 *Fernandez Rodríguez*, ADC 1957, 1267, 1272. Das Prinzip im Handelsrecht ist ein Prinzip, das bei Auslegung und Ausführung von Handelsverträgen zu beachten ist, vgl. *Motos Guirao*, RJC 1955, 34, 43 f.

591 Allerdings wird im Handelsrecht eine größere Vorsicht bei der Anwendung der *clausula* vorgeschlagen, vgl. *Candil*, Cláusula, S. 144.

592 *Lluis y Navas Brusi*, RGLJ 1956, 370, 413.

593 *De Amunátegui Rodríguez*, Cláusula, S. 259.

594 *De Amunátegui Rodríguez*, Cláusula, S. 259.

Umstandsänderung, in denen das Missverhältnis mehr als 30 % ausmacht. Bei Handelsverträgen fordert er 50 %.[595]

3. *Desproporcion exorbitante*

Bei der Beurteilung einer Zerstörung des Leistungsgleichgewichts folgt das Schrifttum der Rechtsprechung. So solle das anfängliche Gleichgewicht mit dem verglichen werden, das im Moment der Erfüllung oder der Ausführung des Vertrages bestehe.[596] Uneinigkeit herrscht bei der Frage, wann ein derartiges Ungleichgewicht vorliegt. Einige Autoren ziehen einen Vergleich zur *lesión* und bejahen ein derartiges Ungleichgewicht, wenn eine Partei weniger als die Hälfte des wahren Wertes für die Sache empfängt.[597] Dies dürfe aber nur gelten, wenn der Schuldner auch tatsächlich einen wirtschaftlichen „Zusammenbruch" erlitten habe und nicht bloß einen Verlust des erwarteten Gewinns.

Die Festsetzung eines bestimmten Prozentsatzes könne aber nach anderer Ansicht innerhalb des Schrifttums nur schwerlich eine beachtliche Veränderung der Umstände definieren.[598] Man müsse bedenken, dass die Gewinnspanne in den einzelnen Geschäftsbeziehungen völlig unterschiedlich sei, so dass der Richter unter Berücksichtigung der Umstände des Einzelfalls dieses Merkmal konkretisieren sollte.[599] Er hat zu entscheiden, wann eine Veränderung des Gleichgewichts derart bedeutend ist, dass eine Anwendung der von der Rechtsprechung entwickelten Grundsätze gerechtfertigt erscheint. Hat von Anfang an ein Ungleichgewicht existiert, so kann sich keine der Parteien auf die veränderten Umstände berufen. Zudem kann nur das anfänglich vereinbarte vertragliche Gleichgewicht wiederhergestellt werden. Haben die Parteien zum Beispiel aufgrund der verwandtschaftlichen Beziehung zwischen Käufer und Verkäufer das Haus 50 % unter Wert verkauft, so kann keine Veränderung der ursprünglichen vertraglichen Beziehung verlangt werden, um eine völlige Gleichheit zu erreichen.[600] Anders verhält es sich, wenn ein anfängliches Gleichgewicht aufgrund von wirtschaftlichen Beweggründen einer Partei nicht besteht. Teilweise wird in derartigen Fällen die Wiederherstellung eines gerechten Gleichgewichts der

---

595 *Candil,* Cláusula, S. 149.

596 *De Amunátegui Rodríguez*, Cláusula, S. 266, die sich bei der Herausarbeitung der Voraussetzungen zum größten Teil auf italienische Autoren beruft.

597 *Díaz Cruz*, RGLJ 1946, 530, 559 f., *Castán Tobeñas*, Derecho Civil, S. 625.

598 So auch *Fernández Hierro*, Modificación, S. 66.

599 So auch *Gómez Ferrer Sapiña*, RDN 1970, 103, 136; *Fernández Hierro*, Modificación, S. 66.

600 *Fernández Hierro*, Modificación, S. 67.

Leistungen für beide Vertragspartner gefordert.[601] In derartigen Konstellationen sei der eine Vertragspartner den Vertrag wider Willen[602] eingegangen, meistens um eine gewisse Liquidität zu erreichen. Ein vertragliches Gleichgewicht sei also aufgrund wirtschaftlicher Gesichtspunkte nie erzielt worden. Konsequenz müsse die Wiederherstellung des anfänglichen Gleichgewichts sein.

4. *Imprevesibilidad*

Genaue Voraussetzungen der *Imprevesibilidad* sind aufgrund ihrer Subjektivität schwierig bestimmbar und auch innerhalb der Literatur nicht einstimmig definiert. Begebenheiten seien zumindest dann nicht vorhersehbar, wenn die Vertragspartei mit diesen nicht rechnen konnte.[603] Dabei müsse nicht nur der jeweilige Vertragstyp beachtet werden, sondern auch die Möglichkeit der Informationserlangung. So bestehe bei internationalen Verträgen für eine Vertragspartei durchaus die Möglichkeit, eine Veränderung vorherzusehen, wenn es sich um ein häufiges Phänomen in seiner Umgebung oder des Landes handele, während dieses der anderen Partei völlig unbekannt sein könne.[604] Zudem könne zwar die Tatsache, die zu den veränderten Umständen geführt hat, vorhersehbar gewesen sein, aber nicht deren unmittelbaren Folgen.[605] So könne ein Krieg in Europa zwar vorhersehbar gewesen sein, aber nicht daraufhin erfolgte Teuerung von Fleisch und Stahl in Cuba.[606] Es müsse daher genau abgegrenzt werden, welche Schwierigkeiten vorhersehbar waren und welche nicht. Das Erfordernis sei vom Standpunkt einer Durchschnittsperson, die weder besonders vorsichtig noch besonders unvorsichtig und weder besonders optimistisch noch pessimistisch sei, zu beurteilen.[607] Nach Auffassung im Schrifttum sei keine absolute Unvorhersehbarkeit zu fordern, es solle ausreichen, wenn es sich nach vernünftiger Betrachtung der Tatsachen unter Berücksichtigung des konkreten Falles um eine unvorhersehbare Veränderung handele.[608]

An anderer Stelle wird das Konzept der *Imprevesibilidad* mit der anzuwendenden Sorgfalt eines guten Familienvaters aus Art. 1104 CC verglichen.[609] Danach

---

601 *Fernández Hierro*, Modificación, S. 67.
602 *Fernández Hierro*, Modificación, S. 67 spricht von einem „Contrato malgré lui."
603 *Diez-Picazo*, Cuadernos de Derecho Judicial 1996, 669, 685.
604 *Martínez Velencoso*, Rev. de Der. Patr. 2003, 369, 372.
605 *De Amunátegui Rodríguez*, Cláusula, S. 260.
606 *Díaz Cruz*, RGLJ 1946, 530, 548.
607 *Díez-Picazo/Roca Trías/ Morales Moreno*, Los Principios del Derecho Europeo, S. 295.
608 *Albaladejo García*, Derecho Civil, S. 468, 469.
609 *Fernández Hierro*, Modificación, S. 74.

solle ein Ereignis dann vorhersehbar gewesen sein, wenn es bei Anwendung der einem guten Familienvater entsprechenden Sorgfalt vorhersehbar gewesen wäre.

Eine genaue Bestimmung der *Imprevesibilidad* ist aufgrund ihrer Komplexität kaum möglich. Gerade in jüngerer Zeit sind immer mehr Risiken, die die Vertragsdurchführungen belasten können, vorhersehbar und es bestehen zumutbare Möglichkeiten, sich gegen diese abzusichern.[610]

5. *Risikoübernahme*

Die Risikoübernahme wird innerhalb des Schrifttums häufig als gesonderter Prüfungspunkt behandelt. In jedem Vertrag existiere eine *alea* für beide Vertragspartner, die den Erfolg bestimme, der mit dem Vertragsschluss erreicht werden soll. Zwischen der *alea normal* des Vertrages und der *imprevesibilidad* bestehe eine enge Verbindung.[611] Haben die Parteien ein Risiko eindeutig übernommen, so seien die eingetretenen Umstände zur *alea normal* des Vertrages zu rechnen und die *clausula* sei unanwendbar.[612] Teilweise wird angenommen, dass die aleatorischen Verträge grundsätzlich nicht in den Anwendungsbereich der *clausula* fallen.[613] Merkmal dieser Verträge sei der von einem zufälligen Ereignis abhängige Gewinn oder Verlust des vertraglichen Einsatzes. Auch die Bürgschaft stelle einen solchen Vertrag dar, so dass der Bürge sich nicht auf die *clausula*-Lehre berufen dürfe. Ein Ausschluss soll deswegen erfolgen, weil das Risiko als wesentlicher Bestandteil des Vertrages zu einer Unsicherheit beider Parteien bezüglich eines Vorteils oder Verlustes des Geschäftes führe.[614] Es müsse also danach gefragt werden, ob der Vertrag nach seiner konkreten Gestaltung oder nach seinem Typus ein besonderes Risiko mit sich bringe, dem sich jede Partei bei Vertragsabschluss unterwerfe. Dennoch findet die Ansicht des Tribunal Supremo, dass auch in aleatorischen Verträgen die kalkulierten Leistungen

---

610 *Mártinez Velencosco*, Rev. de Der. Patr. 2003, 369, 372 betont, dass viele Risiken nicht als natürliche, sondern als künstliche, vorhersehbare Risiken zu werten seien.

611 *De Amunátegui Rodríguez,* Cláusula, bezieht sich auf S. 177, FN 241 auf den italienischen Autor *Delfini*, Autonomia privata, S. 16, der diesen Zusammenhang verdeutlicht.

612 *Arechederra Aranzadi*, Equivalencia, S. 227; *De Amunátegui Rodríguez,* Cláusula, S. 272.

613 *Sánchez de Valle,* RCDI 1954, 262, 269; *Batlle,* Anales de universidad de Murcia 1944–1945, 385, 390. Zu den aleatorischen Verträgen sollen neben dem Glücksspiel und der Wette auch das Rechtsinstitut des Versicherungsvertrages und die Leibrente zählen, vgl. *De Amunátegui de Rodríguez*, Cláusula, S. 240.

614 *Echevarría de Rada*, Contratos de juego y apuesta, S. 93.

aus dem Gleichgewicht geraten können, durchaus Zustimmung.[615] Aleatorische Verträge seien demnach nicht nur vom Faktor Glück abhängig; veränderte Umstände könnten sich vielmehr auch in anderer Weise auf den Vertrag auswirken. Als Beispiel wird der Versicherte angeführt, der jahrelang seine Prämien zahlt und dann Umstände eintreten, die zu einer Geldentwertung führen.[616] Genauso sei es bei einem Lotterievertrag: Derjenige der seine Lose mit „gesundem Geld" kaufe, das später entwertet wird, werde schließlich mit einem Preis mit geringerer Kaufkraft belohnt.[617] Daher sei nur in den aleatorischen Verträgen, in denen die veränderten Umstände Teil des Risikos seien, das der Vertrag mit sich bringe, eine Anwendung auszuschließen. Nicht damit gleichzusetzen seien aber die unvorhersehbaren Risiken, die auch in derartigen Verträgen existieren und eine Anwendung der *clausula* ermöglichen können. Wenn nicht der Kernbereich der aleatorischen Verträge von den Umstandsänderungen betroffen ist, soll eine *revisión* des Vertrages durchaus möglich sein.[618] Es kann nicht interessengerecht sein, aufgrund der gewählten Vertragsart eine Berufung auf die *clausula rebus sic stantibus* zu untersagen, wenn unabhängig vom Risiko des aleatorischen Vertrags Veränderungen eingetreten sind.

6. Verschulden

Schließlich darf die Veränderung der Umstände keiner Partei zuzuschreiben sein. Dies Erfordernis wird im Schrifttum immer wieder betont, während der Tribunal Supremo sich nur selten zu Ausführungen hinreißen lässt. So müsse bei der Problematik der Anwendung der *clausula* die Frage des Vorliegens eines Verzugs berücksichtigt werden, was von der Rechtsprechung häufig gar nicht untersucht werde. Dieses wird mit Art. 1096 S. 2 CC begründet, wonach die zufälligen Ereignisse zu Lasten des Verpflichteten gehen, wenn dieser sich im Verzug befindet.

7. Rechtsfolgen

In der Lehre herrscht bezüglich der möglichen Rechtsfolge der *clausula rebus sic stantibus* keine Einstimmigkeit. Wie es auch in Deutschland befürwortet wird, sollen vorrangig Neuverhandlungen unter Berücksichtigung der *buena*

615 So *Albaladejo García*, Derecho Civil, S. 470 f.

616 Dieses Beispiel stammt von *Albaladejo García*, Derecho Civil, S. 471.

617 Vgl. *Albaladejo García*, Derecho Civil, S. 471.

618 *De Amunátegui Rodríguez*, Cláusula, S. 270; *Albaladejo García*, Derecho Civil, S. 470; *Echevarría de Rada*, Contratos de juego y apuesta, S. 107.

fe zwischen den Parteien durchgeführt werden.[619] Teilweise werden solche als verpflichtend angesehen. Handlungen wie ungerechtfertigte Verzögerungen, der Vernunft widersprechende Vorschläge oder das Verschweigen wichtiger Informationen seien dabei zu unterlassen.[620] Scheitern die Neuverhandlungen, so sei eine Anpassung durch den Richter vorzunehmen. Dafür müsse dieser die Umstände durch Ermittlung des wirklichen Parteiwillens vorsichtig analysieren und dann ein neues Gleichgewicht zwischen den Leistungen herstellen.[621]

Nach Auffassung von Díez-Picazo könne bei synallagmatischen Verträgen durchaus die *resolución* als Rechtsfolge eintreten.[622] Jedoch solle der Partei, die durch das plötzliche Ereignis geschädigt wurde, ein Wahlrecht zwischen einer Vertragserfüllung oder der *resolución* zustehen. Eine Anpassung oder eine Überprüfung durch das Gericht dürfe ausnahmsweise bei einfachen obligatorischen Beziehungen oder in Fällen der Schenkung durchgeführt werden. Demnach gäbe es zwei Fälle der *resolución*. Zum einen die der synallagmatischen Verpflichtungen, geregelt in Art. 1124 CC, und zum anderen die *resolución* aufgrund des Eintritts veränderter Umstände. [623] Die Auffassung einer *resolución* als geeignete Rechtsfolge wird auch von anderen Teilen der Literatur befürwortet.[624]

Die überwiegende Meinung im Schrifttum teilt hingegen die Auffassung der Rechtsprechung und befürwortet die *revisión*.[625] Dieses wird zum einen aus Gründen der *equidad* oder der *buena fe* zum anderen aus wirtschaftlichen Erwägungen

619 *De Amunátegui Rodríguez*, Cláusula, S. 300.

620 *De Amunátegui Rodríguez*, Cláusula, S. 302 ; *Espert Sanz*, Frustración, S. 259.

621 *Verdera Server*, CCJC 2001, 491, 508.

622 *Díez Picazo*, Cuadernos de Derecho Judicial 1996, 679, 686; *Díez Picazo*, Fundamentos II, S. 1081.

623 *Díez Picazo*, Cuadernos de Derecho Judicial 1996, 679, 686; *Díez Picazo*, Fundamentos II, S. 1081.

624 *Castán Tobeñas,* Derecho Civil, S. 618, *Espert Sanz*, Frustración, S. 258, zumindest dann, wenn noch nicht mit der Vertragsdurchführung begonnen wurde; *Verdera Server*, CCJC 2001, 491, 508 hält eine resolución aufgrund des ansonsten höheren Verwaltungsaufwands für die Gerichte für vorzugswürdig. Eine modificación soll als Rechtsfolge eintreten, wenn bloß eine Veränderung der Geschäftsgrundlage und kein Wegfall vorliegt.

625 *Fernández Hierro*, Modificación, S. 77; *Albaladejo García*, Derecho Civil, S. 466 f.; Albaladejo/Díaz Alabart/*González Porras*, Comentarios, S. 352; *De Cossio*, Frustraciones, S. 133; *Martínez de Aguirre y Aldaz*, Curso, S. 433; *Martínez de Aguirre y Aldaz*, Revisión, S. 57; *Terraza Martorell*, Modificación, S. 102, 106.

angenommen. So könnten wirtschaftliche Verluste für die Vertragspartner durch eine gerechte Anpassung des Vertrages an die neuen Umstände verhindert werden.[626]

8. Prozessuale Durchsetzung

Die prozessuale Durchsetzung wird innerhalb der spanischen Literatur nicht problematisiert.

Die Entscheidungen der Gerichte verdeutlichen aber, dass kein hinreichend bestimmter Antrag vorliegen muss, sondern die Parteien auf eine Anpassung des Vertrages klagen können, die dann entsprechend vom Richter festgesetzt wird.

Bei der Problematik ist zu beachten, dass das spanische Zivilprozessrecht stark vom aktionsrechtlichen Denken geprägt ist. Der Richter kann nur über den vom Kläger geltend gemachten Anspruch auf der Grundlage der in der Klage angeführten Tatsachen und Rechtsgründe richten. Der Grundsatz *iura novit curia* ist im Vergleich zum deutschen Prozessrecht damit erheblich eingeschränkt.

9. Vergleich der Voraussetzungen zwischen Rechtsprechung und Literatur

Die dargestellten Voraussetzungen und ihre Konkretisierungen unterscheiden sich nicht wesentlich. Die Rechtsprechung berücksichtigt eine Risikozuweisung zwar nicht als gesonderte Voraussetzung, aber oftmals als Unterpunkt der Unvorhersehbarkeit. Da die definierten Voraussetzungen teilweise fließend ineinander übergehen, darf keine zu strikte Trennung vorgenommen werden. Einer Partei, der das Risiko gesetzlich oder vertraglich zugewiesen wurde, kann nicht behaupten, sie habe die Umstandsänderungen nicht voraussehen können.

Wenig überzeugend ist die Festsetzung eines Prozentsatzes zur Bestimmung der außerordentlichen Veränderung oder Annahme einer Zerstörung des vertraglichen Gleichgewichts. Derartige prozentuale Regeln können lediglich als Indiz für eine *clausula*-Anwendung gewertet werden, begründen diese aber keineswegs. Vielmehr müssen bei jedem Fall gesondert konkrete Umstände berücksichtigt werden.

Das Erfordernis, dass sich die auf die *clausula*-Lehre berufende Partei nicht im Verzug befinden darf, stellt keine Voraussetzung dar. Es kann davon ausgegangen werden, dass die Rechtsprechung diese Voraussetzung als selbstverständlich ansieht. Streng genommen stellt die während des Verzugs eingetretene Umstandsänderung kein vor der Erfüllung eingetretenes Ereignis dar, so dass der Anwendungsbereich der *clausula* nicht eröffnet ist.

---

626 Albaladejo/Díaz Alabart/*González Porras*, Comentarios, S. 352, 353.

C. Vergleichende Gegenüberstellung

Bis heute wird innerhalb der spanischen Literatur eine Anwendung gesetzlicher Normen in einem stärkeren Maß als in Deutschland diskutiert. In der Praxis versuchen die Gerichte oft problematische Fälle mit den Normen über den *error*, der Unmöglichkeit oder mit Hilfe der Vorschriften über die *causa* zu lösen. Während in Deutschland sämtliche privat- und handelsrechtliche Gesetze bis zum Ende des 19. Jahrhunderts das Institut der *laesio enormis* aufgrund seiner Gefahren für die Rechtssicherheit und eines nicht zu rechtfertigenden Eingriffs in die Vertragsfreiheit ablehnten[627], findet in Spanien trotz fehlender allgemeingültiger Regelung der *lesión* noch häufig eine Auseinandersetzung mit dieser statt. Dieses gilt ebenfalls für die *fuerza mayor*. Bei der Darstellung des deutschen Rechts ist bewusst auf eine Abgrenzung zur höheren Gewalt verzichtet worden, da die Geschäftsgrundlagenfälle der heutigen Zeit sich nicht mehr auf die typischen Situationen der höheren Gewalt beschränken und eine derartige Abgrenzung schon seit langer Zeit nicht mehr bei uns diskutiert wird.

Die Ansichten zur Abgrenzung von gesetzlich normierten Regelungen weisen durchaus ähnliche Argumentationsstrukturen auf. Vorrangig ist immer der Vertrag auszulegen, so dass oftmals bereits die gewünschten Rechtsfolgen herbeigeführt werden können. Das spanische Schrifttum hat allerdings keine so genauen Abgrenzungskriterien wie die deutsche Wissenschaft entwickelt. Insbesondere im Bereich des Unmöglichkeitsrechts lassen sich zu den problematischen Fällen der wirtschaftlichen Unmöglichkeit selten eindeutige Stellungnahmen finden. Die Abgrenzung allein nach der physischen Möglichkeit der Leistungsvornahme ist insbesondere in Anbetracht der faktischen Unmöglichkeit nicht immer zufriedenstellend. Die fehlende Auseinandersetzung mit Abgrenzungsfragen mag aber darauf zurückzuführen sein, dass im spanischen Recht die Rechtsbehelfe wegen Vertragsscheiterns miteinander konkurrieren und die *clausula* immer subsidiär ist.

Die spanische und deutsche Lehre und Rechtsprechung weisen bei den entwickelten und § 313 BGB zugrunde liegenden Voraussetzungen durchaus Parallelen, aber auch einige Abweichungen auf. Die Anwendung der *clausula rebus sic stantibus* wird zumeist auf die *buena fe* und die *equidad* gestützt, was häufig mit Rechtsauffassungen anderer Länder begründet wird, die derartige Lehren auf den Grundsatz von Treu und Glauben stützen. Dieses geschieht immer unter Betonung der Willensfreiheit und Vertragstreue, um den Ausnahmecharakter

627 Vgl. *Schröder*, in: FS Bezzenberger, S. 591, 592, der darauf hinweist, dass § 864 des sächsischen BGB diese Regelung abschaffte.

des Instituts hervorzuheben. Zudem wird innerhalb der spanischen Lehre nicht danach differenziert, ob der Gläubiger oder Schuldner von den veränderten Umständen betroffen ist, so dass sich grundsätzlich beide auf eine Anwendung berufen können.

Innerhalb der spanischen Lehre sind keine klaren Fallgruppen entwickelt worden, um die Anwendung der *clausula* einzugrenzen. Aufgrund der Voraussetzung „Zerstörung des Leistungsgleichgewichts" werden grundsätzlich nur Äquivalenzstörungen und erhebliche Leistungserschwerungen erfasst. Teilweise wird von der Lehre daneben auf die Fallgruppe der Zweckvereitelung hingewiesen. § 313 BGB ist demgegenüber wesentlich weiter gefasst.

Wie bereits mehrfach angedeutet wurde, wird in besonders hohem Maße dem Erfordernis der Unvorhersehbarkeit Beachtung geschenkt. Der Tribunal Supremo verfolgt dabei einen strikteren Ansatz als die Lehre, die teilweise eine Abwägung unter Berücksichtigung des Einzelfalls fordert und prüft, ob bewusst auf Vorkehrungen verzichtet wurde. Mit dieser Argumentation nähert sich das spanische Schrifttum der deutschen Auffassung an, die die Vorhersehbarkeit nicht immer als zwingende Voraussetzung ansieht.

Eine am Merkmal der Zumutbarkeit vorzunehmende Interessenabwägung erfolgt im Gegensatz zum deutschen Recht ebenso wenig wie eine intensive Auseinandersetzung mit der Risikoverteilung. Zwar wird dieses Erfordernis von der Literatur oftmals hervorgehoben, aber es liegt der *clausula* nicht als wirkliche Voraussetzung zu Grunde und wird nur vereinzelt als Unterpunkt der *Imprevesibilidad* geprüft. Dem Erfordernis kann nicht eine derart zentrale Rolle wie bei § 313 BGB zugesprochen werden. Während bei § 313 BGB damit der Fokus auf der Risikoverteilung liegt, wird im Rahmen der *clausula* der *Imprevesibilidad* der größte Stellenwert eingeräumt. So erhalten die objektiven Voraussetzungen einen subjektiven Einschlag.

Innerhalb des spanischen Rechts wird zudem nicht geprüft, ob die veränderten Umstände Grundlage des Vertrages geworden sind. Ebenso findet das hypothetische Element des § 313 BGB keine Berücksichtigung. Derartige Erwägungen werden teilweise im Rahmen der *Imprevesibilidad* vorgenommen.

Eine Anwendung des § 313 BGB kommt nach herrschender Ansicht unabhängig davon in Betracht, ob der Vertrag voll erfüllt, gegenseitig, unvollkommen zweiseitig oder einseitig verpflichtend ist. Die spanische Auffassung steht einer derartig extensiven Anwendung eher skeptisch gegenüber und wendet die *clausula*-Lehre fast ausschließlich bei gegenseitigen schuldrechtlichen Verträgen an.

Beide Rechtsordnungen haben damit einen großen Ermessensspielraum bei der Würdigung ihrer Voraussetzungen. Von allgemeinen Beurteilungskriterien ist abzusehen, auch wenn innerhalb der Lehre vereinzelt derartige Versuche unternommen werden. Dem Grundsatz der Billigkeit und von Treu und Glauben kann nur dann hinreichend Rechnung getragen werden, wenn am Einzelfall orientierte Wertungen vorgenommen werden.

Die zwischen beiden Rechtsordnungen aufgefundenen Unterschiede haben nur selten Konsequenzen für die Rechtsfolge. In der Regel kommen deutsches und spanisches Recht zu ähnlichen Ergebnissen, wenn auch mit unterschiedlicher Begründung. Bei der Rechtsfolgenbestimmung stimmen spanisches und deutsches Recht insofern überein. Die Argumentation des spanischen Schrifttums und der Rechtsprechung im Hinblick auf die Vorzugswürdigkeit einer Anpassung überzeugt. Eine *resolución* würde die Interessen der Parteien vereiteln und zu Konsequenzen führen, die nicht immer von den Parteien angestrebt wurden.

Ebenso wie in Deutschland von einigen Teilen gefordert, tendiert auch innerhalb der spanischen Lehre eine Meinungsströmung zu einer Neuverhandlungspflicht. Vom größten Teil der Lehre wird eine derartige Verpflichtung nicht diskutiert. Wegen der Gefahren für die Rechtssicherheit und der Missbrauchsgefahr, lässt sich eine solche auch im spanischen Recht nicht befürworten.

2. Kapitel: Analyse der Rechtsprechung unter Beachtung besonderer Fallgruppen

Zur Konkretisierung der wertungsoffenen Elemente ist eine genaue Betrachtung der Rechtsprechung von besonderer Bedeutung. Dieses kann, insbesondere unter den im Vordergrund stehenden rechtsvergleichenden Aspekt, am besten durch Zuordnung bestimmter Sachverhalte zu gebildeten Fallgruppen geschehen.[628] Eine strikte Zuordnung eines Tatbestands zu einer Fallgruppe[629] ist häufig nicht möglich, da sich diese oftmals überschneiden. Zudem ist eine Berücksichtigung aller Fallgruppen wegen der Vielzahl der Gruppen und der Entscheidungen im deutschen Recht und der vergleichsweise geringen Anzahl im spanischen Recht nicht möglich.[630]

1. Abschnitt: Die Äquivalenzstörung und Leistungserschwerung

A. Deutschland

Der Begriff der Äquivalenzstörung stellt auf die Gleichwertigkeit von Leistung und Gegenleistung als Bestandteil eines gegenseitigen Vertrages ab.[631] Derartige Störungen sind anzunehmen, wenn der Preis nicht mehr dem unter Umständen exorbitant erhöhten Beschaffungsaufwand oder den Wert der Gegenleistung entspricht.[632] Dem ähneln die Fälle der wirtschaftlichen Erschwerung der Leistung für den Schuldner, die meistens aufgrund politischer oder gesellschaftlicher

---

628 Zu bedenken ist, dass die Fallgruppen weder einheitlich gebildet werden, noch einen gemeinsamen systematischen Zusammenhang aufweisen. So unterscheiden die meisten Gliederungen der Kommentare Äquivalenzstörung, Zweckstörung, gemeisamen Irrtum, Rechtsänderung und die Änderung der wirtschaftlichen Verhältnisse. Vgl. auch *Brockmeyer*, Rechtsinstitut der Geschäftsgrundlage, S. 29, 99, der betont, dass dieses die einzige Ordnung der Rechtsprechung zur Lehre der Geschäftsgrundlage sei.

629 Vgl. zu diesen drei Gruppen BT/Drs. 14/6040, S. 174.

630 Vgl. zu den Fallgruppen nach deutschem Recht nur Staudinger/*Schmidt* (12. Auflage), § 242 BGB Rdnr. 1014 ff.; Bamberger/Roth/*Unberath*, § 313 BGB Rdnr. 34 ff.

631 BGHZ 77, 194, 198; BGH NJW 1986, 1333 f.; BGHZ 97, 171, 173 f.; *Looschelders*, Schr AT, Rdnr. 762.

632 *Schlechtriem/Schmidt-Kessel*, SchR AT, Rdnr. 115 bringen in ihrem Lehrbuch für diese Fallgruppe u. a. das Beispiel, dass ein Fußballverein einen Spieler für eine Millionensumme eingekauft hat, der dann aufgrund einer Verletzung nicht mehr spielen kann.

Umwälzungen, Kriege oder Naturkatastrophen entstehen.[633] An dieser Stelle sollen Äquivalenzstörungen und Leistungserschwerungen nebeneinander betrachtet werden, da z.B. der erhebliche Anstieg der Marktpreise als Äquivalenzstörung oder Leistungserschwerung behandelt wird.

Eine derartige Konstellation kann sich sowohl auf Seiten des Sachleistungsschuldners als auch des Sachleistungsgläubigers ergeben, nämlich dann, wenn der Wert der Leistung plötzlich sinkt.[634] Der BGH wertet die Vorstellung der Parteien von der Gleichwertigkeit von Leistung und Gegenleistung regelmäßig als Geschäftsgrundlage bei gegenseitigen Verträgen.[635] Dabei soll zwischen leichten und erheblichen Äquivalenzstörungen unterschieden werden, da nur letztere eine Unzumutbarkeit begründen können.[636] Ist der Schuldner für die Äquivalenzstörung verantwortlich, so ist in der Regel, aber nicht zwingend[637], das Kriterium der Unzumutbarkeit nicht erfüllt.[638] Eine Mitverantwortlichkeit des Gläubigers kann sich zugunsten des Schuldners auswirken.[639]

Zumeist beschäftigten sich die Gerichte mit Fällen von Äquivalenzstörungen beim Gattungskauf oder Werkvertrag. Da die Kaufsache bei diesen Vertragstypen regelmäßig noch beschafft werden muss, sind derartige Störungen, die das Gleichgewicht der Leistungen beeinflussen, nicht ungewöhnlich. Weitaus seltener kommen derartige Äquivalenzstörungen beim Stückkauf vor, da bei diesem eine Wiederbeschaffung oder Neubeschaffung atypisch ist.[640] In derartigen Fällen kann eine Störung dann eintreten, wenn der Wert der Speziessache nach Vertragsschluss drastisch ansteigt. Als Rechtsfolge ist das Gleichgewicht durch Anpassung der Leistungshöhe wieder herzustellen, wobei das Risiko den Parteien hälftig aufgeteilt werden und eine Ersatzpflicht für zwecklos gewordene Aufwendungen angeordnet werden kann.[641]

---

633 *Schlechtriem/Schmidt-Kessel*, SchR AT, Rdnr. 114.

634 *Finn*, Erfüllungspflicht und Leistungshindernis, S. 494.

635 BGH JZ 1978, 235, 236 (Ölkrise).

636 *Finn*, Erfüllungspflicht und Leistungshindernis, S. 495.

637 Dieses stellt auch die Gesetzesbegründung BT/Drs. 14/6040, S. 175, 176 klar.

638 *Klausch*, Unmöglichkeit, S. 105, *Lobinger*, Grenzen rechtsgeschäftlicher Leistungspflichten, S. 214.

639 *Finn*, Erfüllungspflicht und Leistungshindernis, S. 496.

640 *Finn*, Erfüllungspflicht und Leistungshindernis, S. 499.

641 *Fikentscher/Heinemann*, SchR, Rdnr. 241.

I. Geldentwertung

Historischer Ursprung der Fallgruppe der Äquivalenzstörungen ist die Geldentwertung zu Inflationszeiten. Hier stellt sich die Frage, ob der Geldleistungsschuldner noch vertragsgemäß handelt, wenn er seine Verpflichtungen durch Zahlung eines Geldbetrages erfüllen will, der infolge einer zwischenzeitlichen Veränderung der Verhältnisse nicht mehr in der von den Parteien bei Vertragsabschluss vorausgesetzten Relation zu der Leistung der anderen Partei steht.[642]

Derartige Umstände waren Gegenstand des sogenannten Dampflieferungsfalls.[643] Der Vermieter einer zum Festpreis vermieteten Fabrikhalle verlangte nach einiger Zeit eine Nachzahlung der festgesetzten Vergütung. Grund war die vertraglich festgehaltene Verpflichtung des Vermieters, den Mieter gleichzeitig mit Dampfenergie zu versorgen, wobei der Dampf im Mietpreis inbegriffen war. Infolge der nach dem Weltkrieg eingetretenen Geldentwertung reichte die Gesamtmiete für den Vermieter nicht mehr aus, um die Kosten der Dampfversorgung zu decken.

Im Gegensatz zu den Vorinstanzen gab das Reichsgericht der Klage statt. Da die Lehre der Geschäftsgrundlage noch nicht entwickelt war, bezog sich das Reichsgericht auf die *clausula rebus sic stantibus* und führte aus, dass der Anspruch auf Lösung des Vertragsverhältnisses dann als berechtigt angesehen werden müsse, wenn ein Festhalten am Vertrag unter den neuen, völlig veränderten Zuständen wirtschaftlich nicht mehr zugemutet werden könne.[644] Ein solches Eingreifen soll dann gerechtfertigt sein, wenn anders „nicht ein Treu und Glauben und jedem Gebote von Gerechtigkeit und Billigkeit hohnsprechender, einfach nicht zu ertragender Zustand“ [645] geschaffen werden könne.

Grundsätzlich hat sich die Rechtsprechung aber bezüglich derartiger inflationärer Vorgänge zurückhaltend gegenüber einem möglichen Wegfall der Geschäftsgrundlage geäußert und das Risiko der Kaufkraftentwertung den Gläubigern zugeordnet.[646] In langfristige Verträge könne keine stillschweigende Wertsicherungsklausel hineininterpretiert werden.[647] Demnach dürfe es keine Anpassungsansprüche geben, die auf Wertsicherung gerichtet seien.[648]

---

642 *Emmerich*, Leistungsstörungen, § 28 Rdnr. 29.
643 RGZ 100, 129 ff.
644 RGZ 100, 129, 132 f.
645 RGZ 100, 129, 132.
646 BGHZ 86, 167, 171.
647 BGH NJW 1974, 1186.
648 So: BGH NJW 1973, 1599; BGH NJW 1981, 818.

Besonders zu beachten sind in derartigen Fällen vorrangig getroffene vertragliche Vereinbarungen wie ein vereinbarter Festpreis oder etwaige Abreden über eine Anpassung der Geldschuld an spätere Veränderungen.[649] Da aber grundsätzlich die Aufrechterhaltung des Vertrages Primärrechtsfolge sein soll, ist eine Auflösung des Vertrages nur in Einzelfällen zulässig.

1. Ausgleichsanspruch

In seiner Rechtsprechung zu den Fremdwährungsfällen unterschied das Reichsgericht zwischen einer Aufwertung und einem Ausgleichsanspruch. Diese Fälle zeichneten sich dadurch aus, dass die Parteien die Gegenleistung des Schuldners nach dem Jahr 1920 in einer fremden Währung vereinbart hatten in der Annahme, dass diese ihren Wert behalten würde. Die Fremdwährung, wie der englische Pfund oder amerikanische Dollar, wurde jedoch radikal abgewertet. Die Gerichte billigten den Gläubigern in derartigen Fällen einen Ausgleichsanspruch zu, wenn die ausländische Währung zwischen Entstehung und Erfüllung der Forderung unerwartet abgewertet wurde.[650] Dies sollte nur dann gelten, wenn die Abwertung über das Maß normaler Paritätsänderungen erheblich hinausging.[651]

Im Ergebnis handelte es sich aber dennoch um eine Aufwertung der Geldschuld durch eine geldentwertungsbedingte Erhöhung der primären Leistungspflicht und nicht um einen Schadensersatzanspruch.[652]

2. Aufwertung

Bei der Anpassung von Heimwährungsverbindlichkeiten neigte die deutsche Rechtsprechung zu großer Zurückhaltung und nahm eine Aufwertung nur in Ausnahmefällen an. Derartige Situationen zielen nämlich direkt auf Inhalt und Berechtigung des schuldrechtlichen Nominalismus, der besagt, dass auf Geldbeträge laufende Forderungen ohne Rücksicht auf deren Wertänderungen zum Nennbetrag der Schuld getilgt werden müssen.[653] Während eine Aufwertung zugunsten des Gläubigers anfangs strikt abgelehnt wurde, erkannte das Reichsgericht nach dem Zusammenbruch der Mark im Jahr 1923 erstmalig die Zulässigkeit einer solchen Aufwertung an.[654] Um die geplante Währungsreform nicht

---

649 BGH LM § 242 (Bb) BGB Nr. 86; LM § 242 (Bb) BGB Nr. 91.

650 RGZ 141, 212, 216 f.; 141, 23, 34 f.; 155, 133, 137 f.; 163, 324, 333 f.

651 RGZ 163, 324, 333 f.; Palandt/*Grüneberg*, § 313 BGB Rdnr. 27 f.

652 *Grothe*, Fremdwährungsverbindlichkeiten, S. 375 f.

653 PWW/*Schmidt-Kessel*, § 245 BGB Rdnr. 9; für das frühere Recht: BGHZ 61, 31, 38; 79, 187, 194.

654 RGZ 107, 78, 87 ff.; 108, 110, 112; 117, 211; 122, 200, 203.

zu belasten, wurde nach dem Verfall der Reichsmark nach 1945 allerdings eine Aufwertung durch die Gerichte von den Besatzungsbehörden untersagt.[655] Nach dem BGH soll eine Ausnahme vom Grundsatz des Nominalismus dann geboten sein, wenn das Gleichgewicht von Leistung und Gegenleistung so stark gestört ist, dass die Grenze des übernommenen Risikos überschritten ist und dem Geldleistungsgläubiger die unveränderte Aufrechterhaltung des Vertrages nicht mehr zugemutet werden kann.[656] Dieses entscheidende Kriterium der Zumutbarkeit betonte das Reichsgericht schon im oben dargestellten Dampfpreisfall. Bei der Beurteilung ist allerdings keine derartige Inflation wie während der Weltwirtschaftskrise erforderlich. Demnach sei davon auszugehen, dass der Gläubiger das Inflationsrisiko nicht mehr übernommen habe, wenn die Lebenshaltungskosten um 150 % gestiegen seien und damit eine Entwertung von 60 % eingetreten sei.[657] Nicht ausreichend seien Veränderungen, die sich im Rahmen des Vorhersehbaren halten, was bei einem Anstieg der Lebenshaltungskosten von 120–135 % innerhalb von 25 Jahren angenommen wurde.[658] Weniger strenge Grenzen werden bei Verträgen mit Versorgungscharakter und Unterhaltsverträgen angenommen.[659] So soll bei Unterhaltsverträgen bei einer Verteuerung von 10 %[660] und bei Ruhegeldvereinbarungen von 40 %[661] eine Aufwertung gerechtfertigt sein. Der BGH führte in diesem Zusammenhang aus, dass der Grundsatz des Nominalismus den Arbeitgeber nicht vor den Folgen einer schleichenden Inflation entbinden kann, wenn der Wert der Pension in ein derartiges Missverhältnis geraten ist, dass die Verweigerung eines jeden Ausgleichs das Gerechtigkeitsempfinden in unerträglicher Weise verletzt.[662]

---

655 MRG Nr. 56; *Schmidt*, JuS 1984, 737, 744.

656 BGH NJW 1980, 2241; BGH NJW 1984, 2212; BGH NZM 2005, 144, 145; so auch: BT/Drs. 14/6040, S. 174; *Looschelders*, SchR AT, Rdnr. 763.

657 BGHZ 119, 220, 222; das soll ebenso bei einem langfristigen Mietvertrag gelten, vgl. OLGZ 90, 65, *Kluth/Freigang* NZM 2006, 41.

658 BGHZ 86, 167, 168; BGH NJW 1981, 1668.

659 BT/Drs. 14/6040, S. 174 weist darauf hin, dass bei Unterhaltsverträgen geringere Voraussetzungen genügen, um eine Anpassung verlangen zu können; aber LAG Nds NZA-RR 07, 94: „Verschlechternde Eingriffe des Gesetzgebers in die Sozialversicherungssysteme und Änderungen der Zusatzversorgungssysteme des öffentlichen Dienstes durch die Tarifvertragsparteien gehören zu dem vom Arbeitnehmer zu tragenden Risiko."

660 OLG Düsseldorf, Rpfleger 1983, 462.

661 BAGE 25, 146 ff.; BAG NJW 1973, 959.

662 BAG NJW 1973, 959.

Bei Erbbaurechtsverträgen soll nach ständiger Rechtsprechung der Zins bei einer Entwertung von 60 % über einen Zeitraum von 30 Jahren angepasst werden.[663] Eine Ablehnung erfolgte bei einer Entwertung von Erbbauzinsen um über 50 % in 25 Jahren, da der BGH die Grenze des als zumutbar Hinzunehmenden als noch nicht überschritten ansah.[664] Ähnlich verfuhr er in den sogenannten Kaliabbaufällen, in denen das um 1900 vereinbarte Entgelt für die Kaliförderung bis 1959 bzw. 1965 ca. zwei Drittel seines Wertes verloren hatte.[665] Ein Ansteigen der Kalipreise könne lediglich dann entscheidungserheblich sein, wenn es sich dabei nicht um bloße Folgeerscheinungen der allgemeinen Kaufkraftminderung handele, sondern wenn unabhängig von ihr in den erhöhten Preisen eine wirkliche Wertsteigerung des Kalis selbst zum Ausdruck käme.[666] Eine völlige Anpassung in derartigen Fällen könnte einem Kontrahierungszwang gleichkommen, weil der Gegenpartei so außerhalb ihrer privatautonomen Entscheidung eine neue Wertrelation aufgedrängt wird.[667]

II. Entscheidungen im Zusammenhang mit Äquivalenzstörungen und Leistungserschwerungen

1. Architekturbürofall

Die Äquivalenzstörungen sind in besonderem Maße an der Risikoverteilung zu messen. Interessant ist in diesem Zusammenhang ein Urteil aus dem Jahre 1977:[668] Der Kläger verkaufte ein Architektenbüro mit dem Recht der Namensfortführung gegen einen Festbetrag für das Inventar und eine in monatlichen Raten zu zahlende Abstandssumme. Zugleich vermietete der Kläger dem Beklagten die Büroräume für die Dauer von fünf Jahren zu einem Mietzins von 300 DM monatlich. Die Parteien streiten darüber, ob der Beklagte trotz Aufgabe des Architekturbüros verpflichtet geblieben ist, den noch nicht beglichenen Teil der Abstandssumme zu entrichten. Dieser machte eine so wesentliche Änderung der Geschäftsgrundlage geltend, dass ihm ein Festhalten am Vertrag nicht mehr zugemutet werden könne. Dem Verkäufer war bekannt, dass der Käufer

663 BGH NJW 1993, 52; BGH NJW 1984, 2212.

664 BGH NJW 1983, 1309, 1310; BGH NJW 1976, 846 f. Ähnlich entschied der BGH bei einer entsprechenden Entwertung bei einem langfristigen Mietvertrag, BGH NJW 1976, 142, 143.

665 BGH NJW 1959, 2203, 2204 (Wartegeld); BGH NJW 1966, 105, 106.

666 BGH NJW 1966, 105, 106.

667 *Härle*, Äquivalenzstörung, S. 150; *Schmidt-Rimpler*, in: FS Nipperdey, S. 1, 28.

668 BGH BB 1977, 1171 f.

die Zahlungen nur aufgrund der Einnahmen durch die Tätigkeit als Architekt leisten konnte. Dessen Einnahmen gingen aber stetig zurück, was nach Ansicht des OLG Hamm auf den durch die Rezession der Jahre nach 1971 verursachten Rückgang der Auftragslage in der Baubranche zurückzuführen war. Der Käufer gab sein Büro schließlich 1974 auf und stellte die Zahlungen daraufhin ein. Das OLG führte aus, dass die Parteien davon ausgegangen seien, dass ein Äquivalenzverhältnis zwischen Betriebsgewinn und Abstandsraten bestehen solle. Das würde sich daraus ergeben, dass für die ersten zweieinhalb Jahre eine geringere Monatsrate als für die Folgezeit vereinbart worden sei und durch eine Abrede in dem Vertrag ein Fall der Unmöglichkeit oder erheblichen Erschwerung ausreichender Gewinnerzielung in der Weise geregelt worden sei, dass beide Parteien die Störung des Gleichgewichtsverhältnisses tragen sollten.

Der BGH gab der Zahlungsklage des Verkäufers statt. Dabei berief sich das Gericht auf seine ständige Rechtsprechung und sah keinen Grund im vorliegenden Fall von dieser abzuweichen. Demnach müsse der Kläger nicht für die Entwicklung in der Baubranche mit einstehen, weil sie ausschließlich den Risikobereich des Beklagten betreffen. Der konjunkturbedingte Rückgang der Einnahmen eines Betriebes, gleich welcher Art, gehöre im allgemeinen zu den typischen Risiken, die der Betriebsinhaber zu tragen habe und welche der Erwerber des Betriebes dem Veräußerer nicht, auch nicht zum Teil, anlasten dürfe.[669]

2. *Rückgang des Marktpreises für Milch*

Die unterinstanzlichen Gerichte folgten der Richtlinie des BGH. So erfolgte die Ablehnung der Anwendung der Lehre der Geschäftsgrundlage im Rahmen eines Milchquotenpachtvertrages. Das Landgericht Trier stellte fest, dass der Rückgang des Marktpreises für Milch im Umfang von 20–25 % nicht derart gravierend sei, dass eine Anpassung des Pachtzinses für die Milchreferenzmenge unter dem Gesichtspunkt des Wegfalls der Geschäftsgrundlage gerechtfertigt sei.[670] Die Beklagten schlossen mit dem Kläger einen Milchquotenpachtvertrag über eine flächenlose Referenzmenge von 82.503 kg. Als Jahrespachtzins wurde ein Betrag in Höhe von insgesamt 16.500,- DM vereinbart. Der Beklagte kam den Zahlungen nicht nach und berief sich auf die Umstandsänderungen.

Das Gericht führte aus, dass bei Abschluss eines Pachtvertrages über eine Milchquote stets die Möglichkeit gegeben sei, dass sich der Milchpreis in die eine oder andere Richtung entwickle. Das unternehmerische Risiko habe dabei

669 BGH BB 1977, 1171, 1172.

670 LG Trier 25.1.2006, AUR 2006, 336.

grundsätzlich der jeweils benachteiligte Vertragspartner zu tragen. So scheiden im Falle der Milchpreiserhöhung regelmäßig Nachforderungen des Verpächters aus; auch im Falle einer negativen Milchpreisentwicklung sei der Pächter daran gehindert, die Reduzierung der Pachtsumme zu verlangen. Eine Reduzierung der Milchpreise um 20–25 % sei nicht als derart gravierend anzusehen, dass sie eine Äquivalenzstörung rechtfertigen würde.[671]

3. *Heizölfall*

Zu Störungen des Äquivalenzverhältnisses kam es auch aufgrund der Ölkrise im Jahre 1973.[672] Obwohl es sich hierbei eigentlich um eine Leistungserschwerung handelt[673], kann sich daraus durchaus eine Störung des Äquivalenzverhältnisses ergeben.

Zum Zeitpunkt des Vertragsabschlusses bezog die Beklagte, eine Ölgroßhändlerin, Heizöl zum Preis von 97–99,50 DM je Tonne und verkaufte dieses zum Preis von 11 DM pro 100 Liter weiter. Im Laufe des Jahres 1973 stiegen u.a. wegen der Haltung der OPEC-Länder, der Verstaatlichung der Förderungsgesellschaften in Libyen und der Auswirkungen der Energieversorgungskrise in den USA auf Europa die Preise für leichtes Heizöl an und erreichten den Höchststand im Dezember 1973 von 560–613 DM je Tonne.

Einem Anpassungsverlangen der Beklagten kam die Klägerin nicht nach, vielmehr verlangte sie Erfüllung des Kaufvertrages. Da weitere Gespräche scheiterten, stellte die Beklagte die Lieferung ein und die Klägerin verlangte Schadensersatz. Der BGH bestätigte die Auffassung des Berufungsgerichts, äußerte aber Zweifel, ob die Beklagte durch die Vereinbarung eines Festpreises nicht nur das Risiko „normaler" Preis-Schwankungen, mit denen bei Vertragsschluss ohne weiteres zu rechnen war, sondern auch dasjenige der weit über 100 % hinausgehenden Preissteigerungen im Jahre 1973 zu tragen hatte.[674] Dieses konnte aber im Ergebnis dahingestellt bleiben, da eine weitere Lieferung an die Klägerin nicht als unzumutbar eingestuft wurde. Demnach hätte die betroffene Partei die Möglichkeit gehabt, ein für sie untragbares Ergebnis zu vermeiden. So hat das OLG, vom BGH unbeanstandet, festgestellt, die Beklagte habe im Juni 1973 die die spätere Preisentwicklung auslösenden Faktoren gekannt. Sie habe als Ölkaufmann mit kriegerischen Entwicklungen im Nahen Osten rechnen müssen, so dass eine Einlagerung des im

671 LG Trier 25.1.2006, AUR 2006, 336.

672 BGH WM 1978, 322 ff.

673 Vgl. Palandt/*Grüneberg*, § 313 BGB Rdnr. 31.

674 BGH WM 1978, 322, 323.

Jahre 1973 noch zu liefernden Heizöls im August 1973 geboten, möglich und für die Beklagte nicht mit so gravierenden Verlusten verbunden gewesen sei, dass ihr die Einlagerung nicht zuzumuten gewesen wäre.

Die Begründung der Entscheidung wird in einer Anmerkung zu dem Urteil von Hommelhoff kritisiert:[675] Die vom BGH geforderte Einlagerung könne als Aufruf zu schädlichen Hamsterkäufen aufgefasst werden. Grundsätzlich liegen derartige Preisschwankungen im Risikobereich des Lieferanten. In den Fällen aus dem Jahr 1973 habe sich ein Lieferant einen derartigen Preisanstieg dennoch grundsätzlich nicht anrechnen lassen müssen, da dieser aus dem nicht zu erwartenden Einsatz des Öls als politische Waffe resultierte. Im entschiedenen Fall sei wegen der zeitlichen Begrenzung des Liefervertrages aber keine Vertragslösung in Betracht gekommen, so dass im Ergebnis dem BGH zugestimmt wird.

4. *Stahlkrise 2004*

Ähnliche Fragen warf eine drastische Erhöhung der Weltmarktpreise für Stahl Anfang des Jahres 2004 auf.[676] Im Jahre 2008 begehrte die Klägerin die Erstattung der wegen einer Steigerung der Stahlpreiskosten zwischen Abgabe eines Angebots und der Erteilung des Auftrags zur Tieferlegung einer Bahnhofsanlage in Neu-Ulm angefallenen Mehrkosten. Die Klägerin machte der Beklagten, die das streitgegenständliche Baulos europaweit ausgeschrieben hatte, im Namen einer Bietergemeinschaft ein Angebot, woraufhin Aufklärungsgespräche stattfanden. Nachdem das Angebot überarbeitet und ergänzt worden war, einigten sich die Parteien auf einen Baubeginn am 19. Januar 2004 und die Erteilung einer schriftlichen Auftragserteilung am 12. Januar 2004. Wegen eines Vergabenachprüfungsverfahrens verzögerten sich Zuschlagserteilung und Baubeginn. Hinsichtlich der deswegen anfallenden zusätzlichen Kosten einigten sich die Bietergemeinschaft und die Beklagte in einer Verhandlung vom 2. März 2004 auf eine Pauschalvergütung von 250.000 €, die sämtliche der Klägerin aufgrund der Bauverzögerung entstandenen Kosten abdecken sollte. Am 8. März erfolgte schließlich eine Erteilung des Zuschlags auf Grundlage der Angebote. Die Bietergemeinschaft machte, wie sie es bereits in dem Gespräch über die Höhe der Pauschalvergütung angedeutet hatte, eine Mehrforderung aufgrund der gestiegenen Stahlpreise geltend. Das OLG Stuttgart führte aus, dass ein Bieter oder Auftragnehmer, der Leistungen zu Einheitspreisen ohne eine

---

675 *Hommelhoff*, JR 1979, 62 f. Dem BGH zustimmend: *Braun*, JuS 1979, 692–697.

676 OLG Stuttgart,VergabeR 2009, 514 ff., Ammerkung: Junk, IBR 2009, 129; BGH NJW 2010, 527.

Stoffpreisgleitklausel anbiete, auch grundsätzlich das Risiko der Beschaffung der für die Herstellung des Werks notwendigen Materialien zu tragen habe und somit auch das Risiko einer Preissteigerung.[677] Nur in Ausnahmefällen könne es demnach zu einer rechtlich erheblichen Störung der Geschäftsgrundlage kommen. Vor diesem Hintergrund stünde der Klägerin aus dem Vertrag nur eine Forderung auf Erstattung der Mehrkosten zu, wenn sie eine Einigung mit der Beklagten hierüber vorgetragen und bewiesen hätte. Die Verhandlung habe aber am 2. März nach Erhöhung der Stahlpreise stattgefunden. Dort sei eine einvernehmliche Regelung getroffen worden, ohne dass die Klägerin ihr Einverständnis von einer Vereinbarung zu den gestiegenen Materialkosten für Stahl abhängig gemacht hätte. Wenn die Klägerin versäumt hat, rechtzeitig in den Verhandlungen ihre Interessen durchzusetzen und bei einer Abänderung ihres Angebots mitwirkt, könne sie sich auf ihr bekannte Änderungen der Geschäftsgrundlage bis zur Abänderung ihres Angebots nicht mehr berufen. Der BGH hat diese Entscheidung am 10. September 2009 bestätigt.[678] Demnach habe das Berufungsgericht zu Recht eine Störung der Geschäftsgrundlage abgelehnt, da die Parteien den Vertrag in Kenntnis der Stahlpreisentwicklung und damit in Kenntnis etwaiger Mehrvergütungsansprüche geschlossen haben. Dabei sei weder ein gemeinsamer Irrtum im Sinne von § 313 Abs. 2 BGB anzunehmen noch haben sich die Umstände zu einem Zeitpunkt geändert, in dem der Klägerin eine Disposition über den Inhalt der vertraglichen Erklärungen nicht mehr möglich war.[679] Ähnlich entschied auch das OLG Hamburg, das in einem ähnlichen Sachverhalt bestätigte, dass ein Auftragnehmer von Stahlbauleistungen derartige Preisschwankungen zu tragen habe und somit bei einer Änderung der Preise auf dem Weltmarkt keinen Anspruch auf Anpassung in Höhe der entstandenen Mehrkosten nach § 313 BGB habe.[680]

III. Entwicklungen im Hinblick auf § 313 BGB und die Finanzmarktkrise

Diese Fallgruppe, bei der die Geschäftsgrundlage infolge nachträglicher Ereignisse wegfällt hat, bedingt durch die Banken- und Immobilienkrise, besondere Relevanz erfahren. In diesem Zusammenhang ist es entscheidend, ob die Verträge vor oder nach der Finanzkrise abgeschlossen wurden.

---

677 OLG Stuttgart VergabeR 2009, 514 ff.

678 BGH NJW 2010, 527.

679 BGH NJW 2010, 527, 530.

680 OLG Hamburg, BauR 2006, 680 ff. Der BGH hat die Nichtzulassungsbeschwerde abgewiesen, vgl. BGH vom 23. November 2006, Az. VII ZR 55/06, zit: nach Juris; Ablehnend ebenfalls OLG Düsseldorf, IBR 2009, 256 aufgrund der Vereinbarung eines Festpreises.

Innerhalb der deutschen Rechtsprechung gab es kaum Entscheidungen, in denen eine Störung der Geschäftsgrundlage ausgelöst durch die Finanzkrise thematisiert wurde. Grundsätzlich müssen die Vertragsparteien damit rechnen, dass sich die wirtschaftlichen Umstände während der Vertragslaufzeit ändern und können keine Anpassung des Vertrages verlangen. Das Kammergericht Berlin hat diesen Grundsatz im Jahre 2012 bestätigt:[681] Als Folge der Finanzmarktkrise änderten sich die Bankkonditionen für eine Sicherheitsleistung. Der Mietvertrag über ein Hotel zwischen der Beklagten als Mieterin und der Vermieterin sah in einer Klausel die Stellung einer Bankbürgschaft in Höhe von 2.000.000 € bis spätestens zum 15.02.2009 vor. Andernfalls war der Vermieter berechtigt eine Kaution zu fordern. Die Beklagte bot nunmehr entgegen der ursprünglichen Zusage wegen der stark veränderten Umstände auf dem Finanzmarkt lediglich drei Patronatserklärungen und eine Bankbürgschaft in Höhe von je 500.000 € an. Nachdem die Klägerin als avisierte Vertragsübernehmerin unter Fristsetzung zur Übersendung der Bürgschaft aufforderte und eine Kündigung des Mietvertrages aus wichtigem Grund androhte, berief die Beklagte sich auf den Wegfall der Geschäftsgrundlage. Wegen der Finanzkrise könne eine Bürgschaft nur noch „unter erheblich veränderten Bedingungen erlangt werden".[682] Die Berufung der Beklagten wurde zurückgewiesen. Das Kammergericht führte aus, dass Bedingungen der Banken hinsichtlich der Beschaffung einer Bankbürgschaft nicht als Geschäftsgrundlage zu werten seien. Der Verweis der Beklagten auf Entscheidungen des Reichsgerichts im Zusammenhang mit einer Änderung wirtschaftlicher Verhältnisse wegen Krieg und Revolution sei unbeachtlich. Diese Rechtsprechung sei nämlich darauf zurückzuführen, dass bei gegenseitigen Verträgen die Gleichwertigkeit von Leistung und Gegenleistung in der Regel auch Geschäftsgrundlage sei. Die Bürgschaft sei vorliegend aber lediglich ein Sicherungsmittel und keine synallagmatische Leistung. Finanzierungsschwierigkeiten seien vielmehr der Sphäre des Schuldners zuzuordnen, eine andere Beurteilung und veränderte Risikoverteilung ergäbe sich auch nicht aufgrund von mit der Finanzmarktkrise einhergehenden finanziellen Schwierigkeiten.[683] Auch ein unverschuldeter Vermögensverlust infolge unvorhersehbarer, nachteiliger Auswirkungen auf das Vermögen lasse die Geschäftsgrundlage nach höchstrichterlicher Rechtsprechung nicht entfallen.

---

681 KG Berlin, NJW 2013, 478 f.

682 KG Berlin, NJW 2013, 478.

683 KG Berlin NJW 2013, 478, 479.

Fraglich ist in diesem Zusammenhang, ob die Sonderzahlungen, die Vorständen und Angestellten ausgezahlt wurden, im Rahmen einer Anpassung gestoppt werden können. Dabei ist nämlich zu berücksichtigen, dass sich aus betrieblicher Übung bereits ein Anspruch auf Fortzahlung von Sonderzahlungen ergeben kann. Die Schwierigkeiten, sich in einem derartigen Fall auf einen Wegfall der Geschäftsgrundlage zu berufen verdeutlicht eine Entscheidung des OLG Hamms, in dem das Gericht betonte, dass das Wirtschaftsrisiko des Arbeitgebers ohne besondere Anhaltspunkte nicht als Geschäftsgrundlage der Gratifikationszuwendung angesehen werden kann.[684] Das OLG Hamm betonte ausdrücklich, dass entgegen der älteren Rechtsprechung des BAG aus dem Jahr 1961 entschieden werden muss. Diese hatte eine Kürzung oder einen Wegfall einer Gratifikation aufgrund einer wirtschaftlichen Notlage des Arbeitgebers noch bejaht.[685] Diese Auffassung bestätigte auch das LAG München im Jahre 2012:[686] In seinen Entscheidungsgründen betonte das Arbeitsgericht, dass ein Leistungsbonus wegen veränderter wirtschaftlicher Rahmenbedingungen zwar gekürzt werden könne, aber mangels Unzumutbarkeit nicht wegen einer Störung der Geschäftsgrundlage vollständig entfallen könne. „Auch wenn die wirtschaftliche Lage der Beklagten im Jahr 2008 miserabel" war, seien Risiken der Geldbeschaffung allein vom Geldleistungsschuldner zu tragen.[687] Dieses Urteil stimmt mit der bisherigen Rechtsprechung überein, so dass derartige wirtschaftliche Veränderungen die Risikozuweisungen nicht außer Kraft setzen können. Demnach kommt lediglich eine Änderungskündigung in Betracht, an die aber bislang extrem hohe Anforderungen gestellt werden.[688]

B. Spanien: Ruptura de la equivalencia / Onerosidad de la prestación

I. Preis-/Wertänderungen

Im spanischen Recht handelt es sich bei der Mehrzahl der Fälle um Äquivalenzstörungen oder Leistungserschwerungen. Wie in Deutschland gilt auch in Spanien das Nominalprinzip und Geldschulden sind damit ungeachtet etwaiger Geldwertschwankungen zu ihrem Nennbetrag zu tilgen.[689] Geldwertänderungen[690],

684 OLG Hamm NZA-RR 2005, 237 ff. In der Entscheidung ging es um einen Anpruch auf Zahlung von Weihnachtsgeld.

685 BAG NJW 1962, 173.

686 LAG München, 08.02.2012, BeckRS 2013, 71149.

687 LAG München, 08.02.2012, BeckRS 2013, 71149.

688 BAG NZA 1999, 1336, 1338 f.

689 *Lacruz Berdejo,*Elementos II-2, S. 93.

690 So SSTS 14.12.1940, RJ 1940, 1135; 31.10.1963, RJ 1963, 4264.

Währungsänderungen oder Wertveränderungen von Immobilien[691] werden daher, ähnlich der deutschen Rechtsprechung, vom Tribunal Supremo regelmäßig nicht als beachtliche Veränderungen gewertet. Derartige Fälle sind als Konsequenz der wirtschaftlichen Entwicklung grundsätzlich nicht von rechtlicher Bedeutung. Um einen Überblick gewinnen zu können, sollen an dieser Stelle einige Urteile aufgeführt werden, die sich mit Äquivalenzstörungen befassen. Grundsätzlich trägt der Gläubiger damit das Risiko der Geldentwertung. Teilweise hat der Tribunal Supremo im Fall von Geldrückerstattungsansprüchen einen Inflationsausgleich im Rahmen eines Schadensersatzanspruchs gewährt.[692]

1. STS vom 12. Januar 1923

Eine andere Entscheidung aus dem Bereich der Geldwertänderungen stammt vom 12. Januar 1923. Zwar war zu dieser Zeit die Lehre der *clausula* dem spanischen Rechts noch unbekannt, dennoch gelang der spanische Tribunal Supremo zu einer interessengerechten Lösung.

Die spanische Regierung schloss 1913 und 1914 Verträge mit einer deutschen Firma über die Lieferung von Kriegsmaterialien.[693] Als Vorschuss zahlte die Regierung einen bestimmten Betrag in deutscher Währung. Die deutsche Firma konnte aber aufgrund des Beginns des Ersten Weltkrieges die Materialien nicht ausliefern, da das angeforderte Material von der deutschen Regierung beschlagnahmt wurde. Der Tribunal Supremo berief sich auf die Gleichwertigkeit der Leistungen und erklärte die *resolución* des Vertrages. Da der bereits gezahlte Betrag aufgrund der Inflation praktisch keinen Wert mehr habe, sei gemäß Art. 1170 CC der Betrag in der Silber- oder Goldwährung, die in Spanien gesetzlich im Umlauf sei, festzusetzen.

Candil, der diese Entscheidung in seiner Abhandlung darstellte und kommentierte, führte aus, dass die spanischen Gerichte in Übereinstimmung mit der deutschen Rechtsprechung entschieden haben.[694] Tatsächlich macht der Tribunal Supremo in diesem Fall Gebrauch von einem Ausgleichanspruch, den auch die deutsche Rechtsprechung zu Zeiten der Inflation in den 20er Jahren befürwortete.

---

691 SSTS 6.10.1987, RJ 1987, 6720; 21.2.1990, RJ 1990, 707; 26.10.1990, RJ 1990, 8049; 29.5.1996, RJ 1996, 3862.

692 STS 26.11.1987, CCJC 1987, 401. Der TS lehnte Zahlung eines Inflationsausgleiches ab. Der Kläger hätte allerdings neben der Rückzahlung Schadensersatz wegen Geldentwertung verlangen können. Allerdings hatten in diesem Fall die Instanzgerichte bindend festgestellt, dass dem Käufer kein Schaden entstanden war.

693 Die Sachverhaltsdarstellung beruht auf *Candil,* Cláusula, S. 127.

694 *Candil*, Cláusula, S. 127.

2. *STS vom 6. Juni 1959*

Ein weiteres Beispiel in diesem Zusammenhang stammt aus dem Jahre 1959:[695] Die Pächter klagten auf Ausübung des in einem Pachtvertrag eingeräumten Kaufoptionsrechts.

Der Eigentümer eines Hotels verpachtete dieses im Jahre 1921 für 30 Jahre an die Klägerin. Dabei wurde der Pächterin ein Kaufoptionsrecht an dem gepachteten Hotel zu einem Preis von 5.000.000 Peseten oder *Francos francés* eingräumt. Als die Option schließlich 1952 ausgeübt werden sollte, verlangte der Eigentümer eine Vertragsauflösung unter Berufung auf die *clausula* oder die Zahlung von 20 Millionen Peseten. Das Gericht erster Instanz lehnte die Erfüllung des Vertrages ab und gab der Gegenforderung auf Ausübung der Option zu einem Preis von 20 Millionen Peseten statt. Dieses Urteil bestätigte das Berufungsgericht.

Der Tribunal Supremo hob das Berufungsurteil auf und verpflichtete die Beklagten innerhalb von 8 Tagen einen notariellen Kaufvertrag, der ab dem 1. Januar 1952 Gültigkeit erlangen sollte, auszufertigen. Der Preis wurde auf 5.000.000 Peseten oder *Francos francés*, gegebenenfalls nach der für die Beklagten vorteilhaftesten Währung, gemäß des offiziellen Wechselkurses vom 1. Januar 1952 festgelegt. Der Tribunal Supremo lehnte eine Anwendung der *clausula* aufgrund fehlender *Imprevesibilidad* des Schadens ab. Die Tatsache der Wertminderung der vereinbarten Währungseinheiten stelle einen Kalkulationsfehler dar, der bei Wahl des Dollars, der Schweizer Franken oder der DM hätte vermieden werden können.

3. *STS vom 31. Oktober 1963*

In diesem Fall verlangten zwei Gemeinden und Eigentümer einer Steingrube Anpassung eines Pachtvertrages, den sie über die Steingrube für eine Dauer von 25 Jahren geschlossen hatten.[696] Die Gemeinden forderten eine Erhöhung von zwei Peseten pro Tonne Stein. Es sei bei Vertragsabschluss nicht vorhersehbar gewesen, dass die Peseta im Wert fallen würde.

Die Klage wurde in allen Instanzen abgelehnt. Der Tribunal Supremo wiederholte seine gefestigte Rechtsprechung und betonte die strengen Bedingungen für eine *clausula*-Anwendung. Die Umstandsänderung wurde weder als außergewöhnlich noch als Begründung eines exorbitanten Missverhältnisses angesehen.

---

695 STS de 6.6.1959, RJ 1959, 3026.
696 STS 31.10.1963, RJ 1963, 4264.

Bezüglich der Geldentwertung führte das Gericht aus, dass ein derartiges Phänomen nicht als unvorhersehbar zu werten sei und die *clausula* kein Allheilmittel für die Unvorsichtigkeit der Vertragsparteien darstelle.

4. STS vom 28. Januar 1970 – Erhöhung der Strompreise

Die Entscheidung vom 28. Januar 1970 hatte ebenfalls Preisänderungen zum Gegenstand:[697] Obwohl der Tribunal Supremo in der Regel Preis- und Wertänderungen für unbeachtlich hält, wurde vorliegend die *resolución* eines Vertrages angeordnet. Im Jahre 1943 wurde ein Energielieferungsvertrag auf unbestimmte Zeit geschlossen. Das Energieversorgungsunternehmen verpflichtete sich dazu, eine bestimmte Liegenschaft mit Garten zu einem kWh-Preis von acht Centimos bzw. elf Centimos während der Sommermonate mit Strom zu versorgen.

Die Festsetzung der Strompreise vollzog sich dabei unter Berücksichtigung der Persönlichkeit des Kunden, da dieser Stromhändler war und besondere Beziehungen zur Stromgesellschaft pflegte. Nach einiger Zeit stiegen sowohl die Kosten für Strom als auch der Verbrauch der Beklagten stark an, was zu einem enormen Ungleichgewicht der Leistungen führte. Aufgrund der Verbesserung der Bewässerungsmethode als Folge der Entwicklung des Elektrizitätsnetzes kam es zu einem immensen Anstieg des Verbrauchs der Beklagten von 5 kWh pro Monat auf 3260 kWh. Im Gegenzug stiegen die Kosten pro kWh von 7 auf 34 centimos.

Der Tribunal Supremo führte in Übereinstimmung mit den erstinstanzlichen Richtern aus, dass weder die Erhöhung der Strompreise noch der erhöhte Verbrauch des Beklagten vorhersehbar gewesen seien, so dass die Tarife neu einzustellen seien. Während die ersten Instanzen eine Aufhebung des Vertrages befürworteten, setze der Tribunal Supremo den Preis auf 64 bzw. 70 Centimos während der Sommermonate herauf.

II. Ruptura de la equivalencia/Onerosidad de la prestación

1. STS vom 6. November 1992

In der Entscheidung vom 6. November 1992 verlangte der Kläger die Erfüllung eines Kaufvertrages, während sich der Beklagte in seiner Widerklage auf veränderte Umstände berief:[698] Im Jahre 1983 beteiligte sich der Kläger anteilig an einer gepachteten Diskothek. Mittels eines privatschriftlichen Vertrages vom 24. August

---

697 STS 28.10.1970, RJ 1970, 503.

698 STS 6.11.1992, RJ 1992, 9226. Dieses Urteil wurde auch von *Bello Janeiro*, CCJC 1992, 1009 ff. kommentiert.

1985 verkaufte dieser seine Anteile an den Beklagten zum Preis von sechs Millionen Peseten. Dabei wurde vereinbart, dass 1,2 Millionen Peseten unmittelbar und die restlichen 4,8 Millionen durch vierteljährliche Zahlungen innerhalb eines Zeitraums von drei Jahren zu begleichen seien. Diese Frist sollte nach Zahlung weiterer 800.0000 Peseten zu laufen beginnen. Im Januar 1986 wurde der eigentliche Pachtvertrag aufgelöst, so dass der Beklagte seine Anteile an der Diskothek nicht mehr ausschöpfen konnte. Der Kläger verlangte nun vom Beklagten die Zahlung der noch ausstehenden vier Millionen Peseten. Dieser wiederum wollte den Vertrag für nichtig erklären lassen und verlangte die Rückzahlung der bereits gezahlten zwei Millionen Peseten. Der Tribunal Supremo berief sich auf die veränderten Umstände. Dabei bezog er sich auf die *base del negocio* betonte aber, dass diese der *clausula rebus sic stantibus* gleichzustellen sei.

Der Tribunal Supremo führte aus, dass der Übertragung der Anteile an der Diskothek die Annahme einer gewissen Dauer und des Fortbestands der Diskothek zugrunde lag. Diese sei als Geschäftsgrundlage zu qualifizieren, die sich aufgrund der Auflösung des Vertrages im Januar 1986 in unvorhersehbarer Weise geändert habe. Durch die Verhinderung der Nutzungsmöglichkeit der Diskothek sei ein Ungleichgewicht des Äquivalenzverhältnisses entstanden, da dennoch die Zahlung von sechs Millionen Peseten für eine bloß viermonatige Nutzung begehrt wurde. Da bei Vertragsschluss vereinbart wurde, dass das Geld innerhalb von drei Jahren zu zahlen sei, durfte der Beklagte davon ausgehen, dass das Nutzungsrecht mindestens so lange bestehe. Das vertragliche Gleichgewicht sei durch Zahlung der bereits gezahlten zwei Millionen Peseten für die erhaltene Nutzung vollends wiederhergestellt, so dass der Vertrag dementsprechend anzupassen sei.

Diese Argumentation ist nicht nur auf Zustimmung gestoßen: So wird angemerkt, dass die Parteien weder durch eine vertragliche Klausel noch als bestimmendes Motiv für den Vertragsschluss eine Dauer von drei Jahren vereinbart hatten. Zudem habe der Käufer in seiner Widerklage eine Nichtigerklärung des Vertrages und keine Anpassung gefordert.[699] Es wird angezweifelt, dass die Auflösung des ursprünglichen Pachtvertrages einen unvorhersehbaren Umstand darstelle. Interessant ist auch, dass das Gericht einen Betrag von zwei Millionen Peseten für die viermonatige Nutzung festlegte. Denn unter Beachtung der Auslegung des Vertrages durch das Gericht, stellt dies den Betrag für ein Jahr dar. Es

699 Eine genaue Begründung dafür fehlt, der Autor schlägt eine Anpassung aufgrund fehlender causa vor, vgl. *Bello Janeiro*, CCJC 1992, 1009, 1020 f.

ist jedoch davon auszugehen, dass dabei Fakten wie der erzielte Gewinn berücksichtigt wurden.[700]

2. *STS 15. März 1972*

Die Entscheidung vom 15. März 1972 erging aufgrund von Lieferschwierigkeiten mit einem Produzenten im Iran.[701] Ein vergleichbares Beispiel aus dem deutschen Recht wird an späterer Stelle bei der Zweckvereitelung dargestellt.[702]

Eine deutsche Gesellschaft kaufte von einer spanischen Gesellschaft 1.600 Tonnen Stahlträger zu einem Preis von 225 Dollar pro Tonne. Die Lieferung war bis auf 985 Tonnen erfüllt, als die spanische Gesellschaft unter Berufung auf die *clausula* die Nichterfüllung der restlichen Lieferung erklärte. Bei dem Produzenten habe es Schwierigkeiten gegeben und zudem habe es zwischen den Parteien über eine Vertragsanpassung an die im Iran bestehende Situation – dem Bestimmungsland der Ware – Uneinigkeiten gegeben.

Die deutsche Gesellschaft verklagte die spanische Gesellschaft schließlich auf Erfüllung. In erster Instanz wurde der Kaufvertrag aufgehoben und die Beklagte zum Schadensersatz verurteilt. Die Audiencia hob dieses Urteil teilweise auf. Der Tribunal Supremo bestätigte das erstinstanzliche Urteil. Demnach seien weder die politischen Entwicklungen im Iran noch die nicht näher dargelegten Schwierigkeiten des Produzenten derartige Veränderungen, die ein exorbitantes Missverhältnis begründen könnten.

III. Entwicklungen im Hinblick auf die Finanzmarktkrise

Die Finanzmarktkrise hat insbesondere den Immobilienmarkt in Spanien stark getroffen. Das Institut der *clausula rebus sic stantibus* hat in diesem Zusammenhang jüngst überraschend große Beachtung auf Seiten der Rechtsprechung gefunden. So beschäftigte sich der Tribunal Supremo ab 2011 vermehrt mit Fällen, in denen sich eine Partei auf eine Vertragsanpassung wegen veränderter Umstände im Zusammenhang mit der Finanzmarktkrise berief. In den ersten Entscheidungen hierzu stellte der Tribunal Supremo klar, dass wirtschaftliche Krisen nicht als generelle Rechtfertigung für eine Nichterfüllung des Vertrages herangezogen werden können.[703] Insbesondere im Immobiliensektor ergingen zahlreiche Entscheidungen der Landgerichte in Übereinstimmung mit dieser Rechtsprechung

---

700 *Fernández Hierro*, Modificación, S. 367.
701 STS 15.03.1972, RJ 1972, 1252.
702 Vgl. S. 140.
703 SSTS 27.4.2012, RJ 2012, 4714; 8.10.2012, RJ 2012, 9027.

des Tribunal Supremo.[704] Die anfängliche Ablehnung einer Anwendung der *clausula* im Falle von wirtschaftlichen Krisen wandelte sich allerdings im Laufe der Zeit. So stellte der Tribunal Supremo bereits Ende 2012 klar, dass die Finanzkrise zwar nicht als solche eine *resolución* des Vertrages rechtfertige, eine Anwendung der *clausula* aber auch nicht grundsätzlich ausgeschlossen werden könne.[705] Im Januar 2013 folgten dann zwei Entscheidungen, in denen festgestellt wurde, dass die Wirtschaftskrise eine außergewöhnliche Umstandsänderung begründen könne, sofern der Vertragsschluss vor Ausbreitung der Krise stattgefunden habe.[706] Besondere hervorzuheben sind zwei Entscheidungen aus dem Jahr 2014, die von großen Teilen der Lehre als Rechtsprechungsänderung bewertet wurden.

1. STS vom 30. Juni 2014

Die Entscheidung vom 30. Juni 2014 behandelte die Auswirkungen der Finanzkrise auf den Werbemarkt.[707] Im Jahr 2006 vereinbarte ein Werbeunternehmen mit einem städtischen Verkehrsbetrieb aus Valencia, dessen Busse für einen Zeitraum von vier Jahren als Werbefläche zu nutzen. Als Gegenleistung sollte ein monatlicher Betrag in Höhe von 178.350 € mit fünfprozentiger Erhöhung pro Jahr gezahlt werden.

Aufgrund der Auswirkungen der Finanzmarktkrise auch auf den Werbemarkt, wollte das Werbeunternehmen die vereinbarten Zahlungen im Jahr 2009 kürzen. Die Finanzmarktkrise führte zu einer Umsatzeinbuße des Webeunternehmens. Zudem war ein Rückgang auf dem Transportsektor zu verzeichnen. Die Einnahmen des Werbeunternehmens sanken im dritten Jahr nach Vertragsschluss um 35 % im Vergleich zum Vorjahr und um 45 % im Vergleich zum ersten Jahr.

In der Urteilsbegründung setzte der Tribunal Supremo sich mit dem Institut der *clausula* auseinander und stellte generelle Überlegungen an: Das Gericht verwies zunächst darauf, dass die *clausula rebus sic stantibus* längst keinen Ausnahmecharakter mehr habe, sondern die Lehre an die gegenwärtige „soziale Realität" anzupassen sei.[708] Demnach sei eine progressive Verschiebung von der traditionellen Auffassung der Figur mit den starren Anwendungsregeln und restriktiven Anwendung zu einer „standardisierten Anwendung" anzunehmen.[709]

---

704 SAP Àlava, 1.3.2012, JUR 2012, 185465; SAP Madrid, 9.2.2012, JUR 2012, 108874; SAP Lleida, 20.3.2012, JUR 2012, 154060.

705 STS 8.11.2012, RJ 2013. 2402.

706 SSTS 17.1.2013, RJ 2013, 1819; 18.1.2013, RJ 2013, 1604.

707 STS 30.6.2014, RJ 2014, 3526.

708 STS 30.6.2014, RJ 2014, 3526.

709 SRS 30.6.2014, RJ 2014, 3526, FD 2: „plenamente normalizada."

Eine solche Tendenz habe man bereits den Entscheidungen vom 17. und 18. Januar 2013 entnehmen können, in denen festgestellt wurde, dass die Wirtschaftskrise mit ihren tiefgreifenden Auswirkungen geeignet sei, eine schwere Störung oder Veränderung der Umstände herbeizuführen.[710] Eine objektive Betrachtungsweise der Lehre, losgelöst von subjektiven Kriterien, sei durchaus mit den normierten Regelungen „kompatibel". Anschließend folgten Ausführungen zu dem Fundament der *clausula* und die Feststellung, dass sich die *clausula* aus der *buena fe* und aus dem Austauschverhältnis im Rechtsverkehr ergebe.[711] Es folgte zudem ein Verweis auf europäische Regelungen der veränderten Umstände sowie auf den Entwurf zur Schuldrechtsmodernisierung des spanischen Código Civils und auf den § 313 BGB sowie der Tatsache, dass die Unvorhersehbarkeit nicht ausdrücklich in dieser gesetzlichen Normierung verankert sei. [712]

Der Tribunal Supremo betonte, dass dem Vertrag die wirtschaftlichen Erwartungen des Jahres 2006 zugrunde lagen. Daher bestätigte er das Urteil der ersten Instanz und sank den zu zahlenden Betrag um 80 %.

2. STS vom 15. Oktober 2014

In dieser Entscheidung hat der Tribunal Supremo erstmalig die *clausula rebus sic stantibus* im Zusammenhang mit einem langfristigen Gewerberaumietvertrag angewendet:[713] Bei der Klägerin handelte es sich um eine Hotelkette, die im Jahre 1999 mit der Beklagten einen Mietvertrag mit einer Laufzeit von 25 Jahren über zwei Hotelimmobilien in Valencia abgeschlossen hatte. Aufgrund der Wirtschaftskrise und insbesondere der mit dieser einhergehenden großen Betroffenheit des Hotelsektors konnte die Klägerin die Hotels nicht mehr gewinnbringend führen und klagte auf Anpassung des Vertrages. Die Gerichte erster Instanz hatten die Klage noch abgewiesen, der Tribunal Supremo bejahte hingegen eine Anwendung der *clausula rebus sic stantibus*. Die Instanzgerichte verwiesen, wie es innerhalb der Rechtsprechung bis dato üblich war, auf die Entscheidungen der 40er Jahre und die Entscheidung vom 17. Mai 1957. Darüber hinaus betonten die Richter den Ausnahmecharakter der *clausula rebus sic stantibus* und versäumten es nicht, die Gefahren des nicht normierten Rechtsinstituts zu erwähnen.[714]

---

710 SSTS 17.1.2013, RJ 2013, 1819; 18.01.2013, RJ 2013, 1604.

711 STS 30.6.2014, RJ 2014, 3526, FD 2.

712 STS 30.6.2014, RJ 2014, 3526, FD 2.

713 STS 15.10.2014, RJ 2014, 6129.

714 STS 15.10.2014, RJ 2014, 6129, FD 1.3. g).

Der Tribunal Supremo wies hingegen darauf hin, dass es sich bei dem Institut der *clausula* inzwischen um ein „gewöhnliches" Institut handele, das an die aktuellen Begebenheiten angepasst werden müsse.[715] So räumten die Richter zwar ein, dass es sich bei der Klägerin um eine erfahrene Geschäftspartnerin handele, die für den Hotelsektor von gewisser Relevanz sei, dennoch sei der Mieterin nicht das Risiko für die Immobilienkrise aufzubürden. Insbesondere sei das Argument der Vorinstanz, zyklische Krisen seien grundsätzlich vorhersehbar, abzulehnen.[716] Es müssten immer die konkreten Umstände wie Umfang, Ausmaß und Dauer der Krisen Berücksichtigung finden. In Valencia sei es durch die Krise allein im Jahr 2009 zu einem Umsatzrückgang von 42,3 % pro Zimmer gekommen; mehrere Hotels hätten schließen müssen.

Die Klägerin erlitt in den Jahren von 2005 bis 2009 einen Umsatzrückgang in Höhe von 3.000.000 €, während die Beklagte eine positive Bilanz von 750.000 € aufwies. Das Gericht betonte, dass dem Vertrag als Grundlage bei Vertragsschluss die Umstände der Jahre 1999 bis 2004 zugrunde gelegen hätten und damit eine Periode außergewöhnlichen Wachstums in der Branche.

Demnach sei der jährliche Mietzins rückwirkend ab dem Zeitpunkt der Einreichung der Klage um 29 % zu kürzen und der zuviel gezahlte Mietzins ab Klageeinreichung zurückzuzahlen. Die Höhe der Anpassung entnahm das Gericht einem von der Klägerin in Auftrag gegebenen Sachverständigengutachten, das die Entwicklung der Mietpreise für Hotelimmobilien im Vergleich zum Jahre 1999 beinhaltete.

3. *Bewertung und Reaktionen innerhalb der spanischen Lehre*

Die dargestellten Entscheidungen sind deswegen so überraschend, da sie einerseits einen Wandel des Urteilsstils im Zusammenhang mit der *clausula rebus sic stantibus* einläuten und andererseits abweichende Erwägungen im Zusammenhang mit der Risikozuweisung vornehmen. Auch ist besonders hervorzuheben, dass der Tribunal Supremo in seiner Entscheidung vom 30. Juni 2014 auf eines Gesetzentwurf abstellt, von dem noch längst nicht absehbar ist, ob er in dieser Form überhaupt verabschiedet wird.

Auch innerhalb der Literatur wurde die veränderte Behandlung durch den Tribunal Supremo, der eine Umstandsänderung plötzlich als „gewöhnlich" und nicht

715 STS 15.10.2014, RJ 2014, 6129, FD 3.6 f: „plenamente normalizada".

716 STS 15.10.2014, RJ 2014 / 6129, FD 3.7.

mehr außergewöhnlich deklarierte, diskutiert.[717] Insbesondere wurde die Entwicklung der Rechtsprechung des Tribunal Supremo betrachtet und darauf hingewiesen, dass der Tribunal Supremo in der Vergangenheit oftmals in Zeiten wirtschaftlicher Krisen eine Unvorhersehbarkeit mit dem Hinweis auf mögliche Wertsicherungsklauseln oder Preisklauseln abgelehnt hat.[718] Dass diesem Umstand nunmehr vom Tribunal Supremo keinerlei Bedeutung beigemessen wurde, ist insbesondere bei einem Vertrag mit einer 25-jährigen Laufzeit bemerkenswert. Bei einer derart langen Laufzeit könne kaum behauptet werden, dass erfahrene Parteien nicht an wirtschaftliche Änderungen oder Krisen gedacht haben.[719] Gerade in der Hotelbranche seien wirtschaftliche Veränderungen ein „normales Vertragsrisiko", der Verzicht auf Preisklauseln könne daher als bewusste Entscheidung gewertet werden.[720] Derartige Aspekte wurden vom Tribunal Supremo aber gar nicht diskutiert.

Insbesondere die Tatsache, dass es sich bei den Parteien um erfahrene Kaufleute handelte, was in früheren Entscheidungen oftmals ein Ausschlusskriterium für eine Anwendung der *clausula* war,[721] ist von einigen Stimmen im Schrifttum kritisiert worden.[722]

Dennoch wird der Versuch der Rechtsprechung die Lehre durch eine Anpassung ihrer Voraussetzungen zu normalisieren und zu objektivieren als Fortschritt begrüßt.[723] Teilweise wird darauf verwiesen, dass die Regelungen zur *causa* (Art. 1274 CC) zur Lösung der Fälle hätten herangezogen werden können.[724]

Die diesen Entscheidungen nachfolgenden Urteile im Zusammenhang mit der *clausula* und der Finanzkrise sind insbesondere bei Verträgen zwischen

---

717 *Parra Lucan*, Riesgo imprevisible, InDret 4/2015, S. 10 (www.indret.com); Für *Castiñeira Jerez*, Hacia una nueva configuración, InDret 4/2014, S. 3, stellt die Entscheidung vom Juni 2014 eien 180 Grad Wendung der Rechtsprechung dar (www.indret.com).

718 *Parra Lucan*, Riesgo imprevisible, InDret 4/2015, S. 23 (www.indret.com).

719 *Luna Yorga/ Xiol Bardají*, Rebus sic stantibus, InDret 2/2015, S. 6 f. (www.indret.com).

720 *Luna Yorga/ Xiol Bardají*, Rebus sic stantibus, InDret 2/2015, S. 7 (www.indret.com).

721 *Parra Lucan*, Riesgo imprevisible, InDret 4/2015, S. 23 verweist auf eine Entscheidung com 22.04.2004 (RJ 2004, 2673, in der der TS die Unvorhersehbarkeit im Falle einer verkleinerten, bebaubaren Fläche einer Immobilie ablehnte, da es sich bei der Käuferin um ein erfahrenes Unternehmen aus der Baubranche gehandelt hat, das derartige Risiken kennen sollte (www.indret.com).

722 *Luna Yorga/ Xiol Bardají*, Rebus sic stantibus, InDret 2/2015, S. 7 (www.indret.com).

723 *Castiñeira Jerez*, Hacia una nueva configuración, InDret 4/2014, S. 22 (www.indret.com).

724 So *Parra Lucán*, Riesgo imprevisible, InDret 4/2015, S. 44 (www.indret.com).

Unternehmern schon wieder zurückhaltender ausgefallen.[725] In einer nachgehenden Entscheidung betont der Tribunal Supremo aber, dass die Urteile aus dem Jahr 2014 eine modernere Ausgestaltung der *clausula* hervorgebracht hätten.[726]

Für einige Teile der Literatur verdeutlichen die nachfolgenden, ablehnenden Entscheidungen des Tribunal Supremo, dass die *clausula rebus sic stantibus* einer allgemeinen Formulierung und Behandlung nicht zugänglich ist.[727] Zu berücksichtigen ist aber, dass die Rechtsprechung und die Entscheidungen des Tribunal Supremo gemäß Art. 1 VI CC eine ergänzende Rechtsquelle darstellen und ein Abweichen von einer wiederholten Rechtsprechung des Tribunal Supremo einen Kassationsgrund darstellt.[728] Es bleibt daher abzuwarten, in welche Richtung sich die Rechtsprechung des Tribunal Supremo in den nächsten Jahren entwickelt.

C. Vergleichende Gegenüberstellung

Die Fallgruppe der Äquivalenzstörung zeichnet sich durch vergleichbare Urteilssprüche im deutschen und spanischen Recht aus. Eine strikte Trennung von der Leistungserschwerung wird dabei von der spanischen Rechtsprechung nicht vorgenommen.

Insbesondere im Fall von Geldwertänderungen und sonstiger Wertänderungen behaupten sich die deutsche und spanische Rechtsprechung durch eine zurückhaltende Anwendung der Geschäftsgrundlagenlehre oder *clausula rebus sic stantibus*. Die Argumentation der spanischen Gerichte und die angeordneten Rechtsfolgen stimmen dabei häufig mit der deutschen Auffassung überein. Dieses bestätigt das Urteil aus dem Jahre 1923, das insofern der deutschen Rechtsprechung aus der damaligen Zeit entspricht. Auch wenn der Tribunal Supremo nicht wie das Reichsgericht oder der BGH deutlich macht, dass eine Anpassung des Vertrages nur dann durchzuführen ist, wenn durch die Geldentwertung

---

725 STS 11.12.2014, RJ 2014/6374; In dem Fall wurde die Fanzkrise als solche nicht als unvorhersehbar eingestuft.

726 STS 24.2.2015, RJ 2015, 1409: „moderna configuración de la rebus."

727 So *Parra Lucán*, Riesgo imprevisible, InDret 4/2015, S. 43 (www.indret.com).

728 Vgl. Art 477 III 1 Ley de Enjuiciamiento Civil : „Se considerará que un recurso presenta interés casacional cuando la sentencia recurrida se oponga a doctrina jurisprudencial del Tribunal Supremo o resuelva puntos y cuestiones sobre los que exista jurisprudencia contradictoria de las Audiencias Provinciales o aplique normas que no lleven más de cinco años en vigor, siempre que, en este último caso, no existiese doctrina jurisprudencial del Tribunal Supremo relativa a normas anteriores de igual o similar contenido." (Ley 1/2000, BOE núm. 7 de 08 de Enero de 2000)

ein nicht mehr zu ertragender Zustand vorliegt, so ist nur bei einer starken Inflation ein Geldzahlungsanspruch auf der Grundlage der *clausula rebus sic stantibus* anerkannt.

Während im deutschen Recht die Äquivalenzstörungen häufig unter Berücksichtigung der Risikoverteilung einer Partei zuzuordnen sind, wird dieses Kriterium vom Tribunal Supremo nur selten berücksichtigt und betont. In den meisten Fällen erfolgt eine Ablehnung einer Anpassung aufgrund der Vorhersehbarkeit der Änderung.

Die im Rahmen der Ölkrise ergangenen Entscheidungen kommen zwar zu unterschiedlichen Ergebnissen, können aber auch nicht verglichen werden. In dem Fall, den der Tribunal Supremo zu entscheiden hatte, sind neben den Preisänderungen auch Änderungen beim Verbrauch eingetreten, während die deutsche Entscheidung insbesondere deswegen einen Rückgriff auf die Lehre der Geschäftsgrundlage ablehnte, weil der Gesellschaft eine Einlagerung des Heizöls zuzumuten war. Die deutsche Rechtsprechung hat dabei dem Merkmal der Vorhersehbarkeit eine entscheidende Bedeutung beigemessen. Bei den Preissteigerungen aufgrund der Stahlkrise betonte das OLG, dass gerade die Vereinbarung eines Festpreises dem Gläubiger auch regelmäßig das Risiko von Preisschwankungen aufbürdet. Dieses gilt aber nicht ausnahmslos. Ohne eine Antwort zu geben, hinterfragte der BGH bei dem Ölpreisfall, ob die Vereinbarung eines Festpreises immer zu einer Risikoübernahme führt oder nur dann, wenn sich diese im normalen Rahmen halte. Derartige Ausführungen bezüglich eines Festpreises und einer darauf beruhenden Risikoübernahme werden vom Tribunal Supremo nicht vorgenommen.

Die Entscheidung des Tribunal Supremo aus dem Jahre 1992 überrascht. Dieser kann der deutsche Fall über das Architekturbüro gegenübergestellt werden. Zwar beruhte in diesem Fall die Aufgabe des Architekturbüros auf einen konjunkturbedingten Rückgang, während in der Entscheidung durch den Tribunal Supremo die Auflösung des Pachtvertrages unabhängig von derartigen Umständen erfolgte, dennoch stimmt die vorgenommene Anpassung nicht mit der eigentlichen Rechtsprechung des Tribunal Supremo überein. Hätte der Tribunal Supremo dieser Folge geleistet, so hätte das Gericht eine derartige Umstandsänderung mangels Unvorhersehbarkeit abgelehnen müssen. Vielmehr ist anzunehmen, dass der Tribunal Supremo bei der Beurteilung des Falls eine rechtsfolgenorientierte Betrachtungsweise herangezogen hat.

Ähnlich sind auch die Fälle im Zusammenhang mit der Finanzmarktkrise zu werten. Bei konsequenter Fortführung seiner bisherigen Rechtsprechung hätte der Tribunal Supremo der Krise keinerlei Auswirkungen auf den Vertrag zugestehen dürfen und eine Vertragsanpassung wegen fehlender Unvorhersehbarkeit oder Außerordentlichkeit der Veränderung ablehnen müssen.

Es ist aber anzunehmen, dass diese Urteilssprüche den konkreten Umständen des Falles geschuldet waren und insbesondere die besondere Betroffenheit der Region Valencia von dem Gericht berücksichtigt wurde. Wenngleich sicherlich die Kritik und Verwunderung der Lehre teilweise berechtigt ist, so ist eine weitere Auslegung und Objektivierung der Lehre grundsätzlich zu begrüßen. Insgesamt kann beobachtet werden, dass sich die Rechtsprechung durch die Entscheidungen der deutschen Lehre und insbesondere dem § 313 BGB annähert.

Zu beachten ist aber sicherlich, dass die Entscheidungen vermutlich nicht dazu führen werden, dass die *clausula rebus suc stantibus* nunmehr als Einfallstor fungiert, wie es Teile der Lehre offensichtlich vermuten. Vielmehr sind weiterhin immer die konkreten Umstände des Einzelfalles zu beachten: Die Wirtschaftskrise als solche begründet keine Anpassung des Vertrages, vielmehr muss eine Berücksichtigung der gesamten Situation und eine Abwägung dahingehend erfolgen, ob ein Festhalten an dem Vertrag in dem konkreten Fall für die Parteien unter Berücksichtigung der Interessen bei Vertragsschluss noch zielführend und interessengerecht ist.

2. Abschnitt: Störungen des Verwendungszwecks

A. Deutschland

Neben den Äquivalenzstörungen und Leistungserschwerungen sind Fallkonstellationen denkbar, in denen der Schuldner die Leistung zwar erbringen kann, der Gläubiger sie aber nicht zweckentsprechend verwenden kann. Grundsätzlich liegt das Verwendungsrisiko beim Gläubiger, so dass Vertragsanpassung oder -auflösung nicht verlangt werden können.[729] Dies hat zu Folge, dass ein Mieter zur Zahlung des Mietzinses verpflichtet bleiben kann, wenn er wider Erwarten auf dem Grundstück keine gewinnbringenden Geschäfte betreiben kann.[730] In Einzelfällen ist aber ein gerechter Ausgleich notwendig und interessengerecht. Ein Rückgriff auf § 313 BGB soll dann möglich sein, wenn sich die Verkehrsfähigkeit des nunmehr nutzlosen Gegenstands gerade aus dem gestörten Zweck ergeben hat.[731]

---

729 *Emmerich*, Leistungsstörungen. § 28 Rdnr. 44.

730 BGH LM § 242 (Bb) BGB Nr. 60, 92; OLG Düsseldorf NJW 1970, 2027; OLG München ZMR 1995, 295, 297.

731 *Schlechtriem/Schmidt-Kessel*, SchR AT, Rdnr. 117.

I. Abgrenzung zur Unmöglichkeit

Die Fälle der Zweckstörungen befinden sich im Grenzbereich zum Unmöglichkeitsrecht. Um diese voneinander abzugrenzen, muss zunächst terminologisch zwischen Zweckfortfall, Zweckerreichung und Zweckvereitelung differenziert werden.

1. Zweckerreichung

Die Zweckerreichung umfasst die Fälle, bei denen der vom Gläubiger bezweckte Erfolg auf andere Art und Weise, als durch eine Leistungshandlung des Schuldners erreicht wird.[732] Zwar kann der Gläubiger bei der Zweckerreichung noch erhalten, wofür er der Gegenseite die eigene Leistung versprochen hat, nicht aber weshalb er die eigene Verpflichtung übernommen hat.[733] Klassisches Beispiel ist der auf Grund gelaufene Frachter, der vor dem Eintreffen des Bergungsschiffes von alleine frei kommt.[734] Da Leistung im Sinne des § 275 BGB auf die Herbeiführung des Leistungserfolges abzielt, wurden diese Fallkonstellationen bereits nach altem Recht der Unmöglichkeit zugeordnet. Somit ist nicht mehr das mögliche Freischleppen des Schiffes als Leistungserfolg geschuldet.[735]

2. Zweckfortfall

Ein Zweckfortfall liegt vor, wenn das vom Gläubiger zu stellende Leistungssubstrat aufgrund äußerer Umstände wegfällt oder von vornherein untauglich ist. Das ist der Fall, wenn der Frachter vor dem Eintreffen des Bergungsschiffes bereits gesunken ist oder das Haus, an dem ein Handwerker Arbeiten verrichten soll, abbrennt oder bei einem „Jahrhunderthochwasser" zerstört wird. Zwar kann die Leistungshandlung noch erbracht werden, jedoch kann der gewünschte Erfolg, mangels tauglichen Leistungssubstrats, nicht mehr herbeigeführt werden.

Unter Zugrundelegung des obigen Unmöglichkeitsbegriffs ist auch diese Fallkonstellation nach Unmöglichkeitsrecht zu beurteilen, da es dem Schuldner endgültig nicht mehr möglich ist, den geschuldeten Erfolg noch selbst herbeizuführen.[736] Abgegrenzt werden muss der Zweckfortfall vom Annahmeverzug.

---

732 *Fikentscher/Heinemann*, SchR, Rdnr. 352; *Beuthien*, Zweckerreichung, S. 27.

733 *Nauen*, Leistungserschwerung und Zweckvereitelung, S. 46.

734 *Beuthien*, Zweckerreichung, S. 5; *Medicus/Petersen*, Bürgerliches Recht, Rdnr. 159.

735 Anders *Fikentscher/Heinemann*, SchR, Rdnr. 352, der für diesen Fall eine analoge Anwendung des § 275 BGB a.F. befürwortet, da das Schleppen des Schiffes wirtschaftlich unmöglich geworden ist.

736 *Emmerich*, Leistungsstörungen, § 24 Rdnr. 15.

Letzterer liegt nur bei einem vorübergehenden Leistungshindernis vor, während ein Zweckfortfall ein dauerndes Leistungshindernis erfordert.[737]

3. *Abgrenzung zur Zweckvereitelung*

Der Unterschied zwischen Zweckerreichung und Zweckfortfall ist rechtlich unerheblich, denn der geschuldete Leistungserfolg kann, einerseits wegen Sinnlosigkeit andererseits wegen technischer Undurchführbarkeit, nicht mehr erreicht werden.[738] Seit den Arbeiten von Beuthien und Köhler hat sich die Ansicht, dass es sich bei Zweckerreichung und Zweckfortfall um Ausprägungen des Unmöglichkeitsrechts handelt, durchgesetzt.[739] Zur Widerlegung kann angebracht werden, dass die Leistung im Fall der Zweckerreichung nicht unmöglich, sondern durchaus möglich sei, da das im obigen Beispiel angeführte abzuschleppende Schiff schließlich frei sei. Diese Ansicht verkennt aber die Zusammenhänge von Leistungshandlung und Leistungserfolg, da die Verpflichtung darin besteht, dass das Schiff vom Bergungsunternehmer freigeschleppt wird.[740] Diese Leistungshandlung ist aber gerade unmöglich geworden.

Davon zu unterscheiden sind die Fälle, in denen die Leistungserbringung noch möglich ist, der Gläubiger an ihr aber kein Interesse mehr hat, da er sie nicht mehr zweckentsprechend verwenden kann.[741] Schulbeispiel für derartige Konstellationen sind sicherlich die Krönungszugfälle aus dem englischen Recht.[742] Die Erreichung des primären Leistungszwecks ist möglich, jedoch wurde über den Austauschzweck hinaus ein weiterer Zweck verfolgt. Kann dieser nicht erreicht werden, so verliert auch der Austauschzweck für den Gläubiger seinen Sinn. Die Lösung der Krönungszugfälle nach deutschem Recht ist nicht unumstritten. Da es dem Vermieter bekannt war, dass der Mieter das Zimmer lediglich zur Beobachtung des Krönungszuges angemietet hat, wollte dieser aus der Veranstaltung gewisse Vorteile ziehen. Daher könne das Stattfinden des Umzugs seiner Risikosphäre zugeordnet

737 *Emmerich*, Leistungsstörungen, § 24 Rdnr. 16.

738 *Nauen*, Leistungserschwerung und Zeckvereitelung, S. 46.

739 *Beuthien*, Zweckerreichung, S. 145 ff.; *Köhler*, Unmöglichkeit, S. 24 ff.

740 *Nauen*, Leistungserschweurng und Zeckvereitelung, S. 47.

741 *Looschelders*, SchR AT, Rdnr. 766.

742 Diese gehen zurück auf den Krönungszug des Königs Edwards VII., der wegen einer Erkrankung abgesagt wurde In dieser Zeit wurden eine Vielzahl von Fällen entschieden, der bekannteste Fall ist sicherlich Krell v. Henry (1903. 2 K.B. 740), vgl. *Schmidt-Kessel,* Standards vertraglicher Haftung im englischen Recht, S. 58 ff.

werden, so dass der Mieter aufgrund eines Wegfalls der Geschäftsgrundlage den Mietzins nicht zu zahlen habe.[743]

Nach anderer Ansicht könne sich eine Lösung der Krönungszugfälle aus den Vorschriften über die Sachmängelhaftung des Vermieters ergeben: Zu dem geschuldeten vertragsgemäßen Gebrauch gehöre auch die Möglichkeit, dem Umzug zuzuschauen, der der Grund für die Zahlung des Mietzins gewesen sei.[744] Der Fensterplatz sei ohne den geplanten Umzug bei objektiver Betrachtung wertlos und nicht vermietet worden.[745] Eine übermäßige Ausdehnung des Sachmangelbegriffs gilt es allerdings unter Berücksichtigung des Verwendungsrisikos des Mieters zu vermeiden. Teilweise wird von einer Unmöglichkeit ausgegangen, indem dem Verwendungszweck eine derartige Bedeutung beigemessen wird, dass der Mietwert gerade auf der Zweckeignung beruht. Die Unmöglichkeit der Zweckerreichung bedeutet daher Unmöglichkeit der Leistung.[746]

Die Krönungszugfälle werden jedoch in der Regel als Paradebeispiel für den Wegfall der Geschäftsgrundlage angebracht.[747] Der Verwendungszweck soll dann Geschäftsgrundlage des Vertrages geworden sein, wenn sich die andere Seite den Zweck zu eigen gemacht hat.[748] Dieses ist immer dann der Fall, wenn der Schuldner den Gläubiger gerade durch Hinweis auf den besonderen Verwendungszweck zu dem Vertragsabschluss veranlasst[749] oder er durch eine besonders hohe Gegenleistung aus dem Verwendungszweck für sich selbst einen Nutzen ziehen wollte.[750] In derartigen Fällen ist es treuwidrig und für den Gläubiger unzumutbar, ihn trotz der Unerreichbarkeit seines Verwendungszwecks weiter an den jetzt für ihn sinnlos gewordenen Vertrag zu binden.[751]

Seitens der Literatur wird teilweise hervorgebracht, dass viele der in diesem Zusammenhang diskutierten Fälle nicht in den Anwendungsbereich der Grundlagenlehre gehören. So handele es sich in dem Fall, in dem der Käufer von

---

743 *Larenz*, SchR AT, S. 327; HKK/*Meyer-Pritzl*, § 313 BGB Rdnr. 62.

744 *Emmerich*, Leistungsstörungen, § 24 Rdnr. 25; *Flume*, AT II, S. 498 f.; *Medicus/Petersen*, Bürgerliches Recht, Rdnr. 160.

745 *Quass*, Die Nutzungsstörung, S. 234.

746 *Flume*, AT II, S. 499.

747 *Larenz*, Geschäftsgrundlage, S. 74 ff.; *Flume*, AT II, S. 498; *Zimmermann*, AcP 193 (1993), 141 f.

748 *Fikentscher/Heinemann*, SchR, Rdnr. 239; BT/Drs. 14/6040, S. 174.

749 Der BGH bejahte dieses in folgenden Fällen: BGH LM § 242 (Bb) BGB Nr 15a (Holzhäuser); BGH MDR 1968, 486.

750 So: BGH BB 1967, 561.

751 *Emmerich*, Leistungsstörungen, § 28 Rdnr. 48.

Gaststätteninventar mit diesem nichts anfangen konnte, weil die vorgesehenen Räumlichkeiten für die Gaststätte nicht fertiggestellt waren, entgegen der Auffassung des BGH[752] nicht um einen Wegfall der Geschäftsgrundlage, sondern um eine Teilunmöglichkeit oder einen Teilverzug.[753] Auch in anders gelagerten Fällen[754] könne sich die richtige Lösung aus §§ 280 I, 241 II BGB ergeben, weil sich der Schuldner eines Verstoßes gegen seine Leistungstreuepflicht schuldig gemacht habe.[755]

II. Die Zweckvereitelung in der konkreten Fallanwendung

Im Fall von Zweckvereitelungen kann somit in Ausnahmefällen auf § 313 BGB zurückgegriffen werden und zwar dann, wenn weitere besondere Umstände hinzugetreten sind, die eine Risikoübernahme bewirkt haben. Die Fallgruppe der Zweckvereitelung unterliegt somit in erheblichem Maße einer Wertung. Der Argumentation im Einzelfall kommt besondere Bedeutung zu, eine Entwicklung allgemeingültiger Kriterien ist kaum möglich.[756] Daher ist es hilfreich, die Rechtsprechung des BGH und Reichsgerichts zu den Störungen des Verwendungszwecks näher zu betrachten.

1. Die Tanzlokalfälle

Die unter dem Stichwort Tanzlokalfälle zusammengefassten Fälle stammen aus der Zeit des 1. Weltkrieges. Der ersten Entscheidung, RGZ 89, 203 ff., lag die Problematik zugrunde, dass verpachtete Räumlichkeiten, in denen eine Tanzwirtschaft betrieben wurde, infolge des Kriegsausbruchs nicht mehr als Tanzgaststätte betrieben werden konnten, da im Herbst des Jahres 1914 die Veranstaltung öffentlicher Tänze untersagt wurde. Die Räumlichkeiten der Tanzwirtschaft „Palais de danse" wurden laut Pachtvertrag „zum Betrieb eines Ballhauses" verpachtet. Aus § 1 des Vertrages ergab sich zudem, dass diese die Eigenschaften einer Tanzwirtschaft hatten. Das Reichsgericht sah, wie das Berufungsgericht, den Zustand als einen Fehler der Pachtsache im Sinne von § 537 a.F. BGB an. Aufgrund der ausdrücklichen Erwähnung im Vertrag, dass die Räume zum Betrieb

752 BGH MDR 1968, 486.

753 *Emmerich*, Leistungsstörungen, § 28 Rdnr. 50.

754 BGH LM § 242 (Bb) BGB Nr. 36. Hier wurde aufgrund einer Typenänderung dem Händler die Weiterveräußerung und daher die Erfüllung des Eigenhändlervertrages unmöglich gemacht.

755 *Emmerich*, Leistungsstörungen, § 28 Rdnr. 50.

756 *Fehre*, Unmöglichkeit und Unzumutbarkeit, S. 79.

eines Ballhauses verpachtet werden und aufgrund der Bezeichnung als „Palais de Danse" sei davon auszugehen, dass der Tanzbetrieb als vertraglich geschuldete Nutzung vereinbart worden sei. Die Räume wiesen zudem nach Inventar und Baulichkeit den Charakter einer Tanzwirtschaft auf und seien beim Publikum auch als Tanzlokal bekannt gewesen.[757] Zugleich sei das Erfüllungshindernis aber auch als eine unverschuldete nachträgliche Unmöglichkeit zu bewerten.[758] In derartigen Situationen, in denen „tiefe Erwägungen" dazu führen, die Vertragsleistung des Verpächters als unmöglich anzusehen, sei eine Anwendung neben den Vorschriften der §§ 536–538 a. F. BGB gerechtfertigt.[759]

Der Entscheidung RGZ 87, 277 ff. lag ein ähnlich gelagerter Sachverhalt zugrunde. Der Pächter der in Berlin gelegenen Räumlichkeiten „Restaurations-Etablissement Kaiser-Wilhelm-Garten" verlangte Minderung des Pachtzinses, da er aufgrund der Untersagung öffentlicher Tänze gewinnbringende Tanzattraktionen nicht mehr durchführen konnte. Nicht nur während der Pachtzeit, sondern auch während der gesamten fast dreißigjährigen Zeit der Nutzung vor dem Vertragsschluss seien die Räumlichkeiten vorwiegend dem Tanzbetrieb gewidmet und nur an bestimmten „Tanztagen" geöffnet worden. Da der Tanzbetrieb die eigentliche Quelle des Erwerbs aus der Gastwirtschaft zur Zeit des Vertragsschlusses gebildet habe, hielt das Reichsgericht den Minderungsanpruch für gerechtfertigt.

In beiden dargestellten Fällen war der Ertragswert der Betriebe eng mit den Tanzveranstaltungen verbunden. Ohne eine Veranstaltungserlaubnis wären die Betriebe nicht zu dem Preis zu verpachten gewesen. Das Reichsgericht stellte in diesen Entscheidungen auf die vertraglichen Vereinbarungen ab und entnahm die Rechtsfolgen daher den Gewährleistungsregeln. Die Lehre von der Geschäftsgrundlage spielte hier noch keine Rolle.

2. *Bierlieferungsfall*

In einer anderen Entscheidung wurde ein Gaststättenbetreiber, der sich gegenüber einer Brauerei verpflichtet hatte, für seine Gaststätte den gesamten Bedarf an Bieren jeder Art und alkoholfreien Getränken für eine Dauer von 20 Jahren ausschließlich bei dieser Brauerei zu beziehen auch nach Einstellung des Betriebes seiner Gaststätte verurteilt, die Vergütung fortzuentrichten.[760] Es bestand

757 Zustimmend: *Quass*, Nutzungsstörung, S. 237.
758 RGZ 89, 203, 205.
759 RGZ 89, 203, 207.
760 BGH NJW 1985, S. 2693 ff.

eine Vereinbarung, dass die Brauerei für jeden Hektoliter an Getränken, den der Vertragspartner nicht bei der Brauerei bezogen hatte, einen Betrag von 20 DM erhalten sollte. Da die Eigentümerin eine Fortsetzung des Pachtverhältnisses verweigerte, konnte der Beklagte die Getränke nicht mehr ausschenken. Für die Frage, ob eine Entschädigung zu leisten sei, sei nach Ansicht des Gerichts entscheidend, ob auch der Ausschank der Getränke in der ehemaligen Gaststätte geschuldet worden sei. Der Wert der Getränke beruhe aber nicht darauf, dass sie von dem Käufer in einer bestimmten Gaststätte ausgeschenkt werden können.[761] Die Beendigung des Pachtverhältnisses sei daher unerheblich. Der Gastwirt wurde verpflichtet, die Vergütung fortzuentrichten, allerdings unter Anrechnung dessen, was die Brauerei infolge der Nichtabnahme der Getränke an Aufwendungen erspart oder durch anderweitige Verwendung erworben oder zu erwerben böswillig unterlassen hat.

3. *Bierimportfall*

Mit einer ähnlichen Thematik mussten sich die Gerichte in dem Bierimportfall beschäftigen. In diesem nahm der BGH eine Anpassung eines geschlossenen Vergleichs vor.[762] Die Klägerin begehrte eine solche Anpassung nach den Grundsätzen des Wegfalls der Geschäftsgrundlage. Der geschlossene Vergleich hatte Schadensersatzansprüche eines iranischen Bierimporteurs gegen einen deutschen Lieferanten vor der islamischen Revolution zum Inhalt. In diesem war festgehalten, dass die Gewährleistungsansprüche der Klägerin neben einer Geldzahlung mit weiteren Bierlieferungen zu einem reduzierten Preis abgegolten werden sollten. Da aufgrund eines politischen Wechsels ein Einfuhrverbot für Alkohol erlassen wurde, befand der BGH mit der Berufungsinstanz, dass die Verwendbarkeit der Ware für den Importeur als Geschäftsgrundlage zu sehen sei. Dies sollte auch gelten, obwohl die Absetzbarkeit mangelfreier Ware grundsätzlich zum typischen Risiko des Empfängers gehöre. Unter Berücksichtigung der politischen Umstände und die darauf beruhenden Handelsbeschränkungen sei es grob unbillig, die Klägerin mit dem Risiko der Undurchführbarkeit des Vergleichs zu belasten. Der Klage wurde teilweise stattgegeben und der Gesamtschaden hälftig verteilt. Das Berufungsgericht führte aus, dass die Klägerin, die mit dem Vergleich darauf verzichtet hatte, „die ihr aus der mangelhaften Bierlieferung im August 1977 zustehenden Ansprüche durchzusetzen und die dafür eine bestimmte Gegenleistung erhalten sollte, sich nicht mit einem Bruchteil

761 BGH NJW 1985, 2693.
762 BGH WM 1984, 432 ff.

dieser Gegenleistung zufrieden geben müsse."[763] Im Gegenzug dürfe nicht außer Betracht bleiben, dass auch die Beklagte aus den vorgesehenen Bierlieferungen selbst bei Einräumung des Vorzugspreises noch Gewinn gezogen hätte. Jede Partei müsse daher die Hälfte des Risikos der Durchführbarkeit des Vergleichs tragen.

4. *Fußballspielerfall*

In einem im Jahr 1975 entschiedenen Fall gab der BGH der Klage eines Regionalligavereins auf Rückzahlung der an einen Bundesligaverein gezahlten Ablösesumme für einen Fußballspieler statt als bekannt wurde, dass dieser sich anlässlich einer Bundesligapartie bestechen lassen hatte und folglich aufgrund der vom DFB auferlegten Sperre auf Dauer vom sportlichen Einsatz ausgeschlossen war.[764] Der Fußballspieler wechselte auf Grundlage eines im Juni 1971 geschlossenen Transfervertrages für eine Ablöseentschädigung in Höhe von 40.000 DM von dem Bundesligaverein zu einem Club der Regionalliga. Aufgrund der Begebenheiten sah der BGH die Geschäftsgrundlage als fehlend an und beurteilte ein Festhalten an dem in Unkenntnis der Bestechung geschlossenen Vertrag als unzumutbar. Durch die Aufdeckung des „Mangels" sei die Spielberechtigung für jeden Verein entfallen, so dass es nach Treu und Glauben nicht zu rechtfertigen sei, dem übernehmenden Verein einen Geldausgleich aufzubürden, obwohl er gar keinen sportlichen oder finanziellen Nutzen mit dem Spieler erzielen könne.[765] Auch für den Stammverein sei der Spieler aufgrund der unsportlichen Handlung objektiv wertlos geworden. In dieser Entscheidung berücksichtigte der BGH vor allem die vertragliche Risikoverteilung und betonte, dass ein derartiger „Mangel" grundsätzlich dem Risikobereich des alten Vereins, in dessen Sphäre er entstanden sei, zugeordnet werden müsse.[766] Der BGH sah es als entscheidend an, dass die Verstrickung des Bundesligaspielers in den Skandal bereits zum Zeitpunkt des Vereinswechsels und damit vor Gefahrübergang bestanden hatte. Da die Spielberechtigung und somit die Verwendungsmöglichkeit entfallen sei und der Verein nicht die ihm versprochene Nutzung erhalten habe, müsse grundsätzlich entsprechend §§ 323 Abs. I, 459 Abs. 1 BGB a. F. auch die Gegenleistung nicht entrichtet werden.

763 OLG Celle vom 14.7.1982, zitiert nach BGH WM 1984, 432, 433.
764 BGH NJW 1976, S. 565 ff.
765 BGH NJW 1976, S. 565, 566.
766 BGH NJW 1976, S. 565, 567.

Die Wortwahl des BGH lässt vermuten, dass das Gericht diesen Fall unter Anwendung der Sachmängelgewährleistung gelöst hätte, wenn nicht die Qualifizierung einer solchen Transfervereinbarung als Kauf einen Menschenrechtsverstoß bedeuten könnte.[767]

5. *Klimbim-Fall*

Dieser Entscheidung lag eine Schadensersatzklage einer Vertragspartei aufgrund einer Verletzung des Urheberrechts zugrunde, da die Fernsehanstalt WDR nach der Wiedervereinigung die Fernsehreihe „Klimbim" im gesamten Bundesgebiet, auch in den neuen Bundesländern, ausstrahlte.[768] Die Parteien hatten aber die vertragliche Vereinbarung getroffen, dass der WDR berechtigt sei, die Produktion für Fernsehzwecke in der Bundesrepublik Deutschland, einschließlich West-Berlin, zu verwerten und dafür bestimmte Beträge an die andere Partei zahlen sollte. Diese sollte wiederum berechtigt sein, die Sendereihe in allen Ländern außer der Bundesrepublik zu verwerten. Der Zweck, die Versorgung der Bevölkerung des gesamten Bundesgebietes durch die ARD-Rundfunkanstalten mit Fernsehsendungen sicherzustellen, sei nach Ausführungen des BGH durch die Wiedervereinigung unerreichbar geworden, weil dem WDR für das Gebiet der neuen deutschen Bundesländer keine Senderechte übertragen wurden. Daher sei die Geschäftsgrundlage der Verträge entfallen.[769] Durch Anpassung des Vertrages wurden dem WDR auch die Rechte für eine Ausstrahlung der Sendung Klimbim in den neuen Bundesländern zugesprochen. Zwar habe eine Urheberrechtsverletzung vorgelegen, der Schaden sei aber danach zu berechnen, was der Vertragspartner aufgrund des angepassten Vertrags hätte verlangen können.

Diese Rechtsfolge der Vertragsanpassung durch Einräumung der Senderechte wird seitens der Literatur mit Zweifeln betrachtet, da dem Vertragspartner so seine „wohlerworbenen" Senderechte abhandengekommen seien. Vielmehr sei ein Kündigungs- oder Rücktrittsrecht des WDR als Rechtsfolge gerechtfertigt gewesen. Das vom BGH entwickelte Ergebnis sei allenfalls über die Grundsätze der ergänzenden Vertragsauslegung anzunehmen.[770]

---

767 *Dörner*, JuS 1977, 225, 226.

768 BGHZ 133, 281 ff.

769 BGHZ 133, 281, 294.

770 *Köhler*, in: FG 50 Jahre BGH I, S. 295, 306.

6. Bohrhämmerfall

Im Zusammenhang mit der Wiedervereinigung steht auch der bekannte Bohrhämmerfall. In diesem stritten die Parteien um die Vergütung von bestellten Bohrhämmern, die in die ehemalige DDR geliefert werden sollten.[771] Ein in Westberlin ansässiges Unternehmen bestellte 600 Bohrhämmer, die für die fortgeschrittenene Bergbautechnik in der Westzone nicht mehr geeignet waren und daher in die Ostzone geliefert werden sollten. Das Vertragsangebot erfolgte durch ein Bestellschreiben, das der Herstellerin über das „Eisen- und Stahlbüro der DDR" zu einem Zeitpunkt zuging, in dem die „Berliner Blockade" bereits in Kraft getreten war. Dennoch begann die Herstellerin mit der Produktion, wobei die Mitteilungen hierüber von der Bestellerin unbeantwortet blieben. Eine Weiterlieferung in die DDR scheiterte schließlich an deren Behörden aufgrund der „Berliner Blockade" mit der Folge, dass die Bestellerin an der Lieferung kein Interesse mehr hatte.

Zunächst prüfte der BGH, ob der Zweck der Lieferung in die DDR eine Vertragsbedingung im Sinne des § 158 BGB geworden sei.[772] Ein dahingehender Parteiwille sei aber nicht erkennbar geworden, sondern die Klägerin sei lediglich an einer vertragsgemäßen Abnahme interessiert gewesen. Das Gericht gelangte zu der Auffassung, dass die Lieferung in die Ostzone die für die Klägerin erkennbare Geschäftsgrundlage des Vertrages geworden sei. Diese hätte nämlich erkennen können, dass der Geschäftswille der Beklagten auf der Voraussetzung beruht habe, die Hämmer in der Ostzone absetzen zu können. Im Ergebnis billigte der BGH die auch vom Berufungsgericht vorgenommene Anpassung der Vertragspflichten an die wirkliche Sachlage. Die Vorinstanz hatte eine Bindung des Beklagten an den Vertrag in Höhe eines Viertels der Gesamtvergütung für zumutbar gehalten.[773]

Das erzielte Ergebnis ist seitens der Literatur nicht völlig unkritisiert geblieben. So wird darauf hingewiesen, dass die Vergütung der hergestellten Bohrhämmer nach § 649 BGB a.F. geschuldet war. Da zwischen den Parteien kein ausdrücklicher Verwendungszweck vereinbart worden sei, sei auf die objektiv im Verkehr als wertbildend angesehene Nutzung abzustellen. Diese läge beim Bohren als solches, das auch trotz der angegebenen Nutzungsstörung durchaus möglich gewesen sei. Subjektive Absichten wie die Absatzmöglichkeit dürften

771 BGH MDR 1953, S. 282 f.
772 BGH MDR 1953, 282, 283.
773 BGH MDR 1953, S. 282, 283; BGH LM § 242 (Bb) BGB Nr. 12 Bl. 2 f.

gerade nicht ausschlaggebend sein.[774] Dem Fall lassen sich keine Anhaltspunkte entnehmen, dass der Hersteller das Risiko der Nichtlieferbarkeit erkennbar auf sich genommen hat.[775]

7. *Karnevalsfall*

Ein interessanter Fall, der mit den Krönungszugfällen verglichen werden kann, stammt aus dem Jahr 1992.[776] Eine für eine Karnevalsveranstaltung im Jahr 1991 arrangierte Kapelle verlangte die Zahlung ihrer Vergütung in Höhe von 18.000 DM, die voraussichtlich bei Durchführung der Veranstaltung angefallen wäre. Die Veranstaltung wurde nach Ausbruch des Golfkriegs mit Rücksicht auf die Stimmungslage in der Bevölkerung abgesagt und eine polizeirechtliche Genehmigung verweigert. Den Musikern war ein Entgelt von 70–75 % der Eintrittsgelder zugesichert worden.

Das OLG Karlsruhe betonte die vorherrschende allgemeine Ablehnung der Bevölkerung an derartigen Festlichkeiten aufgrund des am 18. Januar 1991 ausgebrochenen Krieges und zudem die Gefahr von Anschlägen extremistischer Kriegsgegner auf öffentliche Veranstaltungen. Das Gericht lehnte sowohl einen Vergütungsanspruch der Musiker aus §§ 621, 649 S. 2 BGB a. F. als auch aus positiver Vertragsverletzung aus §§ 642, 324 BGB a. F. ab. Der Grund für die Absage läge im Risikobereich beider Parteien. Die Musiker hätten sich sonst nach Treu und Glauben darauf einlassen müssen, dass der Vertrag nur gelten solle, wenn die öffentliche Meinung die Abhaltung der Veranstaltungen rechtfertige.[777] Die Verfügbarkeit der Halle und die allgemeine Bereitschaft der Bevölkerung für Faschingsveranstaltungen sei als Geschäftsgrundlage zu qualifizieren, die mit der Konsequenz entfallen sei, dass beide Parteien ihre Kosten selbst zu tragen haben.

Innerhalb der Literatur wird ein anderer Lösungsansatz vorgeschlagen: So könne man zum einen die Musiker als Mitveranstalter der Veranstaltung und als Teilhaber an den Eintrittseinnahmen als Gesellschaft bürgerlichen Rechts qualifizieren. Demnach endigte die Gesellschaft nach § 726 BGB, wenn die Faschingveranstaltung als gemeinsamer Zweck identifiziert werde.[778]

---

774 Kritisch: Quass, Nutzungsstörung, S. 266; *Flume*, in: FS DJT Bd. 1, S. 135, 222; *Hartkopf*, Leistungsstörungen, S. 227.

775 Kritik bei *Larenz*, Geschäftsgrundlage und Vertragserfüllung, S. 152 f.; *Flume*, Rechtsgeschäft, S. 220 ff.; *Wieacker*, in: FS Wilburg 1965, S. 229, 236.

776 OLG Karslruhe NJW 1992, 3176.

777 OLG Karslruhe, NJW 1992, 3176, 3177.

778 *Quass*, Nutzungsstörung, S. 269.

Zum anderen könne der Vertrag als Werkvertrag gesehen werden, deren Leistungserfüllung unmöglich geworden sei. Danach habe es eines Rückgriffes auf die Lehre der Geschäftsgrundlage nicht bedurft, da bereits das Substrat der Leistung weggefallen sei. Es hätte nach dem Prinzip der Substratsgefahrtragung eine Prüfung dahingehend erfolgen müssen, inwieweit sich das störende Ereignis unmittelbar und primär in der sozial erfassbaren Sphäre der Vereine niedergeschlagen habe. Die Weigerung der Gemeinde, die Halle zu vermieten und der Ausfall der Karnevalsveranstaltungen habe nach dieser Auffassung ein Ereignis gebildet, das sich primär und unmittelbar in dem Bereich der Karnevalsvereine als Veranstalter ereignet habe. Mittelbar hierdurch wurde dann erst die Leistung der Musiker unmöglich. Allerdings stimmt der Autor dem OLG zumindest im Ergebnis dann zu, wenn aufgrund der ablehnenden öffentlichen Meinung allgemein eine derartige Veranstaltung nicht durchführbar gewesen wäre und es somit nicht auf die Veranstaltung gerade der Vereine angekommen wäre.[779] Dann wäre bereits der Auftritt der Musiker ungeachtet der konkreten Veranstaltung unmöglich gewesen.

8. *Kauf von Bauerwartungsland*

Es gibt zahlreiche Fälle, die sich mit dem Kauf von Bauerwartungsland beschäftigten. Diese zeichnen sich dadurch aus, dass die Grundstücke zum Zeitpunkt des Kaufs noch nicht bebaubar waren, die Vertragsparteien aber von ihrer zukünftigen Bebaubarkeit ausgingen. Bei der durchgeführten Abgrenzung zum Gewährleistungsrecht wurde bereits ein Zusammenhang zu § 313 BGB festgestellt.[780] Die Bebaubarkeit kann demnach eine vertragliche Beschaffenheitsangabe darstellen, wenn die Eigenschaft nach dem Vertragsinhalt bereits im Zeitpunkt des Gefahrübergangs vorhanden war.[781] Die künftige Bebaubarkeit stellt somit grundsätzlich keine Eigenschaft oder Beschaffenheitsangabe dar.

In der Entscheidung vom 16. Januar 2004 bestätigte der BGH ein Urteil des OLG Naumburg und lehnte eine Anwendung des § 313 BGB ab.[782] Mittels notariellem Kaufvertrag vom 16. Juli 1992 erwarb die Klägerin von der Beklagten zwei Flurstücke zum Preis von 1.480.380 DM. Wie sich später herausstellte lag dieser Kaufpreis deutlich über dem Marktpreis. Vor Vertragsabschluss bestätigten von der Klägerin eingeholte Gutachten, dass die verkauften Flurstücke im

---

779 Quass, Nutzungsstörung, S. 269.

780 Vgl. S. 70.

781 BGHZ 117, 159, 162: Ist ein Grundstück als Bauland verkauft, so begründet der Umstand, dass es in einem militärischen Schutzbereich liegt, einen Sachmangel, wenn die Zwecke des Schutzbereichs seiner Bebauung entgegenstehen.

782 BGHReport 2004, 776 ff.

Flächennutzungsplan als Gewerbefläche bzw. als Mischgebiet ausgewiesen wurden bzw. sich in einer Bebauungsplanung befanden. Tatsächlich gab es seinerzeit jedoch keinen Flächennutzungs- oder Bebauungsplan, der die verkauften Grundstücke erfasste. Die Klägerin berief sich auf einen Wegfall der Geschäftsgrundlage und verlangte die Anpassung des Vertrages. Das OLG führte hierzu aus, dass für eine Berücksichtigung von Störungen der Geschäftsgrundlage kein Raum sei, wenn nach der vertraglichen Regelung derjenige das Risiko zu tragen habe, der sich auf die Störung berufe. Hier habe die Klägerin das Risiko der künftigen Bebaubarkeit der verkauften Flächen übernommen. Bei dem Kauf von Bauerwartungsland komme hinzu, dass ein solches Geschäft typischerweise ein Element der Unsicherheit einschließe, weil in aller Regel gerade nicht feststehe, ob und gegebenenfalls wann das Grundstück bebaubar werde. Für eine Berücksichtigung der Geschäftsgrundlage sei bei einem solch risikobehafteten Geschäft in der Regel kein Raum.[783]

Einen ähnlichen Fall hatte das OLG Brandenburg zu beurteilen, das aber zu einer Anwendung des § 313 BGB gelangte.[784] Die Kläger verlangten von dem Beklagten die Zustimmung zur Rückübertragung des Miteigentumsanteils an einem bestellten Erbbaurecht an die Kläger und die Bewilligung der entsprechenden Grundbuchberichtigung. Die Kläger hatten mit notariellem Vertrag vom 25. September 1990 dem Beklagten an ihrem Grundstück ein Erbbaurecht bestellt. Es handelte sich um ein landwirtschaftlich genutztes Grundstück, jedoch war eine Umwidmung in eine Gewerbefläche geplant. Aus planungsrechtlichen Gründen stellte sich schließlich die Nichtbebaubarkeit heraus. Das Gericht erster Instanz, das Landgericht Potsdam, betonte, dass nach der Rechtsprechung das eingetretene Risiko der Nichtbebauung bei Abschluss eines Erbbaurechtsvertrags über Bauerwartungsland nicht zum Wegfall der Geschäftsgrundlage führe.[785] Die Parteien hätten das erkennbare Risiko zu tragen, ob und wann sich ihre Erwartung künftiger Bebaubarkeit erfüllen werde. Dieser Grundsatz müsse auch dann gelten, wenn sich die Risiken verwirklichen, die der Verkäufer bzw. der Erbbauverpflichtete übernommen habe. Das OLG führte dazu aus, dass sich die Parteien über die Bebaubarkeit geirrt hätten und in einem derartigen Fall durchaus von einem Wegfall der Geschäftsgrundlage gesprochen werden könne.[786] Demnach entschied es, dass sich der schuldrechtliche Teil des Erbbaurechts aufgrund eines Wegfalls der Geschäftsgrundlage aufgelöst habe. Der Beklagte sei

783 OLG-NL 2003, 243 ff.

784 OLG Brandenburg, OLG-NL 2005, 78 ff.

785 LG Potsdam, 27.5.2003, Az: 10 O 420/02, zitiert nach Juris.

786 OLG Brandenburg, OLG-NL 2005, 78, 79.

auf Grund des Wegfalls der Geschäftsgrundlage verpflichtet, die empfangenen Leistungen zurückzugewähren.

Der BGH hat einen Wegfall der Geschäftsgrundlage dann bejaht, wenn beide Parteien davon ausgingen, dass das verkaufte Grundstück in Kürze bebaubar werde und sie deshalb einen entsprechend höheren Preis festgesetzt hatten.[787] Eine künftige Bebaubarkeit habe dann noch nicht die Qualität einer Sacheigenschaft, so dass die §§ 459 BGB von vornherein nicht anwendbar gewesen seien.

9. *Fertighausfall*

In dem sogenannten Fertighausfall wandte der BGH die Lehre der Geschäftsgrundlage an, weil einem geplanten Bauvorhaben die Baugenehmigung nicht erteilt wurde.[788] Die Käufer hatten einen Auftrag zur Herstellung und Montage je eines Fertighauses zum Gesamtpreis von 14.000 DM erteilt. Ein Erwerbsinteresse lag nur für den Fall vor, dass diese in „gesunder Luft und schöner Lage" aufgestellt werden konnten, was dem Verkäufer auch bekannt war. Dieser schloss daher Pachtverträge über entsprechende Grundstücke, auf denen die Häuser aufgestellt werden sollten. Wider Erwarten wurden aber die Anträge auf bauaufsichtliche Genehmigung abgelehnt mit der Folge, dass die Häuser auf den Grundstücken nicht aufgestellt werden konnten. Der BGH führte aus, dass die gemeinsame Vorstellung einer Erteilung der Baugenehmigung Geschäftgrundlage der Verträge geworden sei. Der Verkäufer hätte den Verkauf nicht getätigt, wenn er nicht der Überzeugung gewesen wäre, dass die Häuser auf diesen Grundstücken errichtet werden konnten. Der Kläger dürfe nicht allein mit dem Risiko der Versagung der Baugenehmigung belastet werden, da es sich um ein gemeinsames Risiko beider Parteien handele.[789] Da es aber für die Käufer nicht entscheidend darauf ankam, dass die Häuser gerade auf den ausgewählten Grundstücken errichtet werden, sah es der BGH für die Entscheidung als ausschlaggebend an, ob der Beklagte den Klägern vergeblich Ersatzgrundstücke angeboten hatte. Eine Auflösung des Vertrages sei demnach nicht erforderlich, da Erfüllung durchaus noch möglich sei.[790]

---

787 BGH WM 1977, 118, BGH WM 1978, 555; *Köhler*, JA 1979, 498, 501; *Johlen*, NJW 1979, 1531, 1533.

788 BGH JZ 1966, 409.

789 BGH JZ 1966, 409; ebenso: *Fikentscher*, Geschäftsgrundlage, S. 66 f.; *Köhler*, Unmöglichkeit, S. 150.

790 Nach Ansicht von *Quass*, Nutzungsstörung, S. 256 ist die Entscheidung zwar im Ergebnis aber nicht in der Begründung richtig. Er sieht die Vermittlung eines Grundstücks als eine neben dem Verkauf zusätzlich übernommene Leistung an.

10. *Architektenfall*

Ebenso kann ein Architektenvertrag beendet werden, wenn eine Voraussetzung der Planung entfällt. So betonte der BGH in der Entscheidung vom 1. Februar 1990, dass im Falle einer Parteivereinbarung dahingehend, dass die Planung des Bauvorhabens nach den geltenden öffentlich-rechtlichen Förderungsrichtlinien förderungswürdig ist, eine Änderung dieser Richtlinien einen Wegfall der Geschäftsgrundlage begründen kann.[791] Die Planung des Architektenvorhabens war zunächst als förderungsfähig eingestuft worden. Die Richtlinien wurden aber später geändert und die Wohnflächengrenzen erheblich verringert. Schließlich erfuhren die Parteien, dass das Bauvorhaben nach den neuen Richtlinien nicht mehr gefördert werden konnte. Der BGH nahm einen Wegfall der Geschäftsgrundlage an. Die Vertragsgrundlage bestand demnach in der gemeinsamen Vorstellung der Parteien, dass die zu diesem Zeitpunkt geltenden Förderungsrichtlinien für das geplante Bauvorhaben weiter gelten würden.[792] Diese sei dadurch weggefallen, dass die Förderungsrichtlinien kurz vor Abschluss der Planungsarbeiten für beide Parteien unvorhersehbar mit der Folge geändert wurden, dass eine Förderung des geplanten Bauvorhabens nicht mehr möglich war.

III. *Rechtsfolge*

Diese Fälle verdeutlichen, dass die Rechtsfolge sich immer an einer angemessenen Risikoverteilung orientiert.[793] Oberstes Ziel ist die Aufrechterhaltung des Vertrages. Nur ausnahmsweise, wenn es den Verkäufer nicht erheblich beeinträchtigt oder die Umstände des Einzelfalls eine vollständige Risikoüberwälzung auf ihn rechtfertigten, darf der Käufer sich ersatzlos vom Vertrag lösen.[794]

B. Spanien

I. *Frustración del fin del contrato*

Auch innerhalb der spanischen Rechtswissenschaft und Rechtsprechung ist der Begriff der Zweckvereitelung bekannt. Teilweise wird von der spanischen Literatur die Frage der Zweckvereitelung, die *frustración del fin del contrato*, gesondert

---

791 BGH WM 1990, 1118 ff.
792 BGH WM 1990, 1118, 1119.
793 Bamberger/Roth/*Unberath*, § 313 BGB Rdnr. 90.
794 BGH LM § 242 (Bb) BGB Nr. 36 und 54.

behandelt.[795] So widmen sich mehrere spanische Autoren dieser Problematik meist unter Berücksichtigung der englischen Rechtsprechung und den Krönungszugfällen.[796] Espert Sanz beschäftigte sich in seiner Abhandlung als erster der spanischen Rechtswissenschaftler mit der Zweckvereitelung. Er versuchte das englische Recht und den Begriff der *frustration of contract* als Vorbild zu nehmen, wobei ein Hauptaugenmerk auf die Krönungszugfälle und die Problembehandlung durch die englischen Gerichte gelegt wurde.[797] Wie im deutschen Recht sollen die Fälle, in denen das Ziel des Vertrages durch einen Dritten oder anderen Ereignissen auf andere Weise erreicht wird, mit den Unmöglichkeitsvorschriften gelöst werden.[798] Eine Vereitelung des Zwecks kann dann vorliegen, wenn eine Partei die Leistung nicht mehr verwirklichen kann, da sie aufgrund von unerwarteten Umständen für die andere Partei nicht mehr von Interesse ist.[799] Das Fundament der *frustración* soll wie bei der *clausula* die *buena fe* darstellen.[800]

Im Gegensatz zum deutschen Recht bereitet die Gruppe der Zweckvereitelung vor allem im Hinblick auf die *causa* Abgrenzungsprobleme. So ist fraglich, ob die Zweckvereitelungen im spanischen Recht als Untergruppe der *clausula rebus sic stantibus* oder *der base del negocio* angesehen werden können oder ob das Rechtsinstitut der *causa* geeignet ist, derartige Fallgestaltungen zu lösen.

1. Die Rolle der causa bei Zweckstörungen

Wie oben bereits festgestellt wurde, soll die *causa* während der gesamten Vertragsdauer vorliegen, so dass es durchaus möglich ist, sich im Falle eines nachträglichen Wegfalls des Zwecks (*Desaparición/Perdida sobrevenida de la causa*) auf die entsprechenden Regelungen zu berufen.[801] Der eigenen Verpflichtung der Partei läge dann keine wirksame *causa* mehr zugrunde, wenn während der Erfüllungsphase der Vertragszweck nicht erreicht werde. Eine derartige Situation

795 *Gómez Ferrer Sapiña*, RGD 1990, 4389, 4400 spricht sich dafür aus, die Äquivalenzstörungen und Zweckvereitelungen als einheitliches Problem zu behandeln.

796 *De Cossio*, Frustraciones, S. 77.

797 Daneben findet aber auch eine Darstellung der deutschen Rechtsprechung statt, vgl. *Espert Sanz*, Frustración, S. 78.

798 *Espert Sanz*, Frustración, S. 208.

799 *Espert Sanz*, Frustración, S. 172.

800 *Espert Sanz*, Frustración, S. 117 ff.

801 *Espert Sanz*, Frustración, S. 17; ebenso: *De Cossio*, Frustraciones, S. 33.

sei vergleichbar mit einer fehlenden *causa* in der Entstehungsphase des Vertrages und daher dementsprechend zu lösen.[802]

Diese Sichtweise überzeugt aber nur, wenn die Beweggründe der Parteien als relevant für die Bildung der *causa* betrachtet werden können.

a) Inhalt der causa

aa) Die causa als ökonomisch-soziale Funktion

Die *causa* vereint eine Vielzahl unterschiedlicher Funktionen in sich und kann im objektiven oder im subjektiven Sinne verstanden werden.

Im objektiven und klassischen Sinn, zurückgehend auf Domat und Pothier, verstanden, muss die *causa* als ökonomisch-soziale Funktion des Vertrages im Moment des Vertragsschlusses vorliegen.[803] Demnach handelt es sich um eine bloß objektive Zielsetzung, unabhängig von den Erwartungen und Wünschen der Vertragsparteien.[804] Innere individuelle Motive sollen nicht berücksichtigt werden.[805]

Dem Código Civil liegt aufgrund des Einflusses des französischen *Code Civil* überwiegend ein objektives *causa*-Verständnis zugrunde.[806] Der *causa* als ökonomisch-sozialer Funktion des Vertrages wird eine Kontrollfunktion der Privatautonomie zugeschrieben, indem sie die privaten Interessen der Parteien und den sozialen Nutzen des Vertrages prüft.[807] Diese muss in den Parteiwillen aufgenommen und von allen Vertragsbeteiligten anerkannt worden sein. Bei fehlender Erkennbarkeit wird die *causa* in der praktisch-sozialen Absicht des

802 *Espinar Lafuente*, in: FS Castán Tobeñas, S. 111, 117, FN 14: „La noción de la causa, no sólo en la fase de formación de los contratos, sino también en la de ejecución de los mismos. De igual modo que en aquella fase no podría nacer (sería nulo) un contrato sin causa (…) también si, durante el proceso de su cumplimiento, resultare frustrado el fin causal y podría der resuelta paralelamente."

803 *Esqutia Romero*, Derecho de los contratos, S. 51.

804 Vgl. *Nuñez Tomás*, Derecho de obligaciones y contratos, S. 133.

805 Diesem folgend *Gómez Ferrer Sapiña*, RGD 1990, 4389, 4403.

806 *Castán Tobeñas*, Derecho Civil, S. 534; *Díez Piazo/Gullón,* Instituciones de Derecho Civil I, S. 415; Auch der TS war sehr darauf bedacht, ein subjektives causa Verständnis abzulehenen, vgl. STS 11.12.1986, RJ 1986, 7432, Nachweis bei *Morales Moreno*, ADC 1988-II, 607 ff.

807 *Gómez Ferrer Sapiña*, RGD 1990, 4389, 4403.

Geschäfts gesucht.[808] So besteht sie bei einem Kaufvertrag in dem Austausch der Sache, bei einem Dienstvertrag im Austausch eines Dienstes gegen Geld.[809]

Die Rechtsprechung des Tribunal Supremo hat zumindest bis zu den 50er Jahren die *causa* im objektiven Sinn verstanden und diese streng von den Motiven getrennt.[810] Die den Vertragsschluss begleitenden Motive der Vertragspartner sollten demnach nicht von ihr umfasst sein.

bb) Subjektives causa-Verständnis

Die objektive Ansicht wird häufig gerade wegen dieser fehlenden Einbeziehung der Motive als unzureichend kritisiert. Anfang des 20. Jahrhunderts verstärkte sich die Auffassung, dass die Lehre der *causa* lediglich eine abstrakte Konstruktion ohne jeglichen Bezug zur Realität darstelle. Daher sollte die *causa* auch die für den Vertragsschluss bestimmenden Motive umfassen.[811] Die subjektive Ansicht berücksichtigt die konkrete Absicht, die die Parteien mit dem Vertragsabschluss verfolgt haben.[812] Das einzelne Leistungsversprechen auf Seiten der jeweiligen Vertragspartei bildet dabei den Bezugspunkt.

Die Fälle der Zweckvereitelung könnten nach dieser Ansicht als Verfehlung der *causa* bezeichnet werden.

Im strengen Sinne kann diese Auffassung aber nicht befürwortet werden, da sie im Widerspruch zum Gesetz steht. Wird die Zielsetzung der Parteien immer als *causa* interpretiert, so gibt es keine Fälle, in denen eine *causa* fehlt. Die in Art. 1275 CC getroffene Regelung über Verträge ohne *causa* wäre überflüssig. Ein rein subjektives Verständnis der *causa* kann vom Gesetzgeber daher nicht gewollt sein. Auch widerspricht dieses dem aus Deutschland übernommenen Verständnisses des Vertrages als Rechtsgeschäft, dessen Bindungswirkung allein durch die Einigung der Vertragspartner zustande kommt. Die *causa* im subjektiven Sinne verstanden wäre neben der Willenseinigung als Ausdruck der synallagmatischen Verknüpfung überflüssig.

---

808 *Díez Picazo/Gullón,* Instituciones de Derecho Civil I, S. 415.

809 *Castán Tobeñas,* Derecho Civil, S. 537.

810 Vgl. u.a. STS 22.2.1940, RJ 1940, 102; die objektive Sichtweise hat der TS nie ganz aufgegeben, vgl. SSTS 25.2.1995, RJ 1995, 1643; 17.4.1997, RJ 1997, 2912.

811 Dieses fordert u.a. *Núñez Lagos,* El enriquecimiento sin causa, S. 27 ff.

812 *Escutia Romero,* Derecho de los contratos, S. 52.

cc) Vermittelnder Ansatz

Schließlich hat sich ein aus objektiven und subjektiven Komponenten bestehender vermittelnder Ansatz entwickelt. Stellen die Motive die Motivation für den Vertragsabschluss dar, soll diesen durchaus rechtliche Relevanz zugesprochen werden.[813] Durch die „*causalización de motivo*“[814] wird die Gültigkeit des Vertrages dann beeinflusst, wenn die Motive als wirkliche Bedingung oder in rechtlich ähnlich bedeutender Form dem Vertrag zugrunde liegen.[815] Dabei soll es ausreichen, wenn beide Parteien das Motiv kennen, nicht erforderlich ist, dass sie es auch teilen. Dieses ist insbesondere im Fall der *causa ilicita* von Bedeutung.[816]

Mittels dieser im Vertag verankerten *causa concreta* kann eine Anwendung des Art. 1124 CC gerechtfertigt werden.[817] Diese synkretische Auffassung der *causa* befürwortet auch der Tribunal Supremo in neuerer Rechtsprechung.[818] In einem Urteil vom 30. Dezember 1985 betont dieser, dass das Konzept der *causa* zwar einen objektiven Sinn habe, aber Motive, wenn sie Teil der Willenserklärung und von beiden Parteien anerkannt seien, rechtliche Bedeutung erlangen können.[819] In dem Urteil vom 20. April 1994, das im Anschluss noch näher betrachtet wird,

---

813 *De Castro y Bravo,* Negocio jurídico, S. 190 ff., 227 ff. (in Verbindung mit der causa concreta); *Clavería Gosálbez,* Causa, S. 109 ff.

814 *Martínez Velencoso,* Rev. de Der. Patr. 2002, 211, 217.

815 SSTS de 13.5.1963, RJ 1963, 2315; 8.7.1977, RJ 1977, 3499; 30.12.1985, RJ 1985, 6620 und 17.2.1989, RJ 1989, 972.

816 *Saborido Sánchez,* La causa ilícita, S. 122 ff.; als Beispiel kann der Fall gesehen werden, dass der Käufer vom Verkäufer Sprengstoff kauft. Eine Ausnahme davon stellt der Gesellschaftsvertrag dar. Bei diesem müssen beide Parteien die causa auch teilen, vgl. Art. 1666 CC. Die Frage ist vor allem aufgrund der unterschiedlichen Rechtsfolgen der Art. 1305 und 1306 CC von Bedeutung, da diese danach differenziert, ob die Schuld der Rechtswidrigkeit der causa bei einem oder beiden Vertragsschließenden liegt.

817 *De Castro y Bravo,* Negocio jurídico, S. 313; *De los Mozos,* RDN 1961, 283, 407 gelangt zu der Auffassung, dass das Problem des nachträglichen Wegfalls der causa in Art. 1124 CC geregelt wird; *Díez Picazo,* Fundamentos II, S. 717; der TS weist in SSTS 19.11.1990, RJ 1990, 8956; 23.5.1980, RJ 1980, 1958 auf die konrete causa hin.

818 Die strikte objektive Auffassung wurde im STS 2.4.1941, RJ 1941, 493 verworfen, in dem die Bedeutung der relevanten Motive hervorgehoben wurde; für eine dualistische Herangehensweise: SSTS 19.11.1990, RJ 1990, 8956; 29.3.1993, RJ 1993, 2532; 25.5.1995, RJ 1995, 4263.

819 RJ 1985, 6620: „Y aunque admite la posibilidad excepcional de que esos móviles o motivos personales puedan tener transcendencia jurídica cuando se incorporan a la declaración de voluntad a modo de causa impulsiva o determinante.“

wird ein Zusammenhang mit der *causa* und der *frustración* anerkannt mit der Folge der Möglichkeit einer *resolución* gemäß Art. 1124 CC.[820]

An dieser Stelle ist die Mindermeinung im Schrifttum zu erwähnen, die im Fall einer *frustración del fin negocial* eine tatsächliche Nichterfüllung gemäß Art. 1124 CC annimmt: Demnach sei eine Nichterfüllung eine pathologische Situation, die enstehe, wenn die Verpflichtung nicht ihr anfänglich vereinbartes Ziel erreiche oder das angestrebte Ziel vereitelt werde.[821]

b) Abgrenzung zu den Motiven

Die Schwierigkeit dieser Auffassung besteht darin, die beachtliche und bestimmende Zielsetzung der Parteien von den rechtlich unbeachtlichen Motiven abzugrenzen.

Espert Sanz sieht bei der *frustración del fin del contrato* Parallelen zu der von Larenz entwickelten subjektiven Geschäftsgrundlage. Als Gemeinsamkeit wird die Vorstellung einer der Parteien von dem Vertragszweck hervorgehoben, die von der anderen Partei erkannt und akzeptiert wird. Dennoch seien beide Auffassungen nicht gleichzusetzen, da die subjektive Sichtweise von der Geschäftsgrundlage eine Serie von Vorstellungen in Verbindung mit Umständen umfasst, die für den Vertragsabschluss für wichtig erachtet werden, aber nicht den Vertrag als solchen betreffen.[822] Eine strikte Trennung von rechtlich unbeachtlichen und beachtlichen Motiven ist selbst bei Unterteilung in ein objektives und subjektives *causa*-Verständnis nicht einfach vorzunehmen. Es muss bei Vertragsabschluss hinreichend deutlich gemacht werden, dass die Motive für den Vertragsabschluss wesentlich waren. Die Motive, die persönlich und nur einer Partei zu eigen sind, sind als rechtlich irrelevant zu bewerten. Bedeutung erlangen die Motive demnach erst dann, wenn sie Bestandteil des gemeinsamen vertraglichen Willens geworden sind.[823]

2. Auswertung der Rechtsprechung zur frustración del fin del contrato

a) Sentencia de la Calle de la industria

Um die Auffassung der Rechtsprechung zu der Zweckvereitelung deutlich zu machen, soll ein im Jahre 1948 ergangenes Urteil näher dargestellt werden. Dieses Urteil ist als *sentencia de la calle de la industria* oder *Más contra Carsi*

---

820 RJ 1994, 3216.

821 *Miquel Calatayud*, RDCI 1985, 1499, 1501.

822 *Espert Sanz*, Frustración, S. 106.

823 *Alguer Pérez*, RJC 1927, 523, 545 hat diese Abgrenzung nach der buena fe zu erfolgen.

bekannt geworden.[824] Es ist in der Geschichte der Rechtsprechung die erste Entscheidung, die sich mit der Problematik der veränderten Umständen aufgrund von Zweckstörungen beschäftigt[825]: Die Klägerinnen begehrten Erfüllung eines im Jahre 1919 geschlossenen Vertrages. Dieser wurde von den Klägerinnen mit ihrem Nachbarn geschlossen und beinhaltete den Erwerb seiner angrenzenden Parzellen. Die Vorderfront des Grundstückes der Klägerinnen neigte zu der Straße *calle de Ganduxer*. Als Ziel des Vertrages war festgehalten, dass aufgrund des Kaufs eine Front der Grundstücke der Klägerinnen wie bisher zu der Straße *de Ganduxer*, die andere zu der Straße *calle de la Industría* zeigen sollte. Letztere war bei Vertragsschluss noch nicht erschlossen. Der Beklagte verpflichtete sich, seine Grundstücke zum Zeitpunkt der Erschließung der Straße oder spätestens nach 15 Jahren unbelastet an die Klägerinnen zu verkaufen.

In der Folgezeit jedoch hatten die Klägerinnen ihr Grundstück an der Straße *de Ganduxer* verkauft. Der Beklagte wandte daher gegen das Erfüllungsverlangen ein, dass die Zielsetzung des Vertrages aufgrund dieses Verkaufs nicht mehr erreicht werden könne. Ziel sei es nämlich gewesen, dass der Beklagte den Klägerinnen Parzellen seines Grundstücks übereigne, damit diese ein Grundstück mit Frontseiten sowohl zur *calle de Ganduxer* als auch zur *calle de la Instustría* besäßen. Daher hätte dem Vertrag die Vorstellung zugrunde gelegen, dass die Klägerinnen Eigentümerinnen an ihrem Grundstück blieben. Die Klägerinnen erwiderten daraufhin, dass ein Ziel ähnlich der Motive, die einem Vertrag zugrunde liegen, nie die Gültigkeit eines Vertrages beeinflussen könne, da derartige Vorstellungen nicht mit dem Vertragsobjekt oder der *causa* des Vertrages im Zusammenhang stünden.

Während die Gerichte der ersten Instanzen den Vertrag für gültig hielten, sah der Tribunal Supremo den Vertragspunkt: „*y a fin de que los terrenos...puedan tener tambien fassada al la calle de la industria*" als entscheidend an.[826] Alle weiteren Paragraphen des Vertrages seien Folge dieses ersten Satzes. Dieser Satz könne nicht als wirkliche Bedingung eingestuft werden, sondern als Zweck des Vertrages, beruhend auf dem gemeinsamen Willen beider Parteien. Es müsse

824 STS 30.6.1948, RJ 1948, 1115. Dieses Urteil wurde unter anderem kommentiert von *Espert Sanz*, Frustración, S. 23 ff.; *De Angel Yagüez/ Zorilla Ruiz*, ADC 1984, 185, 201; *Diez Picazo*, Fundamentos II, S. 1057; *Gomez Ferrer Sapiña*, RGD 1990, 4389, 4404 und *Jordano Barea*, ADC 1949, 749, 755, die den Ausführungen des Tribunal Supremo zustimmen. Nach Auffassung von Espert Sanz ist dies der spanische leading case zur frustración del contrato, vgl. *Espert Sanz*, Frustración, S. 163.

825 Ausführliche Darstellung des Falls bei *Espert Sanz*, Frustración, S. 23.

826 STS 30.6.1948, RJ 1948, 1115.

unterschieden werden zwischen dem Zweck, der bei einem Kaufvertrag im Erwerb der Sache gegen Geld läge und als *causa* einzustufen sei und einem diesem fernliegenden Ziel, das nicht Vertragsbestandteil geworden sei. Nach Ansicht des Tribunal Supremo sei dieser Zweck des Vertrages allerdings nicht bloß als Absicht, Überlegung oder Wunsch zu qualifizieren, sondern als Zielsetzung beruhend auf dem gemeinsamen Willen der Parteien. Da die Klägerinnen nicht mehr im Besitz ihres ursprünglichen Grundstücks seien, könne der Vertragszweck nicht mehr erreicht werden. Vielmehr würden die Klägerinnen dann ein Grundstück unabhängig von ihrem früheren erwerben, das lediglich eine Front zur *Calle de la Industria*, im Falle ihrer Erschließung, aufweise. Auf Grund dieser Veräußerung sei daher die Geschäftgrundlage, die durch die Klausel festgelegt wurde, weggefallen.

b) STS vom 31. Oktober 1951

In dem Fall vom 31. Oktober 1951 klagten die Erben des Sachleistungsschuldners auf Herausgabe der von diesem verkauften Grundstücke. Sie machten geltend, dass die ursprüngliche Verwendungsvorstellung verfehlt worden sei, da die Käuferin diese nicht zu dem vereinbarten Zweck bebaut habe.[827]

Der Erblasser hatte die Grundstücke an eine Fördergesellschaft verkauft. In dem Kaufvertrag war festgehalten, dass die Veräußerung zum Zwecke der Errichtung einiger Sozialwohnungen, sogenannter „*casas barratas*“, erfolgen sollte. Der soziale Zweck wurde durch Festsetzung eines niedrigen Kaufpreises unterstrichen. Nach einiger Zeit wollte die Gesellschaft, die Grundstücke unbebaut an Dritte weiterverkaufen.

Die Kläger sahen den Bau der Sozialwohnungen als bestimmendes und von beiden Parteien geteiltes Motiv an, so dass der Weiterverkauf als *frustración del fin del contrato* gewertet werden müsse. Das Motiv sei derart zielbestimmend für das Rechtsgeschäft gewesen und somit als *causa* anzusehen. Die Gesellschaft sei demnach unter Beachtung des Grundsatzes der *buena fe* zur Erbauung der Sozialwohnungen verpflichtet gewesen.

Diese machte demgegenüber geltend, dass es sich um einen normalen Kauf ohne besondere Motivation und Bedingung gehandelt habe. Durch die Zweckangabe im Vertrag sollten lediglich Steuervorteile durch Bewilligung der *casas baratas* erzielt werden.

Das Gericht erster Instanz erklärte die *resolución* des Vertrages. Es verurteilte die Gesellschaft dazu, den Klägern die Grundstücke zurückzugeben und letztere

827 STS 30.6.1948, RJ 1951, 2364, *Espert Sanz*, Frustración, S. 28 ff.

dazu der Gesellschaft Anteile an derselben zurückzugewähren, die der Erblasser damals als Gegenleistung erhalten hatte. Das Appelationsgericht sprach die Gesellschaft allerdings von der Herausgabe der Grundstücke frei.

Der angerufene Tribunal Supremo beschäftigte sich hauptsächlich mit der Frage, ob die Pflicht zur Herausgabe des Grundstückes verjährt sei. Im Zusammenhang mit der *frustración* führte das Gericht zunächst aus, dass es Art. 1255 CC als Ausdruck der Vertragsfreiheit erlaube, die Wirksamkeit des Vertrages von bestimmten Bedingungen abhängig zu machen. So werde dem Vertrag neben der für den Kauf typischen eine zusätzliche *causa* gegeben.

Im vorliegenden Fall wurde aber eine derartige Zweckbestimmung abgelehnt. Die vorliegende Bestimmung betraf nur die erwerbende Gesellschaft und bildete nicht zugleich das Vertragsziel für den Verkäufer. Angesichts der Tatsache, dass die Gesellschaft weder ausdrücklich noch stillschweigend eine derartige Verpflichtung zum Bau übernommen hatte, fehlte die erstrangige Voraussetzung, um sich auf eine *resolución* gemäß Art. 1124 CC berufen zu können.

c) Fehlende Baugenehmigung als Fall des Error en consentimiento

In der Entscheidung vom 27. Oktober 1964 setzte sich der Tribunal Supremo mit den Folgen einer nicht erteilten Baugehmigung auseinander.[828] Die Kläger begehrten Rückzahlung des Kaufpreises für ein Grundstück. Laut des im April 1959 geschlossenen Kaufvertrages sollte das Grundstück bebaubar sein, es stellte sich jedoch im Nachhinein heraus, dass der Gemeinderat der Stadt bereits seit dem 11. August 1958 die Bebauungserlaubnis in der betroffenen Zone aufgehoben hatte. Die Klage wurde in erster Instanz abgewiesen, vom Appelationsgericht wurde ihr jedoch stattgegeben. Der Tribunal Supremo bestätigte die Auffassung des Appelationsgerichts. Demnach sei die nun nicht mehr mögliche Bebaubarkeit die Motivation für den Kauf gewesen. Daher sei den Käufern aufgrund einer durch Irrtum erklärten Einwilligung ihr Geld zurückzuerstatten.

Díez Picazo kommentierte dieses Urteil und führte aus, dass das Hauptproblem darin bestünde herauszufinden, ob es sich um einen Fall des *errors* oder um einen Wegfall der subjektiven Geschäftsgrundlage handele. Daher müsse festgestellt werden, ob die Absicht der Bebaubarkeit beiden Seiten gemein war. Bei Kenntnis des Verkäufers von dem Umstand, sei der Vertrag bereits

828 STS 27.10.1964, RJ 1964, Diese Entscheidung wird von *Díez Picazo*, Estudios sobre la Jurisprudencia, S. 133 ff. und *Espert Sanz*, Frustración, S. 39 behandelt.

deswegen aufzulösen.[829] Derartige Erwägungen machte der Tribunal Supremo aber nicht.

In einer Entscheidung aus dem Jahr 1990 hingegen hat der Tribunal Supremo eine *resolución* des Vertrages angeordnet, da die Baugenehmigung als Bedingung gewertet wurde.[830] Die Erteilung der Lizenz zur Bebaubarkeit habe demnach als stillschweigende Bedingung den Vertrag begleitet, auch wenn diese nicht ausdrücklich im Vertrag vermerkt worden sei. Daher sei dem Vertrag die Bedingung der Bauerlaubnis innerhalb einer angemessenen Frist untergeordnet geworden. Dieses könne aus der Tatsache der Verpflichtung zur Kaufpreiszahlung geschlossen werden, die vorsah, dass ein Teil in dem Moment der Unterzeichnung, ein Teil bei Beginn der Bauarbeiten und der letzte Teil zu einem späteren Zeitpunkt zu zahlen war.

d) STS vom 10. Oktober 1980

Eine ähnliche Konstellation lag der Entscheidung vom 10. Oktober 1980 zugrunde, in der der Kläger ebenfalls Rückzahlung des Kaufpreises begehrte.[831] Ein von diesem gekauftes Lokal sollte zu einem Kino umgebaut werden, zu dem dem Kläger aber nicht die Lizenz erteilt wurde. Die erste Instanz wies die Klage ab, während das Appelationsgericht ihr stattgab und die *resolución* des Vertrages anordnete. Der angerufene Tribunal Supremo bestätigte die Entscheidung. Er führte aus, dass der Vertrag neben der *causa* noch einen weiteren bestimmten Zweck verfolgt hätte, der von der anderen Partei auch akzeptiert worden sei. Da dieser nun aufgrund plötzlicher Umstände nach Vertragsschluss rechtlich unerreichbar geworden sei, dürfe der Vertrag nicht mehr aufrechterhalten werden. Der Tribunal Supremo bejahte im Ergebnis eine *frustración del fin del contrato* ohne ihr jedoch strenge Voraussetzungen zu Grunde zu legen.

e) STS vom 20. April 1994

Bereits im Zusammenhang mit der *causa* wurde die Entscheidung vom 20. April 1994 erwähnt.[832] Dort wurde die *frustración del fin del contrato* vom Tribunal Supremo mit der wirtschaftlichen Unmöglichkeit gleichgesetzt, obwohl diese Lehre sonst eher in Verbindung mit den Leistungsstörungen gebracht wird. Die Klägerinnen begehrten die Zwangsräumung ihres verpachteten Grundstücks

829 *Díez Picazo*, Estudios sobre la Jurisprudencia, S. 143.
830 STS 25.5.1990, RJ 1990, 4082.
831 STS, 10.10.1980, RJ 1980, 3619.
832 STS 20.4.1994, RJ 1994, 3216.

aufgrund rückständigen Pachtzinses. Die Beklagten rechtfertigten den Rückstand mit der schlechten Ertragsfähigkeit des gepachteten Grundstücks. Denn der eigentliche Zweck des Pachtvertrages sei die Gewinnung von Kies gewesen. Diese wurde aber plötzlich undurchführbar, was laut eines Sachverständigengutachtens auf Naturgründe zurückgeführt werden konnte. Daher erlitten die Beklagten starke Verluste. Eine Weiterzahlung des Pachtzinses würde demnach eine ungerechtfertigte Bereicherung bedeuten. Subsidiär beriefen sie sich auf die *clausula rebus sic stantibus*. Der Tribunal Supremo merkte an, dass die *clausula* nur anwenbar sei, wenn das Leistungsgleichgewicht gestört sei und nicht, wenn es ganz fehle. Vielmehr läge ein Fall der wirtschaftlichen Unmöglichkeit vor, da ein Festhalten an dem Vertrag für die Beklagten ruinöse Folgen hätte. Diese wirtschaftliche Unmöglichkeit habe eine *frustración del fin del contrato* bewirkt. Der Tribunal Supremo erklärte daraufhin die *resolución* des Pachtvertrages.

f) STS vom 3. November 1983

Zwei interessante Entscheidungen sind bezüglich der Beauftragung von Architekten ergangen, die ihre vorgesehenen Projekte aufgrund von Umstandsänderungen der Bebaubarkeit nicht erfüllen konnten. Diese Entscheidungen verdeutlichen, in welchem Umfang sich der spanische Tribunal Supremo auf die *frustración del fin del contrato* beruft.

In dem ersten Fall aus dem Jahr 1983 klagte der Architekt auf Zahlung seines Honoraranspruchs.[833] Der Beklagte beauftragte diesen mit dem Entwurf und anschließender Bauleitung für ein Mehrfamilienhaus. Er weigerte sich aber schließlich die Kosten für die Planung zu übernehmen, da der Architekt ein Projekt purer „Architekturfiktion“ entworfen habe, das gegen die gesetzlichen Bestimmungen verstoße und dem daher keine vorschriftsmäßige Baugenehmigung erteilt werden konnte. Das bebaubare Gebiet des Grundstücks wurde nämlich durch Verabschiedung eines Bauleitplans verringert, so dass das geplante Projekt nicht mehr realisierbar war. Der Architekt hätte, als das Projekt der Architektenkammer präsentiert wurde, bereits Kenntnis von dem Bebauungsplan haben müssen, da dieser der Öffentlichkeit zugänglich gewesen sei. Daher habe der Kläger die Undurchführbarkeit des Projektes zu vertreten. Das Gericht erster Instanz wies die Klage ab, während die Audiencia Territorial dieses Urteil teilweise aufhob und den Beklagten verurteilte, dem Kläger die Hälfte

833 STS 3.11.1983, RJ 1983, 5953. Der Sachverhalt ist dargestellt bei *De Angel Yagüez/ Zorilla Ruiz*, ADC 1984, 185 ff.

des Honorars zu zahlen. Die Audiencia Territorial begründete diese Rechtsfolge mit *der clausula rebus sic stantibus*, da die Verabschiedung des Bauleitplans vom März 1974 einen unvorhersehbaren Umstand dargestellt habe. Der angerufene Tribunal Supremo bemängelte eine „ungeschickte" Anwendung der *clausula rebus sic stantibus* durch die Vorinstanz, da keine wirkliche Anpassung des Vertrags vorgenommen worden sei. Im Ergbnis bestätigte der Tribunal Supremo das Urteil der ersten Instanz. Demnach könne der Kläger sein Gehalt nicht einfordern, da die Bebauung und das „ins Auge gefasste Ziel" nicht realisiert werden könne.[834] Seitens der Literatur wird der fehlende Hinweis der Gerichte darauf kritisiert, dass der Erlasss der Flächennutzungspläne sich über einen langen Zeitraum hinziehe und demnach vorbereitet werden müsse.[835] Da der Flächennutzungsplan drei Monate nach Annahme des Auftrags verabschiedet worden sei, könne angenommen werden, dass zu Zeiten des Vertragsschlusses bereits das Projekt der Planung existiert habe. Dann hätte dies eine Nichterfüllung des Vertrages und eine Anwendung des Art. 1101 CC zur Folge. Eine Information über den rechtlichen Rahmen und andere, die Bebauung betreffende Umstände, gehörten zur ordnungsgemäßen Berufsausübung eines Architekten. Zudem handele es sich nicht um einen Fall der *frustración del fin del contrato*, da zwar das Ziel von der anderen Partei gekannt und akzeptiert worden sei, es aber nicht ausgeschlossen werden könne, dass der Architekt die eingetretene Änderung kannte.[836]

g) STS vom 9. Dezember 1983

Ein ähnliches Urteil stammt vom 9. Dezember 1983.[837] In diesem Fall forderten die Kläger ebenfalls ihr Architektenhonorar. Sie waren von dem Beklagten am 13. Februar 1978 beauftragt worden eine Bauvorlage für ein Wohngebäude zu erstellen. Eine besondere Rolle spielte dabei der sogenannte *estudio en detalle* vom November 1977, mit dem festgestellt wird, ob eine Baugenehmigung grundsätzlich erteilt werden kann und in dem charakteristische Angaben wie Größe, Bewohner, Höhe etc. des Gebäudes gemacht werden müssen. Dieses Dokument ist erforderlich und zweckmäßig, um Zweifel der Projektingenieure und Bauträger zu beseitigen. Der *estudio en detalle* wurde der Anwaltskammer im Dezember 1977 präsentiert. Der Gemeinderat lehnte diesen am 27. März 1978 jedoch ab,

---

834 STS 3.11.1983, RJ 1983, 5953.

835 *De Angel Yagüez/Zorilla Ruiz*, ADC 1984, 185, 198.

836 *De Angel Yagüez/Zorilla Ruiz*, ADC 1984, 185, 198, 200.

837 RJ 1983, 6925.

was die Erteilung einer Baugenehmigung unmöglich machte. Das betroffene Gebiet habe nie der urbanistischen Situation entsprochen.

Das Gericht der ersten Instanz gab der Klage statt. Die Audiencia Tribunal wandte den Art. 1101 CC an, da die Architekten sich vorsätzlich oder zumindest fahrlässig verhalten hätten, da sie wussten oder zumindest wissen mussten, dass das Gebäude an dem Standort nicht realisiert werden konnte. Der Tribunal Supremo führte in seinen Urteilsgründen aus, dass die Erfüllung des Vertrages von Anfang an unmöglich gewesen sei. Dieses habe ein Ungleichgewicht der Leistungen ausgelöst, das eine Erfüllung unzumutbar machte und die Zielsetzung vereitelte. Es würde Art 1258 CC widersprechen, wenn dieser fehlerhafte Vertrag noch Rechtsfolgen entfalten würde. Auch wenn der spanische Código Civil keine Regelung zur *frustración del fin del contrato* habe, so können die deutschen und italienischen Lösungsmodelle hierzu auf das spanische Recht übertragen werden. Das Gericht bezog sich dabei auf § 323 BGB a. F.[838] Als Gründe für eine Übertragung seien die Billigkeit, aber auch die ungerechtfertigte Bereicherung zu nennen.

Auch hier führen die Kommentatoren des Urteils in Übereinstimmung mit der Audiencia Territorial an, dass eine Lösung ebenso über Art. 1101 hätte gefunden werden können.[839]Dem Architekt sei gemäß Art. 1104 CC Fahrlässigkeit vorzuwerfen, wenn er nichts von der Existenz der städtebaulichen Normen wusste. Daher sei ein Rückgriff auf die *frustración del fin del contrato* gar nicht notwendig gewesen. Von dieser Seite wird auch betont, dass die Theorie der *frustración* nicht mehr Anwendung erfahren darf, wenn der Architekt das Projekt bereits an den Auftraggeber übergeben habe. Als Beispiel wird angeführt, dass sich nach Übergabe des Entwurfs eine Änderung des Flächennutzungsplans ergeben habe und die Unbebaubarkeit eines Grundstücks festgestellt werde. In diesem Fall müsse Art. 1590 CC Anwendung finden mit der Folge, dass der Auftragnehmer eines Werkvertrags das Risko zu tragen habe.

---

838 1. Wird die aus einem gegenseitigen Vertrage dem einen Teile obliegende Leistung infolge eines Umstandes unmöglich, den weder er noch der andere Teil zu vertreten hat, so verliert er den Anspruch auf die Gegenleistung; bei teilweiser Unmöglichkeit mindert sich die Gegenleistung nach Maßgabe der §§ 472, 473.

839 *De Angel Yagüez/Zorilla Ruiz*, ADC 1984, 185, 204 ff.

II. *Zusammenfassung*

An die Theorie der *frustración* werden keine strengen Anforderungen gestellt.[840] Damit ist die *resolución* nicht durch das Erfordernis der *imprevisibilidad* bedingt.[841] So kann eine Zweckvereitelung bei Versagung der Baugenehmigung aufgrund von städtebaulicher Veränderungen angenommen werden, während eine Anwendung der *cláusula* meistens an der Unvorhersehbarkeit der Änderung scheitern würde. In der Regel werden derartige Fallkonstellationen aber mit den Vorschriften über den *error* gelöst.

Espert Sanz bemängelt die uneinheitliche Rechtsprechung des Tribunal Supremo auf diesem Gebiet: Ein fehlender vernünftiger Lehrplan zu dieser Thematik könne demnach auf die diffuse und nicht einheitliche Behandlung derartiger Fälle durch den Tribunal Supremo zurückgeführt werden.[842] Daher hält er eine gesetzliche Normierung für erforderlich und unterbreitet folgenden Vorschlag: „Wird die Absicht, die bei Vertragsschluss für eine Partei von besonderer Bedeutung für die Leistungserbringung ist und die von der anderen Seite ausdrücklich oder konkludent akzeptiert wird oder zumindest nicht zurückgewiesen wird, aufgrund von plötzlichen Umständen vor der Vollendung des Vertrages unerreichbar oder nutzlos, so kann der von der *frustración* Geschädigte sich von weiteren Leistungen freisprechen."[843]

Wie auch schon den Kommentierungen im Schrifttum zu einzelnen Urteilen entnommen werden kann, lassen sich viele Probleme bereits durch Heranziehung des Art. 1101 CC lösen, so dass auf eine Anwendung einer „gekünstelten Lehre"[844] wie der *frustración* verzichtet werden kann. Demnach seien diese Fälle als „*imposibilidad liberatoria*" zu bewerten.[845]

840 *Espert Sanz*, Frustración, S. 169 ff. hat aber versucht einige Voraussetzungen für die Anwendung der Lehre von der frustración del fin del contrato zu definieren. Danach muss der Vertrag zweiseitig, entgeltlich, gegenseitig sein, es müsse sich um einen Sukzessivvertrag oder solchen mit verzögerter Ausführung handeln, zudem müsse der Vertrag ein Ziel haben und dieses Ziel müsse schließlich verfehlt worden sein.

841 Diese Tatsache wird beispielsweise von *De AmunáteguiRodríguez*, Cláusula, S. 104 FN 132 kritisiert. Ihrer Meinung nach erscheint es paradox, dass mangels imprevisibilidad bei der Erteilung von Lizenzen oder möglichen städtebaulichen Änderungen die clausula keine Anwendung finden kann, aber es möglich ist, im Gegenzug auf die frustración zurückzugreifen.

842 *Espert Sanz*, Frustración, S. 162.

843 *Espert Sanz*, Frustración, S. 162.

844 *De Angel Yagüez/Zorilla Ruiz*, ADC 1984, 185, 198 f.

845 *Gomez-Ferrer Sapiña*, RGD 1990, 4389, 4396.

C. Vergleichende Gegenüberstellung

Die Fallgruppe der *frustración del fin del contrato* weist einige Unterschiede zu der Zweck-verfehlung nach deutschem Verständnis auf. Die vorangestellten Entscheidungen verdeutlichen, dass der Tribunal Supremo den Begriff der *frustración* in seine Urteilsbegründungen aufgenommen hat und dem Verwendungszweck daher durchaus Bedeutung beimisst. Es ist aber festzustellen, dass die Gerichte diesen Begriff sehr weit auslegen und auch Fälle der Nichterfüllung oder nachträglichen Unmöglichkeit als *frustración* bezeichnen.[846]

Im Gegensatz zum spanischen Recht hat die Fallgruppe der Zweckvereitelung im deutschen Recht eine hinreichende Konkretisierung erfahren. Zweckvereitelungen nach deutschem Verständnis liegen nur dann vor, wenn der Gläubiger aufgrund des Eintritts eines Ereignisses an der Leistung kein Interesse mehr hat, weil die Leistung für ihn sinnlos geworden ist. Da Ähnlichkeiten zum Unmöglichkeitsrecht bestehen, ist eine Abgrenzung zur Zweckerreichung und zum Zweckfortfall erforderlich. Derartige Abgrenzungen nimmt die spanische Rechtsprechung nicht vor. Lediglich im Schrifttum lässt sich die Auffassung finden, dass Fälle der Zweckerreichung nicht von der *frustación del fin del contrato* umfasst sind. Fälle des Zweckfortfalls können durchaus mit Hilfe der Rechtsfigur der *frustración* gelöst werden.

Bei Störungen des Verwendungszwecks wird von der spanischen Rechtsprechung ein Zusammenhang mit der *causa* anerkannt. Das objektive *causa*-Verständnis ist zwar noch als herrschend zu beurteilen, jedoch können Motive dann Relevanz erhalten, wenn sie Eingang in den Vertragsinhalt gefunden haben. Ein vereinbartes Motiv kann damit als *causa* gewertet werden. Ist die Zweckverfolgung beiden Parteien gemeinsam, so kann eine *resolución* des Vertrages aufgrund eines Wegfalls dieser *causa* angenommen werden. Dieses soll aber nur dann der Fall sein, wenn der Zweck von beiden Parteien geteilt wird und als eine Art Bedingung dem Vertrag zugrunde gelegt wird. Der Tribunal Supremo prüft somit in seinen Entscheidungen, ob die *causa* als Bedingung im Sinne des Art. 1255 CC gewertet werden kann und stützt darauf dann eine *frustración* mit folgender *resolución*. Dies ist insofern interessant, weil sich der Tribunal Supremo bei der Anwendung der *clausula* äußerst selten ausdrücklich auf die *causa* bezieht. Auch im deutschen Recht erfolgt wie im spanischen Recht in den Fällen der Zweckvereitelung zunächst eine Abgrenzung zur Vertragsbedingung. Dabei ist nach beiden Rechtsordnungen entscheidend, ob die Parteien die Gültigkeit

846 Dieses stellt *De la Haza Díaz,* Incumplimiento resolutorio, S. 97 fest.

des Vertrages wirklich von der Bedingung abhängig machen wollten oder es sich um einen weiteren, von der Gültigkeit unabhängigen Zweck handelte.

Eine *frustración* aufgrund fehlender *causa* ist in dem dargestellten Fall[847] der fehlenden Lizenzerteilung zum Bau eines Kinos angenommen worden.

Der einzige Fall, in dem der Vertrag aufgrund eines Wegfalls der *base del negocio* wegen Unerreichbarkeit des Verwendungszwecks aufgelöst wurde, war die Entscheidung *calle de la Industría*. In dieser wertete der Tribunal Supremo den Zweck, der dem Vertrag zugrunde lag, nicht als *causa* und damit nicht als Vertragsbestandteil. Dieses ist darauf zurückzuführen, dass der Tribunal Supremo von einem objektiven *causa*-Verständnis ausging. Bei einer Unerreichbarkeit des Verwendungszwecks kann somit eine Anwendung der Lehre der Geschäftsgrundlage geboten sein. In diesem Fall konnte das Grundstück zwar übereignet werden, der Zweck war aber dauerhaft fortgefallen, was auf das eigene Verhalten der Klägerin zurückzuführen war. Eine Zweckvereitelung nach deutschem Verständnis liegt somit nicht vor.

In dem zweiten Fall haben sich die Erben des Verkäufers eines Grundstücks auf eine *frustración del fin del contrato* berufen, weil der Käufer den vereinbarten Zweck nicht erfüllt habe. Im deutschen Recht werden derartige Fälle, in denen seitens des Schuldners der Zweck nicht erfüllt wird, unter Zuhilfenahme der *condictio ob rem*, § 812 I, S. 2, Alt. 2 BGB betrachtet. Als Beispiel kann die Entscheidung RGZ 132, 238 angeführt werden: Der von der Enteignung bedrohte Verkäufer verkaufte dem Militärfiskus ein Grundstück in der Erwartung, es werde hierauf eine Festungsanlage errichten. Dieser Bau der Festung unterblieb. Das Reichsgericht ließ eine Rückabwicklung über die *condictio ob rem* dann zu, wenn der über die Gegenleistung hinausgehender Zweck Vertragsinhalt geworden war.[848] Eine derartige *condictio causa data causa non secuta* ist dem spanischen Recht unbekannt.

In ihrer Begründung divergieren auch die Entscheidungen innerhalb der deutschen und spanischen Rechtsprechung, die sich mit der fehlenden Erteilung einer Baugenehmigung befassen. Im deutschen Recht wird eine Anwendung des § 313 BGB häufig abgelehnt, weil der Kauf von Bauerwartungsland immer ein Element der Unsicherheit mit einschließt. Derartige Risikogeschäfte erlauben nur in Ausnahmefällen einen Rückgriff auf § 313 BGB. Eine solche Ausnahme wurde vom BGH dann angenommen, wenn beide Parteien davon ausgegangen sind, dass das verkaufte Grundstück in Kürze bebaubar werde und sie deshalb einen

847 Vgl. S. 156 f.

848 RGZ 132, 238.

entsprechend höheren Preis festgesetzt hatten. Dass die gemeinsame Vorstellung der Erteilung einer Baugenehmigung in besonderen Konstellationen durchaus als Geschäftsgrundlage gewertet werden kann, belegt auch der dargestellte Fertighausfall[849]. Dies soll dann gelten, wenn aufgrund besonderer Umstände das Risiko der Erteilung von beiden Parteien gemeinsam zu tragen ist. Haben die Vertragsparteien die Möglichkeit der Erschließung falsch bewertet, neigt der Tribunal Supremo dazu, die Regelungen über den *error*, der Unmöglichkeit oder der „*causalización de los motivos*" anzuwenden. Die spanische Lehrmeinung hat sich demgegenüber der deutschen Rechtsordnung angenähert und verlangt eine Prüfung dahingehend, ob die Vorstellung von beiden Parteien geteilt wurde und die subjektive Geschäftsgrundlage betroffen ist.

In derartigen Konstellationen, die im deutschen Recht dem § 313 II BGB zugeordnet werden, hält der Tribunal Supremo eine Anwendung der *clausula* nicht für möglich. Dieses verdeutlicht die Entscheidung vom 20. April 1994. Der Tribunal Supremo machte deutlich, dass eine Berufung auf die *clausula* nur bei einer nachträglichen Umstandsänderung und nicht bei einem anfänglichen Fehlen möglich ist. Dabei wäre die Umstandsänderung in diesem Fall durchaus als Zweckvereitelung nach deutschem Verständnis zu werten gewesen. Denn der Pachtvertrag als solcher war noch weiter durchführbar, die Pächter hatten jedoch an der Nutzung aufgrund der schlechten Ertragsfähigkeit kein Interesse. Der Tribunal Supremo berief sich auf die *frustración* aufgrund einer wirtschaftlichen Unmöglichkeit und kam so zu dem gerechten Ergebnis der *resolución*. Im deutschen Rechts wird in derartigen Fallkonstellationen häufig eine Anwendung des § 313 BGB abgelehnt, da solche Veränderungen dem Risikobereich des Gläubigers zuzuordnen sind.

Die Architektenfälle verdeutlichen, dass die *frustración* oftmals ohne umfangreiche Auseinandersetzung mit dem Vertragsinhalt angenommen wird. So konnte zwar in dem ersten Fall aufgrund nachträglich eingetretener Umstände die Bebauung nicht mehr verwirklicht werden, allerdings ist diese Situation nicht mit der Zweckvereitelung zu vergleichen. Da nicht ein neben dem Austauschzweck verfolgte Erfolg sinnlos wurde, hätten zunächst vertragliche Ansprüche und insbesondere Ansprüche gegen den Architekten aus Art 1101 geprüft werden können. Denn auch im Fall der gesetzlich nicht geregelten *frustración* sind vorrangig gesetzlich verankerte Institute zu prüfen.

Im zweiten der Fälle im Zusammenhang mit der Architektenbeauftragung wird durch die Urteilsbegründung deutlich, dass der Tribunal Supremo die

---

849 Vgl. S. 147.

nachträgliche Unmöglichkeit als einen Fall der *frustración* auffasst. Der Tribunal Supremo stellte nämlich interessante Überlegungen unter Berücksichtigung ausländischer Normen an, indem er ausführte, dass das deutsche BGB mit § 323 a.F. eine gesetzliche Regelung für die *frustración del fin del contrato* bietet. Von der spanischen Literatur wird in diesem Zusammenhang zu Recht angeführt, dass diese Normen nicht die Zweckvereitelung als solche umfasst.[850] Vielmehr regelte dieser Artikel den Verlust des Anspruchs auf Gegenleistung im Fall der Unmöglichkeit.

Eine unterschiedliche Beurteilung erfolgte zudem in den Fällen, die aufgrund der veränderten politischen Bedingungen im Iran ergingen. Eine Entscheidung des Tribunal Supremo bezüglich einer vergleichbaren Thematik ist im vorangegangenen Abschnitt bei den Äquivalenzstörungen dargestellt worden. Allerdings ist diesen beiden divergierenden Entscheidungen nicht zu hohe Bedeutung beizumessen. Denn während der deutschen Entscheidung ein Einfuhrverbot für Bier im Iran zugrunde lag, wird von dem spanischen Kläger nicht deutlich gemacht, welchen Einfluss der Umbruch im Iran auf die Lieferung von Stahl ausgeübt hat. Mangels genauer Angaben über die Änderungen und die konkreten Auswirkungen auf die Erfüllung des Vertrages, blieb dem Gericht keine andere Wahl als die *clausula* abzulehnen.

Zusammenfassend lässt sich folgendes feststellen: Tritt nachträglich eine Änderung ein, die eine vereinbarte *causa* entfallen lässt, so ordnet der Tribunal Supremo eine *resolución* aufgrund einer *frustración* an. Eine Anpassung wird in diesem Zusammenhang nicht diskutiert. Zwar ist eine solche auch in der Regel wenig interessengerecht, innerhalb des deutschen Rechts wird jedoch als primäre Rechtsfolge eine Aufrechterhaltung des Vertrages befürwortet und grundsätzlich eine Anpassung durchgeführt.

Auffallend ist, dass der Tribunal Supremo bei Störungen des Verwendungszwecks keine strengen Kriterien für die Rechtsfolge der *resolución* fordert. Hierin kann der Grund für die fehlende Bezugnahme auf die *clausula rebus sic stantibus* liegen. In den dargestellten Entscheidungen stützte das Gericht die *resolución* allein auf die *base del negocio*, die *causa* oder eben eine *frustración*. Letztere ist sehr viel allgemeiner gefasst als die deutsche Untergruppe der Zweckvereitelung. Die spanische *frustración del fin del contrato* greift dann ein, wenn sich nachträglich Umstände ereignen, die den Vertrag undurchführbar machen. Diese kann sich aus einer nachträglichen Rechtswidrigkeit der Vertragsdurchführung, einer nachträglichen Unmöglichkeit oder aber eben auch in einer Unnützlichkeit für

850 *De Amunátegui Rodríguez*, Cláusula, S. 100.

den Gläubiger ergeben. Insofern besteht ein Zusammenhang mit der *Impracticability* aus dem angloamerikanischen Recht.

Ist der Zweck nicht als *causa* zu werten, so bestätigt die Entscheidung „*calle de la Industria*“, dass durchaus eine Anwendung der *base del negocio* in Betracht kommt, wenn der vorausgesetzte Zweck unerreichbar wird. In derartigen Fällen erfolgt dann ausnahmsweise eine Betrachtung der Lehre ohne gleichzeitige Bezugnahme auf die *clausula* und ohne die entwickelten Voraussetzungen.

Zusammenfassend lässt sich feststellen, dass sich der Tribunal Supremo bezüglich einer Anwendung der *base del negocio* oder *frustración* weitaus flexibler als bei einer Anwendung der *clausula* zeigt.

3. Kapitel: Rechtsänderungen

A. Deutschland

In diesem Kapitel sollen Rechtsänderungen und Rechtsprechungsänderungen näher betrachtet werden. Es soll geprüft werden, ob eine von den Parteien nicht vorausgesehene Änderung der Gesetzgebung oder Rechtsprechung derartig schwerwiegend sein kann, dass dem Vertrag die Grundlage entzogen wurde.

I. Gesetzesänderungen

Eine Rechtsänderung im weiteren Sinn kann durch den Gesetzgeber oder durch die Gesetzanwendungsorgane durch Änderung ihrer Rechtsprechung erfolgen.[851] Derartige Änderungen bedingen häufig Äquivalenzstörungen, was Überschneidungen mit dieser Fallgruppe begünstigt.

1. Rückwirkung

a) Intertemporales Privatrecht

Bei Gesetzes- oder Rechtsprechungsänderungen ergeben sich oftmals temporäre Anwendungsprobleme. Die Folgen können kollisionsrechtlich durch das Rechtsinstitut der Anpassung aber auch durch materiell-rechtliche Anpassungsmechanismen wie § 313 BGB aufgefangen werden. Die intertemporalen Kollisionsentscheidungen stehen damit im Zusammenhang mit dem materiellen Privatrecht. Die Anwendbarkeit einer Rechtsänderung auf ein bestehendes Vertragsverhältnis stellt daher häufig einen Anwendungsfall der Lehre der Geschäftsgrundlage dar.

So regelt zunächst das intertemporale Privatrecht Übergangsfragen bei Gesetzes- und Rechtsprechungsänderungen im Privatrecht. Dieses hat als Kollisionsrecht in derartigen Fällen zu entscheiden, welches von mehreren Gesetzen zur Entscheidung eines Sachverhalts berufen ist.[852] Derartige Fragen spielen besonders bei Systemwechseln und Staatensukzessionen eine Rolle. Im deutsch-deutschen Übergangsrecht erfolgte beispielsweise eine sofortige Umstellung mit dem Beitritt der neuen Länder am 3.10.1990.[853] In den wenigsten Staaten existiert

851 *Vonkilch*, Das intertemporale Privatrecht, S. 6.

852 *Heß*, Intertemporales Privatrecht, S. 1.

853 Art. 8 und 9 EV. Dieses ist aber nicht immer der Fall: Der französische Gesetzgeber hat sich mit der Aufhebung des deutschen Privatrechts in Elsaß-Lothringen bis in die Gegenwart Zeit gelassen, vgl Heß, Intertemporales Privatrecht, S. 5.

aber ein geschriebenes intertemporales Privatrecht, meistens beschränken sich die Aussagen auf die im Einzelfall vorliegende Rechtfrage, ohne allgemeingültige Regelungen festzusetzen. Eine einheitliche Anknüpfung würde immer unangemessener werden, je länger die Anwendung des einheitlichen Rechts in den Geltungsbereich der anderen Teilrechtsordnung hineinreicht. Zudem kann sich eine Anwendung im Einzelfall als besonders schwierig erweisen, da bereits häufig die Reichweite der Verweisung Schwierigkeiten bereiten kann.

Schwierigkeiten bereitet oftmals die Frage, wann ein Vorgang nach dem intertemporalen Recht abgeschlossen ist. Teilweise wird versucht, der Frage der Rückwirkung mit Vertrauensgrundsätzen zu begegnen. Die deutschen Vorstellungen von einem effektiven Übergangsrecht sind nämlich stark von Vertrauens- und Grundrechtsschutz geprägt. Eine solche Beurteilung kann im Bereich der Gesetzesänderungen durch Übertragung der verfassungsrechtlichen Praxis zur Rückwirkung von Gesetzen vorgenommen werden.

b) Ansicht des BVerfG, echte und unechte Rückwirkung

Das BVerfG hat die Entwicklung intertemporal-rechtlicher Maßstäbe anhand der Rechtssicherheit und des Vertrauensschutzes vorangetrieben. Aus dem rechtsstaatlichen Rechtssicherheitsprinzip leitet das BVerfG das prinzipielle Verbot rückwirkender Gesetze ab.[854] So hat es zwei Fallgruppen gebildet und unterscheidet zwischen der echten (retroaktiven) und unechten (retrospektiven) Rückwirkung. Die echte Rückwirkung, nach jüngerer Rechtsprechung des Zweiten Senats[855] auch Rückbewirkung von Rechtsfolgen genannt[856], liegt vor, wenn das Gesetz in abgeschlossene der Vergangenheit angehörende Tatbestände eingreift.[857] Bei der unechten Rückwirkung wirkt das Gesetz auf gegenwärtige noch nicht abgeschlossene Rechtsbeziehungen für die Zukunft ein und beeinträchtigt damit nachträglich eine in der Vergangenheit begründete Rechtsposition.[858]

Ein echtes rückwirkendes Gesetz wird grundsätzlich aufgrund des aus dem Rechtsstaatsprinzip entwickelten Vertrauensschutzgedankens als verfassungswidrig angesehen, da das Vertrauen auf die mit abgeschlossenen Tatbeständen

---

854 BVerfGE 45, 142, 167.

855 BVerfGE 72, 200, 242; BVerfGE 67, 1, 15; 72, 302, 321 f.

856 BVerfGE 72, 200, 242; BVerfGE 67, 1, 15; 72, 302, 321 f. Die tatbestandliche Rückwirkung betrifft lediglich den sachlichen Anwendungsbereich einer Norm, in Fällen der Rückbewirkung von Rechtsfolgen (statt echter Rückwirkung) liegt der Beginn des zeitlichen Anwendungsbereichs vor dem Zeitpunkt der Gültigkeit der Norm.

857 BVerfGE 30, 367, 386; 57, 361, 391; 68, 287, 306.

858 BVerfGE 11, 139, 145 ff.; 31, 356, 362 ff.; 64, 87, 104: 68, 287, 306 f.

verankerten gesetzlichen Folgen nicht unberücksichtigt bleiben bzw. nicht nachträglich enttäuscht werden darf.[859] Nur ausnahmsweise kann ein derartiges Gesetz zulässig sein, nämlich dann, wenn der Bürger mit der Regelung in dem Zeitpunkt, auf den der Eintritt der Rechtfolge vom Gesetz angeordnet wird, rechnen musste, wenn das geltende Recht unklar oder verworren ist, wenn der Bürger sich nicht auf den durch eine ungültige Rechtsnorm erzeugten Rechtsschein verlassen darf oder wenn zwingende Gründe des Gemeinwohls, die dem Gebot der Rechtssicherheit übergeordnet sind, eine Rückwirkungsanordnung rechtfertigen.[860] Eine unechte Rückwirkung soll hingegen grundsätzlich zulässig sein, wenn nicht ausnahmsweise Vertrauensschutz besteht.[861] Demnach muss das Risiko bei noch in der Entwicklung befindlichen Tatbeständen hingenommen werden, es sei denn es liegt ein Verstoß gegen das Verfassungsrecht vor. Die Feststellung einer möglichen Unzulässigkeit erfolgt durch Abwägung zwischen dem Ausmaß des Vertrauensschadens und der Bedeutung des gesetzlichen Anliegens für das Wohl der Allgemeinheit.[862] Dieses Vertrauen muss eine überwiegende Bedeutung im Verhältnis zum Interesse des Staates an einer Änderung des gegenwärtigen Rechtszustandes haben. Das Vertrauen des Bürgers richtet sich darauf, dass die Rechtslage, die bei Vornahme seiner Handlungen und Dispositionen vorgefunden wurde, auch tatsächlich gilt und nicht mehr zur Disposition des Gesetzgebers steht.[863]

c) Übertragung auf das Privatrecht

Rechtsänderungen bei Verträgen mit langen Laufzeiten sind bei Übertragung dieser Grundsätze auf das Privatrecht in den meisten Fällen der unechten, grundsätzlich zulässigen, Rückwirkung zuzuordnen. In derartigen Fällen wird das zu schützende Vertrauen dann aber oft nicht hinreichend berücksichtigt. Daher ist anerkannt, dass bei Gesetzesänderungen eine Korrektur über § 313 BGB vorgenommen werden darf. Das Risiko, dass sich durch Änderungen der Gesetze eine andere Situation für einen der Vertragspartner ergeben kann, darf nicht zu den normalen wirtschaftlichen Risiken, die akzeptiert und von jedem selbst getragen werden müssen, gezählt werden.[864] § 313 BGB stellt daher einen flexiblen

859 BVerfGE 13, 261, 271; 30, 367, 386.
860 BVerfGE NJW 1965, 1267, 1268; BVerfGE 30, 367, 387 ff.
861 BVerfGE 30, 392, 402; 31, 222, 226 f.; 36, 73, 82; 75, 246, 280.
862 BVerfGE 51, 356, 363; 64, 87, 104; 74, 129, 155; 88, 384, 406 f.; 89, 48, 66.
863 *Muckel*, Kriterien des Vertrauensschutzes, S. 75.
864 MK/*Finkenauer*, § 313 BGB Rdnr. 230.

Reaktionsmechanismus des materiellen Rechts auf Gesetzesänderungen dar.[865] Die Norm kann einen Ausgleich der widerstreitenden Interessen bewirken, da die Prüfung der Zumutbarkeit auch unter Vertrauensschutzgesichtspunkten erfolgt.

2. Vertrauensschutz bezüglich einer verfassungswidrigen Norm

Eine Sonderstellung nehmen die verfassungswidrigen Normen und die Frage ein, ob das Vertrauen auch bezüglich einer solchen Norm schützenswert ist. Dem BVerfG und BGH zufolge verdient das Vertrauen, das sich auf eine nichtige Norm gründet keinen Schutz, da eine derartige Norm als nicht existent angesehen werden müsse und daher auch kein hinreichender Vertrauenstatbestand bestehen könne.[866] Dem wird entgegnet, dass der Vertrauensschutz eine starke subjektive Grundlage enthalte, der durch die Vertrauensgrundlage lediglich objektiviert und damit rechtlich erfassbar werde.[867]

Fraglich ist dann aber, ob sich das Bestandsvertrauen auf die nichtige Norm oder bloß auf den erzeugten Rechtsschein bezieht. Nach Ansicht des BVerfG ist die Norm *eo ipso* nichtig, wobei die Feststellung *ex tunc* wirkt.[868]

Die Gegenansicht betont, dass der Grundsatz der Rechtssicherheit Verfassungsrang habe und der Entscheidung des BVerfG mehr als bloß deklaratorischer Wirkung beizumessen sei, so dass die Rechtsnorm selbst als Vertrauensgrundlage angesehen werden müsse.[869] Dem ist aber entgegenzuhalten, dass die Rechtssicherheit nicht den Bestand der verfassungswidrigen Norm gebietet, da es sonst zu Unsicherheiten bezüglich des geltenden Rechts kommen kann. Daher ist es richtig an den Rechtsschein der Norm anzuknüpfen, da das auf eine nichtige Norm gegründete Vertrauen nicht weniger wert sein darf, als das auf gültigem Gesetz beruhende.[870]

3. Wegfall der Geschäftsgrundlage im Falle von Gesetzesänderungen

Aufgrund der Vertragstreue darf auch im Fall von Gesetzesänderungen nicht vorschnell auf § 313 BGB zurückgegriffen werden. Vorab zu berücksichtigen sind die Fallkonstellationen, in denen Gesetzesänderungen zum wirtschaftlichen Risiko der Parteien zu rechnen sind, so dass eine Berufung auf den Wegfall der

865 *Heß,* Intertemporales Privatrecht, S. 480.
866 BVerfGE 19, 187, 197; BGHZ 84, 292, 297.
867 So auch *Rupp-v. Brüneck,* Sondervotum in BVerfGE 32, 129, 138.
868 BVerfGE 7, 377, 387; 8, 51, 71; 14, 174, 190; 21, 292, 305; 8, 51, 71.
869 *Maunz*/Dürig, Art. 93 GG Rdnr. 34.
870 *Muckel,* Kriterien des Vertrauensschutzes, S. 88.

Geschäftsgrundlage ausscheidet. Ebenso kann die Gesetzesänderung aus anderen Gründen dem Risikobereich einer Partei zuzuordnen sein, beispielsweise weil diese in Verzug geraten ist.[871] Eine Zuweisung kann auch im neuen Gesetz enthalten sein[872] oder sich aus dem gesetzten Zweck des Gesetzes[873] ergeben.

Im Gegensatz zu den anderen Fallgruppen kommt dem Punkt der Vorhersehbarkeit wesentliche Bedeutung zu. Denn gerade im Fall von Gesetzesänderungen ist es durchaus möglich, dass die Partei Kenntnis von einem Gesetzesvorhaben hatte oder hätte haben müssen. Die Annahme einer grundsätzlichen Unvorhersehbarkeit bis zum Gesetzesbeschluss im Bundestag ist abzulehnen.[874] Den Parteien kann oftmals bereits bei einer politischen Diskussion über eine Gesetzesänderung zugemutet werden, vertragliche Vorkehrungen zu treffen.[875]

Daneben ist das Merkmal der Unzumutbarkeit von großer Relevanz. Die Rechtsprechung tendiert bei Gesetzesänderungen grundsätzlich zur Ablehnung einer Anwendung des § 313 BGB. Dieses sehr restriktive Verhalten kann darauf zurückgeführt werden, dass die Gerichte keine Übergangsregelungen für den Gesetzgeber erlassen möchten.

So wurde ein Wegfall der Geschäftsgrundlage aufgrund einer Gesetzesänderung bei einer gesetzlichen Erhöhung der Sozialversicherungsleistungen abgelehnt.[876] Ebenso müsse nach Ansicht der Gerichte mit gesetzlichen Belastungen zur Sicherung der Altersversorgung gerechnet werden.[877] Eine Änderung des Berufsrechts könne zudem nicht die Geschäftsgrundlage für einen diesbezüglichen Ausbildungsvertrag entfallen lassen.[878]

Anders verhielt es sich bei Grundstückskaufverträgen, bei denen durch eine nicht erwartete Gesetzesänderung nachträglich das Verhältnis der beiderseitigen Leistungen verändert wurde. Hierhin gehört vor allem die Aufwertungsgesetzgebung nach 1923. Wenn die Gesetzesänderung dazu führte, dass die

---

871 BGH ZIP 1993, 234, 237.

872 Z.B. Art. 9 II Nr. 2 FamR ÄndG (1961): Danach wurden die von der Neuregelung erweiterten Unterhaltsansprüche des nichtehelichen Kindes nicht von früheren Unterhaltsverzichten erfasst.

873 Z.B. OLG Oldenburg Beschluss vom 21.4.1994, NJW-RR 1994, 974. Demnach hat eine Änderung der Milchanlieferungsreferenzmenge nicht das Ziel dem Verpächter, sondern dem Pächter zu Gute zu kommen, so dass § 593 BGB keine Anwendung finden kann.

874 So zumindest *Chiotellis*, Rechtsfolgenbestimmung, S. 129 ff.

875 Auf diesem Standpunkt stellte sich bereits das RG, vgl. RGZ 1221, 56, 58.

876 BGH NJW 1962, 250.

877 BAG vom 24.2.2004, 3 AZR 10/02, zitiert nach Juris.

878 OLG Dresden NJW 2000, 3432.

vom Verkäufer vor Verkauf des Grundstücks bereits abgelösten Hypotheken nachträglich aufgewertet wurden und dieser so zu erheblichen Nachzahlungen verpflichtet wurde, sprachen die Gerichte den Verkäufern in vielen Fällen Ausgleichsansprüche gegen den Käufer zu.[879]

a) Änderung oder Aufhebung von Wirtschaftsverträgen nach DDR-Recht: Entscheidung des BGH vom 12. März 1997

Entscheidende Rolle kommt also bei der Beurteilung, ob die Geschäftsgrundlage eines Vertrages durch die Rechtsänderung weggefallen ist, der Vorhersehbarkeit zu. So hat der BGH den Zusammenbruch der Planwirtschaft der früheren DDR als solchen nicht als ausreichend für eine Anpassung angesehen.[880] Vielmehr müssten die Umstände des Einzelfalls darüber entscheiden.[881] Bei DDR-Wirtschaftsverträgen sind zudem die spezialgesetzlichen Regelungen[882] zu beachten, so dass eine Berufung auf die Geschäftsgrundlage häufig leerläuft.[883]

Eine Entscheidung, der die Frage einer Anwendung des Wegfalls der Geschäftsgrundlage in diesem Zusammenhang zugrunde lag, stammt vom 12. März 1997:[884] Die Klägerin verlangte Zahlung des Kaufpreises für bestellte Manometer. Da das technische Normenwerk geändert wurde, verweigerte die Beklagte die Zahlung. Am 17. November 1989 hatte die Beklagte bei der Klägerin, einem Außenhandelsbetrieb der früheren DDR, insgesamt 200.000 Stück Manometer bestellt, die im Verlauf des Jahres 1990 geliefert werden sollten. Der Auftrag umfasste verschiedene Typen von Manometern, die den damals in der DDR maßgebenden TGL-Bestimmungen (technische Normen, Gütevorschriften, technische Lieferbedingungen) zu entsprechen hatten. Die Klägerin bezog die Ware von einem Herstellerbetrieb in Polen, der sie direkt an die Beklagte liefern sollte. Im Mai 1990 erklärte die Beklagte, infolge der mit der Wirtschafts- und Währungsunion einhergehenden Veränderungen könne sie die bestellten Manometer nicht mehr verwenden, weshalb sie sich gezwungen sehe, ab Juni 1990 alle Zulieferungen des Herstellers zu stornieren. Die Klägerin erklärte, sie würde die letzte Lieferung Ende Mai abschicken und erst danach den Auftrag stornieren.

---

879 RGZ 141, 198, 202 f.; 142, 23, 34 f.

880 BGHZ 123, 1, 8.

881 BGHZ 121, 378, 393 f.; eine Anpassung wurde nur selten zugelassen, vgl. BGHZ 120, 10.

882 Z.B. § 79 DDR-VGBGHZ 121, 378, 391 ff.

883 BGHZ 40, 334, 336; BGHZ 120, 10, 18 ff.; anders: BGHZ 121, 378, 392.

884 BGH ZIP 1997, 762 ff.; WM 1997, 1030 ff.

Die Beklagte weigerte sich, die gelieferte Ware entgegenzunehmen und den Auftrag zu bezahlen.

Der BGH führte aus, dass die Fortgeltung des TGL-Normensystems als Geschäftsgrundlage des Einfuhrvertrags anzusehen sei.[885] Wenn Gesetzesänderungen den Wert von Leistung und Gegenleistung beeinflussen, könnten diese durchaus als Änderung der Geschäftsgrundlage zu berücksichtigen sein, es sei denn, das Risiko einer Rechtsänderung wäre von einer Partei zu tragen. Im konkreten Fall nahm der BGH aber keinen derartigen Wegfall der Geschäftsgrundlage an, so dass die Änderung der Rechtslage keine Entlastung der Käuferin vom Weiterverwendungsriskiko begründen konnte. Die Begründung lag darin, dass die Lieferung der – für den Monat Mai 1990 von der Beklagten abgerufenen – Manometer bereits am 1. Juni 1990 erfolgt war, während die Rechtsänderung erst am 4. Juli 1990 vom Ministerrat der DDR beschlossen wurde und am 1. Oktober 1990 in Kraft getreten ist.[886] Daher blieb der Beklagten noch ausreichend Zeit, sich auf die Umstellung des technischen Normensystems einzustellen. Verarbeitungs- und Vertriebsdauer müssten ihrem Risikobereich zugeordnet werden. Der vom Berufungsgericht erwähnte und auf die Wirtschafts-, Währungs- und Sozialunion zurückgeführte wirtschaftliche Zwang, bereits vor Inkrafttreten der Änderung der technischen Normen ihre Produkte auf die Anforderungen bundesdeutscher Industrienormen auszurichten, führt für sich genommen nicht zu einer Änderung der Geschäftsgrundlage. Weiter führt der BGH aus, dass eine Annahme des Vertragsgegenstandes nicht unzumutbar geworden sei. Dieses sei nur dann anzunehmen, wenn der Absatz der streitgegenständlichen Manometer unmöglich oder nur zu wirtschaftlich nicht mehr hinnehmbaren Bedingungen möglich gewesen wäre. Da dieses von der Beklagten nicht hinreichend dargelegt und bewiesen wurde, habe sie den vollen Kaufpreis zu entrichten.

b) Wegfall der Geschäftsgrundlage aufgrund von § 11 BPflV

Im Zusammenhang mit den Rechtsänderungen sind zudem die Entscheidungen des BAG anzubringen, denen eine Klage gegen § 11 BPflV zugrunde lag.[887] Dieser legte den Chefärzten die Erstattung von Kosten auf, die bei ambulanten Tätigkeiten im Krankenhaus verursacht wurden. In seinem Satz 3 setzte § 11 BPflV die Anpassung entgegenstehender vertraglicher Vereinbarungen fest. So entstanden

885 BGH ZIP 1997, 762, 763.

886 BGH ZIP 1997,762, 764.

887 BAG NJW 1989, 1562; BAG NJW 1980, 1912, 1914; *Kollhosser*, JA 1983, 49, 50; *Münzel*, NJW 1993, 2969 ff.

Probleme im Zusammenhang zu Altverträgen, die eine pauschale Abgabenregelung enthielten, wonach der Arzt einen bestimmten Teil seiner Liquidationseinnahmen aus dem ambulanten Bereich abzugeben verpflichtet war. In diesen war teilweise ausdrücklich festgehalten, dass die Regelung bis zum Ende des Dienstverhältnisses bestehen sollte. Eine Anpassung von Altverträgen mit der Folge einer Erhöhung der vom Arzt zu leistenden Abgaben, hatte für diese zugleich eine Verringerung der verbleibenden Liquidationseinnahmen zur Folge.

Das BVerfG bewertete den Eingriff des § 11 I 3 BPflV in bereits bestehende, aber noch laufende Vertragsverhältnisse als unechte Rückwirkung.[888] Wie bereits dargestellt, ist in derartigen Fällen die Bedeutung des gesetzgeberischen Anliegens für die Allgemeinheit mit dem Vertrauen der Bürger auf den Fortbestand der Regelung abzuwägen. Das BVerfG entschied, dass bei beamteten Chefärzten ein derartiger Vertrauensschutz verneint werden müsse, da es auch ohne gesetzliche Verpflichtung bereits immer eine Verpflichtung zur Abgabe von Einkünften gegeben habe und eine gesetzliche Regelung über diese Abgabe daher durchaus zumutbar sei.[889] Da keine Gründe ersichtlich seien, warum für nicht beamtete Ärzte ein anderer Vertrauensschutz zu gelten habe, seien diese Grundsätze auch auf nicht beamtete Chefärzte anzuwenden und ein Vertrauensschutz daher zu verneinen.[890]

In den Entscheidungen des BAG wurde schließlich auch die gesetzliche Anpassungspflicht für verfassungsrechtlich unbedenklich gehalten. Mangels einer Regelung über die Art der Anpassung seien die gesetzlichen Vorgaben anzuwenden. Genannt wurden von dem Gericht die Änderungskündigung, die Ausübung eines vertraglich vereinbarten Widerrufsvorbehalts, der Abschluss eines Änderungsvertrags und schließlich die begründete Berufung auf das Institut des Wegfalls der Geschäftsgrundlage.[891] Seitens der Literatur, die teilweise in der gesetzlichen Regelung eine Anpassungsverpflichtung sieht[892], wird betont, dass die Änderungskündigung und der Wegfall der Geschäftsgrundlage nur unter engen Voraussetzungen möglich seien, so dass eine Anpassung tatsächlich nicht durchgeführt werden könne.[893] Daher wird teilweise vorgeschlagen, in § 11 I 3

888 BVerfGE NJW 1980, 1327.

889 BVerfGE NJW 1980, 1327, 1330.

890 *Münzel*, NJW 1993, 2969, 2972.

891 BAG NJW 1989, 1562, 1563.

892 Zu diesem Ergebnis kommt *Münzel*, NJW 1993, 2969, 2972 f. nach Auslegung des Paragraphen. Für eine Pflicht zur Anpassung *Zuck*, NZA 1988, 763, 765; a.A. wohl *Dietz*, in: Brandecker/Dietz/Bofinger, § 11 Rdnr. 3.

893 *Münzel*, NJW 1993, 2696, 2974.

BPflV einen gesetzlich geregelten Fall des Wegfalls der Geschäftsgrundlage zu sehen.[894]

c) Änderung der Gebührenstruktur

Einen Wegfall der Geschäftsgrundlage und eine darauf beruhende Anpassung eines Gewerberaummietvertrages hat das Landgericht Hannover bei einer Änderung der Gebührenstruktur der Gemeinde bejaht. Demnach müsse der Mieter die Gebühren tragen, wenn die Gemeinde ihre Gebührenstruktur für die Umlegung von Wasserkosten dahin ändere, dass an die Stelle einer Abwassergebühr eine Gebühr für Schmutzwasser und eine Gebühr für Niederschlagswasser zu zahlen sei. Hat der Mieter laut Mietvertrag die Abwassergebühr zu tragen, so sei der Vermieter nach den Grundsätzen des Wegfalls der Geschäfsgrundlage zu einer Anpassung des Mietvertrages berechtigt.[895]

d) Liberalisierung des Scheidungsrechts

In einem anderen Fall musste der BGH entscheiden, ob eine Liberalisierung des Scheidungsrechts die Geschäftsgrundlage für einen Ehevertrag, insbesondere für einen Unterhaltsverzicht, entfallen lassen kann.[896] In dem 1974 abgeschlossenen Ehevertrag war vermerkt worden, dass bei einer Scheidung auf alle etwaigen gegenseitigen und künftigen Unterhaltsansprüche, einschließlich des Notunterhalts, gleich aus welchem Grund und gleich in welcher Höhe verzichtet werde. Der Ehemann erhob nach der Scheidung 1982 Klage auf Feststellung, dass zwischen den Parteien die gesetzliche Unterhaltspflicht aufgrund dieses geschlossenen Ehevertrages wirksam ausgeschlossen wurde. Der BGH bestätigte die Vorinstanz und sah den geschlossenen Ehevertrag als wirksam an. Zur Zeit des Vertragsschluss waren die Parteien aufgrund des § 72 Satz 1 EheG[897] berechtigt, vertragliche Vereinbarungen über die Unterhaltspflicht nach der Scheidung zu

---

894 *Zuck*, NZA 1988, 763, 766; *Münzel*, NJW 1993, 2696, 2974.

895 NJW-RR 2004, 730.

896 BGH NJW 1985, 1833, 1835.

897 § 72 EheG des Gesetzes vom 20.2.1946 (BGBl. III 404–1) enthielt folgende Regelung: „Die Ehegatten können über die Unterhaltspflicht für die Zeit nach der Scheidung der Ehe Vereinbarungen treffen. Ist eine Vereinbarung dieser Art vor Rechtskraft des Scheidungsurteils getroffen worden, so ist sie nicht schon deshalb nichtig, weil sie die Scheidung erleichtert oder ermöglicht hat. Sie ist jedoch nichtig, wenn die Ehegatten im Zusammenhang mit der Vereinbarung einen nicht oder nicht mehr bestehenden Scheidungsgrund geltend gemacht hatten, oder wenn sich anderweitig aus dem Inhalt der Vereinbarung oder aus sonstigen Umständen des Falles ergibt, dass sie den guten

treffen. Die Veränderung des Scheidungsrechts zum 1. Juli 1977 durch Übergang vom Schuldprinzip auf das Zerrüttungsprinzip habe die Geschäftsgrundlage nicht entfallen lassen. Die Beklagte habe nicht vorgetragen, dass sich ihr Geschäftswille auf die unveränderte Fortgeltung des bei Vertragsschluss geltenden Scheidungsrechtes (§§ 42 ff. EheG 1946) gegründet habe, dass dieses dem Kläger zudem bekannt oder für ihn erkennbar gewesen sei und dass er dies nicht beanstandet habe. Dafür reiche nicht aus, dass die Parteien mit einer – damals bereits seit Jahren öffentlich diskutierten – Änderung des Scheidungsrechtes nicht gerechnet haben. Es komme vielmehr darauf an, ob der Geschäftswille der Parteien oder wenigstens der Beklagten, für den Fall der Scheidung auf Unterhalt zu verzichten, auf dem Fortbestand des früheren Scheidungsrechtes aufbaute. Da aber im vorliegenden Fall keine näheren Umstände zur Scheidung dargelegt wurden, könne nicht gesagt werden, dass es nach früherem Recht nicht zur Scheidung gekommen wäre. Dieses Urteil veranschaulicht die Voraussetzungen, die an einen Wegfall der Geschäftsgrundlage gestellt werden und wie wichtig die Umstände des Einzelfalls bei der Beurteilung sind.

II. Rechtsprechungsänderungen

1. Vertrauensschutz im Falle von Rechtsprechungsänderungen

Eine Rechtsänderung im weiteren Sinn kann sich des Weiteren durch die Rechtsanwendungsorgane durch Änderung ihrer Rechtsprechung ergeben.[898] Für den BGH bedeutet eine derartige Änderung der höchstrichterlichen Rechtsprechung das „Erkennen der wahren Rechtslage".[899] Im Hinblick auf den Geltungsbereich und die Bindungswirkung können Rechtsprechung und Gesetzgebung zwar nicht gleichgesetzt werden[900], jedoch kann ein Wandel der Rechtsprechung ebenso zu Konflikten zwischen materieller Gerechtigkeit und Rechtssicherheit führen wie eine Gesetzesänderung.[901] Trotz seiner Wirkung *inter partes*, kann ein Urteil faktisch nämlich einen viel größeren Adressatenkreis betreffen. Gerichtliche

---

Sitten widerspricht." Durch Gesetz vom 14. Juni 1976 (BGBl. I. S. 1421) wurde § 72 für wirkungslos erklärt.

898 Vgl. BGH NJW 1958, 297; BGH NJW 1972, 1577; BGH WRP 1975, 532; BGH NJW 1983, 1648, 1552; BGH NJW 2001, 3618; BGH NJW 2004, 3106; BGH ZIP 2002, 1615, 1618; OLG Schleswig NJW-RR 2004, 223.

899 BGH MDR 1960, 667; BGHZ 25, 390, 393: „wirkliche Rechtslage."

900 So betonte das BVerfG: „Höchstrichterliche Urteile sind kein Gesetzesrecht und erzeugen keine damit vergleichbare Rechtsbindung", vgl. BVerfGE 38, 386, 396; 84, 212, 227.

901 *Lübbe*, Grenzen der Rückwirkung, S. 83.

Entscheidungen, welche die Wirksamkeit eines Rechtsgeschäfts betreffen, wirken als Akt wertender Erkenntnis auf einen in der Vergangenheit liegenden, noch nicht abgeschlossenen, Sachverhalt ein.

Die in der verfassungsgerichtlichen Rechtsprechung entwickelten Regeln über die Begrenzung rückwirkender Gesetzesänderungen und die Vertrauensschutzerwägungen können nicht ohne weiteres auf die höchstrichterliche Rechtsprechung übertragen werden. Die Gerichte dürfen nicht an eine einmal feststehende Rechtsprechung gebunden sein, auch wenn sich diese aufgrund anderer Erkenntnisse als nicht mehr haltbar erweisen sollte.[902] Daher ist eine Übertragung der erarbeiteten Ansätze auf Rechtsprechungsänderungen abzulehnen. Der besonderen Interessenlage von privatrechtlichen Rechtsprechungsänderungen wird anderenfalls nicht hinreichend Rechnung getragen, da die Prozessparteien mit absolut gegenläufigen Absichten konfrontiert sind. Zudem muss die Stellung des Richters beachtet werden, der als Vertreter des Staates nicht auf das Bedürfnis des Rechtsverkehrs nach Rechtssicherheit zu achten hat.[903]

Gegen eine terminologische Trennung zwischen der echten und unechten Rückwirkung bestehen zwar grundsätzlich keine Bedenken, jedoch können die vom BVerfG definierten Ausnahmen von diesem Grundsatz nicht auf Rechtsprechungsänderungen übertragen werden. Echte Rückwirkung könnte dann angenommen werden, wenn das die bisherige Rechtsprechung abändernde Urteil in der Vergangenheit abgeschlossene Sachverhalte betrifft. Unechte Rückwirkung käme dagegen Entscheidungen zu, die in laufende Sachverhalte mit Wirkung für die Zukunft einwirken. Derartigen Entscheidungen liegen in der Regel die Fälle zugrunde, die im Zusammenhang mit der Lehre der Geschäftsgrundlage eine Rolle spielen.

Schwierigkeiten bereitet dann aber die Frage, ob mit einer Rechtsprechungsänderung zu rechnen war. Da die Rechtsprechungsänderung sofort mit der Verkündung in Kraft tritt, kann nur schwerlich ein Zeitpunkt definiert werden, ab dem eine Änderung der Rechtsprechung erwartet werden musste. Umstritten ist in diesem Zusammenhang, ob eine Zerstörung des bestehenden Vertrauens schon dann anzunehmen wäre, wenn die Rechtsprechung seitens des Schrifttums in Frage gestellt worden ist. So wird teilweise bereits eine fehlende Vertrauensgrundlage angenommen, wenn Grundsätze der Rechtsprechung mit beachtlichen Gründen angegriffen wurden.[904] Dieses ist aber zweifelhaft. Allein

902 Vgl. KG Berlin NJOZ 2007, 3588, 3596 f.; BVerfGE 18, 224, 240.

903 *Keil*, Rechtsprechungsänderungen, S. 247.

904 *Grunsky*, Grenzen der Rückwirkung, S. 19; *Wipprecht*, Änderung der Rechtsprechung, S. 133; so auch: BVerfGE 38, 386, 397; BAGE 27, 246, 254 f.; BGHZ 52, 365.

der Umstand, dass ein Urteil von Teilen der Literatur mit Skepsis aufgenommen wurde, darf nicht zu einer Aushöhlung des Vertrauensgrundsatzes führen. Zwar kann Kritik durchaus zu einem Wandel der Rechtsprechung führen, muss dies aber nicht zwangsläufig. Daher ist das Vertrauen der Bürger in die Rechtsprechung der Gerichte schützenswert, da ansonsten eine große Gefahr für die Rechtssicherheit bestehen würde.[905] Ausnahmen bestehen im Falle der Ankündigungsrechtsprechung, wenn durch Entscheidungen des Gerichts bereits Zweifel am bestehenden Richterrecht geäußert oder verdeutlicht wurde, dass es in Zukunft von der Entscheidung abweichen wird.[906] Dann ist bereits die zumutbare Möglichkeit der Kenntnisnahme von dem Urteil unabhängig von der tatsächlichen Kenntnisnahme ausreichend.[907] Von dieser Ankündigungsrechtsprechung abgesehen sind aber kaum Konstellationen denkbar, in denen mit einer derartigen Änderung gerechnet werden musste.

Eine Änderung einer unklaren und verworrenen Rechtslage kann ebenfalls nur in ganz außerordentlich gelagerten Fällen in Betracht kommen. Demnach könnten lediglich zwingende Gründe des gemeinen Wohls eine echte Rechtsprechungsänderung ausnahmsweise zulässig machen. Die dabei vorzunehmende Abwägung ist aber der Gefahr ausgesetzt, dass das Vorliegen eines zwingenden Grundes deutlich ausgedehnt wird.[908] Daher wird das Vertrauensschutzprinzip als „antistaatliches Schutzprinzip" auf privatrechtlicher Ebene als ungeeignet angesehen.[909] Der Vertrauenstatbestand sei durch die Gerichte und nicht durch den Prozessgegner geschaffen worden, so dass dieser ihm auch nicht zugerechnet werden dürfe.[910] Demnach soll eine Abwägung im Einzelfall vorgenommen werden, eine Übertragung der im Verfassungsrecht entwickelten Grundsätze wird abgelehnt.[911] Für sach- und interessengerechter wird vielmehr eine Behandlung derartiger Änderungen mit Hilfe privatrechtlicher Rechtsfiguren gehalten.[912]

---

905 Zu dem Ergebnis gelangt auch *Lübbe*, Grenzen der Rückwirkung, S. 101, die aber Ausnahmen zulässt, wenn „ der Wert und die Bedeutung der wissenschaftlichen Erkenntnis (…) von derart hohem Gewicht sind, dass sich für jeden verständigen Bürger ein Wandel abzuzeichnen erscheint." Höpfner, RdA 2006, 157, 160.

906 *Blomeyer*, in: FS Molitor, S. 41, 51; *Viets*, Rechtsprechungsänderungen, S. 186, 200; *Birk*, JZ 1974, 735 ff.; *Picker*, JZ 1984, 153 ff.

907 *Lübbe*, Grenzen der Rückwirkung, S. 100.

908 *Höpfner*, RdA 2006, 156, 164.

909 *Rüberg*, Vertrauensschutz, S. 202 ff.; *Arndt*, Rechtsprechungsänderung, S. 117 ff., 125 ff., 131; *Blomeyer*, FS Molitor, S. 41, 48 ff.

910 *Canaris*, SAE 1972, 22.

911 *Höpfner*, RdA 2006, 156, 164.

912 *Keil*, Rechtsprechungsänderungen, S. 247.

Im Fall der echten Rückwirkung soll der Gedanke des Rechtsmissbrauchs, im Fall einer unechten Rückwirkung hingegen die Lehre der Geschäftsgrundlage ein geeignetes Mittel darstellen.[913] Auch die Rechtsprechung entschied in diese Richtung.[914]

2. Entscheidung des BGH vom 23. Oktober 1957

Die Entscheidung des BGH vom 23. Oktober 1957 war eine der ersten, in der sich der BGH mit einer Anwendung der Grundsätze des Wegfalls der Geschäftsgrundlage im Fall von Rechtsprechungsänderungen beschäftigte.[915] Dem Urteil lag folgender Sachverhalt zugrunde: Am 16. März 1953 war ein Vertrag über die Entschädigungssumme eines 1940 enteigneten Grundstücks geschlossen worden. Die Summe sollte 31.367,22 RM betragen. Des Weiteren wurde in dem Vertrag festgelegt, dass gemäß des Umstellungsgesetzes der Betrag einer Umstellung im Verhältnis 10:1 unterliegen sollte. Am 16. November 1953 wurde aber durch eine praxisändernde Entscheidung des BGH[916] festgesetzt, dass derartige Entschädigungsforderungen nicht im Verhältnis 10:1, sondern im Verhältnis 1:1 umzustellen seien. Die Klägerin berief sich auf einen Wegfall der Geschäftsgrundlage und verlangte eine derartige Umstellung. Der BGH gab der Klage statt. Demnach könne ein beiderseitiger Irrtum bei Beurteilung der Rechtslage bei Abschluss eines Vertrages die Geschäftsgrundlage entfallen lassen, wenn der Vertrag andernfalls nicht abgeschlossen worden wäre. In vorliegenden Fall habe die damalige Rechtsauffassung der Parteien mit der höchstrichterlichen Rechtsprechung übereingestimmt. Allerdings wird betont, dass selbst wenn die Auffassung der Rechtsprechung Vertragsinhalt geworden sei, dieses bei nachträglicher Änderung einen Treu und Glauben Rechnung tragenden Vertragspartner veranlassen müsse, nicht mehr auf einer Regelung nach der früheren Rechtsprechung zu bestehen.[917] Als Rechtsfolge wurde die Ersetzung der Umstellung 10:1 durch eine Umstellung 1:1 angeordnet.

---

913 *Höpfner*, RdA 2006, 156, 164.

914 BGH, NJW 1983, 1548, 1552, zuletzt BGH, ZIP 2002, 1615, 1618. Demnach kann ein Wandel der höchstrichterlichen Rechtsprechung zu Störungen der Vertragsgrundlage führen, die nach den Regeln des Wegfalls der Geschäftsgrundlage zu behandeln sind.

915 BGHZ 25, 390 ff.

916 BGHZ 11, 56 gegen BGHZ 6, 91.

917 BGHZ 25, 390, 393.

3. Verkauf von Apothekenkonzessionen

Weiteres Beispiel für eine Anwendung der Lehre des Wegfalls der Geschäftsgrundlage aufgrund einer Rechtsprechungsänderung sind die Fälle, in denen Apothekenkonzessionen, die vor der Einführung der unbeschränkten Niederlassungsfreiheit[918] erworben wurden, durch die Neuregelung praktisch ihren gesamten wirtschaftlichen Wert verloren hatten.[919]

In dem ersten Fall klagte der Verkäufer einer Konzession auf Zahlung des Kaufpreises in Höhe von 60.000 DM. Der BGH wies die Klage ab. Demnach sei der Kaufpreis aufgrund einer Äquivalenzstörung entsprechend herabzusetzen. Kein Apotheker hätte, nachdem die Niederlassungsfreiheit garantiert worden sei, eine Konzession zu dem vereinbarten Preis gekauft. Begründet wurde diese Entscheidung zudem damit, dass die Parteien mit einer solchen Entwicklung nicht gerechnet hatten und auch nicht zu rechnen brauchten.

In der zweiten Entscheidung[920] betonte der BGH, dass nicht in jedem Fall des Verkaufs von Apothekenkonzessionen die Geschäftsgrundlage entfallen muss, sondern darauf abgestellt werden müsse, ob und inwieweit dem Käufer der Konzession Vorteile daraus erhalten geblieben seien. Es müsse im Wege der Vertragsauslegung entschieden werden, welche Partei das Risiko einer Änderung der Rechtsprechung zu tragen habe. Grundsätzlich sei an dem bestehenden Vertrag festzuhalten und das Risiko gehe zu Lasten einer Partei.[921]

4. Entscheidung des BGH vom 21. April 1983

In einer Entscheidung aus dem Jahr 1983 betonte der BGH die Bedeutung des Einzelfalls bei einer Anwendung der Lehre der Geschäftsgrundlage auf Rechtsprechungsänderungen.[922] Allein das Vorliegen eines zu schützenden Vertrauenstatbestands soll nicht ausreichen. Der Entscheidung lag eine Klage auf Rückzahlung einer geleisteten Vertragsstrafe zugrunde. Die Parteien hatten vereinbart eine bestimmte Werbung, die von beiden Parteien als wettbewerbswidrig angesehen wurde, zu unterlassen. Wegen eines im Mai 1978 begangenen Verstoßes gegen die Verpflichtung wurde die vereinbarte Vertragsstrafe geltend gemacht und gezahlt. Später stellte sich aber heraus, dass der BGH in einem Urteil vom März desselben Jahres die entsprechende Werbung für zulässig erklärt hatte. Der BGH wies

---

918 Durch Urteil vom BVerfGE 7, 377 ff.
919 BGH LM, § 242 (Bb) BGB Nr. 33; BGH LM § 242 (Bb) BGB Nr. 37.
920 BGH LM § 242 (Bb) BGB Nr. 37.
921 *Arndt*, Rechtsprechungsänderungen, S. 122.
922 BGH NJW 1983, 2143, 2144.

die Klage jedoch ab, da die Vertragsstrafe bereits gezahlt und damit verfallen war. Die Zahlung sei zwar nach Erlass des Urteils des BGH vom März, aber vor dessen Kenntnis durch die Parteien erfolgt. Der Wegfall der Geschäftsgrundlage könne nicht ohne weiteres zur Unwirksamkeit oder zur Beendigung der vertraglichen Unterlassungsverpflichtung führen, sondern grundsätzlich nur zur Anpassung für die Zukunft unter Berücksichtigung der Umstände des Einzelfalls. Dafür sei es von Bedeutung gewesen, dass die „Werbemaßnahme des Klägers sich als ein bewusstes Zuwiderhandeln gegen eine bestehende Unterlassungsverpflichtung" dargestellt hat, so dass es der Billigkeit entspreche, diesen abgewickelten Vorfall nicht einer Rückabwicklung zu unterwerfen.[923]

III. Analyse von bedeutenden Rechtsänderungen im Steuerrecht

Besondere Beachtung soll an dieser Stelle das Steuerrecht erfahren, da auf diesem Rechtsgebiet strengere Anforderungen gelten. Insbesondere der Problematik der Rückwirkung kommt eine wichtige Rolle zu. Während bei Gesetzesänderungen im Allgemeinen ein Wegfall der Geschäftsgrundlage und eine daraus folgende Anpassung durchaus möglich ist, sind im Bereich des Steuerrechts einige Besonderheiten zu beachten.

1. Rückwirkung bei Gesetzesänderungen im Steuerrecht

Im Grundgesetz ist kein Rückwirkungsverbot für Steuergesetze verankert. Das Steuerrecht als Eingriffsrecht ist jedoch in besonderem Maße von der Rechtssicherheit und dem Vertrauensschutz geprägt.[924] Dennoch sind rückwirkende Gesetze nicht generell unzulässig, sondern es gelten auch im Steuerrecht die verfassungsrechtlichen Vorgaben durch die echte und unechte Rückwirkung. Für das Vorliegen einer echten Rückwirkung soll der Zeitpunkt der Entstehung des Steueranspruchs entscheidend sein.[925] Das BVerfG geht bei periodischen Steuern davon aus, dass eine echte Rückwirkung vorliegt, wenn die Norm nach Ablauf des Veranlagungszeitraums verkündet wird und den abgeschlossenen Verkündungszeitraum nachträglich ändert.[926] Wenn die Regelung während des Veranlagungszeitraums verkündet wird, liegt eine Neubestimmung einer bisher noch nicht eingetretenen Rechtsfolge und eine tatbestandliche Rückwirkung vor. Die Begründung dafür liegt darin, dass die Entstehung der Steuer in der

923 BGH NJW 1983, 2143, 2144.

924 *Weber-Grellet*, Steuern im Verfassungsstaat, S. 243.

925 BVerfGE 72, 200, 253; *Tipke/Lang*, Steuerrecht, § 3 Rdnr. 262.

926 BVerfGE 72, 200, 242; 97, 67, 80.

Regel erst mit Ablauf des Kalenderjahres eintritt.[927] Der Bundesfinanzhof orientiert sich grundsätzlich an diesen vom BVerfG aufgestellten Maßgaben zur Rückwirkung.[928] Eine derartige Anknüpfung ist aber innerhalb des Schrifttums und in einigen Sondervoten nicht unkritisiert geblieben.[929] Vielmehr wird vorgeschlagen, eine Abwägung zwischen dem Vertrauen des Einzelnen und seiner geschützten Rechtsposition mit dem Gemeinwohl und dem Änderungsinteresse vorzunehmen.[930] Da sich ein Überwiegen des öffentlichen Interesses an der Gesetzesänderung im Vergleich zum Bestandsinteresse der Eigentümer im Falle von Gesetzesänderungen im Steuer- und Abgabenbereich aber in der Regel vertreten lässt, wäre eine steuerliche Verlässlichkeit auf gesetzliche Vorgaben nahezu beseitigt. So betonte das BVerfG, dass im Steuerrecht die allgemeine Erwartung des unveränderten Fortbestehens geltenden Rechts nicht geschützt sei.[931] Demnach würden zwar steuerrechtliche Dispositionsbedingungen vom Tage der Entscheidung an eine Vertrauensgrundlage bilden, aber bei unbefristeten über Jahrzehnte wirkenden Steuervergünstigungen könne sich der Steuerpflichtige nicht darauf berufen, dass die gesetzlichen Rahmenbedingungen nicht zu seinen Lasten hin verändert werden könnten.[932]

2. *Steueränderung als Wegfall der Geschäftsgrundlage*

Da sich im Steuerrecht häufig Änderungen der Rechtslage ereignen, stellt sich die Frage, ob § 313 BGB möglicherweise nur beschränkt Anwendung finden sollte. Dem wird aber entgegegehalten, dass nicht die mögliche Anwendung der zivilrechtlichen Figur der Geschäftsgrundlage auf das Steuerrecht entscheidend sei, sondern allein die Frage der steuerrechtlichen Anerkennung der zivilrechtlichen Folgen bei mangelhafter Geschäftsgrundlage.[933] Steuerliche Folgen eines

927 BVerfGE 97, 67, 80.

928 BFH, 13.11.2002, BStBl. 2003 II S. 477.

929 *Sondervotum Steinberger*, BVerfGE 72, 200, 276 f.; *Schaumburg*, DB 2000, 1884, 1886; *Spindler*, DStR 2001, 725, 727.

930 *Schaumburg*, DB 2000, 1884, 1888; *Spindler*, DStR 2001, 725, 728.

931 BVerfGE 38, 61, 63; BVerfGE 68, 193, 222; BVerfG WM 2002, 1496, 1500.

932 BVerfG WM 2002, 1496, 1500 f., in dem Fall stellte das BVerfG fest, dass ein durch steuerlichen Zugriff verursachter Wertverlust einer Beteiligung nicht Art. 14 Abs. 1 GG verletze. Die Aufhebung einer steuergesetzlichen Befreiung für die Zukunft sei, soweit die Investitionsentscheidung der Vergangenheit betroffen sei, an den Voraussetzungen der tatbestandlichen Rückanknüpfung („unechte“ Rückwirkung) zu messen.

933 Dies betont *Rust*, Das rückwirkende Ereignis, S. 90.

Rechtsgeschäfts gehören nach der Rechtsprechung dann zur Geschäftsgrundlage, wenn die Maßgeblichkeit bestimmter steuerlicher Umstände für den Inhalt des Rechtsgeschäfts eindeutig erkennbar gewesen ist.[934] Es muss also während der Vertragsverhandlungen hinreichend zum Ausdruck gekommen sein, dass steuerliche Erwartungen als Grundlage des Geschäftes angesehen wurden.

Das OLG Dresden führte in diesem Zusammenhang 1996 aus, dass eine derartige Erkennbarkeit z.B. dann anzunehmen ist, wenn eine konkrete Einigung dahingehend besteht, dass Bezüge „zuzüglich Mehrwertsteuer“ zu bezahlen sind oder auf eine Grundverbindlichkeit ein Mehrwertsteueranteil konkret ausgewiesen wird, oder aber die Vertragsparteien erkennbar von einer Steuerfreiheit von Bezügen ausgegangen sind.[935] Ein Beispiel für die Anwendung der Lehre des Wegfalls der Geschäftsgrundlage im Bereich des Steuerrechts ist die nachträgliche Streichung der Steuerbefreiung für die Sozialpfandbriefe aus den 50er Jahren.[936]

a) Streichung der Steuerbefreiung für Sozialpfandbriefe

Das OLG Köln entschied 1994 in diesem Zusammenhang, dass die Lehre unter bestimmten Voraussetzungen anwendbar sein könne.[937] Es hatte über einen Anspruch des Sozialpfandbriefinhabers auf vorzeitige Rücknahme der Briefe wegen dieser Aufhebung zu entscheiden. Die Möglichkeit zur Verpflichtung der Rücknahme wurde aus den Grundsätzen über den Wegfall der Geschäftsgrundlage hergeleitet, da die Steuerfreiheit der Sozialpfandbriefe eine wesentliche Grundlage für ihren Erwerb gebildet habe.[938] Das Risiko dürfe nicht einseitig dem Inhaber der Pfandbriefe zugewiesen werden, da verständige Vertragsparteien, denen die Möglichkeit des Wegfalls der Steuerbefreiung vor Augen gestanden hätten, für diesen Fall eine andere Regelung getroffen hätten. Nach Ansicht des Senats kann sich eine erforderliche Unvorhersehbarkeit der Änderung nicht nur ergeben, weil der Gesetzgeber einen Vertrauenstatbestand geschaffen hatte, der die Beibehaltung der Steuerbefreiung garantierte, sondern auch, weil sich aus den Ausgabebedingungen kein Hinweis auf eine mögliche

934 Vgl. OLG Düsseldorf DB 1990, 39, 40; BGH NJW 1967, 1081.
935 OLG Dresden 1996, NJW-RR 1997, 242.
936 Durch das Steueränderungsgesetz 1992 vom 25.02.1992 (BGBl I, 297) wurde § 3 a EStG a.F. ersatzlos aufgehoben.
937 OLG Köln, WM 1995, 971, 975 f., vgl dazu: *Schöne*, EWiR 1995, 461 f., der die Argumentation des Gerichts zur Anwendung der Geschäftsgrundlage nur bedingt überzeugend findet.
938 OLG Köln, WM 1995, 971, 975.

Änderung der Rechtslage ergab.[939] Zwar kam das Gericht zu dem Ergebnis, dass ein Vertrauenstatbestand nicht vorlag, weil die damalige Gesetzesbegründung die Steuerfreiheit nicht ununterbrochen garantierte, entscheidend sei aber, dass die Belassung des Kapitals zu dem niedrigen Zinssatz für den Pfandbriefinhaber unzumutbar geworden sei, weil durch die Gesetzesänderung eine tiefgreifende Äquivalenzstörung eingetreten sei.

Anders entschied aber das OLG München.[940] Die Klägerin kündigte in dem Fall die klagegegenständlichen Pfandbriefe wegen eines Wegfalls der Geschäftsgrundlage und forderte die Auszahlung des Nominalbetrages gegen Rückgabe der Wertpapiere. Das OLG München führte aus, dass die Steuerfreiheit von Zinserträgen aus den Sozialpfandbriefen zwar erkennbar eine wesentliche Grundlage für den Erwerb dieser Pfandbriefe gewesen sei, aber dennoch die Geschäftsgrundlage nicht infolge der nachträglichen Beseitigung dieser Steuerbefreiung weggefallen sei.[941] Dieses wurde damit begründet, dass der Investor derartige Risiken bei dem Erwerb übernommen hat. Bei Spekulationsgeschäften wie dem vorliegenden sei ein Wegfall der Geschäftsgrundlage grundsätzlich ausgeschlossen.

Zudem sei die Beseitigung des Steuerbefreiungstatbestands § 3 a EstG a.F. vorhersehbar gewesen. Demnach seien Änderungen im Steuersystem stets vorhersehbar, es sei denn es ist ein schützenswerter Parteiwille zum Ausdruck gekommen, was aber vorliegend verneint wurde.[942]

b) Zusammenfassung

Diese divergierenden Entscheidungen verdeutlichen die Unsicherheiten innerhalb der unterinstanzlichen Gerichte, die vom BGH aufgestellten Grundsätze umzusetzen. Einigkeit bestand aber bei den Gerichten dahingehend, dass die Steuerfreiheit die wesentliche Grundlage des Vertrages gebildet hat. Deutlich wird in den Urteilen auch, dass die Vorhersehbarkeit einer solchen Änderung im Bereich des Steuerrechts besonders berücksichtigt werden muss.

939 OLG Köln, WM 1995, 971, 975.

940 OLG München, NJW-RR 1999, 557 ff. Die eingelegte Revision wurde nicht angenommen, vgl. BGH Beschluss vom 2.12.1997 – XI ZR 104/97.

941 OLG München NJW-RR 1999, 557, 559.

942 OLG München NJW-RR 1999, 557, 559.

IV. Rechtsprechungsänderungen im Steuerrecht

1. Rückwirkung

Im Falle von verschärften Rechtsprechungsänderungen im Bereich des Steuerrechts sind insbesondere Probleme mit dem Vertrauensschutz zu beobachten. Die Finanzverwaltung ist nämlich in einem besonderen Maße von den Entscheidungen des BFH bei gleichgelagerten Sachverhalten abhängig. Ein Urteil des BFH kann daher faktisch eine unbestimmte Anzahl von Fällen regeln, so dass auch im Steuerrecht Praxisänderungen ähnliche Auswirkungen wie ein Gesetzgebungsakt entfalten können.[943]

Eine derartige Praxisänderung liegt nach Ansicht des BFH dann vor, wenn ein im Wesentlichen gleich gelagerter Fall, der schon höchstrichterlich entschieden wurde, in einer erneuten höchstrichterlichen Entscheidung anders beurteilt wird.[944] Eine zu Lasten des Steuerpflichtigen geänderte Rechtsprechung, durch die er rückwirkend mit erhöhten Steuern belastet wird, beeinträchtigt seine wirtschaftlichen Dispositionen in demselben Maße wie ein rückwirkend belastendes Steuergesetz. Wie bereits bei der Rückwirkung von allgemeinen Rechtsprechungsänderungen erörtert wurde, gibt es auch im Rahmen des Steuerrechts die Idee, die Regeln, die das BVerfG für die Zulässigkeit rückwirkender Steuergesetze entwickelt hat, auf Rechtsprechungsänderungen des Bundesfinanzhofs zu übertragen.[945] Dieses ist aber mit dem BverfG aus den oben bereits erörterten Gründen abzulehnen. Im Bereich des Steuerrechts ist § 176 I 1 Nr. 3 AO zu beachten, der bei Änderung oder Aufhebung des Steuerbescheides die Berücksichtigung einer veränderten Rechtsprechung zuungunsten des Steuerpflichtigen verbietet. Nach Ansicht des BFH verdeutlicht dieser Artikel, dass der Gesetzgeber grundsätzlich von der Zulässigkeit einer verschärften rückwirkenden Rechtsprechungsänderung ausgegangen ist.[946]

2. Vertrauensschutz gegenüber der Finanzrechtsprechung

a) Erste Stellungnahmen des RFH

Zunächst soll untersucht werden, ob und unter welchen Voraussetzungen rückwirkend belastende Rechtsprechungsänderungen im Bereich des Steuerrechts eine Rolle spielen.

943 *Arndt,* Rechtsprechungsänderungen, S. 53.
944 BFH 155, 353; BStBl. II 1993, 459, 460 f.; BStBl. II 1994, 690, 694.
945 *Redeker,* NJW 1972, 409, 412.
946 BStBl. II 1984 , 75 ff, 757.

Eine erste Stellungnahme des RFH erfolgte im Jahre 1934, als es um die Auslegung des, mittlerweile aufgehobenen, § 11 AO[947] ging. Ohne genaue Begründung führte das Reichsgericht aus, dass eine Änderung der bisherigen Rechtsprechung im Rahmen des § 11 AO beachtlich sei und eine nachträgliche Inanspruchnahme insbesondere dann als unbillig anzusehen sei, wenn die Steuerpflichtigen sich auf die bisherige Rechtsprechung eingestellt hätten.[948]

Ein weiteres Urteil bezüglich einer Grundsteuernachveranlagung folgte im Jahre 1940.[949] In dem Fall änderte der RFH seine bisherige Rechtsprechung, nach der ein Genesungsheim als Krankenanstalt im Sinne von § 4 Nr. 8 a.F. GrStG[950] anzusehen und aus diesem Grund von der Grundsteuer befreit sei.[951] Der Beschwerdeführerin wurde als Inhaberin eines solchen Heimes am 3. April 1940 rückwirkend ab dem 1. April 1939 ein Steuermessbetrag von ca. 1000 RM auferlegt. Nun ging es um die Frage, ob ein solcher Anspruch bereits ab dem 1. April 1939 gerechtfertigt war, da zu dieser Zeit die Genesungsheime als noch nicht grundsteuerpflichtig angesehen wurden. Das Gericht gelangte schließlich zu dem Ergebnis, dass eine derartige rückwirkende Veranlassung unzulässig sei. Dies wurde mit einer analogen Anwendung des § 34 Abs. 2 GrStDV begründet.[952] Daher konnte das Gericht durch die Analogie einer Auseinandersetzung mit der Problematik rückwirkender Rechtsprechungsänderungen umgehen.

b) Steuerrechtliche Änderungen in der Rechtsprechung des BVerfG

Das BVerfG[953] hat sich in zwei Entscheidungen zu der Frage eines verfassungsrechtlichen Vertrauens gegenüber der Gerichtsbarkeit befasst. Die erste Entscheidung in diesem Zusammenhang liegt bereits 45 Jahre zurück. Das BverfG musste sich in dieser Zeit mit mehreren Urteilen des BFH beschäftigen, in denen dieser seine Auffassung zur Zulässigkeit von Pensionsrückstellungen geändert

---

947 Dieser lautete: „Wo im Sinne des Gesetzes die Behörden die Entscheidung nach ihrem Ermessen zu treffen haben, hat sie nach Recht und Billigkeit zu erfolgen."

948 RFH, RStBl. 1941, 770.

949 RFH, RStBl. 1941, 770.

950 Eine Befreiung für Krankenanstalten findet sich nun in § 4 Nr. 6 GrStG.

951 So noch: RFH, RStBl. 1939, 596 gegen RFH, RStBl. 1940, 349.

952 § 34 Abs. 1 GrStDV sieht vor, dass der Grundsteuermeßbetrag dann nachträglich veranlagt wird, wenn eine Nachfeststellung des Einheitswertes deswegen nicht in Betracht kommt, weil ein Einheitswert auf den letzten Hauptfeststellungszeitpunkt bereits festzustellen war. Nach Abs. 2 soll die Nachveranlagung von dem auf den Wegfall der Befreiung folgenden Rechnungsjahresbeginn ab gelten.

953 BVerfGE 18, 224, 240.

hat.[954] Bis zu den praxisändernden Entscheidungen wurden derartige Rückstellungen vom BFH für zulässig erachtet. Daher wurde durch die Verfassungsbeschwerde unter anderem gerügt, dass die neuen Rechtsgrundsätze auch auf bereits abgeschlossene Veranlagungszeiträume Anwendung finden sollten, was der BFH selbst als zulässig ansah. Das BVerfG bestätigte eine derartige Zulässigkeit und sah darin insbesondere keine Vertrauensverletzung.[955] Zwar erkannte es an, dass Änderungen der Rechtsprechung einer gesetzlichen Änderung gleichkommen könnten, dennoch könne der dem Gesetzgeber gegenüber geltende Vertrauensschutz nicht ohne weiteres auf die Rechtsprechung übertragen werden. Bedenken würden sich demnach nur dann ergeben, wenn die Entscheidung so sehr die Bahn natürlicher Fortentwicklung der Rechtsprechung verließe, dass sie als willkürlich bezeichnet werden müsste.[956] Würde man eine rückwirkend belastende Änderung für unzulässig erklären, so seien die Gerichte an eine einmal feststehende Entscheidung gebunden, auch wenn sich diese im „Lichte geläuterter Erkenntnis" als nicht haltbar erweise, was zu einer „Erstarrung" der Rechtsprechung führen würde.[957]

Einige Zeit später hatte das BVerfG erneut einen derartigen Fall zu entscheiden.[958] Im Jahre 1960 begann der erste Senat des BFH mit einer für den Steuerpflichtigen vorteilhaften Rechtsprechung zu § 7 c EStG.[959] 1963 vertrat aber der IV. Senat in derselben Rechtsfrage eine für den Steuerpflichtigen nachteilige Ansicht.[960] Die von der Beschwerdeführerin gerügte Verletzung des Art. 3 GG wurde vom BVerfG abgelehnt. Auch wenn jede Rechtsanwendung unter dem zwingenden Gebot des Gleichheitssatzes stehe, so sei dieser bei unterschiedlicher Auslegung derselben Bestimmung durch verschiedene Senate nicht verletzt. Man könne lediglich annehmen, dass diesen Entscheidungen eine unrichtige Gesetzesinterpretation zugrunde läge. Schließlich würde der Gleichheitssatz auch nicht verlangen,

---

954 Vgl. BFH vom 26.6.1962, BStBl. III 1962, 399 und BFH vom 18.12.1962, BStBl. III 1963, 99.

955 BVerfGE 18, 224, 240.

956 BVerfGE 18, 224, 240.

957 BVerfGE 18, 224, 241.

958 BVerfGE 19, 38.

959 BStBl. 1960 III, 102.

960 Das Urteil des ersten Senates war als sogenanntes U-Urteil (zweitrangige Bedeutung) veröffentlicht worden. Der große Senat musste daher nicht angerufen werden, da dieser nur für sogenannte S-Urteile (Entscheidungen grundsätzlicher Bedeutung) zuständig war.

dass durch eine höchstrichterliche Entscheidung eine Rechtsfrage abschließend geklärt sei, da dieses Rechtsentwicklung und Fortbildung verhindern würde.

Diese Entscheidungen verdeutlichen, dass der Vertrauensschutzgedanke den Richter nicht daran hindert, seine Rechtsprechung zu ändern.

c) Änderung in der Rechtsprechung des BFH

Der Bundesfinanzhof hat diese Auffassungen im Grundsatz übernommen. Für die Steuerpflichtigen kommt eine Änderung der Rechtsprechung des BFH vielfach überraschend, da ihr grundsätzlich keine öffentliche Diskussion im politischen und parlamentarischen Bereich vorangeht.[961]

aa) Entscheidung des BFH vom 13. März 1964

Die erste Stellungnahme zu diesem Thema seitens des BFH erfolgte 1964.[962] In der Entscheidung änderte der BFH seine bisherige Rechtsprechung, nach der die Kosten für die mittägliche Heimreise aus Gesundheitsgründen als außergewöhnliche Belastung nach § 33 EStG berücksichtigt werden konnten, zum Nachteil des Steuerpflichtigen. Der Kläger machte geltend, dass ihm die Kosten zu einem Zeitpunkt entstanden seien, zu dem der BFH sie noch als nach § 33 EStG abzugsfähig anerkannt habe. Er nahm eine Verletzung des Vertrauensgrundsatzes an, da er bei einer früheren Einreichung seines Antrags mit diesem Erfolg gehabt hätte. Der BFH wies die Klage ab. Zur Begründung führte er an, dass sich zwar aufgrund einer Änderung der rechtlichen Beurteilung durchaus ein Nachteil für den Steuerpflichtigen ergeben könne, der BFH aber seiner Aufgabe nicht gerecht werden könne, wenn er eine einmal als unzutreffend erkannte Rechtsauffassung beibehielte. Eine belastende Rückwirkung von Steuergesetzen sei zwar unzulässig, jedoch dürften die für Gesetze geltenden Grundsätze nicht ohne weiteres auf die Rechtsprechung übertragen werden. Ein Urteil gestalte nämlich nur die Rechtsbeziehungen zwischen den Parteien und schaffe im Gegensatz zu Gesetzen kein neues Recht, sondern wende nur das bestehende Recht im Einzelfall an. Der Verwaltung bleibe es überlassen zur Vermeidung einer Ungleichbehandlung aufgrund der Billigkeitsregelung des früheren § 131 Abs. 1 und 2 AO[963] eine

961 *Berdesinski,* Die rückwirkende Änderung, S. 27.

962 BStBl. 1964 III, 342.

963 Dieser lautete: 1. Im Einzelfall können Steuern (…) ganz oder zum Teil erlassen werden, wenn ihre Einziehung nach Lage des einzelnen Falles unbillig wäre 2. Für bestimmte Gruppen von gleichgelagerten Fällen können für die entsprechende Anwendung des Absatzes 1 Richtlinien aufgestellt werden.

Übergangsregelung zu treffen. Da dies im vorliegenden Fall nicht geschehen sei und auch kein Anspruch auf eine derartige Regelung bestehe, sei der Antrag zu Recht abgelehnt worden.

bb) Entscheidung des BFH vom 22. Oktober 1959

Eine weitere Entscheidung stammt aus dem Jahr 1965.[964] In einem Urteil vom 22. Oktober 1959[965] hatte das Gericht zunächst entschieden, dass die §§ 59–62 UStDB über die Zusatzsteuer in der Textilwirtschaft nichtig seien. Daraufhin unterließen es die Behörden diese Steuer einzuziehen. In einem vom Bundesfinanzminister eingeleiteten abstrakten Normenkontrollverfahren entschied das Bundesverfassungsgericht aber, dass die streitige Vorschrift mit dem Grundgesetz vereinbar sei.[966] Daher machten die Steuerpflichtigen geltend, dass aus Gründen des Vertrauensschutzes die Zusatzsteuer für die Vergangenheit nicht mehr nachgefordert werden dürfe. Der BFH lehnte dieses aber mit denselben Argumenten wie im zuvor dargestellten Urteil ab. Demnach sei ein Vertrauen auch dann nicht als schutzwürdig einzustufen, wenn der BFH eine Rechtsnorm für verfassungswidrig erklärt habe. Über diese Frage habe letztlich das BVerfG zu entscheiden und daher sei gerade in Verfassungsfragen ein Urteil des BFH nicht endgültig.[967]

cc) Entscheidung des BFH vom 5. Februar 1987

Bei den Rechtsprechungsänderungen muss immer bedacht werden, dass solche auch Folge geänderter Verhältnisse sein können. So geschah es in dem Urteil des IV. Senats vom 5. Februar 1987 über die Rückstellung von Jubiläumszuwendungen.[968] Diese Rechtsprechungsänderung war lediglich eine steuerrechtliche Folge aus dem Beschluss des BAG vom 16. September 1986, der entschieden hatte, dass die Auszahlung der Jubiläumszuwendungen nur die Gegenleistung des Arbeitgebers für eine bereits in den zurückliegenden Jahren erbrachte Leistung des Arbeitnehmers ist.[969] Die zivilrechtliche Änderung der Rechtslage bedeutete für die bisherige steuerrechtliche Rechtsprechung einen Wegfall der

964 BStBl. 1965 III, 545 ff.
965 BStBl. 1959 III, 441.
966 BVerfGE 12, 341.
967 BStBl. 1965 III, S. 548.
968 BFHE 149, 55.
969 BAG-GS, Beschluss vom 16.9.1986, GS 1/82.

Geschäftsgrundlage, der zur Folge hatte, dass der Anspruch auf Vertrauensschutz hinfällig geworden ist.[970]

dd) Kontinuitätsbetrachtung in der Rechtsprechungsentwicklung

Der BFH neigt dazu, den Eigenwert seiner kontinuierlichen höchstrichterlichen Rechtsprechung zu betonen.[971] Durch die Kontinuität der Rechtsprechung, die vom Gericht selbst als „Rechtsgut von hohem Rang“[972] bezeichnet wird, soll eine gleichmäßige Beurteilung bestimmter Vorgänge durch die Finanzverwaltung und unteren Steuergerichte sichergestellt werden. Im Falle von schwerwiegenden sachlichen Erwägungen sind aber nach Auffassung des BFH Rechtsprechungsänderungen durchaus gerechtfertigt.[973] Auf dieses Verfassungsgebot der Kontinuitätsgewähr beruft sich der BFH vermehrt in jüngerer Zeit. Demnach sind zwei Rechtslagen, die Ausgangslage und die veränderte folgende Rechtslage, miteinander zu vergleichen. Eine Diskontinuität kann dadurch vermieden werden, wenn sich andere Rechtslagen zwischen die Ausgangs- und Folgelage geschoben haben, die Rechtsentwicklung also stetig erfolgt ist.[974] Diese Grundsätze betont der BFH in einer neueren Entscheidung aus dem Jahr 2002.[975] Nach früherer Rechtsprechung war es für den Erben möglich, Verluste des Erblassers abzuziehen. Diese Rechtsprechung wurde nun im Jahr 2000 angezweifelt und beim großen Senat angefragt, ob an dieser Rechtsprechung festzuhalten ist.[976] Der BFH hob hervor, dass die Rechtsprechung zum Verlustabzug des Erben bereits seit 40 Jahren Bestand hat und von der Finanzverwaltung akzeptiert worden ist. Demnach diene es der Verlässlichkeit der Rechtsordnung, eine solcherart gefestigte Handhabung aufrecht zu erhalten, solange nicht weit überwiegende Gründe für ihre Aufgabe sprechen.[977] Demnach wurden nicht die im Einzelfall betroffenen Interessen berücksichtigt, sondern das Gewicht der Änderungsgründe. Dabei müssten mehrere Faktoren berücksichtigt werden. Zunächst sei zu untersuchen, ob eine wirkliche Rechtsprechungsänderung vorliegt, oder ob nur die Anwendung einer Gesetzesänderung vollzogen oder eine Änderung

970 *Wassermeyer*, DStR 1989, 561, 564.
971 *Arndt*, Rechtsprechungsänderung, S. 85.
972 BFH, BStBl. III 1964, 124, 125. Der Gedanke liegt auch den Entscheidungen BStBl.1959 III, 345; 1958 III, 390; 1964 III, 578; 1961 III, 288 zugrunde.
973 BFHE 78, 315, 319.
974 *Werder*, Dispositionsschutz, S. 110.
975 Vgl. BStBl. II 2002, 487.
976 BStBl. 2000, 622.
977 BStBl. II 2002, 487.

aufgrund einer bindenden Entscheidung des BVerfG vorgenommen wurde.[978] Schließlich sollen die Rechtsprechungsänderungen dann zulässig sein, wenn das objektivrechtliche Gewicht der Änderungsgründe der Änderungstiefe entspricht, zu Brüchen darf es nur in sehr seltenen Fällen kommen.[979]

Der Vorteil an der Kontinuitätsgewähr liegt darin, dass subjektive Voraussetzungen der Betätigung des Vertrauens außer Betracht bleiben können.

d) Zusammenfassendes Zwischenergebnis

Der BFH betont in seinen Urteilsbegründungen immer wieder, dass es sich bei einem höchstrichterlichen Urteil nur um eine Einzelfallentscheidung handelt.[980] So soll eine richterliche Entscheidung weder das Gericht für ähnlich gelagerte Fälle noch andere Gerichte binden, so dass der Richter bei jeder Entscheidung seine Erkenntnis über den Bedeutungsgehalt der für den Rechtstreit maßgebenden Norm zugrunde legen soll.[981] Daher ist das Vertrauen des Steuerpflichtigen auf seine höchstrichterliche Rechtsprechung deshalb nicht schutzwürdig, weil er ständig mit einer Praxisänderung rechnen muss. Es darf nicht davon ausgegangen werden, dass jedes Urteil des BFH einen Vertrauenstatbestand dahingehend schafft, der BFH werde an der vertretenen Auffassung festhalten.[982]

In zwei Entscheidungen aus dem Jahre 1994 setzte der 6. Senat jedoch fest, dass die von ihm als zu hoch beurteilte Werbungskostenpauschale für eine Übergangszeit dennoch anzuwenden sei.[983] Da sich der BFH oftmals auf den Kontinuitätsgrundsatz bedient, um Rechtsprechungsänderungen zu legitimieren, stellen Übergangsregelungen ein geeignetes Instrument dar, um kontinuitätsgefährdenden Entwicklungen zu begegnen. Nach ständiger Rechtsprechung obliegt es den obersten Verwaltungsbehörden bei einer rückwirkend verschärften Rechtsprechung auf Grundlage der §§ 163 I, 227 I AO Übergangsregelungen oder Anpassungsregelungen zu erlassen.[984] Demnach überlässt der BFH den Vertrauensschutz einer Billigkeitsentscheidung der Verwaltung für den Einzelfall. Dieser hindert den Gesetzgeber nicht daran seine Rechtsprechung zu ändern.

---

978 So z. B. im Falle des Abzugs von Werbungskosten bei steuerfreier Aufwandsentschädigung für eine Tätigkeit im Beitrittsgebiet, vgl. BStBl. 2002 II, 823.

979 *Leisner-Egensperger*, DStJG 27 2004, S. 191, 205.

980 BFH BStBl. II 1968, 614, 617; BFH 1964 III, 343.

981 BStBl. 1964 III, 507.

982 *Wassermeyer*, DStR 1989, 561, 566.

983 BFH, 26.1.1994, BStBl.1994 II, 529; BFH 6.10.1994, BStBl. 1993 II, 844.

984 Vgl. BStBl. 1984 II, 751; BStBl. 1985 II, 151; BStBl. 1990 II, 261.

B. Spanien

I. Rechtsänderungen

1. Rückwirkung in Spanien

Die Regelungen des Internationalen Privatrechts des spanischen Código Civils (Art 8–12, 49, 50, 107 CC) enthalten, anders als das deutsche IPR-Gesetz, keine Übergangsregelungen. Diese Regelungen des intertemporalen Rechts sind vielmehr in den Übergangsvorschriften (*Disposiciones transitorias*) der einschlägigen Gesetze enthalten. Die Übergangsvorschriften des Código Civil haben für diesen selbst wegen dessen langer Geltungsdauer keine praktische Bedeutung mehr. Sie sind jedoch dann noch anzuwenden, wenn ein anderes Gesetz jüngeren Datums auf sie verweist.

Art. 2 CC bestimmt, dass Gesetze keinen rückwirkenden Charakter entfalten dürfen.[985] Hierbei handelt es sich um einen Grundsatz, von dem Ausnahmen möglich sind. Demnach sollen rückwirkende Gesetze im Privatrecht dann zulässig sein, wenn Ziel, Charakter und Zweck des Gesetzes es erfordern.[986] Dafür hat man in Spanien wie in Deutschland im Verfassungsrecht verschiedene Ausprägungen im Bereich der Rückwirkung entwickelt, die auf das Privatrecht übertragen werden.

Das Tribunal Constitucional und auch der Tribunal Supremo unterscheidet zwischen einer stark ausgeprägten (*de grado maximo*) und mittel ausgeprägten Rückwirkung (*de grado medio).*[987] In neuerer Zeit werden diese Arten der Rückwirkung auch häufig *retroactividad autentica* und *retroactividad impropio* genannt, was gleichzusetzen ist mit den in Deutschland bestehendem Begriff der echten und unechten Rückwirkung.[988] Häufig wird teilweise auch noch als dritte Untergruppe auf eine *Retroactividad de grado minimo* Bezug genommen.

a) Retroactividad de grado maximo

Eine *Retroactividad de grado maximo* soll vorliegen, wenn das Gesetz in bereits abgeschlossene, vor dem Inkrafttreten des Gesetzes abgewickelte Tatbestände

---

985 Durch Decreto vom 31 Mai 1974.

986 *De Castro y Bravo*, Derecho Civil, S. 727.

987 SSTC 16.7.1987, RTC 1987, 126; 4.2.1983, RTC 1983, 6; 6.7.1982, RTC 1982, 43; SSTS 14.6.1994, RJ 1994, 4597; 17.6.1994, RJ 1994, 5255; 22.6.1994, RJ 1994, 5022; 17.5.1999, RJ 1999, 3988.

988 Vgl. SSTC 19.11.1992, RTC 1992, 197 ; 16.7.1987, RTC 1987, 126; 4.10.1990, RTC 1990, 150; *García Novoa*, Seguridad jurídica, S. 173.

eingreift.[989] Grundsätzlich ist eine derartige Rückwirkung verboten, da derartige Gesetzesänderungen nur selten vorhersehbar und zu rechtfertigen sind.[990] Eine Rückwirkung soll ausnahmsweise dann zulässig sein, wenn die allgemeinen Interessen höher als das Erfordernis der Rechtssicherheit einzustufen seien.[991] Dieses ist durch eine Abwägung der gegenseitigen Interessen festzustellen.

b) Retroactividad de grado medio

Wird hingegen in noch nicht abgeschlossene Tatbestände eingegriffen, spricht das Tribunal Constitucional von einer *retroactividad de grado medio*.[992] Bei dieser Art der Rückwirkung soll für jeden konkreten Fall die Rechtssicherheit mit der Zielsetzung der Maßnahme unter Berücksichtigung der Vorhersehbarkeit, der Wichtigkeit und anderen ähnlichen Faktoren abgewogen werden.[993] Eine solche Rückwirkung ist in der Regel zulässig.

c) Retroactividad de grado minimo

Oftmals wird noch eine Differenzierung zu der *Retroactividad de grado minimo* getroffen. Diese soll vorliegen, wenn das Gesetz Tatbestände der Vergangenheit betrifft, aber es nicht rückwirkend in diese eingreift, sondern erst ab Gültigkeit Rechtsfolgen entfaltet. Der Unterschied zur *retroactividad de grado medio* besteht darin, dass bei letzterer das neue Gesetz durchaus in noch nicht abgeschlossene Tatbestände eingreift.[994] Eine solche minimale Rückwirkung ist immer zulässig.[995]

---

989 *Fernández López*, Jur. Trib. 2000 II, 2121, 2125; *García Calvente*, Jur. Trib. 2002 I, 1953, 1958.

990 *Jiménez Compaired*, Quincena Fiscal Abril 1997 II, 9, 10.

991 Dieses wurde besonders im STC 28.10.1997, RTC 1997, 182 betont, siehe auch : SSTC 16.7.1987, RTC 1987, 126; 4.10.1990, RTC 1990, 150; 19.11.1992, RTC 1992, 197; *Fernández López*, Jur. Trib. 2000 II, 2121, 2125 f.; STC 28.10.1997, RTC 1997, 182; *Martín Queralt*, Cronica Tributaria 1992, 55, 64.

992 *Galapero Flores*, Jurisprudencia Tributaria, 2006, 3049, 3053.

993 So argumentiert auch der TS, vgl. SSTS 15.1.1988, RJ 1988, 80; 26.6.1990, RJ 1990, 5447; 26.1.1991, RJ 1991, 1177; 17.5.1991, RJ 1991, 4179; 22.1.1993, RJ 1993, 459; 14.7.1993, RJ 1993, 6229; 16.3.1994, RJ 1994, 4023; 18.3.1995, RJ 1995, 2500; 26.1.1996, RJ 1996, 527; 29.11.1996, RJ 1996, 2377; 28.4.1997, RJ 1997 4156; 28.6.1997, RJ 1997, 6189 und 5350; 5.7.1997, RJ 1997, 6193; 26.9.1997, RJ 1997, 6531; 4.10.1997, RJ 1997, 7745.

994 Vgl. *Gómez-Jara Díez/Suárez Collía*, Retroactividad, S. 127.

995 SSTC 10.4.1986, RTC 1986, 42; 11.6.1987, RTC 1987, 99; 29.11.1988, RTC 1988, 227; 20.12.1990, RTC 1990,210; 28.10.1997, RTC 1997, 182.

2. Rechtsänderungen und Anwendung der clausula rebus sic stantibus

Von der herrschenden Lehre und Rechtsprechung wird selten die Möglichkeit aufgegriffen, den Gesetzesänderungen mit Hilfe der *clausula rebus sic stantibus* zu begegnen. So ist es in diesem Zusammenhang nicht möglich die Entscheidungen des BGH mit denen des Tribunal Supremo zu vergleichen.

In jüngerer Zeit haben sich jedoch vermehrt Umstandsänderungen im Bereich des Baurechts aufgrund des Aufschwungs in der Baubranche ergeben. Viele dieser Fälle beziehen sich auf nachträgliche Veränderungen der Flächennutzungspläne, die dazu führten, dass die Konstrukteure die Bauvorhaben nicht wie geplant errichten konnten. Auch wenn es sich bei derartigen Änderungen nicht um allgemein rechtsverbindliche Änderungen handelt, soll untersucht werden, wie die Gerichte auf derartige Veränderungen reagieren.

Der Tribunal Supremo lehnt eine Anwendung der *clausula*-Lehre in derartigen Fällen grundsätzlich mangels Unvorhersehbarkeit ab. Dieses gilt vor allem, wenn im Vertrag Alternativen für den Fall eine Änderung vorgesehen sind.[996]

a) STS vom 14. Dezember 1993 und AP Valencia vom 17. Mai 1991

Das Urteil vom 14. Dezember 1993[997], das bereits bei den Ausführungen über die *base del negocio* dargelegt wurde, verdeutlicht die grundsätzliche Anwendungsmöglichkeit der *clausula rebus sic stantibus* im Falle von Veränderungen der städtebaulichen Regelungen. Zur Erinnerung: Der Vertrag konnte nicht wie vereinbart durchgeführt werden, da aufgrund einer Änderung der Vorschriften keine Baugenehmigung für die geplanten vier, sondern nur für drei Stockwerke erteilt wurde. Der Tribunal Supremo lehnte vorliegend aber die *clausula rebus sic stantibus* ab, da eine Verweigerung der Baugenehmigung nicht als unvorhersehbar eingestuft wurde.

Ein interessantes Beispiel aus dem ähnlichen Sachgebiet beweist jedoch, dass die unterinstanzliche Rechtsprechung dem strikten Kurs des Tribunal Supremo nicht immer folgt. Am 17. Mai 1991 nahm die Audiencia Provincial in Valencia[998] eine Anpassung des Vertrages an die geänderten Umstände durch eine Anwendung der *clausula rebus sic stantibus* vor. Bei der Planung einer Wohnsiedlung ging man im Gründungsvertrag über das Wohnungseigentum angesichts der damals geltenden städtebaulichen Regelungen davon aus, dass vier Wohnblöcke

996 So geschehen in dem SSTS vom 31.12.1992, RJ 1992, 10664 und 24.6.1993, RJ 1993, 5382.

997 STS 14.12.1993, RJ 1993, 9881.

998 SAP Valencia 17.5.1991, AC 1991, 1055.

bestehend aus 48 Apartments gebaut werden können. Nach einer Änderung der Rechtsordnung wurde das zulässige bebaubare Volumen jedoch so vermindert, dass anstelle der geplanten 48 nur noch 16 Apartments gebaut werden durften. Diesen Umstand ließ das Gericht im vorliegenden Fall für eine Anpassung ausreichen.

b) STS vom 9. Juli 1984

Der Fall des 9. Juli 1984 hatte eine Gesetzesänderung zum Gegenstand, wenngleich das Gericht die Anpassung des Vertrages nicht nur auf diese Änderung stützte.[999] In der Entscheidung ordnete der Tribunal Supremo aber unter anderem aufgrund einer geänderten Gesundheitsvorschrift eine Anpassung eines Vertrages an. Dieser Entscheidung lag folgender Sachverhalt zugrunde: Der Gemeinderat von *Pomiño* bot am 7. August 1926 dem Aufsichtsrat der Schlachthöfe ein Grundstück für den Bau eines Schlachthofes an. Dieser sollte gewisse Steuerbefreiungen für den Export erhalten. Im Gegenzug verpflichtete sich der Schlachthof unentgeltlich als öffentliche Einrichtung jede Art von Vieh für den Verzehr des Gemeindegebiets zu schlachten und den Einwohnern den Schlachthof zudem zur Benutzung zur Verfügung zu stellen. 50 Jahre nach dieser Vereinbarung wurde ein neuer Schlachthof gebaut, der komplett mechanisiert war. Dieser Umbau war auch auf eine neue Gesundheitsvorschrift zurückzuführen, die die Erfordernisse für eine Schlachtung verschärfte. Daher schlug das Unternehmen den in der Gemeinde ansässigen industriellen Schlachtern vor, dass der Schlachthof das Vieh nun für diese maschinell schlachte und dafür lediglich die anfallenden Kosten der Inanspruchnahme des Dienstes, ohne Gewinnerzielung, verlange. Dieser Anpassungsvorschlag wurde vom Gemeinderat abgelehnt und der Inhaber der Schlachtbank auf Erfüllung des ursprünglichen Vertrages verklagt. Der Tribunal Supremo befürwortete im vorliegenden Fall eine Anwendung der Lehre der *clausula rebus sic stantibus* und das Anpassungsbegehren des Beklagten. Dabei stellte das Gericht fest, dass die Verpflichtung nicht unmöglich geworden sei, sondern nur nicht mehr in der ursprünglich geplanten Form erfüllt werden könne. Der Beklagte könne nicht verpflichtet bleiben, weiterhin seine Anlage unentgeltlich zur Verfügung zu stellen, da er nicht mehr dieselben Mittel wie am Anfang zur Verfügung habe.

999 STS 9.7.1984, RJ 1984, 4084.

c) Veränderung durch Ministeriellen Erlass, STS vom 23. März 1988

Eine Anwendung der *clausula* wurde ebenfalls aufgrund einer durch einen ministeriellen Erlass hervorgerufenen Änderung bejaht.[1000] Zwei Bekleidungsunternehmen hatten einen langfristigen Vertrag geschlossen. Die im Ausland ansässige *Perry Sportswear Ltd.* hatte der *Comercial Ebro P.A.* eine Lizenz für den Verkauf ihrer Artikel in Spanien erteilt, weswegen die Beklagte für die verkauften Kleidungsstücke eine Lizenzgebühr schuldete. Der Vertrag wurde mit schiedsrichterlichem Urteil vom 29. Juli 1986 aufgehoben. Grund dafür war eine Veränderung der Tatsachen hervorgerufen durch einen ministeriellen Erlass vom 14. Oktober 1982. Die *Comercial Ebro P.A.* wandte sich an den Tribunal Supremo und rügte unter anderem die Anwendung der *clausula rebus sic stantibus* durch den Schiedsrichter. Das Schiedsgericht hielt eine Anwendung für erforderlich, weil durch den ministeriellen Erlass die Verpflichtung auferlegt wurde, in Peseten zu zahlen. Dieses hatte zur Folge, dass die ausländische Verkäuferin, die ihre Bezahlung jahrelang in Devisen erhalten hatte durch diese Änderung unverhofft der Tatsache gegenübergestellt wurde, dass sie ihre Bezahlung künftig nur in Pesetas erhalten wird, die sie aber nicht ausführen durfte.

Der Tribunal Supremo beurteilte diese Anwendung der *clausula* als rechtens. Nach Vertragsschluss sei eine ernsthafte und unvorhersehbare Änderung der Umstände eingetreten, da die Bezahlung in nationaler, nicht konvertibler Währung geschuldet wurde. Dieses sei die Folge des unterbliebenen Einspruchs gegen den Erlass des Ministers gewesen. Weiterhin hat er festgestellt, dass die Zahlungseinstellung von *Ebro* einen Verkaufsrückgang der lizenzierten Artikel bewirkt habe, was wiederum zu einem Ungleichgewicht und einer erhöhten Einbuße bei der Klägerin geführt habe.

II. Änderungen im Steuerrecht

1. Rückwirkung

Im Bereich des Steuerrechts existiert keine gefestigte Rechtsprechung bezüglich der Problematik der Rückwirkung. Derartige Fragestellungen werden innerhalb des Schrifttums kaum behandelt.[1001] Die spanische Verfassung spricht die Rückwirkung von Gesetzen in Art. 9.3 CE an, indem sie ausführt: „Die Verfassung gewährleistet das Prinzip der Legalität, die normative Rangordnung,

---

1000 STS 23.3.1988, RJ 1988, 2228.

1001 Dieser Meinung ist auch *Cervera Torrejon*, Rev. española de Der. Financiero 1976, 257 der betont, dass innerhalb der spanischen Wissenschaft die Thematik nicht derartig detailliert behandelt wird wie in Italien und Deutschland.

die Öffentlichkeit der Normen, die Nichtrückwirkung der Sanktionsnormen, die sich ungünstig oder restriktiv auf die Rechte des Einzelnen auswirken, die Rechtssicherheit, die Verantwortlichkeit und das Verbot der Willkür durch die öffentlichen Gewalten." In dem Vorentwurf zur Verfassung des Jahres 1978 war noch vorgesehen, den Art. 9.3 CE auch auf das Steuerrecht auszudehnen.[1002] Dieses wurde aber verworfen, da die Steuergesetze nicht mit den zuvor in dem Artikel genannten Normen gleichgesetzt werden können.

Generell gilt das Verbot der Rückwirkung somit nur, wenn die Steuernorm eine Sanktionsnorm darstellt oder gegen andere Verfassungsprinzipien oder Prinzipien mit Verfassungsrang verstößt, wobei vor allem die Rechtssicherheit und das Willkürverbot von Bedeutung sind.[1003] In der Literatur hat man lange Zeit versucht, eine allgemeine Regel der Nichtrückwirkung von Steuergesetzen mit der Besonderheit derartiger Normen oder durch eine Gleichsetzung mit den strafrechtlichen Normen zu begründen.[1004] Um Grenzen der Rückwirkung zu bestimmen, erfolgt oftmals eine Bezugnahme auf die deutsche und italienische Rechtswissenschaft.[1005] Eine mögliche Begründung für die verhaltenen Stimmen im spanischen Schrifttum wird darin gesehen, dass rückwirkende Steuergesetze in den genannten Ländern auf die Verfassungsmäßigkeit kontrolliert werden können. Eine derartige Kontrolle der Gesetzgebung hat es in Spanien lange Zeit nicht gegeben.[1006] Während das deutsche Recht auf die Rechtssicherheit und den Vertrauensschutz abstellt, nimmt die italienische Rechtswissenschaft auf das Leistungsfähigkeitsprinzip Bezug.[1007] Bezüglich letzterem wird aber hervorgebracht, dass dieses Prinzip keine große Hilfe sei, um die Grenzen für eine verfassungsrechtlich gerechtfertigte Rückwirkung festzusetzen. Vielmehr wird das Prinzip der Rechtssicherheit bevorzugt, da dem Vertrauensschutz der Bürger so Bedeutung beigemessen werde.[1008] Die Frage der Rückwirkung müsse dabei von

---

1002 RCL 1978, 2836 und ApNDL 2875; *Boletín ofical de las Cortes* vom 5.1.1978: Demnach sollten den Sanktionsnormen nachfolgend auch die Steuernormen genannt werden. Der 2. Entwurf (Boletín Oficial de las Cortes del 17.4.) änderte diesen dahingehend ab, dass nur Sanktionsnormen, die sich belastend auf die Bürger auswirken, genannt wurden.

1003 *Palao Taboada*, Cronica Tributaria 1982, 163, 169.

1004 *García Novoa*, Seguridad jurídica, S. 167.

1005 *Zornoza Pérez und Falcón y Tella*, Rev. española de Der. Financiero 1984, 433, 438.

1006 *Cervera Torrejon*, Rev. española de Der. Financiero 1976, 257, 259.

1007 *Cervera Torrejon*, Rev. española de Der. Financiero 1976, 257, 264; auf diese Prinzipien bezieht sich auch *Lozano Romeral*, Crónica Tributaria 1992, 113, 116.

1008 *Zornoza Pérez und Falcón y Tella*, Rev. española de Der. Financiero 1984, 433, 440.

Fall zu Fall unter Berücksichtigung der konkreten Umstände, des Naturells der fraglichen Normen sowie des Grades der Rückwirkung entschieden werden.[1009]

In den meisten Fällen wendet der Tribunal Supremo dieselben Grundsätze wie das Tribunal Constitucional an. Die spanische Lehre hält die Vorgehensweise des Tribunal Supremo teilweise für unbefriedigend, da dieser keine konstante Linie verfolge und eine Prüfung der Verletzung der Rechtssicherheit nicht unter Berücksichtigung und Analyse des konkreten Falles vorgenommen werde.[1010]

2. *Die Rechtssicherheit: Konkretisierung durch das Urteil vom 31. Oktober 1996*

Eine bedeutende Entscheidung im Hinblick auf die Rechtssicherheit stammt vom 31. Oktober 1996.[1011] In diesem vereinzelt gebliebenen Urteil gab das Tribunal Constitucional seine alte Rechtsprechung bezüglich der Rechtssicherheit auf dem Gebiet des Steuerrechts auf und präzisierte diese. So wird es zumindest von einem großen Teil der Literatur gesehen. Teilweise gibt es aber Diskrepanzen zwischen den Autoren, ob tatsächlich eine wirkliche Änderung der bisherigen Rechtsprechung und Lehre begründet wurde oder an die Beurteilung der Rückwirkung von Steuernormen unter dem Aspekt der Rechtssicherheit strengere Maßstäbe angelegt wurden.[1012] Die Entscheidung soll an dieser Stelle dargestellt werden, da sie interessante Aspekte zu der Vorhersehbarkeit steuerrechtlicher Änderungen enthält.

In diesem Urteil konkretisierte das Tribunal Constitucional die Möglichkeit einer rückwirkenden Geltung von Gesetzen und erachtete eine rückwirkende Erhöhung der Beitragssätze einer periodischen (quartalsmäßigen) Steuer nur dann für möglich, wenn eine derartige Erhöhung vorhersehbar oder mit allgemeinen Interessen zu rechtfertigen war. Zudem betonte das Gericht, dass Steuern mit außersteuerlichen Zielsetzungen nie rückwirkenden Charakter entfalten dürften. Mit diesem Urteil wurde die vorherige Rechtsprechung aufgegeben, die bislang so verfahren war, dass steuerliche Veränderungen stets als vorhersehbar eingestuft und eine Verletzung der Rechtssicherheit abgelehnt wurde.

1009 *Lozano Romeral*, Crónica Tributaria 1992, 113, 117.

1010 *Lozano Romeral*, Crónica Tributaria 1992, 113, 120. Der Autor bezieht sich auf ein Urteil vom TS vom 17.5.1990, in dem dieser ausführt, dass eine Rückwirkung gegen die Rechtssicherheit verstoße.

1011 RTC 1996, 173.

1012 *Falcón y Tella*, Quincena Fiscal Dezember 1996-I, 5 f.nimmt an dass das betroffene Urteil lediglich die Strenge bei der Behandlung derartiger Fälle erhöht, ähnlich: *Garcia Herrera Blanca*, Jur. Trib. 1998, 21.

Mit der Entscheidung wurde der Art. 38. Dos. 2 des *Ley* 5/1990 vom 29. Juni[1013] für verfassungswidrig und nichtig erklärt. In der Urteilsbegründung wird vom Gericht bekräftigt, dass bei einer Änderung von Steuergesetzen mit rückwirkenden Rechtsfolgen das Prinzip der Rechtssicherheit besonders beachtet werden müsse und das Vertrauen der Bürger in das geltende Recht zu schützen sei. Die Regelung beinhaltete eine komplementäre Belastung der Steuergebühren von Glücksspielen. Bevor der betroffene Artikel aber näher beurteilt wird, soll zunächst die frühere Lehre der Gerichte über die Nichtrückwirkung und die Rechtssicherheit im Steuerrecht betrachtet werden.

Demnach ging das Gericht von dem Grundsatz der Rückwirkung von Steuergesetzen aus, da sich Art. 9.3 C.E. nur auf die ausdrücklich erwähnten Fälle beziehen darf und ein Verbot eine umfassende Steuerreform praktisch undurchführbar machen würde.[1014] Eine Rückwirkung sei aber dann bedenklich, wenn eine Kollision mit anderen Verfassungsprinzipien[1015], im konkreten Fall mit der Rechtssicherheit, vorläge. Die Rechtssicherheit wird nach ständiger Rechtsprechung des Tribunal Supremo als „Summe der Gewissheit und Rechtmäßigkeit, der Hierarchie und normativen Publizität, der Nichtrückwirkung des Nichtbegünstigten und dem Willkürverbot"[1016] gesehen. Dennoch sei diese weder als absoluter Wert anzusehen[1017], da dies eine Versteinerung oder Erstarrung der Rechtsordnung auslösen würde[1018], noch solle sie den Bürgern ein Recht auf den Bestand einer bestimmten Steuerordnung[1019] gewähren. Sie solle lediglich das Vertrauen der Bürger vor gesetzlichen nicht absehbaren Änderungen schützen, die ihr ökonomisches Handeln auf die gültigen Gesetze ausgerichtet hatten.[1020] Eine mögliche Verletzung des Prinzips der Rechtssicherheit sei immer von Fall zu Fall durch Abwägung zwischen dem Grad der Rückwirkung und der Umstände des konkreten Einzelfalls zu entscheiden.[1021]

Im vorliegenden Fall war zu prüfen, ob die Leistungspflicht mit dem Tag des Inkrafttretens des Gesetzes oder mit rückwirkenden Folgen auferlegt wurde.

1013 Vgl. RCL 1990, 1337 und 1628.
1014 RTC 1987, 126; RTC 1992, 127.
1015 STC 126, 1987, FJ 9.
1016 RTC 1987, 99, RTC 1988, 227.
1017 So STC 150/1990.
1018 SSTC 6, 1983; 99, 1987 und 126, 1987. Dieses würde gegen die Konzeption des Art. 9.2 CE verstoßen.
1019 SSTC 6, 1983; 99, 1987 und 126, 1987.
1020 STC 150, 1990; STC 19.11.1992, RTC 1992, 197.
1021 RTC 1997, 182.

Die Steuerabgabe für Maschinen des Typs „B“ hat sich durch das *Ley* 5/1990 vom 29. Juni, das zum 30. Juni Gültigkeit erlangte, erhöht. Dieses Gesetz erhöhte die im Jahr 1983 eingeführte Steuerleistung, was aufgrund des periodischen Naturells der Abgabe möglich war. Das Tribunal Constitucional betonte in seiner Entscheidung, dass derartige Änderungen aufgrund der Rechtssicherheit und des daraus resultierenden Vertrauensschutzes der Bürger gewissen Begrenzungen unterliegen. Im vorliegenden Fall wurde der Beitragssatz auf 375.000 Peseten festgesetzt, was einer Differenz von 141.750 Peseten zum bisherigen Beitragssatz entsprach. Eine derartige Erhöhung sei nach Ansicht des Gerichts absolut unerwartet und daher nicht vorherzusehen gewesen. Die durch das *Ley* 5/1983 eingeführte Steuerleistung schließe im Grundsatz keine Erhöhung des Beitragssatzes aus. So sollte die Abgabe zunächst 40.000 Peseten betragen.[1022] Dieser Betrag war von den normalerweise üblichen Beiträgen noch weit entfernt, da im Allgemeinen im Bereich der Spielautomaten eine viel höhere Steuerabgabe galt. Durch das *Ley* 5/1990 wurde jedoch nach Ansicht des Gerichts eine völlig neue Situation geschaffen. Die Steuerauflagen der Maschinen und Apparate wurden an die Abgaben anderer Spielmodelle angepasst. Die Festsetzung der Abgabe erfolgte in den Jahren zuvor immer im Dezember des jeweiligen Jahres für das darauffolgende Jahr. Zuletzt war diese durch das *Ley* 7/1989 vom 29. Dezember auf 141.750 Peseten veranschlagt worden. Da so die Quote für das Jahr 1990 bestimmt wurde, habe es keine Anzeichen dafür gegeben, dass der Gesetzgeber für dasselbe Jahr den Betrag um mehr als das doppelte, auf 375.000 Peseten, anheben würde. Dadurch habe er in unvorhersehbarer Weise die Pflicht zur Abgabe verändert und das Vertrauen derjenigen missbraucht, die sich auf das Gesetz des Jahres 1989 verlassen hatten. Eine derartige Anpassung sei nur bei berechtigten Interessen der Allgemeinheit gerechtfertigt. In der Gestezesbegründung wurde die Erhöhung mit der zunehmenden Gefahr der Spielsucht begründet. Zudem wurde angebracht, dass die Einnahmen der angeführten Unternehmen, die Spielautomaten führten, bislang mit keiner hinreichenden Steuer belastet wurden.

Demnach kombinierte das Gericht steuerliche mit außersteuerlichen Zielsetzungen.[1023] Da außersteuerliche Ziele die Rückwirkung einer Regelung nicht rechtfertigen dürfen, sei dieser Grund unzureichend, um das Prinzip der Rechtssicherheit zu überlagern. Das zweite Argument sei bereits 1983 zur Rechtfertigung für die Einführung der Steuer vorgebracht worden. Nach Ansicht des Tribunal Constitucional habe der Gesetzgeber aber inzwischen hinreichend

---

1022 Vgl. RCL 1982, 1139.

1023 *Jiménez Compaires*, Quincena Fiscal, Abril 97-II, 9, 15.

Zeit gehabt, um einer derartigen Ungerechtigkeit abzuhelfen. Die dargelegten Gründe konnten damit nicht eine deratige rückwirkende Steuerbelastung rechtfertigen. Während die vorangegangenen Modifikationen moderarte Erhöhungen darstellten, sei die erlassene Norm als Verstoß gegen Art. 9.3 der Verfassung zu werten und verfassungswidrig.

Fraglich ist, warum das *Ley* aus dem Jahr 1990 als unvorhersehbar eingestuft wurde, während das die Steuerabgabe einführende Gesetz aus dem Jahre 1983 als vorhersehbar und daher verfassungsgemäß qualifiziert wurde.[1024] Diese Frage beantwortet das Gericht unter Zuhilfenahme von zwei Argumenten. Zum einen war der Betrag der Steuerabgabe für die betroffenen Spielautomaten um einiges geringer als die entsprechenden Abgaben für andere Glücksspiele. Zum zweiten gab es bei Gesetzeseinführung im Jahr 1983 keine andere gesetzliche Anordnung, die bereits für das Jahr 1983 eine Erhöhung des Satzes anordnete.[1025] Diese Argumentation wird von einem Teil der Literatur jedoch als zu schwach kritisiert, weil die eigene Rechtsprechung des Gerichts vor dieser Entscheidung bezüglich des Merkmals der Vorhersehbarkeit von einer enormen Großzügigkeit geprägt war.[1026]

3. *Rechtsänderungen im Steuerrecht und clausula rebus suc stantibus*

Der Problematik der Rückwirkung wird im Verfassungsrecht zumeist unter Zuhilfenahme der Rechtssicherheit begegnet. Eines der wenigen Urteile, das zu einer Rechtsänderung im Steuerrecht und einer Anwendung der *clausula* Stellung nimmt, stammt aus dem Jahre 1996. Dem Urteil vom 18. September[1027] liegt folgender Sachverhalt zugrunde:

Am 28. August 1992 schlossen die Parteien einen Pachtvertrag über ein Lokal für 5 Jahre. In diesem Vertrag war auch die Aufstellung und der Betrieb von Spielautomaten geregelt. Laut Vertrag durften in dem Restaurant Maschinen der Typen A und B aufgestellt werden. Die Beklagten stellten zwei Maschinen, eine des Typs A und eine des Typs B, auf. Die „*Impuesto sobre Actividades Económicas*“ (IAE) (vergleichbar mit der deutschen Gewerbesteuer), die gleichermaßen für die Modelle A und B galt, wurde dabei regelmäßig gezahlt. Zum 29. November 1994[1028] gab es eine Gesetzesänderung im Bereich der Gewerbesteuer, welche

---

1024 Diese Frage stellt sich *Jiménez Compaired*, Quincena Fiscal, April 1997-II, 9, 13.

1025 RTC 1996, 173.

1026 *Jiménez Compaired*, Quincena Fiscal Abril 1997-II, 9, 13.

1027 AC 1996, 1728, das Urteil erging von der Audiencia Provincial de Pontevedra.

1028 RCL 1994, 3308 und 3462.

die Versteuerung der durch die Aufstellung erzielten Gewinne betraf. Durch das Gesetz wurde das System der Beitragszahlung bezüglich der Maschinen der Ausführung B, geregelt in *Epígrafe* 671.5 IAE[1029], eingestellt. Die Modifikation des Gesetzes stellte kein Verbot der Aufstellung dieser Maschinen da, sondern sah vor, dass die Berechnung der Steuer für Maschinen dieses Typs nicht mehr aktivitätsbezogen, sondern umsatzabhängig erfolgen sollte. Aufgrund dieser Änderung des Steuergesetzes begehrten die Kläger Auflösung des Vertrages hinsichtlich des Punktes, der sich auf die Maschinen der Marke B bezog. Nach Auffassung des Gerichts stelle die Änderung des Steuergesetzes keinen unvorhersehbaren Umstand dar, der es erlaube, den Vertrag entsprechend anzupassen.

Das Gericht betonte, dass die gesetzliche Änderung nicht rückwirkend bestimmte, im Vertrag festgelegte, Handlungen verboten habe. Eine einfache Änderung der Regeln der Finanzordnung könne keine *resolución* rechtfertigen. Die Änderung sei weder völlig unvorhersehbar noch begründe sie ein ungerechtes Ungleichgewicht zwischen den vereinbarten Leistungen.[1030] Der Tribunal Supremo sei in seiner Rechtsprechung sehr rigoros und streng bezüglich einer Beachtung derartiger Umstände und der Möglichkeit einer *resolución*. Die *clausula* dürfe nur in Ausnahmesituationen zur Korrektur eines Ungleichgewichts eingreifen. Im vorliegenden Fall sei weder eine *resolución* noch eine *revisión* zulässig, da Veränderungen der Finanzregelungen bei weitem nicht als unvorhersehbar einzustufen seien („*lejos de ser imprevisible*"), sondern vielmehr an der Tagesordnung seien.[1031]

III. Rechtsprechungsänderungen

Rechtsprechungsänderungen lassen sich innerhalb der spanischen Rechtsprechung kaum finden. Wie im 1. Kapitel deutlich wurde, zeichnet sich die Rechtspechung des Tribunal Supremo durch seine Beständigkeit aus und verweist oft auf seine gefestigte Rechtsprechung. Seitens der Literatur wird betont, dass eine veränderte Rechtsprechung nur in sehr wenigen Fällen die Rechtssicherheit

1029 Dieser Artikel betrifft Restaurants mit einer Gabel, was die Kategorie darstellt, in die das betroffene Restaurant eingeordnet wurde.

1030 „La simple modificación del régimen fiscal de la máquina en cuestión no puede autorizar por sí misma la resolución total o parcial del contrato por los demandados, pues tal posibilidad resolutorio no aparece estipulada ni expresa ni tacitamente en el mismo, ni esa variación fiscal se revela como totalmente imprevisible o constitutiva de un profundo e injusto desequilibrio sobrevenido entre las prestaciones estipuladas," vgl. AC 1996, 1728.

1031 AC 1996, 1728.

verletzten könne. Eine genaue Bestimmung, wann das Interesse der Bürger schützenswert ist, sei dabei eine komplexe Frage.[1032] Zwar könne die Wichtigkeit einer gefestigten Rechtsprechung für das Vertrauen der Bürger nicht bezweifelt werden, der Annahme eines Vertrauensschutzes könne aber der Ausnahmecharakter derartiger Änderungen entgegengebracht werden.[1033] In solchen Fällen könne von einer implizierten *stare decisis* gesprochen werden.[1034] Die Bemerkung der Seltenheit derartiger Änderungen sei aber nur als Vorsichtsmaßnahme zu werten, es dürfe in keinem Fall die Unabhängigkeit der Gerichte eingeschränkt werden, ihre vorherigen Auslegungen anzupassen oder zu korrigieren.[1035] Was den steuerrechtlichen Bereich betrifft, wird auf das deutsche Recht verwiesen, das mit größerer Bestimmtheit den Vertrauensschutz gestärkt habe. Insbesondere wird der § 176 AO hervorgehoben, der das Vertrauen der Bürger schützt und zu dem es im spanischen Recht keine vergleichbare Vorschrift gibt.

García Novoa fragt in seinem Werk über die Rechtssicherheit, ob in Fällen von Rechtsprechungsänderungen, in denen ein Gericht seine Rechtsprechung zu Lasten des Steuerzahlers ändere, von einer belastenden Rückwirkung gesprochen werde könne.[1036] Seiner Meinung nach sei es unpassend das Prinzip der Rechtssicherheit im Fall einer Rechtsprechungsänderung anzuwenden.[1037] Die Unabhängigkeit erlaube dem Richter die Auslegung von Normen, selbst wenn eine gefestigte Rechtsprechung existiere. Daher solle die Frage nicht lauten, ob derartige Rechtsprechungsänderungen rückwirkenden Charakter haben, sondern ob bei einer Rückwirkung mögliche Grenzen zu beachten sind, wenn sich dadurch die Position der Steuerzahler verschlechtere. Das Hauptproblem wird darin gesehen, dass die Veränderung nicht nur die bisherige Rechtsprechung, die den Anschein einer Beständigkeit für die Steuerzahler erzeugt hat, betrifft, sondern darüber hinaus die eigene Norm, auf dessen Schutz sich die Steuerzahler bei ihren Handlungen gestützt haben. Besonders sei dieses dann von Bedeutung, wenn die betroffene Norm aufgrund der Rechtsprechungsänderung für nichtig erklärt werde.[1038] Zur

1032 Das betont *García Calvente*, Jurisprudencia Tributaria 2002, 1953, 1964.

1033 *García Novoa*, Seguridad jurídica, S. 205.

1034 Dieser Begriff aus dem anglo-amerikanischen Rechtskreis besagt, dass ein Richter ein früheres Urteil nur dann umstoßen darf, wenn signifikante Gründe dafür vorliegen.

1035 *García Novoa*, Seguridad jurídica, S. 206. Das wurde auch in dem Urteil vom SSTC 63, 184; 115, 1989;200, 1990 bezüglich einer absoluten gefestigten Rechtsprechung bestätigt.

1036 *García Novoa*, Seguridad jurídica, S. 205.

1037 *García Novoa*, Seguridad jurídica, S. 209.

1038 *García Novoa*, Seguridad jurídica, S. 207 f.

Problemfindung einer verschärft geänderten Steuerrechtsprechung werden, wie es innerhalb der spanischen Literatur üblich

ist, zunächst ausländische Lösungsmodelle vorgestellt.[1039] Bereits im Urteil 126/1987 vom 16. Juli wurden die deutsche und italienische Tradition bezüglich der Kontrollkriterien einer Rückwirkung im Allgemeinen bestätigt, indem die Rechtssicherheit, das Willkürverbot und die Steuerkapazität als Begrenzungen der Rückwirkung festgesetzt wurden.[1040] Die Begründung des Gerichts, seine jetzige Auslegung sei besser als die alte und daher eine Rechtsprechungsänderung gerechtfertigt soll nicht ausreichen.[1041] Vielmehr müssen gewichtige Gründe vorgelegt werden, damit man den Vorwurf der Willkur abweisen könne.

C. Vergleichende Gegenüberstellung

Zumindest im deutschen Recht ist anerkannt, dass § 313 BGB in den Fällen der Gesetzes- und Rechtsprechungsänderung ein geeignetes Instrument zur Vermeidung von Rechtsunsicherheiten darstellen kann. Gerade bei tief eingreifenden Änderungen durch Gesetze oder die höchstrichterliche Rechtsprechung können Äquivalenzstörungen hervorgerufen werden, die eine Vertragsänderung erforderlich machen. Da die verfassungsrechtliche Praxis zur Rückwirkung von Gesetzen nicht immer zu gerechten Ergebnissen führt, ist in einigen Fällen eine Anpassung und Korrektur über § 313 BGB erforderlich. Die deutsche Rechtsprechung nimmt dazu eine Prüfung dahingehend vor, ob der Geschäftswille der Parteien auf eine unveränderte Fortgeltung des früheren Rechts gerichtet war. Dieses muss in den Vertragsverhandlungen oder im Vertrag selbst hinreichend zum Ausdruck gekommen sein. Es ist nicht ausreichend, wenn eine Änderung

---

1039 Behandelt wird bei *García Novoa*, Seguridad jurídica, S. 212 besonders die amerikanische Lösung des prospective overruling. Nach dieser Methode gibt das Gericht die alte Rechtsprechung auf und macht die neue bekannt, ohne sie auf den konkreten Fall bereits anzuwenden. Betont wird aber auch, dass der BFH diese nicht befürwortet.

1040 RTC 1987, 126. Unter FJ 9 wurde Bezug zum deutschen Recht hergestellt indem ausgeführt wurde: „ Afirmar la admisibilidad de la retroacividad de las normas fiscales no supone mantener (…) su legitimidad constitucional, que puede ser cuestionada cuando su eficacia retroactiva entre en colisión con otros principios consagrados en la Constitición. Esta postura, mantenida por la generalidiad de la doctrina y refeljada en la jurisprudencia de otros paises (..) en los que la presenta inconstitucionalidad de la norma convertida se fundamenta en la vulneración de los pricipios de capacidad económica, seguridad jurídica e interdicción de la arbitrariedad por referencia a la jurisprudencia italiana, alemana y norteamericana.“

1041 *Dueñaz Ruiz*, Lecciones de hermeneutica jurídica, S. 103.

der gesetzlichen Lage eintritt, mit der so nicht gerechnet wurde. Dabei werden unter dem Aspekt der ZumutbarkeitVertrauensschutzgesichtspunkte berücksichtigt.

Die Lehre der Geschäftsgrundlage bzw. der jetzige § 313 BGB wird bei solchen Änderungen nur restriktiv zur Anwendung gebracht. Es muss sich aus der Gesetzesänderung eine sehr schwerwiegende Störung ergeben haben. Oftmals werden die Gesetzesänderungen als wirtschaftliches Risiko und damit als hinnehmbar gewertet. In Übereinstimmung mit dem spanischen Recht wird dem Gesichtspunkt der Vorhersehbarkeit dabei ein besonderer Stellenwert eingeräumt. Hat sich eine Änderung demnach angekündigt, ist ein Festhalten an dem geschlossenen Vertrag nicht als unzumutbar zu werten.

Die spanische Rechtsprechung hat keine detaillierten Kriterien für eine Anwendung der *clausula rebus sic stantibus* im Falle von Rechtsänderungen herausgearbeitet. Dieses liegt zum einen daran, dass die spanische Rechtsprechung keine eindeutigen Fallgruppen zur Differenzierung geschaffen hat und der *clausula* im Zusammenhang mit den Gesetzesänderungen nur wenig Bedeutung beimisst. Lediglich im Bereich des Baurechts sind häufiger Planungsänderungen zu beobachten. Sofern die Rechtsprechung derartigen Änderungen nicht mit den Regeln über den *error* begegnet, kommt eine Anwendung der *clausula* durchaus in Betracht.

War der Fortbestand der Regelung für die Parteien ausschlaggebend für den Vertragsschluss, ist zudem eine Auslegung als Bedingung möglich. Dann besteht die Möglicheit der *resolución* des Vertrages. Soll der Vertrag aber aufrechterhalten werden und lediglich modifiziert werden, prüft der Tribunal Supremo die Voraussetzungen der *clausula*, die er aber oftmals an der Unvorhersehbarkeit scheitern lässt. Die Audiencía Provincial Valencia hat ein Anpassungsbegehren im dargestellten Fall einer Änderung der städtebaulichen Regelungen aber auf die *clausula rebus sic stantibus* gestützt.

Lediglich im Fall tiefgreifender Störungen ist nach Ansicht der höchstrichterlichen spanischen Rechtsprechung daher ein Eingreifen der *clausula* geboten. In der Entscheidung bezüglich des Schlachthofes war es nicht die Gesetzesänderung als solche die eine Anpassung rechtfertigte. Der Schlachthof nahm aber aufgrund dieser Änderung eine komplette Mechanisierung seines Betriebs vor, was zu einem starken Ungleichgewicht des Äquivalenzverhältnisses führte und eine Anwendung der *clausula* ermöglichte.

Vor allem bei Verträgen mit sehr langen Laufzeiten ist daher ein Eingreifen der *clausula* angebracht und interessengerecht. Dieses belegt auch die Entscheidung, die angesichts des ministeriellen Erlasses erging. Da die Vertragsdurchführung wie vereinbart für die Parteien sinnlos war, war eine *resolución* des Vertrages geboten.

Auf dem Gebiet des Steuerrechts stellen beide Länder besonders hohe Anforderungen. Ein Eingreifen des § 313 BGB kommt nur dann in Betracht, wenn die steuerlichen Erwartungen maßgeblich für den Vertragsabschluss waren. Die Beurteilung ist dabei vom Einzelfall abhängig und obliegt den Gerichten. Dass diese nicht immer einheitlicher Auffassung sind, verdeutlichen die zwei OLG-Entscheidungen, die im Hinblick auf die nachträgliche Streichung der Steuerbefreiung für die Sozialpfandbriefe ergangen sind. Zwar vermag das Argument des OLG München im Hinblick auf Spekulationsgeschäfte und die darauf beruhende Unanwendbarkeit der Lehre der Geschäftsgrundlage nicht zu überzeugen, jedoch ist die Veränderung aufgrund der Ankündigung in der damaligen Gesetzesbegründung durchaus vorhersehbar gewesen. Stets mit dem OLG München eine Vorhersehbarkeit von Steuerrechtsänderungen anzunehmen ist allerdings nicht einzelfallgerecht.

Diese Aussage entspricht aber, wenn auch in abgeschwächter Form, dem Standpunkt der spanischen Rechtsprechung. Diese hat lediglich in einem Urteil zu einer Umstandsänderung im Fall von Steuerrechtsänderungen und einer Anwendung der *clausula* Stellung bezogen und diese strikt abgelehnt. Der Vorhersehbarkeit wird dabei noch größerer Bedeutung als bei „normalen" Äquivalenzstörungen eingeräumt. Die Parteien haben mit Änderungen in diesem Bereich immer zu rechnen und müssen sich durch Klauseln vor ihnen schützen. Es ist zu erwarten, dass der Tribunal Supremo bei ähnlich gelagerten Fällen ebenso eine derartige Linie folgt. Dennoch kann der Entscheidung keine generelle Ablehnung der *clausua rebus sic stantibus* in Fall von steuerrechtlichen Änderungen entnommen werden. Der Formulierung, dass die Gesetzesveränderung weder unvorhersehbar sei noch ein Ungleichgewicht begründe lässt sich entnehmen, dass im Fall einer starken Äquivalenzstörung eine *clausula* eingreifen könnte. Ob bald eine derartige Entscheidung ergehen wird, ist aber aufgrund der sehr restriktiven Rechtsprechung des Gerichts zu diesem Thema fragwürdig.

Diese Auffassung wird bei Betrachtung der Rückwirkungsproblematik bestätigt. Dieser wird grundsätzlich unter Hinzuziehung der entwickelten Rückwirkungsbegriffe begegnet, wobei der Rechtssicherheit besondere Bedeutung zugestanden wird. Dennoch neigt das Tribunal Constitucional dazu, im Fall von rückwirkenden Rechtsänderungen keine Verletzung der Rechtssicherheit anzunehmen. Das vom Schrifttum mit immenser Beachtung aufgenommene Urteil aus dem Jahr 1996 hat sich von dieser grundsätzlichen Ablehnung ein wenig distanziert. In sofern stimmt das Tribunal Constitucional nun mit dem BverfG überein, das bei Gesetzesänderungen von periodisch auferlegten Steuern eine echte Rückwirkung annimmt, wenn diese nach Abauf des Veranschlagungszeitraums verkündet wird. Vor dieser Entscheidung hat das Tribunal Constitucional der Rechtssicherheit wenig Bedeutung beigemessen.

Es bleibt abzuwarten, ob das Urteil vom Tribunal Constitucional und die erfolgte Stärkung des Vertrauensschutzes und der Rechtssicherheit auch Auswirkungen auf den Tribunal Supremo hat.

Während im Bereich der Rückwirkung von Gesetzen in beiden Ländern die verfassungsrechtlich entwickelten Grundsätze auch im Privatrecht Anwendung finden können, wird dies bei Rechtsprechungsänderungen im deutschen Recht überwiegend abgelehnt. Innerhalb der deutschen Literatur und auch Rechtsprechung lassen sich im Gegensatz zum spanischen Recht einige Stellungnahmen dazu finden. Das Vertrauenssschutzprinzip und die entwickelten Begrenzungen der Rückwirkung sollen demnach auf privatrechtlicher Ebene ungeeignet sein, um derartigen Änderungen angemessen zu begegnen. So kann auch in diesem Bereich eine Anpassung auf § 313 BGB gestützt werden. Die Gerichte nehmen dabei insbesondere eine Prüfung dahingehend vor, ob die damalige Rechtsauffassung der Vertragsparteien mit der geltenden Rechtsprechung übereinstimmte. Auf einen Wegfall der Geschäftsgrundlage können die Parteien sich wiederum dann nicht berufen, wenn sie mit der Ändeurung rechnen mussten. Dieses Erfordernis wird von den Gerichten in den vorliegenden Fallkonstellationen sehr streng geprüft. So kann nicht jede Änderung zu einer Anpassung oder zum Rücktritt von dem Vertrag führen, sondern es ist anhand der Umstände des Einzelfalls genauestens zu prüfen, ob die Partei das Risiko der Änderung ausnahmsweise nicht tragen muss. Allein das Vorliegen eines zu schützenden Vertrauenstatbestandes ist demnach nicht ausreichend, da die Rechtsprechung nicht an einmal erlassene Entscheidungen gebunden werden soll. Noch strengere Kriterien als der BGH verfolgt der BFH. Er gelangt in Übereinstimmung mit dem BVerfG zu dem Ergebnis, dass das Vertrauen bei Rechtsprechungsänderungen aufgrund der Gefahr einer „Versteinerung“ nicht schützenswert ist. Diesen Grundsatz hat das BVerfG gestärkt, das nur bei willkürlichen Änderungen Bedenken bei einer belastenden Änderung der Rechtsprechung sieht. Der BFH beruft sich grundsätzlich auf die Kontinuitätsgewähr, hält aber bei dem Vorliegen von schwerwiegenden sachlichen Gründen eine Durchbrechung dieses Grundsatzes für berechtigt. Die Anpassung derartiger Fälle, beispielsweise durch Übergangsregelungen, überlässt der BFH grundsätzlich der Verwaltung.

Die spanische Lehre tendiert in eine ähnliche Richtung. Sofern sich Stellungnahmen finden lassen, sieht sie die verfassungsrechtlichen Mittel als ungeeignet an, um den Rechtsprechungsänderung zu begegnen. Demnach besteht auch nach spanischer Auffassung keine Bindungswirkung des Gerichts an vergangene Entscheidungen. Dennoch müssen bei steuerrechtlichen Änderungen gewichtige Gründe für eine derartige Rechtsprechungsänderung vorliegen. Zu möglichen Anpassungsmechanismen und insbesondere zu einer Anwendung der *clausula* lassen sich keine Stellungnahmen finden. Aufgrund der Seltenheit von Rechtsprechungsänderungen ist dies auch von geringer praktischer Relevanz. So ist eine rückwirkend auch tief in weithin abgeschlossene Vorgänge eingreifende Änderung der höchstrichterlichen Rechtsprechung grundsätzlich in beiden Ländern hinzunehmen.

4. Kapitel: Veränderte Umstände im Tarifvertragsrecht

A. Deutschland

I. Wegfall der Geschäftsgrundlage und tarifvertragliche Regelungen

Neben den Besonderheiten im Steuerrecht ist im Tarifvertragsstrecht die Frage umstritten, ob § 313 BGB analoge Anwendung auf normative Regelungen in Tarifverträgen finden kann.

1. Auffassung des BAG

Nach Auffassung des BAG sind die Grundsätze über den Wegfall der Geschäftsgrundlage zumindest nicht ohne weiteres anwendbar.[1042] So argumentierte das BAG, dass die Normunterworfenen im Gegensatz zu den Parteien eines zivilrechtlichen Vertrages nicht erkennen könnten, von welcher Geschäftsgrundlage die Tarifvertragsparteien bei der Vereinbarung tariflicher Normen ausgegangen seien und somit Schwierigkeiten bei der Frage entstehen könnten, wann eine Tarifnorm der Geschäftsgrundlage noch entspreche.[1043] Zudem bestehe für die Tarifparteien die Möglichkeit, die Tarifverträge zu kündigen oder selber anzupassen.[1044]

2. Schrifttum

Im Schrifftum gibt es teilweise Befürworter, welche die Lehre der Geschäftsgrundlage auch auf Tarifverträge anwenden wollen[1045], wenn auch einige von ihnen lediglich einen terminologischen Unterschied[1046] erkennen wollen.

Andere halten eine Berufung auf die Geschäftsgrundlage angesichts der Möglichkeit der außerordentlichen Kündigung gemäß § 626 BGB für nicht erforderlich oder subsidiär.[1047] Die herrschende Meinung in Literatur und Rechtsprechung

1042 BAG AP Nr. 1 zu § 36 BAT; BAG AP Nr. 3 zu § 9 TVG.

1043 BAG AP Nr. 1 zu § 1 TVG; BAG AP Nr. 3 zu § 9 TVG 1969; BAG AP Nr. 135 zu § 1 TVG.

1044 BAG AP Nr. 3 zu § 9 TVG 1969; BAG AP Nr. 125 zu § 1 TVG.

1045 *Otto*, in: FS Kissel, S. 787, 795; *Hromadka*, in: FS Wlotzke, 1996, S. 352, 353.

1046 *Otto*, in: FS Kissel, S. 787, 795.

1047 *Buchner*, NZA 1993, 289, 295; *Henssler*, ZfA 1994, 487, 494; *Oetker*, Das Dauerschuldverhältnis und seine Beendigung, S. 418 ff.; *Wank*, in: FS Schaub, 761, 790.

geht nämlich von der Möglichkeit einer außerordentlichen Kündigung der Tarifverträge aus wichtigem Grund aus.[1048]

Die Anpassung eines Tarifvertrages wird des Weiteren oftmals unter Hinweis auf die Tarifautonomie abgelehnt.[1049] Im Hinblick auf Art. 9 III 1 GG sollen demnach allein die Tarifparteien verbindliche Normen schaffen oder ändern. Mangels Rechtssetzungsbefugnis wird den Gerichten die Erlaubnis zur Anpassung untersagt, selbst bei einer Reduzierung des Gestaltungsspielraums auf Null.[1050] Tarifliche Regelungen hätten allein auf einem staatsfreien Prozess zur Festsetzung der Arbeitsbedingungen zu beruhen.[1051] Zudem wird eine Überforderung der Arbeitsgerichte befürchtet.[1052]

Wiederum andere verknüpfen den Wegfall der Geschäftsgrundlage mit der außerordentlichen Kündigung in der Art, dass dieser als Konkretisierung des wichtigen Grundes agiert.[1053] Demnach wird die Lehre der Geschäftsgrundlage durchaus im Ergebnis anerkannt, da diese zumindest tatbestandlich im Rahmen der Kündigung vorliegen kann. Auf der Tatbestandsseite soll aber zu beachten sein, dass nicht jede wirtschaftliche Veränderung zu einem Wegfall der Geschäftsgrundlage führen dürfe, da dem Tarifvertrag sonst jede praktische Bedeutung genommen werde.[1054] Bloße Veränderungen der ökonomischen Rahmendaten seien nicht ausreichend, um sich auf einen Wegfall der Geschäftsgrundlage zu berufen.[1055]

Wird eine Anwendung grundsätzlich für möglich gehalten, so tritt wegen der Besonderheiten des Tarifvertrages als nächstes die Frage auf, für wen das Festhalten am Vertrag unzumutbar geworden sein muss. Teilweise wird befürwortet allein auf die Parteien des Tarifvertrages abzustellen.[1056] Nach anderer Auffassung würde die normative Wirkung des Tarifvertrages so nur unzureichend berücksichtigt, da sich die wirtschaftlich bedeutsamen Bestimmungen auf die

---

1048 BAG AP Nr. 3 zu § 1 TVG, *Bauer/Diller*, DB 1993, 1085, 1090; *Oetker*, RdA 1995, 82, 94; *Steffan*, JuS 1993, 1027, 1028.

1049 BAG AP Nr. 12 zu § 33 BAT; BAG AP Nr. 5 zu § 1 TVG; *Bauer/Diller*, DB 1993, 1085, 1090; *Dütz*, in: FS Molitor, S. 63, 75; *Steffan*, JuS 1993, 1027, 1028.

1050 *Oetker*, RdA 1995, 82, 97.

1051 *Dütz*, in: FS Molitor, S. 65, 75; *Oetker*, RdA 1995, 82, 97.

1052 *Oetker*, RdA 1995, 82, 97.

1053 *Belling*, NzA 1996, 906, 910 f.

1054 *Däubler*, ZTR 1996, 241, 242.

1055 *Däubler*, ZTR 1996, 241, 243.

1056 *Hagemeier/Kempen*, TVG, § 4 Rdnr. 49.

Normunterworfenen und nicht bloß auf die Tarifparteien auswirken.[1057] Demnach sei auch auf die normativ Betroffenen abzustellen.[1058] Folgeproblem ist dann aber wiederum die Entscheidung, ob allein auf die Zahl der von der Unzumutbarkeit betroffenen Arbeitnehmer[1059] oder auf eine qualifizierte Minderheit der Mitglieder der betroffenen Koalition[1060] abzustellen ist. Die Verbandsstruktur am ehesten berücksichtigt dabei die Auffassung, die eine Unzumutbarkeit für die Mehrheit der Mitglieder des Verbands verlangt.[1061] Dieses kann zudem mit § 32 I 3 BGB begründet werden, der das Mehrheitsprinzip als grundsätzlich für die Willensbildung verankert.[1062]

Der hauptsächliche Grund für die Ablehnung der Lehre der Geschäftsgrundlage liegt damit auf der Rechtsfolgenseite. Um eine Anpassung zu verhindern und die Tarifautonomie zu wahren, wird teilweise eine Neuverhandlungspflicht vorgeschlagen.[1063] Eine solche ist aber mit einer ähnlichen Begründung wie im allgemeinen Zivilrecht abzulehnen.

II. Stellungnahme

Gerade im Hinblick auf das im Tarifsystem angelegte Kontinuitätsinteresse, ist eine Anwendung der Geschäftsgrundlage aufgrund der flexiblen Rechtsfolgen vorzuziehen.[1064] Die Argumente gegen eine solche Anwendung vermögen nicht zu überzeugen. Zwar verfügen die Tarifparteien über eine sachnähere Position, das BAG darf nach herrschender Meinung aber auch bei Betriebsvereinbarungen eine Anpassung vornehmen.[1065] Daher ist nicht nachvollziehbar, warum die Grundsätze für Tarifverträge nicht gelten sollen. Ebenso wenig überzeugen die

---

1057 *Hey*, ZfA 2002, 275, 282.

1058 *Oetker*, RdA 1995, 82, 95; *Wank*, in: FS Schaub, S. 761, 769; *Buchner*, NzA 1993, 289, 298.

1059 *Otto*, in: FS Kissel, 787, 805.

1060 *Steffan*, JuS 1993, 1027, 1029: Gefährdung von 10 % der Mitgliedsunternehmen eines Arbeitgeberverbandes.

1061 *Hromadka*, in: FS Wlotzke, S. 333, 352; *Henssler*, ZfA 1994, 487, 493; Überwiegende Mehrheit: *Oetker*, RdA 1995, 82, 90.

1062 *Hey*, ZfA 2002, 275, 282. Er betont, dass bei Abstellen auf die Tarifparteien dasselbe Ergebnis erzielt wird, da für die Frage, ob für die jeweilige Tarifvertragspartei die Geschäftsgrundlage weggefallen ist wiederum auf die Mitglieder des jeweiligen Verbands abgestellt werden müsse.

1063 *Däubler*, ZTR 1996, 241, 244; *Wank*, in: FS Schaub, S. 761, 787.

1064 *Däubler*, ZTR 1996, 241, 242.

1065 BAG NZA 1995, 314, 317; BAG NZA 1997, 109, 110 f.

Argumente eines Eingriffs in die Tarifautonomie durch die richterliche Anpassung. Art. 9 III GG gewährleistet keine schrankenlose Betätigungsfreiheit der Koalitionen. Es ist lediglich zu beachten, dass die zur Verwirklichung der Tarifautonomie erlassenen Normen den Bewegungsraum und Funktionssinn der Tarifautonomie nicht unverhältnismäßig und sachwidrig beschneiden.[1066] Solange die richterliche Anpassung keine derartige unverhältnismäßige Einschränkung der Tarifautonomie darstellt, ist eine solche durchaus möglich. Es ist zu bedenken, dass § 313 BGB sowieso nur in seltenen Fällen greifen soll und die Anpassung auch nur als vorzugswürdige Rechtsfolge agieren soll. Im Zweifel kann der Richter den Vertrag auflösen. Das Institut der Geschäftsgrundlage ist gerade geschaffen worden, um für einen gerechten Ausgleich der Parteien zu sorgen.

B. Spanien

I. Anwendung der clausula rebus sic stantibus auf tarifvertragliche Regelungen

Auch in Spanien ist es ebenfalls strittig, ob die *clausula rebus sic stantibus* auf Tarifverträge überhaupt Anwendung finden kann. Das Urteil des TSJ Cantabria vom 14. April 1992 bezweifelt nämlich eine Ausdehnung auf tarifvertragliche Regelungen, da sich die *clausula* ausschließlich auf Verträge beziehe.[1067]

Teilweise wird im Arbeitsrecht eine noch restriktivere Anwendung als im allgemeinen Zivilrecht für notwendig gehalten. Im arbeitsrechtlichen Bereich ist Art. 41 ET zu beachten, der eine Anpassung erlaubt. Dieser Artikel ist erst nach der Reform 1994 eingefügt worden, vorher wurde eine Anpassung unter Berücksichtigung der *clausula* vereinzelt durchgeführt.[1068] Demnach kann ein Unternehmen die Arbeitsbedingungen anpassen, wenn wirtschaftliche, technische oder organisatorische Gründe dafür vorliegen.[1069] Daher wird ein Rückgriff auf die *clausula rebus sic stantibus* als überflüssig abgelehnt, da bereits ein abschließender Anpassungsmechanismus besteht, in dem die *clausula rebus sic stantibus* verankert sei.[1070] Zudem wird auf die Besonderheiten in tarifvertraglichen Vereinbarungen hingewiesen, da die Vereinbarungen zwischen Firmenvertreter und Untergebenen geschlossen wurden.[1071] Allerdings ist es von der Rechtsprechung

---

1066 BVerfGE 84, 121, 228; 88, 103, 114 f.; 92, 26, 38; 92, 365, 393 ff.

1067 AS 1992, 1936.

1068 STS 4.7.1994, RJ 1994, 6335.

1069 *Bejarano Hernández*, Rev. española de Der. De Trabajo 1999, 519, 520.

1070 *Bejarano Hernández*, Rev. española de Der. De Trabajo 1999, 519, 524.

1071 *Bejarano Hernández*, Rev. española de Der. De Trabajo 1999, 519, 520.

auch im arbeitsrechtlichen Bereich anerkannt, neben Art. 41 ET auf die *clausula rebus sic stantibus* zurückzugreifen.

1. Auswirkungen des Ley de Jornada Máxima auf Tarifverträge

In einem Urteil aus dem Jahre 1990, also vor Einführung des Art. 41 ET, hinterfragte das Tribunal Constitucional die unmittelbaren Auswirkungen des *Ley de Jornada Máxima* (Gesetz über die maximal zulässigen Arbeitszeiten) auf die früheren tarifvertraglichen Vereinbarungen.[1072] Das Gericht gelangte zu der Auffassung, dass die *clausula rebus sic stantibus* dann auf tarifvertragliche Regelungen Anwendung finden kann, wenn die Verabschiedung des Gesetzes, die innere Ausgewogenheit der Vereinbarung erheblich störe. Wird ein tarifvertragliches Übereinkommen demnach im Laufe seiner Geltung aufgrund eines neu erlassenen Gesetzes rechtswidrig, da dieses der tarifvertraglichen Vereinbarung widerspreche, sei das Übereinkommen entsprechend anzupassen. Keinesfalls dürfe das Gesetz für ungültig oder nicht anwendbar erklärt werden. In derartigen Fällen, in denen eine absolute Veränderung vorliege, könne die Partei zwar eine Aufhebung der Übereinkunft, aber keineswegs einen Aufschub der völligen Wirksamkeit der Norm verlangen.[1073]

2. Nichtraucherschutzgesetz und Auswirkungen auf Tarifverträge, STS vom 14.2.2008

Auf diese Grundsätze bezog sich der Tribunal Supremo in einem Urteil vom 14. Februar 2008.[1074] Diese Entscheidung beschäftigte sich mit dem spanischen „Antitabakgesetz“, das aufgrund seiner strengen Regeln als eines der strengsten in Europa galt. Dort führte das Gericht aus, dass die *clausula rebus sic stantibus* nur in Fällen Anwendung finden könne, in denen die Leistungserfüllung außerordentlich erschwert werde.

Das Urteil erging aufgrund des *Ley* 28/05 vom 26. Dezember, das Regelungen zum Verkauf, zur Lieferung, zum Konsum und zur Werbung von Tabakprodukten

1072 STC 20.12.1990, RTC 1990, 210. Dieses Urteil bezog sich auf das Ley 4/1983 vom 29.6.1983 (RCL 1983, 1368, 1589), das die wöchentliche Arbeitszeit auf 40 Stunden festsetzte. In der Urteilsbegründung wird betont, dass das Tribunal Constitucional eine Anwendung der clausula im Falle von radikalen Umstandsänderungen für möglich hält.

1073 Aufgrund des Art. 37 I der Verfassung, der das Recht auf kollektive Verhandlungen zwischen den Vertretern der Arbeitnehmer und Arbeitgeber und die Verbindlichkeit der getroffenen Abkommen gewährleistet.

1074 STS 14.2.2008, RJ 2008, 1900.

enthielt.[1075] Durch dieses Gesetz wurde die Versorgung mit Tabakwaren grundsätzlich verboten. Gestattet war lediglich ein Verkauf in speziell dafür vorgesehenen Tabakläden. Zudem wurde auch die kostenlose Abgabe von Tabakwaren zu Werbezwecken verboten. Dies führte dazu, dass Löhne in Form von Sachleistungen nicht mehr gewährt werden durften. Eine Tabaklieferung zu Werbezwecken wurde sowohl an aktive Mitarbeiter als auch an ehemalige Beschäftigte verboten.

Daraufhin erhoben verschiedene Gewerkschaften Klage gegen Art. 3, 5 und 6 des Gesetzes i.V.m Art. 37 I der Verfassung, da das Gesetz die Vereinbarungen des Tarifvertrages verletze. Diese Vereinbarungen hätten Vorrang vor den gesetzlichen Regelungen und könnten nicht durch das Gesetz außer Kraft gesetzt werden. Mit der Klage wollte das Bündnis für Landwirtschaft (CC.OO) und die *Federaciones Agroalimentarias* (UGT) sowie zwei weitere Arbeiter-Gewerkschaften gegen den Tabakkonzern *Logista SA*, der sich inzwischen in zwei andere Konzerne aufgespalten hatte, folgende Punkte durchsetzen: Zunächst wurde die Feststellung der Nichtigkeit der Entscheidung des Unternehmens gefordert, die Tabakwaren nicht mehr an die betroffenen Unternehmer und Mitarbeiter kostenlos abzugeben. Diese Vergütung in Form von Sachleistungen erfolgte monatlich an die Mitarbeiter oder als Werbeleistung für die nicht mehr im Unternehmen tätigen ehemaligen Mitarbeiter und war tarifvertraglich abgesichert. Daher forderten die Kläger die Verpflichtung seitens des Unternehmens, weiterhin derartige Vergütungen in Form von Sachleistungen, in der durch Tarifvertrag festgesetzten Menge zu erbringen. Zudem sollte das Unternehmen weiterhin Zigaretten während der Arbeitszeit zur Verfügung stellen, wenn sich die Arbeitnehmer im Freien aufhalten sollten. Hilfsweise wurde Schadensersatz gefordert. Sie beriefen sich unter anderem auf die *clausula rebus sic stantibus*, da das neue Gesetz die Unwirksamkeit bestimmter tarifvertraglicher Regelungen bewirkt habe und dadurch eine Zerstörung des vertraglichen Gleichgewichts eingetreten sei.

In erster Instanz wurden von der Audiencia Nacional am 12. Juli 2006[1076] zunächst die früheren tarifvertraglichen Regelungen beleuchtet. Das Gericht nahm in seiner Urteilsbegründung Stellung zu dem Anwendungsbereich des Gesetzes 28/2005, zu seinen Auswirkungen auf die Tarifverträge des Unternehmens und zu der *clausula rebus sic stantibus*. Das Gericht wies die Klage ab, gab aber -unter Berücksichtigung der *clausula rebus sic stantibus*- dem Hilfsantrag statt.

1075 RCL 2005/2529.

1076 AS 2006, 2951.

Der von beiden Parteien beantragten Kassationsbeschwerde wurde vom Tribunal Supremo teilweise stattgegeben. Das Gericht berief sich als Rechtfertigung für seine Begründung auf das eingangs dargestellte Urteil vom Tribunal Constitucional vom 20. Dezember. Im Falle einer absoluten und radikalen Veränderung sei eine Veränderung des Tarifvertrages aufgrund der Grundsätze der *clausula rebus sic stantibus* geboten.[1077] Im vorliegenden Fall sei aber zu bedenken, dass die *clausula rebus sic stantibus* nur in derartigen Fällen zur Anwendung komme, in denen sich aufgrund von außerordentlichen Ereignissen Schwierigkeiten bei der Erfüllung der Verpflichtung ergeben haben, während die Verpflichtung hier aufgrund eines Herrschaftsaktes unwirksam geworden sei. Zudem führe die Rechtswidrigkeit von einigen tarifrechtlich vereinbarten Verpflichtungen zwar zu einer Zerstörung des Synallagmas, dieses betreffe aber beide Parteien (Arbeitnehmer und Unternehmen) in einem ausgewogenen Verhältnis.

Bezüglich einer Verletzung des Art. 1184 CC unter Berücksichtigung der *clausula rebus sic stantibus* müsse berücksichtigt werden, dass das Ley 28/2005 nicht darauf abziele die direkten Verpflichtungen, die sich aus den tarifvertraglichen Regelungen ergäben, abzuschaffen. Lediglich bestimmte Teile der Verpflichtung seien unwirksam, während die restlichen Punkte ihre Gültigkeit behalten könnten. Die von der Vorinstanz zugesprochene Entschädigung wurde aufgehoben.

II. Zusammenfassung

Wie die Analyse der Urteile zeigt, kann die Lehre vom Wegfall der Geschäftsgrundlage in derartigen Fällen durchaus eine sachgerechte Lösung anbieten und die Möglichkeit zur Anpassung des Vertrages geben, wobei wie immer die Interessen beider Parteien zu berücksichtigen sind. Im Arbeitsrecht sind sowohl im deutschen als auch im spanischen Recht Besonderheiten zu beachten. Letztendlich kann es dahingestellt werden, ob § 313 BGB als besondere Ausprägung des wichtigen Grundes und die *clausula rebus sic stantibus*

1077 Vgl. STC 11, 1981, RTC 1981, 11, FJ 14: In diesem Fall ging es um das Streikrecht der Beschäftigten eines Unternehmens. Unter Punkt 14 führte der TC aus, dass ein Streik auch dann nicht verboten werden kann, wenn er während der Laufzeit eines Tarifvertrages stattfindet, solange das Ziel des Streiks keine Änderung des Tarifvertrages sei. Hinzugefügt wird, dass es in den Fällen möglich sei eine Veränderung des Tarifvertrages zu behaupten, in denen das Unternehmen diesen nicht erfüllt hat oder eben die angesprochene absolute und radikale Veränderung zur Anwendung der clausula rebus sic stantibus führt.

als Konkretisierung des Art. 41 ET anzuwenden sind. In beiden Ländern ist von einer Anwendung der Institute auch bei tarifvertraglichen Änderungen auszugehen. Das letzte Urteil innerhalb des spanischen Rechts ist insofern interessant, da im Fall von Gesetzesänderungen, die eine Unwirksamkeit tarifvertraglicher Regelungen zur Folge haben, eine Anpassung abgelehnt wird und die *clausula* nur im Fall von durch den Gesetzgebungsakt hervorgerufenen Leistungserschwerungen Anwendung finden soll. Einigkeit besteht insofern, dass bei einer schweren Äquivalenzstörung in bestimmten Fällen eine Anpassung des Tarifvertrages vorgenommen werden kann. Dieser Meinung ist im deutschen und im spanischen Recht zur Gewährleistung der Kontinuität kollektivrechtlicher Regelungen beizupflichten.

5. Kapitel: Gemeinschaftsprivatrecht

Zum Abschluss der Darstellung soll ein kurzer Blick auf das Gemeinschaftsprivatrecht unter Berücksichtigung der unterschiedlichen Regelungswerke getroffen werden. Im gemeinschaftsprivatrechtlichen Bereich sind zudem Konstellationen mit grenzüberschreitenden Umstandsänderungen möglich. In derartigen Fällen ist eine einheitliche Regelung notwendig. Ein Beispiel für eine derartige Umstandsänderung war die Euro-Einführung.

I. Euro-Einführung

Vorstellbar ist im Rahmen der Euro-Einführung beispielsweise die Fallkonstellation, in der ein deutsches mit einem ausländischen Unternehmen einen Vertrag vor der Einführung des Euros abgeschlossen hatte, wobei der Kaufpreis in DM vereinbart wurde. Durch die Umstellung auf den Euro könnte es zu einem Verlust an Kaufkraft für den Gläubiger der Geldforderung gekommen sein, der sich dann auf einen Wegfall der Geschäftsgrundlage und eine Erhöhung des Betrages als Ausgleich seines Verlustes an Kaufkraft berufen möchte.

Bei Prüfung einer möglichen Anwendung des § 313 I BGB gelangt man zu dem Ergebnis, dass derartige Änderungen nicht unzumutbar sind, da die Euro Einführung, zumindest nach dem Erscheinen des Grünbuchs der Europäischen Union[1078], vorhersehbar war. Selbst bei einer Unvorhersehbarkeit, etwa für Verträge die vor 1995 abgeschlossen wurden, begründen derartige Änderungen nur leichte, unbeachtliche Äquivalenzstörungen. Eine ähnliche Argumentation würden die spanischen Gerichte befürworten.

Auf gemeinschaftlicher Ebene ist Art. 3 Euro I VO[1079] von Bedeutung, der bestimmt:

„Die Einführung des Euro bewirkt weder eine Veränderung von Bestimmungen in Rechtsinstrumenten oder eine Schuldbefreiung noch rechtfertigt sie die Nichterfüllung rechtlicher Verpflichtungen, noch gibt sie einer Partei das Recht, ein Rechtsinstrument einseitig zu ändern oder zu beenden. Diese Bestimmung gilt vorbehaltlich etwaiger Vereinbarungen der Parteien."

1078 Grünbuch der Kommission über die praktischen Fragen des Übergangs zur einheitlichen Währung (BT/Drs. 13/2307. vom 31.05.1995).

1079 Verordnung (EG) Nr 1103/97 des Rates vom 17.6.97 über bestimmte Vorschriften im Zusammenhang mit der Einführung des Euro, Abl. EG 1997 Nr. L 162/1 (Euro I VO).

Art. 3 Euro I VO ordnet damit Vertragskontinuität an, so dass die Euro-Einführung keinen Wegfall der Geschäftsgrundlage begründen kann. Die Vorschrift wird als versteckte Kollisionsnorm angesehen, da die Vertragskontinuität auch gilt, wenn das Recht eines Drittstaates Anwendung findet.[1080] Dabei ist nach richtiger Ansicht vom konstitutiven Charakter der Vorschrift auszugehen, da die nationalen Institute, die auch aufgrund von Geldwertproblemen entwickelt wurden, grundsätzlich zu prüfen sind.[1081]

II. Europäisches Vertragsrecht

Schließlich sollen, auch aufgrund ihrer Vorbildwirkung angesichts einer möglichen Kodifizierung im spanischen Recht, entwickelte Einheitsregeln betrachtet werden.

1. Art. 6.2.1 – Art. 6.2.3 Unidroit-Prinzipien

> Art. 6.2.1
> Where the performance of a contract becomes more onerous for one of the parties, that party is nevertheless bound to perform its obligations subject to the following provisions on hardship.
>
> Art. 6.2.2 (Definition Hardship)
> There is hardship where the occurrence of events fundamentally alters the equilibrium of the contract either because the cost of a party`s performance has increased or because the value of the performance a party receives has diminished, and
> (a) the events occur or become known to the disadvantaged party after the conclusion of the contract;
> (b) the events could not reasonably have been taken into account by the disadvantaged party at the time of the conclusion of the contract;
> (c) the events are beyond the control of the disadvantaged party; and
> (d) the risk of the events was not assumed by the disadvantaged party.
>
> Art. 6.2.3 (Effects)
> (1) In case of hardship the disadvantaged party is entitled to request renegotiations. The request shall be made without undue delay and shall indicate the grounds on which it is based.
> (2) The request for renegotiation does not in itself entitle the disadvantaged party to withhold performance.
> (3) Upon failure to reach agreement within a reasonable time either party may resort to the court.

1080 PWW/*Schmidt-Kessel*, § 245 BGB Rdnr. 7.

1081 So: *Schmidt-Kessel*, WM 1997, 1732, 1733; *Schefold*, WM 1996, 16.

(4) If the court finds hardship it may, if reasonable,
(a) terminate the contract at a date and on terms to be fixes; or
(b) adapt the contract with a view to restoring its equilibrium.[1082]

Die Vorschriften über die veränderten Umstände in den Unidroit-Prinzipien, den *Principles of International Commercial Contracts* (PICC), weisen deutliche Ähnlichkeiten zu § 313 BGB auf. Der Wegfall der Geschäftsgrundlage fällt in den Prinzipien unter den Begriff *hardship*. Diese Bezeichnung soll verdeutlichen, dass die Erfüllung der Verpflichtung kostspielig und schwierig geworden sein muss. Danach muss es sich um unvorhersehbare Änderungen handeln, die unabhängig vom Verhalten der Parteien eingetreten sind und das vertragliche Gleichgewicht erschüttert haben.

In der Kommentierung zu den Vorschriften wird ausdrücklich auf die deutsche Lehre vom Wegfall der Geschäftsgrundlage Bezug genommen.[1083] Die Voraussetzungen und Rechtsfolgen stimmen insofern mit der deutschen Regelung überein.

Art. 6.2.1 geht zunächst von dem Grundsatz der Vertragstreue aus. Sind aber neue Umstände eingetreten, die zu einer wesentlichen Änderung des Gleichgewichts der vertraglichen Leistungen geführt haben, so wird eine außergewöhnliche Situation geschaffen, die in den Prinzipien als *hardship* bezeichnet wird.

Ob eine Veränderung als grundlegend anzusehen ist, hängt vom Einzelfall ab. Eine solche Veränderung des Gleichgewichts des Vertrages kann sich durch zwei Arten erkennbar machen: Eine Möglichkeit liegt in einem wesentlichen Anstieg der Kosten, die eine Partei zur Erfüllung ihrer Pflichten aufzuwenden hat. Diese Partei ist meist diejenige, welche die nicht auf Geld gerichtete Leistungspflicht erfüllen muss. Die andere Fallgruppe ist gekennzeichnet von den Situationen, in denen die von der einen Partei erhaltene Leistung einen Wertverfall erleidet oder überhaupt keinen Wert mehr hat. Derartige Fälle können sich ergeben, wenn sich die Marktbedingungen drastisch verändern oder aber wenn der Zweck vereitelt wurde. Dieser Wertverlust muss aber objektiv messbar sein. Eine Veränderung des subjektiven Empfindens des Empfängers ist nicht ausreichend. Was die Vereitelung des Zwecks der Leistung betrifft, so kann diese nur berücksichtigt werden, wenn der fragliche Zweck beiden Parteien bekannt war.[1084]

Ebenfalls dürfen die Risiken nicht von einer Partei übernommen worden sein. Dieses muss sich nicht unbedingt aus einer ausdrücklichen Übernahme, sondern kann sich auch aus dem konkreten Vertrag ergeben. Von einer Partei, die

1082 Vgl. *Unidroit Principles*, Art. 6.2.1-Art. 6.2.3.
1083 *Unidroit-Principles*, Komm., Art. 6.2.1. Anm. 2.
1084 Vgl. die einzelnen Fallbeispiele in: *Unidroit-Principles*, Komm., Art. 6.2.2.

ein spekulatives Geschäft abschließt wird erwartet, dass sie ein bestimmtes Maß an Risiko akzeptiert, auch wenn sie sich dessen nicht bewusst war.

Die Berufung auf die veränderten Umstände kann zugleich einen Fall der höheren Gewalt darstellen. Dann obliegt es der Partei zu entscheiden auf welche Regelung sie sich beruft.[1085]

Beruft sie sich auf die veränderten Umstände, so können die Vertragsbedingungen neu ausgehandelt werden. Auf der Rechtsfolgenseite sind nämlich vorrangig Neuverhandlungen durchzuführen. Scheitern diese, so hat der Richter eine Anpassung oder Beendigung des Vertrages herbeizuführen.

2. Regelung in den Principles of European Contract Law (PECL) Art. 6:111

Die PECL regeln in Art 6:111 unter dem Stichwort „*change of circumstances*" die veränderten Umstände. Diese übernehmen die Lösungen der Art. 6.2.1 der Unidroit Prinzipien für die Fälle der sogenannten hardship.

> Artikel 6:111: Veränderte Umstände
> (1) Vertragliche Verpflichtungen sind zu erfüllen, auch wenn die Erfüllung belastender geworden ist, sei es, weil sich die Kosten der Leistung erhöht haben oder weil der Wert der Gegenleistung sich vermindert hat.
> (2) Wird jedoch die Erfüllung des Vertrages durch eine Veränderung der Umstände übermäßig belastend, sind die Parteien verpflichtet, in Verhandlungen über eine Änderung oder Aufhebung des Vertrages einzutreten, sofern
> (a) die Veränderung der Umstände nach Vertragsschluß eingetreten ist,
> (b) die Möglichkeit einer Veränderung der Umstände vernünftigerweise zum Zeitpunkt des Vertragsschlusses nicht in Betracht gezogen werden konnte, und
> (c) das Risiko einer Veränderung der Umstände nach dem Vertrag nicht die davon betroffene Partei tragen sollte.
> (3) Erzielen die Parteien innerhalb angemessener Zeit keine Einigung, so kann das Gericht
> (a) den Vertrag zu einem Zeitpunkt und zu Bedingungen aufheben, die vom Gericht zu bestimmen sind; oder
> (b) den Vertrag so anpassen, dass die Verluste und Gewinne, die sich aus der Veränderung der Umstände ergeben, unter den Parteien in gerechter und billiger Weise verteilt werden.
> (3) In beiden Fällen kann das Gericht Schadenersatz zusprechen für den Verlust, der dadurch entstanden ist, dass eine Partei sich geweigert hat, in Verhandlungen einzutreten oder die Verhandlungen entgegen den Geboten von Treu und Glauben und des redlichen Geschäftsverkehrs abgebrochen hat.[1086]

1085 *Unidroit-Principles*, Komm., Art. 6.2.2 Nr. 6.

1086 Vgl. *Lando/Beale*, PECL, Art. 6:111; Übersetzung bei *Von Bar/Zimmermann*, Europäisches Vertragsrecht, S. 387 f.

Ausgangspunkt ist somit der Grundsatz der Vertragstreue. Im Absatz 2 wird als Ausnahme von diesem der Fall normiert, dass sich Umstände nach Vertragsschluss geändert haben mit der Folge, dass die Erfüllung für einen Vertragsteil außergewöhnlich belastend („*exessively onerous*") wirkt. Eine solche außergewöhnliche Belastung soll vorliegen, wenn einer der Parteien exorbitante Kosten durch eine Vertragserfüllung entstehen würden.[1087]

Die Parteien trifft die Verpflichtung vor einer Anpassung des Vertrages in Neuverhandlungen zu treten. Art. 6:111 Abs. 3 PECL bestimmt, dass eine Verletzung der Verhandlungspflichten schadensersatzpflichtig machen kann.

Erst wenn keine Einigung zwischen den Parteien zustande kommt, kann der Richter in letzter Konsequenz das Vertragsverhältnis beenden oder anpassen.

Die Wortwahl des Artikels macht nicht hinreichend deutlich, in welchem Zusammenhang die Anpassung und Aufhebung des Vertrages stehen. Aus den *comments* folgt aber ein Vorrang der Anpassung.[1088] Zudem erläutert der Autorenkommentar unter dem Kapitel der Neuverhandlungspflicht lediglich das Ziel der Vertragsanpassung.[1089] Dieses verdeutlicht die grundsätzliche Ablehnung der gerichtlichen Vertragsgestaltung.[1090]

Eine Anwendung der Regelung soll ausscheiden, wenn zum Zeitpunkt des Vertragsschlusses die Möglichkeit bestand, derartige Veränderungen vorherzusehen.[1091] Daneben wird der Risikoverteilung Bedeutung eingeräumt. So muss immer beachtet werden, ob das Risiko der Umstandsänderung von einer der Parteien zu tragen ist.[1092]

Diese Regelung kann als Kombination von Neuverhandlung und gerichtlicher Anpassung als Kompromiss der unterschiedlichen nationalen Traditionen gewertet werden.[1093]

Die Regelung ist dem deutschen § 313 BGB ähnlich, jedoch enthält sie eine eindeutige Stellungnahme zur zumindest ansatzweisen konkretisierten Neuverhandlungspflicht.[1094] Zum anderen sieht sie ein Gestaltungsrecht vor, was die deutsche Regelung lediglich in ihrer Begründung und nicht in der Norm festsetzt.

1087 *Von Bar/Zimmermann,* Europäisches Vertragsrecht, Art. 6:111 PECL, S. 390.

1088 *Lando/Beale,* Principles, Art. 6:111 PECL, Comment D, S. 326.

1089 *Von Bar/Zimmermann,* Europäisches Vertragsrecht, Art. 6:111 PECL, S. 391.

1090 *Von Bar/Zimmermann,* Europäisches Vertragsrecht Art. 6:111 PECL, S. 392 f.

1091 *Lando/Beale,* Principles, Art. 6:111 PECL, Comment B (iii) S. 325; *Von Bar/Zimmermann,* Europäisches Vertragsrecht, Art 6:111 PECL, S. 388.

1092 *Lando/Beale,* Principles, Art. 6:111 PECL, Comment B (iv), S. 326.

1093 *Riesenhuber,* BB 2004, 2997, 2701.

1094 *Riesenhuber,* BB 2004, 2697, 2701.

Im Gegensatz zum deutschen Recht sind von der Regelung aber nur die Fälle der Äquivalenzstörungen und Leistungserschwerung umfasst. So werden Zweckstörungen und das anfängliche Fehlen der Geschäftsgrundlage im Sinne des § 313 II BGB nicht berücksichtigt. Das anfängliche Fehlen der Geschäftsgrundlage ist in den *principles* ein Problem des *errors* und von Art. 4:103 und 4:105 erfasst. In dieser Hinsicht ähnelt die Regelung der Rechtsprechung des Tribunal Supremo. Diese bezieht sich nahezu ausnahmslos im Fall von Äquivalenzstörungen und Leistungserschwerungen auf die *clausula* und erteilt einem anfänglichen Fehlen der Geschäftsgrundlage eine Absage.

3. Art. 79 CISG

Im CISG gibt es keine derartige vergleichbare Regelung. Demnach wird teilweise angenommen, dass ein Wegfall der Geschäftsgrundlage keinerlei Konsequenzen mit sich bringt. Allerdings soll Art. 79 CISG nach allgemeiner Ansicht auch die wirtschaftliche Unmöglichkeit umfassen. Demnach wird die Unerschwinglichkeit als Hinderungsgrund im Sinne des Artikels angesehen.[1095] Allerdings ist davon auszugehen, dass dabei ein äußerst strenger Maßstab anzulegen ist.[1096]

Mit dem UN Kaufrecht lässt sich aber nur schwerlich die oftmals gewünschte Rechtsfolge der Vertragsanpassung erreichen. Daher wird vorgeschlagen, Art 6.2.3. PICC als Handelsbrauch im Sinne des Art. 9 II CISG zu berücksichtigen.[1097]

4. Common Frame of Reference (CFR)

Auch der Gemeinsame Referenzrahmen enthält in Chapter III-1:110 eine Regelung über die veränderten Umstände. Dabei wurden im Grundsatz die PECL zu Grunde gelegt, jedoch wurden einige Regelungen gründlich überarbeitet und ergänzt.[1098] Die endgültige Fassung des gemeinsamen Referenzrahmen ist Anfang März 2009 veröffentlich worden. Hauptzweck des Gemeinsamen Referenzrahmens sollte es sein, eine Art „Werkzeugkasten“ für den Gemeinschaftsgesetzgeber herzustellen.[1099]

1095 *Schlechtriem,* UN-Kaufrecht, S. 204; Staudinger/*Magnus,* Art. 79 CISG Rdnr. 24 bei einer dramatischen Änderung der Marktverhältnisse.

1096 Nach Schlechtriem/*Schwenzer,* Art. 79 Rdnr 30, MK/*Huber,* Art. 79 CISG Rdnr. 21 nur, wenn die äusserste Opfergrenze überschritten ist.

1097 *Schlechtriem,* UN-Kaufrecht, S. 204 f.

1098 Vgl.*Eidenmüller/Faust/Grigoleit/Jansen/Wagner/Zimmermann,* JZ 2008, 529 ff.; *Ernst* in Der gemeinsame Referenzrahmen, S. 56, 74.

1099 *Remien,* GPR 2008, 124, 127.

Der Entwurf eines gemeinsamen Referenzrahmens (Draft Common Frame of Reference, DCFR) regelt die veränderten Umstände in Chapter III – 1 :110.

III. – 1:110: Variation or termination by court on a change of circumstances:

(1) An obligation must be performed even if performance has become more onerous, whether because the cost of performance has increased or because the value of what is to be received in return has diminished.
(2) If, however, performance of a contractual obligation or of an obligation arising from a unilateral juridical act becomes so onerous because of an exceptional change of circumstances that it would be manifestly unjust to hold the debtor to the obligation a court may:
(a) wary the obligation in order to make it reasonable and equitable in the new circumstances; or
(b) terminate the obligation at a date and on terms to be determined by the court
(3) Paragraph (2) applies only if:
(a) the change of circumstances occurs after the time when the obligation was incurred
(b) the debtor did not at that time take into account, and could not reasonably be excepted to have taken into account, the possibility or scale of that change of circumstances;
(c) the debtor did not assume, and cannot reasonably be regarded as having assumed, the risk of that change of circumstances and
(d) the debtor has attempted, reasonably in good faith, to achieve by negotiation a reasonable and equitable adjustment of the terms regulating the obligation.[1100]

Durch die hohe Eingriffsschwelle verdeutlicht der Artikel den Ausnahmecharakter, der der Regelung über den Wegfall der Geschäftsgrundlage zukommen soll. Demnach sind Verträge auch beim Eintritt von Erschwernissen grundsätzlich zu erfüllen. Diese hohe Eingriffsschwelle wird zudem in den einzelnen Kriterien für eine Modifikation des Vertrages zum Ausdruck gebracht. Diese Vorschrift bietet Anschauungsmaterial dafür, dass der Ausnahmecharakter generalklauselartiger Einschränkungen der Privatautonomie besonderer Regelung zugänglich ist. Die detaillierte Regelung ist aufgrund der Gefahren gegen die Rechtssicherheit zu begrüßen. Hervorzuheben ist insbesondere die Bezugnahme auf außerordentliche Veränderungen, die ein Festhalten am Vertrag ungerecht erscheinen lassen und die Berücksichtigung der Risikoübernahme. Ebenfalls positiv ist zu bewerten, dass keine Aussagen zur Neuverhandlungspflicht getroffen werden. Die Regelung in den CFR stellt insofern eine sinnvolle und äußerst gelungene Weiterentwicklung des Art. 6:111 der PECL dar.

1100 Text bei *von Bar*, DCFR.

5. *Propuesta de Modernización del Código Civil en materia de Obligaciones y contratos, Art. 1413*

Inspiriert von dem Reformbestreben im europäischen Zivilrecht gibt es auch in Spanien in jüngerer Zeit Reformvorschläge hinsichtlich einer Überarbeitung des Schuldrechts. Im Januar 2009 wurde ein Vorschlag zur Schuldrechtsreform der Kommission vom spanischen Justizministerium veröffentlicht.[1101] Die einzige Regelung in Kapitel VIII des IV. Buches (Verpflichtungen und Verträge), Art. 1213, beinhaltet eine Regelung im Falle einer außerordentlichen Veränderung grundlegender Umstände des Vertrages.

Darin heißt es:

> Capitulo VIII: De la alteración extraordinaria de las circunstancias básicas del contrato
>
> „Si las circunstancias que sirvieron de base al contrato hubieren cambiado de forma extraordinaria e imprevisible durante su ejecución de manera que ésta se haya hecho excesivamente onerosa para una de las partes o se haya frustrado el fin del contrato, el contratante al que atendidas las circunstancias y especialmente la distribución contractual o legal de riesgos, no le sea razonablemente exigible que permanezca sujeto al contrato, podrá pretender su revisión, y si ésta no es posible o no puede imponerse a una de las partes, podrá aquél pedir su resolución. La pretensión de resolución sólo podrá ser estimada cuando no quepa obtener de la propuesta o propuestas de revisión ofrecidas por cada una de las partes una solución que restaure la reciprocidad de intereses del contrato."[1102]

1101 *Comisión General de Codificación*, Propuesta de modernización del Código Civil en Materia de Obligaciones y contratos, Boletin de Información del Ministerio de Justicia, año XX LXIII, Januar 2009, S. 1–70.

1102 „Haben sich Umstände, die zur Grundlage eines Vertrages geworden sind, bei Durchführung des Vertrages außerordentlich und unvorhersehbar in der Art geändert, dass die Erfüllung für eine der Parteien übermäßig belastend sein würde oder der Zweck des Vertrages vereitelt werden würde, so kann ein Vertragspartner, unter Berücksichtigung aller Umstände des Einzelfalls, insbesondere der vertraglichen und gesetzlichen Risikoverteilung, sofern diesem ein Festhalten am Vertrag nicht zugemutet werden kann, eine Anpassung des Vertrages verlangen und, sofern eine solche nicht möglich ist oder einer Partei nicht auferlegt werden kann, seine Auflösung verlangen. Der Anspruch auf Auflösung des Vertrages kann nur dann geltend gemacht werden, wenn das Mittel der Vertragsanpassung für eine der Parteien keine Lösung darstellt, um die Gegenseitigkeit der Interessen des Vertrages wiederherzustellen." (Übersetzung durch die Verfasserin)

Diese Formulierung ist bereits auf dem ersten Blick stark von ausländischen Lösungsmodellen geprägt.[1103] Terminologisch erinnert der Vorschlag an die italienische Regelung der *eccesiva onerosità* und die Lehre der *frustration of contract* aus dem anglosächsichen Bereich.[1104] Durch die Bezugnahme auf die Grundlage des Vertrages („*base del contrato*") sind aber deutliche Parallelen zu § 313 BGB erkennbar. Durch den Verweis auf eine Änderung der Umstände, die Grundlage des Vertrages geworden sind, wird ein wesentliches Element aus § 313 BGB fast wörtlich übernommen.[1105] Der Hinweis auf die Berücksichtigung aller Umstände des Einzelfalls, insbesondere der vertraglichen und gesetzlichen Risikoverteilung, stammt ebenso aus § 313 BGB wie die Klarstellung, dass ein Festhalten am Vertrag unzumutbar sein muss („*no le sea razonablemente exigible*"). Zwar wurde § 313 BGB nicht wörtlich in dem Entwurf verankert, es ist aber klar eine Übernahme der Allgemeingültigkeit und Bestimmtheit der Formulierung aus § 313 BGB erkennbar.[1106]

Mit dem Verweis auf die Außerordentlichkeit und Unvorhersehbarkeit der Umstandsänderung nimmt der Vorschlag zudem wesentliche Elemente der von der Rechtsprechung im Zusammenhang mit der *clausula rebus sic stantibus* entwickelten Kriterien auf. Hinsichtlich der genauen Ausgestaltung der einzelnen Kriterien könnte auf die umfangreiche Rechtsprechung und Lehre zurückgegriffen werden.

Auffällig ist in diesem Zusammenhang, dass der Gesetzesentwurfswortlaut lediglich eine Unvorhersehbarkeit („*imprevisible*") fordert und auf die von der Rechtsprechung oftmals betonte Voraussetzung, die Veränderung müsse „*radicalmente imprevisible*" sein, verzichtet. Der Entwurf des Art. 1213 ist auch hinsichtlich der Konsequenzen der Umstandsänderung deutlich moderater, da eine Leistungserschwerung oder Zweckvereitelung gefordert wird, die ein Festhalten am Vertrag nicht mehr zumutbar mache.[1107] Der Tribunal Supremo betonte in seinen Entscheidungen jedoch immer wieder, dass sich durch die Umstandsänderung ein exorbitantes Ungleichgewicht zwischen den Leistungen entwickelt haben müsse, das den Vertrag in seinem Wesen derart tiefgreifend verändert habe, dass dadurch eine Äquivalenzstörung entstanden ist.[1108]

1103 *Garcia Caracuel*, la alteración sobrevenida, S. 450.

1104 *Garcia Caracuel*, la alteración sobrevenida, S. 471; *Coderch*, Alteración, InDret 04/2009, S. 8 (www.indret.com).

1105 *Garcia Caracuel*, la alteración sobrevenida, S. 470.

1106 *Coderch*, Alteración, InDret 04/2009, S. 33 (www.indret.com).

1107 *Coderch*, Alteración, InDret 04/2009, S. 27 (www.indret.com).

1108 STS 17.5.1957, siehe S. 48 f.

Im Gegensatz zu § 313 BGB stellt der Vorschlag eindeutig auf eine Umstandsänderung während der Vertragslaufzeit ab („*durante su ejecución*"). Demnach werden Fallkonstellationen nach § 313 II BGB nicht erfasst.[1109] Hier sollen die Normen über den *error* auch weiterhin Anwendung finden.[1110]

Im Gegensatz zu den dargestellten europäischen Lösungsansätzen wird in dem Entwurf zudem ausdrücklich auf eine Zweckvereitelung Bezug genommen.[1111]

Hinsichtlich der Rechtsfolgen steht die Regelung im Einklang mit der Rechtsprechung und Lehre. Grundsätzlich ist eine Aufrechterhaltung des Vertrages anzustreben, im Ausnahmefall und lediglich subsidiär kann eine *resolución* des Vertrages erfolgen. Die klare Verankerung der Rechtsfolgen stimmt insoweit mit der deutschen gesetzlichen Regelung zur Störung der Geschäftsgrundlage überein.[1112]

Innerhalb der Lehre wird es überwiegend begrüßt, dass die veränderten Umstände Eingang in das spanische Código Civil finden sollen. [1113] Nach Auffassung von Pablo Salvador Coderch, der als einer der ersten umfangreich zu dem Entwurf Stellung genommen hat[1114], handele es sich bei der vorgeschlagenen Regelung um eine „Synthese" aus der *clausula rebus sic stantibus*, der Lehre der Geschäftsgrundlage, der Lehre der *frustración del fin del contrato* und der Leistungserschwerung oder *hardship*, die das System des Código Civils zweifellos verbessern würde[1115]. Für Díez Picazo ist die Verankerung der veränderten Umstände in das Gesetz mit die wichtigste Änderung der Reform.[1116] Begrüßt wird insbesondere auch der Umstand, dass die Zweckvereitelung nunmehr ausdrücklich Erwähnung findet.[1117]

Kritisch wird seitens der Lehre in Übereinstimmung mit deutschen Lehrmeinungen eine fehlende Neuverhandlungsmöglichkeit der Parteien gesehen. Die Parteien können im Zweifel besser als der Richter über eine Anpassung

---

1109 *Coderch*, Alteración, InDret 04/2009, S. 25, 32 (www.indret.com).

1110 *Garcia Caracuel*, la alteración sobrevenida, S. 471; *Coderch*, Alteración, InDret 04/2009, S. 26 (www.indret.com).

1111 *Garcia Caracuel*, la alteración sobrevenida, S. 475.

1112 *Coderch*, InDret 04/2009, S. 27 (www.indret.com).

1113 *Garcia Caracuel*, la alteración sobrevenida, S. 450.

1114 *Coderch*, Alteración, InDret 04/2009, S. 1 (www.indret.com).

1115 *Coderch*, Alteración, InDret 04/2009, S. 52, 53.

1116 *Díez Picazo*, Propuesta, en: Ensayos Jurídicos, Tomo II, 2790, 2796.

1117 *Coderch*, Alteración, InDret 04/2009, S. 33 (www.indret.com).

verhandeln.[1118] Insoweit wird teilweise bedauert, dass die Neuverhandlungen im Gegensatz zu der entsprechenden Regelung in den PECL nicht ausdrücklich aufgenommen wurden.[1119] So findet sich der Vorschlag, dass in Anlehnung an Art. 68 der Federal Rules of Civil Procedure („*Offer of Judgment*") die Partei, die im Rahmen von Neuverhandlungen ein Angebot der anderen Partei ablehnt und in einem späteren Rechtstreit durch Urteilsspruch ein schlechteres Ergebnis, als im Angebot verankert, erzielt, die Kosten des Rechtsstreits tragen soll[1120]

1118 *Coderch*, Alteración, InDret 04/2009, S. 48 (www.indret.com).
1119 *Díez Picazo*, Propuesta, en: Ensayos Jurídicos, Tomo II, 2790, 2796.
1120 *Coderch*, Alteración, InDret 04/2009, S. 48 (www.indret.com).

Vergleichende Schlussbetrachtung

Innerhalb der deutschen und spanischen Rechtswissenschaft sind bezüglich der Problematik veränderter Umstände trotz fehlender Verankerung im spanischen Código Civil deutliche Parallelen erkennbar.

Das spanische Recht zeichnet sich durch eine starke Rezeption der deutschen Rechtslehre aus. Mittlerweile lassen sich innerhalb der spanischen Rechtswissenschaft vermehrt Abhandlungen oder Aufsätze zu der Problematik veränderter Umstände finden, es hat aber nie eine derartige intensive theoretische Auseinandersetzung mit den Auswirkungen von Umstandsänderungen stattgefunden wie in Deutschland. Dabei ist allerdings auch zu berücksichtigen, dass die Lehre der Geschäftsgrundlage innerhalb der deutschen Lehre in einem deutlich stärkeren Umfang als andere Rechtsfragen des Bürgerlichen Rechts Beachtung gefunden hat.

Die Abhandlungen in Spanien geben in der Regel bereits bekannte Auffassungen wieder und entwickeln weder neue Lösungsvorschläge noch Kritikpunkte. Abgrenzungsfragen zu verwandten Rechtsinstituten lassen sich kaum finden. Umfangreiche theoretische Aufarbeitungen zu Streitfragen sind in der spanischen Rechtswissenschaft allerdings grundsätzlich seltener. Das Interesse an problematischen und ungeklärten Rechtsfragen wird oftmals anderen Ländern überlassen.

Die vom Tribunal Supremo entwickelten Voraussetzungen orientieren sich somit auch in erheblicher Weise an Larenz Auffassung zur Geschäftsgrundlage, wenngleich eine Beschäftigung mit den deutschen Lehrmeinungen verhältnismäßig spät einsetzte. Während es bereits 1756 eine Regelung im bayerischen Landesrecht zu den veränderten Umständen gab und die Literatur ebenfalls im 17. Jahrhundert erste Stellungnahmen zur *clausula rebus sic stantibus* entwickelte, ergingen die ersten Entscheidungen des Tribunal Supremo hierzu erst nach Ende des Bürgerkrieges. Dies hängt zum einen sicherlich mit historischen und politischen Begebenheiten der damaligen Zeit zusammen. In den 20er Jahren des 20. Jahrhunderts herrschte in Spanien eine Diktatur, während beider Weltkriege nahm Spanien eine neutrale Position ein. Zur Zeit des Franko-Regimes von 1936–1974 existierte weder eine kodifizierte Verfassung noch eine unabhängige Rechtsprechung.

Des Weiteren ist die mehrfach erwähnte unterschiedliche Ausgangslage zu berücksichtigen. Die spanische Lehre stand unter dem Einfluss der französischen Schule, die einen Eingriff in vertragliche Beziehungen nicht erlaubte, sondern eine starke Bindung an den Gesetzestext befürwortete. Deutsche Juristen waren zu diesem Zeitpunkt in ihrer Meinungsbildung deutlich freier.

Den Anstoß der Entwicklung zur einer Konkretisierung der *clausula rebus sic stantibus* gab demnach das spanische Schrifttum. Im Jahre 1929 wurde ein Aufsatz Oertmanns über die Geschäftsgrundlage veröffentlicht. Im Zusammenhang mit dem Rezeptionsvorgang hervorzuheben sind insbesondere die viel beachtete Übersetzung des Lehrbuchs von Ennecerus / Lehmann mit entsprechenden Anmerkungen aus dem Jahr 1933 sowie die Übersetzung von Larenz Werk über die Geschäftsgrundlage aus dem Jahre 1956. Innerhalb der spanischen Lehre wurden die deutschen Lehrmeinungen und Theorien wortgetreu und umfangreich wiedergegeben und oftmals mit gleicher Argumentation zurückgewiesen oder beurteilt. Hinsichtlich der grundsätzlichen Beachtlichkeit der veränderten Umstände auf den Vertrag herrschte innerhalb der spanischen Lehre aber rasch Einigkeit: Die Mehrheit des spanischen Schrifttums hält eine Berufung auf die *clausula* für interessengerecht und notwendig und räumt ihr deswegen einen festen Platz im Zivilrecht ein. Dem standen zumindest anfangs kritische Literaturstimmen gegenüber, die eine Vertragsanpassung aufgrund der Gefahren für die Rechtssicherheit und Privatautonomie ablehnten und eine extensive Anwendung anderer gesetzlicher Regelungen vorschlugen.

Problematischer wurde die Frage nach einem geeigneten dogmatischen Fundament der *clausula rebus sic stantibus* bewertet. Zu Beginn des Rezeptionsvorgangs versuchten die Rechtswissenschaftler der Problematik mit einer extensiven Auslegung von im Código Civil verankerten Rechtsinstituten zu begegnen. Auf der Suche nach einer Systematik im Recht waren insbesondere die Regelungen über die *causa* von besonderem Interesse. Da die *causa* nach überwiegender Ansicht während der gesamten Vertragslaufzeit vorliegen muss, sollte diese im Falle veränderter Umstände nachträglich wegfallen. Die Ansicht verkennt aber dabei, dass der Zweck im Falle von den klassischen „Geschäftsgrundlagenfällen" oftmals nicht ausdrücklich als gemeinsamer Zweck vereinbart war, sondern lediglich für eine der Parteien von besonderem Interesse war. Das Äquivalenzverhältnis kann daher als Teil der *causa* angesehen war, stellt aber nicht allein die *causa* dar. Die Leistung als solche war oftmals zwar erschwert, aber noch möglich. Die Regelungen sind daher nach inzwischen vorherrschender Ansicht der Rechtsprechung und Lehre nicht geeignet, die Fälle veränderter Umstände zu erfassen. Inzwischen sieht die herrschende Lehre und Rechtsprechung, auch wegen der flexibleren Rechtsfolge der Vertragsanpassung, die Regelungen über die *buena fe* in Verbindung mit der *equidad* als dogmatisches Fundament der *clausula* an. Fragen nach dem Fundament sowie terminologische Diskussionen innerhalb der Lehre haben oftmals einen größeren Stellenwert als eine inhaltliche Auseinandersetzung mit der Thematik eingenommen.

Die Rechtsprechung hat bei der Behandlung veränderter Umstände in beiden Ländern eine herausragende Rolle eingenommen. So handelt es sich bei der Lehre der Geschäftsgrundlage um Richterrecht, darüber hinaus gingen in beiden Ländern wichtige Impulse ebenso wie Einschränkungen des Anwendungsbereiches von der Rechtsprechung aus.

Die deutsche Rechtsprechung versuchte den veränderten Umständen in den „Mühlenbrandfällen" sowie in Inflationszeiten zunächst durch eine Gleichsetzung der wirtschaftlichen Unmöglichkeit mit der Unmöglichkeit zu begegnen. Bereits 1921 wandte aber das Reichsgericht die Lehre Oertmanns an, was der BGH, gestützt auf § 242 BGB, fortsetzte.

Der Tribunal Supremo nahm relativ konform zu den Entwicklungen innerhalb der spanischen Lehre in den 40er Jahren erstmals ausdrücklich zu den Umstandsänderungen Stellung. Bereits 1944 erfolgte durch eine Anpassung eine Korrektur eines bestehenden Vertrages. Die terminologische Einkleidung der Umstandsänderungen schwankt dabei oftmals, in der Regel bezieht sich die Rechtsprechung aber auf die *clausula rebus sic stantibus*. Die Entwicklung der *clausula rebus sic stantibus* zeichnete sich durch eine objektive Konkretisierung und durch eine Abstandnahme von der Relevanz des Parteiwillens oder individueller Vorstellungen aus. Derartige Ansichten werden vom Schrifttum und Rechtsprechung gleichermaßen nicht mehr vertreten. Der von der Rechtsprechung in dem Zusammenhang mit Umstandsänderungen noch vereinzelt genutzte Begriff der *presuposición* kann nicht als ein Bekenntnis zu Windscheids Voraussetzungslehre aufgefasst werden, sondern ist Konsequenz dieser uneinheitlichen Rechtsprechung bezüglich einer bestimmten Terminologie.

Im Jahr 1957 und damit kurz nach Veröffentlichung der Übersetzung von Larenz Abhandlung über die Geschäftsgrundlage definierte der Tribunal Supremo die Voraussetzungen für eine Anwendung der *clausula,* die in dieser Form noch immer vom Tribunal Supremo zitiert werden. Demnach musste sich eine außerordentliche Umstandsänderung ereignet haben, die zu einem exorbitanten Ungleichgewicht zwischen den Leistungen geführt hat. Die Änderung und Folgen durften für die Parteien nicht („*radicalmente*") vorhersehbar gewesen sein. Schließlich sollte die *clausula* nur subsidiär eingreifen.

Hinsichtlich der Rechtsfolgen zeigte der Tribunal Supremo bereits früh eine überraschende Flexibilität. Er begrüßte in Übereinstimmung mit der Lehre und der deutschen Rechtsprechung und Wissenschaft eine Anpassung und Aufrechterhaltung des Vertrages. Die spanische Rechtsprechung und Lehre überzeugen in diesem Zusammenhang durch eine konsequente Durchsetzung ihres Standpunktes und gewähren nur in besonderen Fallgestaltungen, in denen eine Wiederherstellung des früheren Zustandes ausscheidet, eine *resolución* des Vertrages.

Bei einer Analyse der Entscheidungen des Tribunal Supremo zu den Umstandsänderungen wird bis in jüngerer Zeit ein einheitlicher Urteilsstil deutlich: Der Tribunal Supremo zitiert zunächst die Entscheidungen aus den 40er Jahren und die Leitentscheidung aus dem Jahr 1957, um anschließend auf die Gefahren und Besonderheiten der *clausula rebus sic stantibus* hinzuweisen. Die *clausula* dürfe demnach nur mit äußerster Vorsicht in absoluten Ausnahmefällen angewendet werden. Die Urteilsbegründungen im Rahmen der Anwendung der *clausula* zeichneten sich vor allem in den Anfangszeiten der Anerkennung durch eine starre Wiederholung bereits gewonnener Erkenntnisse aus. Auch wenn die Gerichte nahezu immer zu einem gerechten Ergebnis gelangt sind, fehlt oftmals ein konkreter Bezug zum Einzelfall. Während sich in Deutschland die Gerichte an der rechtswissenschaftlichen Diskussion beteiligen, werden Lehrmeinungen in den Entscheidungen spanischer Gerichte traditionell nicht wiedergegeben. Eine Bezugnahme auf eigene, vergangene Entscheidungen war in früheren Jahren innerhalb der Rechtsprechung ebenfalls unüblich. Trotz der grundsätzlich eher restriktiven Anwendung hat der Tribunal Supremo zumindest bis zum Jahre 2014 eine gefestigte Rechtsprechung im Zusammenhang mit den Umstandsänderungen entwickelt.

Bereits auf Tatbestandsebene weisen die von der Rechtsprechung konkretisierten Voraussetzungen der *clausula rebus sic stantibus* Parallelen zu § 313 BGB auf. Während die Lehre der Geschäftsgrundlage früher auf § 242 BGB gestützt wurde, ist auch § 313 BGB als besondere Ausprägung des Grundsatzes von Treu und Glauben zu verstehen.

Auffallend ist, dass es im spanischen Recht keine Definition einer Geschäftsgrundlage gibt. Auch wenn von einer *base del negocio* gesprochen wird, so erfährt diese keine Konkretisierung. Eine detaillierte Prüfung, ob die Umstände auch tatsächlich Geschäftsgrundlage des Vertrages geworden sind, wird in den Urteilsbegründungen ebenfalls kaum vorgenommen. Innerhalb der deutschen Rechtsprechung wurde die Definition Oertmanns in Entscheidungen zur Lehre der Geschäftsgrundlage in der Regel stereotypisch wiedergegeben.

Die gesetzliche und vertragliche Risikoverteilung spielt in beiden Ländern bei der Beurteilung der Fälle eine Rolle. Als Beispiel kann Art. 1096 S. 2 CC angeführt werden, der ähnlich wie § 287 S. 2 BGB die Zufallshaftung während des Verzuges dem Schuldner auferlegt. Risikoerwägungen wie sie in Deutschland aber oftmals angestellt werden, werden in dieser ausführlichen Form nicht vorgenommen.

Die Unvorhersehbarkeit wird in § 313 BGB im Gegensatz zur spanischen Regelung nicht zwingend gefordert. In der Regel hat eine solche zwar vorzuliegen, es kommen aber auch seltene Fallkonstellationen in Betracht, in denen § 313 BGB trotz Vorhersehbarkeit Anwendung finden kann. Eine am Merkmal der Zumutbarkeit vorzunehmende Interessenabwägung hat unter § 313 BGB einen deutlich höheren Stellenwert als innerhalb der spanischen Rechtsprechung.

Darüber hinaus wird ein Fehlen der subjektiven Geschäftsgrundlage gemäß § 313 II BGB von der spanischen Rechtsprechung und Lehre nicht als *clausula*-Fall gewertet. Hier greifen bevorzugt die Regelungen über den *error* ein.

Dennoch gelangen die Gerichte in beiden Ländern insbesondere wegen der bevorzugten Rechtsfolge der Anpassung des Vertrages zu vergleichbaren Ergebnissen.

Während das deutsche Recht geprägt ist von einer klaren Bildung zahlreicher Fallgruppen, gibt es eine derart extensive Fallgruppenbildung innerhalb des spanischen Rechts nicht: Unterschieden wird in der Regel zwischen den Fällen der Zweckvereitelung und der Leistungserschwerung, eine weitere Klassifizierung gibt es selten. Anhand der Entscheidungen des Tribunal Supremo ist es aber möglich, einzelne Fallgruppen ähnlich wie in Deutschland zu bilden und zuzuordnen. Klassischer Hauptanwendungsfall der *clausula rebus sic stantibus* sind sicherlich die Äquivalenzstörungen, insbesondere die Leistungserschwerungen. Besonders zu Krisenzeiten hat auch der Tribunal Supremo eine Anpassung des Vertrages teilweise zugelassen, beispielsweise im Fall einer exorbitanten Erhöhung der Strompreise. Grundsätzlich war aber in Deutschland und Spanien eine solche Anpassung eher die Ausnahme, da derartige Änderungen als Konsequenz der wirtschaftlichen Entwicklung hinzunehmen sind. An dieser Stelle sind aber die Entscheidungen im Zusammenhang mit der Immobilien- und Finanzkrise hervorzuheben. Deutschland, das von der Krise nicht in einem derartigen Ausmaß wie Spanien betroffen war, hat ein Eingreifen von § 313 BGB verneint und das Risiko wirtschaftliche Veränderungen hervorgerufen durch die Krise der Schuldnersphäre zugeordnet. Ein Wegfall der Geschäftsgrundlage ist demnach auch dann nicht anzunehmen, wenn die veränderten Umstände Folgen allgemeiner Umwälzungen sind. Der spanische Tribunal Supremo bewertet die Situation überraschend anders: In den viel beachteten Entscheidungen aus dem Jahr 2014 betont der Tribunal Supremo, dass es sich bei der *clausula rebus sic stantibus* um ein normales Institut handele, das eine Anpassung des Vertrages ermögliche. Unter gewissen Umständen sei eine Anpassung des Vertrages demnach auch im Fall der Finanzmarktkrise zulässig, so dass der Tribunal Supremo zumindest in zwei Fällen den Vertrag an die durch die Immobilienkrise verursachten Umstände anpasste. Aufmerksamkeit erregten die Entscheidungen vor allem auch deswegen, weil die *clausula* erstmalig in einem Gewerberaummietvertrag Anwendung fand.

Insoweit wird sich in den nächsten Jahren zeigen, ob der Tribunal Supremo seine bislang gefestigte Rechtsprechung und sehr restriktive Anwendung der *clausula rebus sic stantibus* fortführt. Die Vermutung liegt nahe, dass der Tribunal Supremo eine Anwendung der *clausula* eher angesichts des Ausmaßes der Immobilienkrise zugelassen hat. Dennoch hat sich die Wahrnehmung der *clausula* durch diese Entscheidungen geändert und die *clausula*- Lehre hat sich durch diese Entscheidungen von ihrem Ausnahmecharakter befreit.

Zudem konnte in den Begründungen eine deutliche Abkehr von dem Urteilsstil der letzten Jahre beobachtet werden, insbesondere weil ein Verweis auf die älteren Entscheidungen und Subsumtion der Voraussetzungen unterblieben ist.

Im Falle von Gesetzesänderungen ist es auch in Spanien anerkannt, dass eine Anpassung durch das Institut der *clausula rebus sic stantibus* erfolgen kann. Insbesondere bei Änderungen im baurechtlichen Bereich kann die *clausula* ein vertragliches Ungleichgewicht beseitigen. Bei anderen Gesetzesänderungen spielen die Rückwirkungs- und Vertrauensschutzgesichtspunkte aus dem Verfassungsrecht eine Rolle. Das spanische Recht unterscheidet die Rückwirkung nach dessen Maß und nimmt einen konkreten Abwägungsvorgang vor. In Deutschland und Spanien wird eine Anpassung aber oftmals mit dem Argument der Vorhersehbarkeit abgelehnt. Gesetzesänderungen sind grundsätzlich einzukalkulieren und berechtigen daher in der Regel nicht zu einer Vertragsanpassung. Insbesondere im Bereich des Steuerrechts zeichnet sich die spanische Rechtsprechung durch eine sehr restriktive Anwendung aus. Hier erfolgt unter Bezugnahme auf das Verfassungsrecht eine Abwägung von Fall zu Fall unter Berücksichtigung des Grades der Rückwirkung und der Umstände des konkreten Einzelfalls. Auch innerhalb der deutschen höchstrichterlichen Rechtsprechung ist anerkannt, dass insbesondere im Steuerrecht besondere Aspekte der Rechtssicherheit und des Vertrauensschutz zu berücksichtigen sind. Die Analyse des deutschen Rechts hat aber ergeben, dass Vertrauensschutzgesichtspunkte allein nicht immer zu sachgerechten Ergebnissen führen: So haben oberinstanzliche Gerichte im Gegensatz zum BFH eine Äquivalenzstörung angenommen haben, ohne dass ein Vertrauenstatbestand vorlag.

Einigkeit besteht auch dahingehend, dass die verfassungsrechtlichen Grundsätze nicht auf Rechtsprechungsänderungen übertragen werden können, wenngleich

Rechtsprechungsänderungen ähnlich gravierende Auswirkungen wie Gesetzesänderungen haben können. Dennoch ist ein Vertrauen in eine bestehende Rechtsprechung nicht schutzwürdig, weil mit Praxisänderungen jederzeit gerechnet werden muss. Insbesondere in Spanien sind Rechtsprechungsänderungen sehr selten zu beobachten. Wegen der fehlenden Bindungswirkung wird eine Anwendung aber von der Lehre abgelehnt.

Die Gruppe der Zweckstörungen weist in Deutschland und Spanien größere Unterschiede auf. Innerhalb der deutschen Lehre und Rechtsprechung spielt die Risikoverteilung eine entscheidende Rolle und eine Aufrechterhaltung des Vertrages wird befürwortet. In Spanien wird hingegen oftmals versucht, der Fallgruppe mit bekannten Rechtsinstituten zu begegnen. So sollen die Regelungen über die *causa* einschlägig sein, wenn die ausschlaggebenden Beweggründe Bestandteil des gemeinsamen Willens waren und als Art Bedingung dem Vertrag zugrunde gelegt wurden. Oftmals finden auch die Regelungen über den *error* Anwendung. Erst wenn gesetzliche Regelungen offensichtlich versagen, wird der *frustración del contrato* unter Zuhilfenahme der Geschäftsgrundlagenstörung begegnet. Auch terminologisch wird dabei oft neben der *frustración del fin del contrato* Bezug auf die Geschäftsgrundlage, *base del contrato/negocio*, genommen. Dabei zeigt sich die Rechtsprechung nicht so streng wie bei einer Anwendung im Fall von Äquivalenzstörungen, sondern erfasst auch Fälle der nachträglichen Unmöglichkeit und Nichterfüllung. Bei näherer Betrachtung der einzelnen Fälle werden Schwächen bei der Anwendung des Rechts deutlich. Ein Beispiel stellt der Kauf von Bauerwartungsland dar. Der BGH sieht die künftige Bebaubarkeit eine zusicherungsfähige Eigenschaft bzw. Beschaffenheitsmerkmal bei Gefahrübergang an mit der Folge, dass § 313 BGB keine Anwendung finden kann. Eine Ausnahme soll dann gelten, wenn beide Parteien von der Bebaubarkeit ausgegangen sind und deswegen ein höherer Preis vereinbart wurde. Die spanische Rechtsprechung nimmt oftmals einen Wegfall der *causa* an, ohne auf Punkte wie Sachmangelgewährleistung überhaupt einzugehen. Ein erheblicher Unterschied wird dann auf der Rechtfolgenebene deutlich: Während im deutschen Recht auch in den Fällen der Zweckvereitelung zunächst eine Aufrechterhaltung des Vertrages angestrebt wird, wird von der spanischen Rechtsprechung eine *resolución* des Vertrages befürwortet.

Die unterschiedliche Behandlung von Zweckverfehlung und Äquivalenzstörungen könnte bald der Vergangenheit angehören, sofern die *clausula* eine gesetzliche Normierung erfährt. Dem Gesetzesvorschlag folgend würden Fälle der Zweckverfehlung und Äquivalenzstörungen einheitlich mit der Rechtsfolge eine Vertragsanpassung behandelt. Der Wortlaut des Vorschlags macht deutlich, dass eine Anpassung an europäische Rechtsordnungen und internationale Regelwerke gewünscht ist. Hervorzuheben ist insbesondere, dass der Tribunal Supremo in seiner Entscheidung zur Finanzkrise im Jahr 2014 den Entwurf bereits erwähnt hat. Insofern sehen Rechtsprechung und Lehre übereinstimmend das Bedürfnis einer gesetzlichen Normierung. In diesem Zusammenhang ist auch zu betonen, dass gerade wegen der unstabilen wirtschaftlichen Verhältnisse in den letzten Jahren ein immenser Anstieg an *clausula* Sachverhalten bei den Gerichten zu verzeichnen war. Eine gesetzliche Normierung würde sicherlich helfen, dem Institut klare Konturen zu verleihen und der Gefahr der Rechtsunsicherheit zu begegnen. Die Regelung aus dem Entwurf zur Schuldrechtsmodernisierung weist deutliche Parallelen zu § 313 BGB auf und kann damit als Abschluss des in dieser Arbeit dargestellten Rezeptionsvorgangs bewertet werden.

Anhang

Rechtsprechung[1121]

STS 14.12.1940, RJ 1940, 1135
STS 02.04.1941, RJ 1941, 493
STS 14.06.1943, RJ 1943, 719
STS 13.06.1944, RJ 1944, 893
STS 05.06.1945, RJ 1945, 698
STS 30.06.1948, RJ 1948, 1115
STS 10.03.1950, RJ 1950, 704
STS 01.05.1950, RJ 1950, 728
STS 31.10.1951, RJ 1951, 2364
STS 13.10.1954, RJ 1954, 2601
STS 12.06.1956, RJ 1956, 2485
STS 17.05.1957, RJ 1957, 2164
STS 21.10.1958, RJ 1958, 3110
STS 06.06.1959, RJ 1959, 3026
STS 23.11.1962, RJ 1962, 5005
STS 13.05.1963, RJ 1963, 2315
STS 26.03.1963, RJ 1963, 2120
STS 31.10.1963, RJ 1963, 4264
STS 14.03.1964, RJ 1964, 1594
STS 01.07.1969, RJ 1969, 3823
STS 28.01.1970, RJ 1970, 503
STS 22.12.1971, ADC 1971, 356–361
STS 15.03.1972, RJ 1972, 1252
STS 14.11.1972, RJ 1972, 4289
STS 08.07.1977, RJ 1977, 3499
STS 05.01.1980, RJ 1980, 19
STS 27.03.1980, RJ 1980, 1141
STS 23.05.1980, RJ 1980, 1958
STS 27.01.1981, RJ 1981, 114
STS 09.05.1983, RJ 1983, 2678
STS 26.10.1990, RJ 1990, 8049
STS 12.11.1990, RJ 1990, 8701
STS 19.11.1990, RJ 1990, 8956
STS 10.12.1990, RJ 1990, 9927
STS 19.12.1990, RJ 1990, 8956
STS 26.01.1991, RJ 1991, 1177
STS 23.04.1991, RJ 1991, 3023
STS 17.05.1991, RJ 1991, 4179
STS 06.11.1992, RJ 1992, 9226
STS 31.12.1992, RJ 1992, 10664
STS 22.01.1993, RJ 1993, 459
STS 29.03.1993, RJ 1993, 2532
STS 24.06.1993, RJ 1993, 5382
STS 14.07.1993, RJ 1993, 6229
STS 14.12.1993, RJ 1993, 9881
STS 04.02.1994, RJ 1994, 910
STS 15.03.1994, RJ 1994, 1784
STS 16.03.1994, RJ 1994, 4023
STS 04.07.1994, RJ 1994, 6335
STS 04.02.1995, RJ 1995, 739
STS 25.02.1995, RJ 1995, 1643
STS 18.03.1995, RJ 1995, 2500
STS 25.05.1995, RJ 1995, 4263
STS 26.10.1995, RJ 1995, 8349
STS 26.01.1996, RJ 1996, 527
STS 29.05.1996, RJ 1996, 3862
STS 04.07.1996, RJ 1996, 5881
STS 08.09.1996, RJ 1996, 1728
STS 29.11.1996, RJ 1996, 2377
STS 10.02.1997, RJ 197, 665

1121 Es sind nur die Urteile mit Fundstelle aufgeführt. Die im Text zitierten älteren Urteile sind, mangels bekannter Fundstelle, aus dem Schrifttum zitiert worden.

STS 16.06.1983, RJ 1983 3632
STS 09.12.1983, RJ 1983, 6925
STS 27.06.1984, RJ 1984, 3438

STS 09.07.1984, RJ 1984, 4084
STS 19.04.1985, RJ 1985, 1804
STS 31.05.1985, RJ 1985, 2837
STS 30.12.1985, RJ 1985, 6620
STS 11.12.1986, RJ 1986, 7432
STS 17.05.1986, RJ 1986, 2725
STS 13.03.1987, RJ 1987, 1480
STS 06.10.1987, RJ 1987, 6720
STS 26.11.1987, CCJC 1987 401
STS 09.12.1987, RJ 1987, 6925
STS 15.01.1988, RJ 1988, 80
STS 23.03.1988, RJ 1988, 2228
STS 17.11.1988, RJ 1988, 8604
STS 17.02.1989, RJ 1989, 972
STS 16.10.1989, RJ 1989, 6927
STS 21.02.1990, RJ 1990, 707
STS 26.06.1990, RJ 1990, 5447
STS 17.04.1997, RJ 1997, 2912
STS 28.04.1997, RJ 1997, 4156
STS 28.06.1997, RJ 1997, 6189 und 5350
STS 05.07.1997, RJ 97, 6193
STS 26.09.1997, RJ 97, 6531
STS 09.10.1997, RJ 97, 7745
STS 19.10.1999, RJ 1999, 6927
STS 15.11.2000, RJ 2000, 9214
STS 17.11.2000, RJ 2000, 9343
STS 28.12.2001, RJ 2002, 1650
STS 14.02.2008, RJ 2008, 1900
STS 27.04.2912, RJ 2012, 4714
STS 08.10.2012, RJ 2012, 9027
STS 08.11.2012, RJ 2012, 2402
STS 17.01.2013, RJ 2013, 1604
STS 18.01.2013, RJ 2013, 1819
STS 30.06.2014, RJ 2014, 3526
STS 15.10.2014, RJ 2014, 6129
STS 11.02.2014, RJ 2014, 6374
STS 24.02.2015, RJ 2015, 1409

SAP Pontevedra, 18.09.1996 AC 1996, 1728
SAP Valencia 17.05.1991, AC 1991, 1055
SAP Madrid, 09.02.2012, JUR 2012, 108874
SAP Àlava 01.03.2012, JUR 2012, 185465
SAP Lleida 20.03.2012, JUR 2012, 154060

Entscheidungen des Tribunal Constitucional

STC 06.07.1982, RTC 1982, 43
STC 04.02.1983, RTC 1983, 6
STC 10.04.1986, RTC 1986, 42
STC 11.06.1987, RTC 1987, 99
STC 16.07.1987, RTC 1987, 126
STC 29.11.1988, RTC 1988, 227
STC 04.10.1990, RTC 1990, 150
STC 20.12.1990, RTC 1990, 219
STC 28.09.1992, RTC 1992, 127

STC 19.11.1992, RTC 1992, 197
STC 31.10.1996, RTC 1996, 173
STC 28.10.1997, RTC 1997, 182

Quellentexte

A. Gesetzestexte

Codex Maximilianeus Bavaricus Civilis (1756)
15. Kapitel des 4. Teils, § 12.

Da (...) alle Verbindungen die Clausulam: Rebus sic stantibus stillschweigend in sich halten, so werden solche auch durch die Veränderung der in die Obligation gebrachten Sache, jedoch andersgestalt nicht, als unter folgenden drey Requisiten aufgehoben: Wenn nämlich erstens sothane Veränderung weder Mora noch Culpa aut Facto Debitoris veranlasst worden, selbe auch zweytens nicht leicht vorauszusehen gewesen, und endlich drittens von solcher Beschaffenheit ist, daß, wenn der Debitor solche vorausgewußt hätte, er sich nach unparteyischem und redlichem Gutachten verständiger Leute nimmermehr hierauf eingelassen haben würde, in welchen Umständen gleichwohl noch zur rechtlichen Ermäßigung stehet, ob die Obligation völlig aufgehoben, oder nur nach Proportion der Veränderung gemäßigt werden solle.[1122]

§ 1534 BGB Königreich Sachsen

„Hat Jemand Etwas geleistet unter der ausdrücklich erklärten oder aus den Verhältnissen sich ergebenden Voraussetzung eines künftigen Ereignisses, so kann er, wenn das Ereigniß nicht eintritt, das Geleistete von dem Empfänger zurückfordern."

Allgemeines Landrecht für die Preußischen Staaten (1794)

Erster Theil. Fünfter Titel. Von Verträgen

§ 377. Außer dem Fall einer wirklichen Unmöglichkeit, kann wegen veränderter Umständen die Erfüllung eines Vertrages in der Regel nicht verweigert werden.

§ 378. Wird jedoch durch eine solche unvorhergesehene Veränderung die Erreichung des ausdrücklich erklärten, oder aus der Natur des Geschäfts sich

1122 Nachweise bei *Danzer*, das bayerische Landrecht.

ergebenden Endzwecks beyder Theile unmöglich gemacht, so kann jeder derselben von dem noch nicht erfüllten Vertrage wieder abgehn.

§ 379. Ein Theil kann alsdann von dem andern nur in so fern Entschädigung fordern, als die Veränderung der Umstände durch dessen freye Handlung bewirkt worden.

§ 380. Wird durch die Veränderung der Umstände nur der ausdrücklich erklärte oder sich von selbst verstehende Zweck des einen Theils ganz vereitelt, so kann derselbe zwar von dem Vertrage zurücktreten.

§ 381. Er muß aber, wenn die Veränderung in seiner Person sich ereignet hat, den Andern vollständig entschädigen.

§ 382. Ist die Veränderung in der Person des Andern erfolgt, so kann in der Regel keiner von beyden Theilen Entschädigung fordern.

§ 383. Doch muß der Zurücktretende diese Entschädigung leisten, wenn er selbst den Andern in diese veränderten Umstände gesetzt hat.

§ 384. Dagegen kann der Zurücktretende Schadloshaltung verlangen, wenn der Andre die in seiner Person sich zugetragene Veränderung durch seine eigene freye Handlung veranlaßt hat.

Código Civil[1123]

Art. 2

(..)
3. Las leyes no tendrán efecto retroactivo si no dispusieren lo contrario.

3. Gesetze haben keine Rückwirkung, sofern sie nicht anderes bestimmen.

Art. 3.

1. (....)
2. La equidad habrá de ponderarse en la aplicación de las normas si bien las resoluciones de los Tribunales sólo podrán desacansarde manera exclusiva en ella cuando la ley expresamente lo permita.

1123 Übersetzungen nach *Sohst*, Código Civil.

2. Bei Anwendung der Normen ist deren Billigkeit abzuwägen, wenn auch die Entscheidungen der Gerichte nur dann ausschließlich auf sie abstellen dürfen, wenn das Gesetz dies ausdrücklich zulässt.

Art. 7

1. Los derechos deberán ejersitarse conforme a las exigencias de la buena fe.

1. Die Rechtsausübung hat nach den Anforderungen von Treu und Glauben zu erfolgen.

Art. 644

Toda donación entre vivos, hecha por persona que no tenga hijos ni descendientes, será revocable por el mero hecho de ocurrir cualquiera de los casos siguentes.

1. Que el donante tenga, después de la donación, hijos, aunque sean póstumos
2. Que resulte vivo el hijo del donante que éste reputaba muerto cuando hizo la donación

Jede Schenkung unter Lebenden, welche von einer Person vorgenommen worden ist, die weder Kinder noch Abkömmlinge hat, wird durch die bloße Tatsache widerrufen, dass einer der folgenden Fälle eintritt:

1. Dass der Schenkende nach der Schenkung Kinder hat, auch wenn sie nach seinem Tod geboren sind.
2. Wenn ein Kind der Schenkung glaubte, es sei tot.

Art. 997

La aceptación y la repudiación de la herencia, una vez hechas, son irrevocables, y no podrán ser impugandas sino cuando adoleciesen de algunos de los vicios que anulan el consetimiento, o apareciese un testamento desconocido.

Annahme und Ausschlag der Erbschaft sind nach ihrer Erklärung unwiderruflich, und sie können nur angefochten werden, wenn sie mit einem der Fehler behaftet sind, aufgrund dessen die Einigung unwirksam ist, oder wenn ein unbekanntes Testament aufgetaucht ist.

Art. 1091

Las obligaciones que nacen de los contratos tienen fuerza de la ley entre las partes contratantes, y deben cumplirse al tenor de los mismos.

Verbindlichkeiten, die sich aus Verträgen ergeben, haben zwischen den Vertragspartnern Gesetzeskraft, und müssen nach Maßgabe ihres Inhalts erfüllt werden.

Art. 1096

Cuando lo que deba entregarse sea una cosa determinada, el acreedor, independientemente del derecho que le otorga el artículo 1101, puede compeler al deudor a que realice la entrega.

Si la cosa fuere indeterminada o genérica, podrá pedir que se cumpla la obligación a expensas del deudor. Si el obligado se constituye en mora, o se halla comprometido a entregar una misma cosa a dos o más personas diversas, serán de su cuenta los casos fortuidos hasta que se realice la entrega.

Wenn das, was übergeben werden soll, eine bestimmte Sache ist, kann der Gläubiger unabhängig von dem Recht, das ihm Art. 1101 gewährt, den Schuldner zwingen, die Übergabe zu vollziehen.

Ist die Sache nicht oder nur der Gattung nach bestimmt, kann er verlangen, dass die Verpflichtung auf Kosten des Schuldners erfüllt wird. Ist der Verpflichetete in Verzug, oder hat er sich gegenüber zwei oder weiteren unterschiedlichen Personen zur Übergabe derselben Sache verpflichtet, gehen die zufälligen Ereignisse zu seinen Lasten, bis die Übergabe erfolgt.

Art. 1101

Quedan sujetos a la indemnización de los daños y perjuicios causados los que en el cumpli-miento de sus obligaciones incurrieren en dolo, negligencia o morosidad, y los que de cualquier modo contravinieren al tenor der aquéllas.

Zum Ersatz der verursachten Schäden und Nachteile ist verpflichtet, wer sich (diesbezüglich) in Erfüllung seiner Verbindlichkeiten vorsätzlich (arglistig) oder fahrlässig verhalten hat oder in Verzug geraten ist, oder wer auf irgendeine Weise dem Inhalt der Verbindlichkeit zuwiderhandelt.

Art. 1103

La responsabilidad que proceda de negligencia es igualmente exigible en el cumplimiento de toda clase de obligaciones; pero podrá moderarse por los Tribunales según los casos.

Die Haftung für Fahrlässigkeit kann gleichermaßen bei der Erfüllung jeder Art von Verbindlichkeiten geltend gemacht werden, sie kann aber von den Gerichten je nach Fallgestaltung herabgesetzt werden.

Art. 1104

La culpa o negligencia de deudor consiste en la omisión de aquella diligencia que exija la naturaleza de la oligación y corresponda a las circunstancias de las personas del tiempo y del lugar.

Cuando la obligación no exprese la diligencia que ha de prestarse en su cumplimiento, se exigirá la que corresponderia a un buen padre de familia.

Das (arglistige) Veschulden oder die Fahrlässigkeit des Schuldner besteht im Außerachtlassen derjenigen Sorgfalt, die aus der Natur der Verpflichtung folgt, und die den Umständen der (beteiligten) Personen, dem Zeitpunkt und dem Ort entspricht.

Wenn die Verpflichtung nicht zum Ausdruck bringt, welche Sorgfalt bei ihrer Erfüllung zu walten hat, so ist diejenige Sorgfalt gefordert, doe einem guten Familienvater entsprechen würde.

Art. 1105

Fuera de los casos expresamente mencionados en la Ley y de los en que así lo declare la obligación, nadie responderá de aquellos sucesos que no hubieran podido preverse, o que, previstos, fueran inevitables.

Außerhalb der Fälle, die das Gesetz ausdrücklich erwähnt, sowie derer, bei denen die Verbindlichkeit es so bestimmt, haftet niemand für solche Ereignisse, die nicht voraussehbar waren, oder die zwar vorausgesehen wurden, jedoch unvermeidbar waren.

Art. 1122

Cuando las obligaciones fueren puestas con el intento de suspender la eficacia de ka obligación de dar, se observarán las reglas siguentes, en el caso de que la cosa mejore o se pierda o deteriore pendiente la condición:

1. Si la cosa se perdió sin culpa del deudor, quedará extinguida la obligación.
2. Si la cosa se perdió por culpa del deudor, éste queda obligado al resarcimiento de daños y perjuicios.
   Entíendese que la cosa se pierde cuando perece, queda fuera del comercio o desaperece de mode que se ignora su existencia, o no se puede recobrar.

3. Cuando la cosa se deteriora sin culpa del deudor, el menoscabo es de cuenta del acreedor.
4. Deteriorándose por culpa del deudor, el acreedor podrá optar entre la resolución de la obligación y su cumplimiento, con la indemnización de perjuicios en ambos casos.
5. Si la cosa se mejora por su naturaleza, o por el tiempo, las mejoras ceden en favor del acreedor.
6. Si se mejora a expensas del deudor, no tendrá éste otro derecho que el concedido al usufructuario.

Sind die Bedingungen in der Absicht aufgestellt worden, die Wirkung der Leistungsverpflichtung aufzuschieben, so sind die folgenden Regeln für den Fall zu beachten, dass die Sache während der schwebenden Bedingung sich verbessert, untergeht oder sich verschlechtert.

1. Wenn die Sache ohne Verschulden des Schuldners unterging, erlischt die Verbindlichkeit.
2. Wenn die Sache durch Verschulden des Schuldners untergeht, ist dieser zum Ersatz der Schaden und Nachteile verpflichtet.
   Als Verlust der Sache gilt, wenn sie untergeht, wenn sie verkehrsunfähig wird oder wenn sie in einer solchen Weise verschwindet, dass man über ihr Bestehen nichts weiß, oder dass man sie nicht wiedererlangen kann.
3. Verschlechtert sich die Sache ohne Verschulden des Schuldners, geht die Wert- minderung zu Lasten des Gläubigers.
4. Verschlechtert sie sich durch Verschulden des Schuldners, kann der Gläubiger entweder die Auflösung der Verpflichtung oder ihre Erfüllung, in beiden Fällen mit Entschädigung der Nachteile, verlangen.
5. Wenn die Sache sich durch ihre Beschaffenheit oder durch den Zeitablauf verbessert, gehen die Vorteile zugunsten des Gläubigers.
6. Wird sie durch Aufwendungen des Schuldners verbessert, so hat dieser kein anderes Recht als jenes, dem dem Nießbraucher zusteht.

Art. 1124

La facultad de resolver las obligaciones se entiende implícita en las recíprocas, para el caso de que uno de los obligados no cumpliere lo que le incumbe. El perjudicado podrá escoger entre exigir el cumplimiento o la resolución de la obligación, con el resarcimiento de daños y abono de intereses en ambos casos. Tambíen podrá pedir la resolución, aun después de haber optado por el cumplimiento, cuando éste resultare imposible.

El Tribunal decretará la resolución que se reclame, a no haber causas justificadas que le autoricen para señalar plazo.

Esto se entiende sin perjuicio de los derechos de von terceros adquirentes, con arreglo a los articulos 1.295 y 1.298 y las disposiciones de la Ley Hipotecaria.

Das Recht zur Auflösung der Verpflichtung gilt bei den wechselseitigen Verbindlichkeiten als stillschweigend für den Fall, dass einer der Verpflichteten nicht erfüllt, was ihm obliegt.

Der Verletze kann wahlweise die Erfüllung der Verbindlichkeit oder ihre Auflösung, und in beiden Fällen Schadenseratz und Zinsen verlangen. Ebenso kann er die Auflösung fordern, auch nachdem er sich für die Erfüllung entschieden hat, wenn diese sich als unmöglich herausstellt.

Das Gericht verfügt die Auflösung, die begehrt wird, sofern es keine berechtigten Gründe gibt, die es zulassen, eine Frist zu setzen.

Dies gilt unbeschadet der Rechte von Dritterwerbern gemäß den Artikeln 1295 und 1298 sowie den Vorschriften des Hypothekengesetztes.

Art. 1154

El Juez modificará equitativamente la pena cuando la obligación principal hubiera sido en parte o irregularmente cumplida por el deudor.

Der Richter ändert die Strafe in angemessener Weise, wenn die Hauptverpflichtung (nur) teilweise oder nicht ordnungsgemäß vom Schuldner erfüllt wurde.

Art. 1170

El pago de las deudas de dinero deberá hacerse en la especie pactada y, no siendo posible entregar la especie, en la moneda de plata u oro que tenga curso legal en España.

(...)

Die Zahlung von Geldschulden muss in der vereinbarten Währung bewirkt werden, und wenn die Leistung in der Währung nicht möglich ist, in der Silberoder Goldwährung, die in Spanien gesetzlich im Umlauf ist.

Art. 1182

Quedará extinguida la obligación que consista en entregar una cosa determinada cuando ésta se perdiere o destruyere sin culpa del deudor y antes de haberse éste constituido en mora.

Die Verpflichtung zur Übergabe einer bestimmten Sache erlischt, wenn diese ohne Verschulden des Schuldners verloren geht oder zerstört wird, bevor er in Verzug geraten ist.

Art. 1183

Siempre que la cosa se hubiese perdidio en poder del deudor, se presumirá que la pérdida ocupó por su culpa y no por caso fortuido, salvo prueba en contrario, y sin perjuicio de lo dispuesto en el artículo 1096.

Geht die Sache verloren, während sie im Besitz des Schuldners war, gilt bis zum Beweis des Gegenteils die Vermutung, dass der Verlust durch sein Verschulden und nicht zufällig erfolgt ist, unbeschadet der Vorschrift des Art. 1096.

Art. 1184

Tambíen quedará liberado el deudor en las obligaciones de hacer cuando la prestación resultare legal o fisicalmente imposible.

Ebenso wird der Schuldner bei den Leistungspflichten frei, wenn sich die Leistung als rechtlich oder tatsächlich unmöglich erweist.

Art. 1185

Quando la deuda de cosa cierta y determinada procediere de delito o falta, no se eximirá el deudor del pago de su precio, cualquiera que hubiese sido el motivo de la pérdida, a menos que, ofrecida por él la cosa al que la debía recibir, éste se hubiese sin razón negado a aceptarla.

Ist die Schuld über eine ganz bestimmte Sache die Folge einer Straftat oder einer Übertretung, wird der Schuldner unabhängig davon, was der Grund des Verlustes ist, von der Leistung nicht befreit, sofern die Sache von ihm nicht demjenigen, der sie annehmen musste, angeboten wurde und dieser sich ohne Grund geweigert hat, sie anzunehmen.

Art. 1186

Extinguida la obligación por la pérdida de la cosa, corresponderán al acreedor todas las acciones que es deudor tuviere contra terceros por razón de ésta.

Ist die Verpflichtung durch den Verlust der Sache erloschen, stehen dem Gläubiger alle Ansprüche zu, die der Schuldner wegen dieses Verlustes gegenüber Dritten hat.

Art. 1255

Los contratantes pueden establecer los pactos, cláusulas y condiciones que tengan por conveniente, siempre que no sean contrarios a las leyes, a la moral ni al orden público.

Die Vertragsschließenden können die Vereinbarungen, Klauseln und Bedingungen aufstellen, die sie für angebracht halten, vorausgesetzt sie verstoßen nicht gegen die Gesetze, die Moral oder die öffentliche Ordnung.

Art. 1258

Los contratos se perfeccionan por el mero consentimiento, y desde entonces obligan, no sólo al cumplimiento de lo expresamente pactado, sino también a todas las consecuencias que, según su naturaleza, sean conformes a la buena fe, al uso y a la ley.

Verträge werden durch einfache Einigung geschlossen und verpflichten von da an nicht nur zur Erfüllung des ausdrücklich vereinbarten, sondern auch zu allen Folgen, die gemäß ihrer Natur Treu und Glauben, der Verkehrssitte und dem Gesetz entsprechen.

Art. 1261

No hay contrato sino cuando concurren los requisitos siguentes:

1. Consentimiento de los contratantes
2. Objeto cierto que sea materia del contrato
3. Causa de la obligación que se estabezca

Ein Vertrag liegt nur dann vor, wenn die folgenden Voraussetzungen erfüllt sind:

1. Die Einigung der Vertragsschließenden
2. Ein bestimmter Gegenstand, der Angelegenheit des Vertrages ist
3. Ein Rechtsgrund für die Verpflichtung, die eingegangen wird.

Art. 1266

Para que el error invalide el consentimiento, deberá recaer sobre la sustancia de la cosa que fuere objeto del contrato, o sobre aquellas condiciones de la misma que principalmente hubiesen dado motivo a celebrarlo.

El error sobre la persona sólo invalidará el contrato cuando la consideración a ella hubiere sido la causa principal del mismo.

El simple error de cuenta sólo dará lugar a su corrección.

Damit die Einigung infolge des Irrtums unwirksam ist, muss er sich auf das Wesen der Sache beziehen, die Gegenstand des Vertrages ist, oder auf diejenigen ihrer Umstände, die den hauptsächlichen Anlass zum Vertragsschluss gegeben haben.

Durch den Irrtum über die Person wird der Vertrag nur dann unwirksam, wenn der Vertrag wesentlich in Anbetracht der Person geschlossen wurde.

Der einfache Rechenfehler gibt lediglich Gelegenheit zu einer Berichtigung.

Artículo 1274

En los contratos onerosos se entiende por causa, para cada parte contratante, la prestación o promesa de una cosa o servicio por la otra parte; en los remuneratorios, el servicio o beneficio que se remunera, y en los de pura beneficencia, la mera liberalidad del bienhechor.

Bei entgeltlichen Verträgen gilt als Rechtsgrunf für jede Vertragspartei die Leistung oder das Versprechen einer Sache oder eines Dienstes durch die andere Partei; bei den einträglichen Verträgen der Dienst oder der Nutzen, der belohnt wird, und bei den bloß wohltätigen Verträgen die reine Freigiebigkeit des Wohltäters.

Artículo 1275

Los contratos sin causa, o con causa ilícita, no producen efecto alguno. Es ilícita la causa cuando se opone a las leyes o a la moral.

Verträge ohne Rechtsgrund oder mit unerlaubtem Rechtsgrund haben keinerlei Wirkung. Unerlaubt ist der Rechtsgrund, wenn er den Gesetzes oder der Moral widerspricht.

Artículo 1276

La expresión de una causa falsa en los contratos dará lugar a la nulidad, si no se probase que estaban fundados en otra verdadera y lícita.

Die Angabe eines falschen Rechtsgrunds in den Verträgen bewirkt deren Nichtigkeit, wenn nicht der Beweis erbracht wird, dass sie auf einem anderen wahren und erlaubten gegründet sind.

Artículo 1277

Aunque la causa no se exprese en el contrato, se presume que existe y que es lícita mientras el deudor no pruebe lo contrario.

Auch wenn der Rechtsgrund im Vertrag nicht ausgedrückt wird, gilt er als bestehend und erlaubt, solange der Schuldner nicht das Gegenteil beweist.

Art. 1281

Si los términos de un contrato son claros y no dejan duda sobre la intención de los contratantes se estará al sentido literal de sus cláusulas. Si las palabras parecieren contrarias a la intención evidente de los contratantes, prevalecerá ésta sobre aquéllas.

Wenn der Inhalt eines Vertrages klar ist und keinen Zweifel über die Absichten der Vertragsschließenden lässt, gilt der wörtliche Sinn seiner Bestimmungen.

Stehen die Worte der offensichtlichen Absicht der Vertragsschließenden entgegen, dann hat diese (Absicht) gegenüber jenen (Worten) Vorrang.

Art. 1282

Para juzgar de la intención de los contratantes, deberá atenderse principalmente a los actos de éstos, coetáneos y posteriores al contrato.

Zur Beurteilung der Absicht der Vertragsschließenden ist in erster Linie auf ihre Handlungen während und nach dem Vertrag abzustellen.

Art. 1283

Cualquiera que sea la generalidad de los términos de un contrato, no deberán entenderse comprendidos en él cosas distintas y casos diferentes de aquellos sobre que los interesados se propusieron contratar.

Gleich, wie allgemein die Vertragsbestimmungen lauten, dürfen darunter keine anderen und abweichenden Gegenstände verstanden werden als jene, hinsichtlich derer die Parteien den Vertragsschluss beabsichtigen.

Art. 1284

Si alguna cláusula de los contratos admitiere diversos sentidos, deberá entenderse en el más adecuado para que produzca efecto.

Lässt eine Vertragsbestimmung mehrere Auslegungen zu, ist sie auf jene Weise zu verstehen, deren Wirkung die sachdienlichste ist.

Art. 1285

Las cláusulas de los contratos deberán interpretarse las unas por las otras, atribuyendo a las dudosas el sentido que resulte del conjunto de todas.

Die Vertragsbestimmungen sind durch Bezugnahme der einen auf die anderen auszulegen, wobei den zweifelhaften Bestimmungen derjenige Sinn beizulegen ist, der sich aus der Gesamtheit aller Bestimmungen ergibt.

Art. 1286

Las palabras que puedan tener distintas acepciones serán entendidas en aquélla que sea más conforme a la naturaleza y objeto del contrato.

Worte, die unterschiedlich aufgefasst werden können, sind so zu verstehen, wie es der Natur und dem Gegenstand des Vertrages am meisten entspricht.

Art. 1287

El uso o la costumbre del país se tendrán en cuenta para interpretar las ambigüedades de los contratos, supliendo en éstos la omisión de cláusulas que de ordinario suelen establecerse.

Bei der Auslegung von Zweideutigkeiten von Verträgen sind die Bräuche und Sitten des Landes zu berücksichtigen, wobei solche ausgelassenen Bestimmungen zu ergänzen sind, die gewöhnlich vereinbart werden.

Art. 1289

Cuando absolutamente fuere imposible resolver las dudas por las reglas establecidas en los artículos precedentes, si aquellas recaen sobre circunstancias accidentales del contrato, y éste fuere gratuito, se resolverán en favor de la menor transmisión de derechos e intereses.

Si el contrato fuere oneroso, la duda se resolverá en favor de la mayor reciprocidad de intereses.Si las dudas de cuya resolución se trata en este artículo recayesen sobre el objeto principal del contrato, de suerte que no pueda venirse en conocimiento de cual fue la intención o voluntad de los contratantes, el contrato será nulo.

Ist es vollkommen unmöglich, die Zweifelsfälle nach den Regeln der vorangehenden Artikel zu lösen, werden diese Zweifel, wenn sie unwesentliche Umstände des Vertrages betreffen und dieser unentgeltich ist, zugunsten der geringsten Übertragung von Rechten und Pflichten gelöst.

Handelt es sich um einen entgeltlichen Vertrag, ist der Zweifel zugunsten des größten Interessenausgleichs aufzulösen.

Beziehen sich die Zweifel, um deren Lösung es sich in diesem Artikel handelt, auf den Hauptgegenstand des Vertrages, dergestalt dass man nicht zu erkennen vermag, welches die Absicht oder der Wille der Vertragsschließenden war, so ist der Vertrag nichtig.

Art. 1290

Los contratos validamente celebrados pueden rescindirse en los casos establecidos por la ley.

Die wirksam geschlossenen Verträge können in den gesetzlich festgelegten Fällen aufgehoben werden.

Art. 1291

Son rescindibles:

1. Los contratos que pudieren celebrar los tutores sin autorización del consejo de familia, siempre que las personas a quienes representan hayan sufrido lesión en más de la cuarta parte del valor de las cosas que hubiesen sido objeto de aquéllos.
2. Los celebrados en representación de los ausentes, siempre que éstos hayan sufrido la lesión a que se refiere el número anterior.
3. Los celebrados en fraude de acreedors, cuando éstos no puedan de otro modo cobrar lo que se les deba.
4. Los contratos se refieran a cosas litigiosas, cuando hubiesen sido celebrados por el demandado sin conocimiento y aprobación de las partes litigantes o de a Autoridad judicial competente.
5. Cualesquiera otros en que especialmente lo determine la ley.

Es können aufgehoben werden:

1. Die Verträge, die die Vormünder ohne Zustimmung des Familienrates schließen können, sofern die Personen, die sie vertreten, einen Schaden, von mehr als einem Viertel des Wertes der Sachen erlitten haben, die Gegenstand dieser Verträge gewesen sind.
2. Die Verträge, die in Vertretung von Abwesenden geschlossen wurden, sofern diese den Schaden erlitten haben, auf den sich die vorangegangene Ziffer bezieht.
3. Die mit der Absicht der Gläubigerbenachteiligung geschlossenen Verträge, wenn die Gläubiger das, was ihnen geschuldet wird, nicht auf andere Weise erlangen können.
4. Die Verträge, die sich auf streitige Angelegenheiten beziehen, wenn sie durch den Beklagten ohne Kenntnis und Billigung der Streitparteien oder des zuständigen Gerichts geschlossen wurden.
5. Alle sonstigen Verträge, für die das Gesetz dies besonders bestimmt.

Art. 1293

Ningún contrato se rescindirá por lesión, fuera de los casos mencionados en los números 1 und 2 der artículo 1291.

Kein Vertrag wird wegen eines Schadens, der jenseits der in Art. 1291, Ziffern 1 und 2, erwähnten Fälle liegt, aufgehoben.

Art. 1484

El vendedor estará obligado al saneamiento por los defectos ocultos que tuviera la cosa vendida, si la hacen impropia para el uso a que se destina, o si disminuye de tal modo este uso que, de haberlo conocido el comprador, no habría adquirido o habría dado menor precio por ella; pero no será responsable de los defectos manifiestos o que estuvieren a la vista, ni tampoco de los que no estén, si el comprador es un perito que , por razón de su oficio o profesión, debía fácilmente conocerlos.

Der Verkäufer ist wegen der verborgenen Mängel, die die Sache hat, zur Mängelbeseitigung verpflichtet, wenn die Sache wegen der Mängel sich nicht mehr zum vorgesehenen Gebrauch taugt, oder wenn diese den Gebrauch dergestalt einschränken, dass der Käufer, hätte er sie gekannt, die Sache nicht erworben oder (nur) einen geringen Preis dafür gezahlt hätte. Er haftet aber nicht für offenkundige oder für sichtbare Mängel, und nicht einmal für solche, die nicht sichtbar sind, sofern der Käufer ein Sachkundiger ist, der die Mängel aufgrund seinen Amtes oder Berufes leicht hätte erkennen müssen.

Art. 1486

En los casos de los dos articulos anteriores, el comprador podrá optar entre desisitr del contrato, abonándose de los gastos que pagó, o rebajar una cantitad proporcional del precio, a juicio de peritos.

Si el vendedor conocía los vicios o defectos ocultos de la cosa vendida y no los manifestó al comprador, tendrá éste la misma opción y además se le indemnizará de los daños y perjuicios, si optare por la resción.

In den Fällen der zwei vorangegangenen Artikel kann der Käufer wählen, entweder vom Vertrag zurückzutreten, wobei ihm die Kosten zu erstatten sind, die er gezahlt hat, oder einen anteiligen Betrag des Preises nach Urteil des Sachverständigen abzuziehen.

Wenn der Verkäufer den verborgenen Fehler oder Mängel der verkauften Sache kannte und sie dem Käufer nicht offenbart hat, hat dieser dieselbe Wahlmöglichkeit, und zusätzlich sind ihm die Schäden und Nachteile zu ersetzen, wenn er sich für die Aufhebung des Vertrages entscheidet.

Art. 1590

El que se ha obligado a poner sólo su trabajo o industria, no puede reclamar ningún estipendio si se destruye la obra antes de haber sido entrgada, a no ser que haya habido morosidad para ricibirla, o que la destrucción haya provenido de la mala cantitad de los materiales, con tal que haya advertido oportunamente esta circunstancia al dueño.

Derjenige, der sich verpflichtet hat, nur seine Arbeitskraft oder sein Gewerbe einzusetzen, kann keinerlei Vergütung verlangnen, wenn das Werk vor der Übergabe zerstört wird, es sei denn, es lag Annahmeverzug vor oder die Zerstörung geschah infolge der schlechten Beschaffenheit der Materialien, sofern dieser Umstand dem Geschäftsherrn rechtzeitig angezeigt wurde.

Art. 1593

El arquitecto o contratista que se encarga por un ajuste alzado de la construcción de un edificio u otra obra en vista de un plano convenido con el propietario del suelo, no puede pedir aumento de precio aunque se haya aumentado el de los jornales o materiales; pero podrá hacerlo cuando se haya hecho algún cambio en el plano que produzca aumento de obra, siempre que hubiese dado su autorización el propietario.

Der Architekt oder Bauunternehmer, der zu einem Pauschalpreis die Errichtung eines Gebäudes oder anderen Werkes nach einem mit dem Bodeneigentümer vereinbarten Plan übernimmt, kann keine Preiserhöhung fordern, auch wenn die Lohn- und Materialkosten gestiegen sind. Er kann sie aber fordern, wenn irgendeine Änderung im Plan vorgenommen wurde, die eine Vergrößerung des Werkes mit sich bringt, vorausgesetzt der Eigentümer hat seine Zustimmung dazu gegeben.

Art. 1801

El que pierde en el juego o apuesta de los no prohibidos queda obligado civilmente.

La Autoridad judicial puede, sin embargo, no estimar la demanda cuando la cantidad que se cruzó en el juego o en la apuesta sea excesiva, o reducir la obligación en lo que excediere de los usos de un buen padre de familia.

Wer in einem Spiel oder einer der Wetten verliert, die nicht verboten sind, ist zivilrechtlich verpflichtet.

Das Gericht kann jedoch die Klage abweisen, wenn der bei dem Spiel oder in der Wette eingesetzte Betrag unverhältnismäßig hoch ist, oder die Verbindlichkeit herabsetzen, soweit sie über die Gewohnheiten eines guten Familienvaters hinausgeht.

Art. 1895

Cuando se recibe alguna cosa que no había derecho a cobrar, y que por error ha sido indebidamente entregada, surge la obligación de restituirla.

Wer irgendeine Sache empfängt, auf die er keinen Rechtsanspruch hat, und die ihm irrtümlich rechtsgrundlos übergeben wurde, ist verpflichtet, sie zurückzugeben.

Art. 1896

El que acepta un pago indebido, si hubiera procedido de mala fe, deberá abona el interés legal cuando se trate de capitales, o los frutos percibidos o debidos percibir cuando la cosa recibida los produjere.

(...)

Wer eine ungerechtfertigte Leistung annimmt, muss, wenn er dabei bösgläubig war, den gesetzlichen Zins vergüten, falls es sich um Gelder handelt, oder die Früchte, die gezogen wurden oder hätten gezogen werden müssen, sofern die empfangene Sache solche hervorbringt.

Art. 1901

Se presume que hubo error en el pago cuando se entregó cosa que nunca se debió o que ya estaba pagada; pero aquel a quien se pida la devolución puede probar que la entrega se hizo a título de liberalidad o por otro causa justa.

Es gilt die Vermutung, dass die Leistung irrtümlich erfolgte, wenn eine Sache übergeben wurde, die niemals geschuldet oder schon geleistet war; derjenige, von dem die Rückerstattung verlangt wird, kann aber beweisen, dass die Leistung aus Freigiebigkeit oder einem anderen rechtfertigenden Grunde erfolgte.

B. Gesetzesvorschläge

Kegel[1124]

§ 242 (2). Wird ein Vertragsteil durch Umstände, die außerhalb des Machtbereichs beider Vertragsteile liegen und mit denen er nicht zu rechnen brauchte, derart geschädigt, dass ihm als Schuldner die Erbringung der Leistung erheblich erschwert oder als Gläubiger der Empfang der Leistung erheblich entwertet wird, so hat der Gegner einen angemessenen Teil des Schadens zu übernehmen.

Horn[1125]

§ 242 (2). Wird eine vertragliche Leistung durch äußere Umstände in erheblicher Weise erschwert oder entwertet, so kann die benachteiligte Vertragspartei eine angemessene Verteilung der Nachteile auf beide Parteien durch Anpassung des Vertrages verlangen, sofern sie mit den Umständen nicht zu rechnen brauchte, insbesondere das Risiko ihren Eintritts oder ihrer Auswirkungen nach dem Sinn des Vertrags nicht übernommen hatte, und ihr das unveränderte Festhalten am Vertrag nicht zumutbar ist. Ist eine Vertrasanpassung nicht möglich oder nicht zumutbar, so kann statt dessen Vertragsauflösung verlangt werden. Die Anpassung oder Auflösung wird durch Einigung der Parteien oder durch gerichtliche Entscheidung vollzogen.

1124 *Kegel*, Gutachten, S. 138, 233.

1125 *Horn*, in: BMJ Gutachten I, S. 551, 636.

Literaturverzeichnis

Albaladejo García, Manuel, Derecho Civil, Teil 2: Derecho de Obligaciones, 13. Auflage Madrid 2008 (zit. *Albaladjo García,* Derecho Civil).

Albaladejo García, Manuel/Díaz Alabart, Silvia, Comentarios al Código Civil y compilaciones forales, Tomo XVII, Vol. 1: Art. 1254–1260 del Código Civil, Madrid 1993 (zit. Albaladejo/*Bearbeiter*).

- Comentarios al Código Civil y compilaciones forales, Tomo XVI, vol. 1, 2ª ed., Madrid 1991 (zit. Albaladejo/Díaz Alabart/*Bearbeiter,* Comentarios).

Alguer Pérez, José, El concepto de la buena fe en la génesis y en la técnica del Derecho Privado, RJC1927, 523.

Aranzadi, E. , Repertorio de Jurisprudencia – Entscheidungssammlung des Tribunal Supremo (zit. STS Datum, RJ Ordnungsnummer).

Arechederra Aranzadi, Luis Ignacio, La equivalencia de las prestaciones en el Derecho contractual, Madrid 1978 (zit. *Arechederra Aranzadi,* Equivalencia).

Arndt, Hans-Wolfgang, Probleme rückwirkender Rechtsprechungsänderung: dargestellt anhand der Rechtsprechung des Bundesgerichtshofes, des Bundesfinanzhofes, des Bundesarbeitsgerichts und des Bundesverfassungsgerichts, Frankfurt 1974 (zit. *Arndt,* Rechtsprechungsänderung).

Auverny-Bennetot, Jean, La théorie de l'imprévision : droit privé, droit administratif, droit ouvrir, Paris 1938 (zit. *Auverny-Bennetot,* La theórie de l'imprévision).

Badenes Gasset, Ramón, El riesgo imprevisible, Barcelona 1946 (zit. *Badenes Gasset,* Riesgo imprevisible).

Baier, Klaus-Georg, Die Störung der Geschäftsgrundlage im Recht der Personengesellschaften, NZG 2004, 356.

Bamberger, Georg/Roth, Herbert, Kommentar zum Bürgerlichen Gesetzbuch, Band 1 §§ 1–610, CISG, 3. Auflage, München 2012 (zit. Bamberger/Roth/*Bearbeiter*).

Bar, Christian von, Principles, definitions and model rules of European private law: Draft Common Frame of Reference (DCFR)/prepared by the Study Group on a European Civil Code and the Research Group o EC Private Law (Acquis Group), Outline Edition, München 2009 (zit. *Von Bar,* DCF*R*).

Bar, Christian von/Zimmermann, Reinhard, Grundregeln des Europäischen Vertragsrechts: Teile I und II, Kommission für Europäisches Vertragsrecht (Hrsg.), Deutsche Ausgabe, München 2002 (zit. *Von Bar/Zimmermann,* Europäisches Vertragsrecht).

Batlle, Manuel, La imposibilidad economica sobrevenida , Anales de universidad de Murcia 44–45, 385.

Bauer, Jobst-Hubertus/Diller, Martin, Flucht aus Tarifverträgen, DB 1993, 1085.

Begründung der Bundesregierung zum Entwurf eines Gesetzes zur Modernisierung des Schuldrechts, Bundestags-Drucksache 14/6040 (zit. BT/Drs. 14/6040).

Bejarano Hernández, Andrés, La supresión o modificación unilateral de obligaciones pacatadas en contrato de trabajo o convenio colectivo en aplicación de la cláusula rebus sic stantibus, Rev. española de Der. del Trabajo 1999, 519.

Bello Janeiro, Domingo, Kommentar STS vom 6. November 1992, CCJC1992, 1009.

Beltrán de Heredia y Castaño, Jose, El cumplimiento de las obligaciones, Madrid 1956 (zit. *Beltrán de Heredia y Castaño,* Cumplimiento).

Berdesinski, Stephan, Die rückwirkende Änderung der Rechtsprechung, Mannheim 1994 (zit. *Berdesinski,* Die rückwirkende Änderung).

Beuthien, Volker, Zweckerreichung und Zweckstörung im Schuldverhältnis, Tübingen 1969 (zit. *Beuthien,* Zweckerreichung).

Bindewald, Paul, Rechtsgeschichtliche Darstellung der clausula rebus sic stantibus und ihre Stellung im Bürgerlichen Gesetzbuch, Leipzig 1901 (zit. *Bindewald,* clausula).

Birk, Rolf, Die Ankündigung von Rechtsprechungsänderungen, JZ 1974, 735.

Blomeyer, Wolfgang, Zur rückwirkenden Geltung von Richterrecht für Betriebsvereinbarungen, in: Franz Gamillscheg/Bernd Rüthers/Eugen Stahlhacke (Hrsg.) Festschrift für Karl Molitor zum 60. Geburtstag, München 1988, S. 41.

Bomsel, Mark, La théorie de l'imprévision en droit civil francais, Paris 1922 (zit. *Bomsel,* La théorie de l'imprévision).

Bonet Ramón, Francisco, Código Civil comentado: con sus apéndices forales 2. Auflage, Madrid 1964 (zit. *Bonet Ramon,* Código Civil).

Bork, Reinhard, Allgemeiner Teil des Bürgerlichen Gesetzbuches, 4. Auflage, Tübingen 2016, (zit. Bork, AT).

Brandecker, Karl (Begr.)/Dietz, Otmar/ Bofinger, Werner, Gesetz zur wirtschaftlichen Sicherung der Krankenhäuser und zur Regelung der Krankenhauspflegesätze:(Krankenhausfinanzierungsgesetz – KHG). Verordnung zur Regelung der Krankenhauspflegesätze: (Bundespflegesatzverordnung – BPflV). Krankenhausfinanzierungsgesetz,Bundespflegesatzverordnung und Folgerecht/Kommentar Wiesbaden 1976, Stand: 2001 (zit. *Bearbeiter* in: Brandecker/Dietz/Bofinger).

Braun, Johann, Wegfall der Geschäftsgrundlage, JuS 1979, 692.

Brockmeyer, Germar, Rechtsinstitut der Geschäftsgrundlage aus der Sicht der ökonomischen Analyse des Rechts, Frankfurt 1993 (zit. *Brockmeyer*, Rechtsinstitut der Geschäftsgrundlage).

Bruzin, André, Essai sur la notion d'imprévision et sur son rôle en matière contractuelle, Bordeaux 1922 (zit. *Bruzin*, Essai sur la notion d'imprévision).

Buchner, Herbert, Kündigung der Tarifregelung über die Entgeltanpassung in der Metallindustrie der östlichen Bundesländer, NZA 1993, 289.

Bundesminister der Justiz (Hrsg.), Gutachten und Vorschläge zur Überarbeitung des Schuldrechts, Band I, Köln 1981; Band II, Köln 1981; Band III, Köln 1983

- Abschlussbericht der Kommission zur Überarbeitung des Schuldrechts, Köln 1992 (zit. *BMJ*, Abschlussbericht).

Canaris, Claus-Wilhelm, Schuldrechtsmodernisierung 2002, München 2002 (zit. *Canaris*, Schuldrechtsmodernisierung).

- Sondertagung Schuldrechtsmodernisierung: Die Reform des Rechts der Leistungsstörungen, JZ 2001, 499.
- Zur Problematik der Rückwirkung bei Änderung der Rechtsprechung, SAE 1972, 22.

Candil, Fernando, La cláusula rebus sic stantibus, Madrid 1946 (zit. *Candil*, Clausula).

Carbonnier, Jean, Droit civil, Les obligations,Teil 4, 12. Auflage Paris 1985 (zit.

Carbonnier, Droit civil IV).

Carrasco Perera, Angel, Kommentar STS vom 19. April 1985, CCJC 1985, 2581.

Castán Tobeñas, José, Hacia un nuevo Derecho Civil, Madrid 1933 (zit. *Castán Tobeñas*, Hacia un nuevo Derecho Civil).

- Derecho Civil español, comun y foral, Tomo 3, Derecho de obligaciones, La obligación y el contrato en general, 16. Auflage, Madrid 1992 (zit. *Castan Tobeñas*, Derecho Civil).

Castilla Barea, Margarita, La imposibilidad de cumplir los contratos, Madrid 2001 (zit. *Castilla Barea*, Imposibilidad).

Castiñeira Jerez, Jorge, Hacia una nueva configuración de la doctrina rebus sic stantibus: a propósito de la sentencia del Tribunal Supremo de 30 de junio de 2014, InDret 4/ 2014. www.indret.com (zit.: *Castiñeira Jerez, Jorge,* Hacia una nueva configuración, InDret 4/2014).

Castrillo, Juan, La guerra y los contratos, RDP 1940, 79, 104.

Cervera Torrejón, Fernando, La retroactividad de la norma tributaria, Rev. española de Der. Financiero Nr. 10 1976, 257.

Chiotellis, Aristide, Rechtsfolgenbestimmung bei Geschäftsgrundlagenstörungen in Schuldverträgen, München 1981 (zit. *Chiotellis*, Rechtsfolgenbestimmung).

Clavería Gosálbez, Luis Humberto, Interpretación, calificación e integración del contrato,in: Antonio Cabanillas Sánchez (Hrsg.), Festschrift für Profesor Luis Díez-Picazo, Madrid 2002. S. 1647 (zit. *Clavería Gosálbez*, in: FS Díez Picazo).

– La causa del contrato, Zaragoza 1998 (zit. *Clavería Gosálbez*, Causa).

Clemente de Diego, Felipe, Instituciones del Derecho Civil español, Tomo II, Madrid 1959 (zit. *Clemente de Diego*, Instituciones).

Clemente Meoro, Mario E., La resolución de los contratos por incumplimiento, Valencia 1992 (zit. *Clemente Meoro*, Resolución).

Coderch, Pablo Salvador, Alteración de las circunstancias en el Art. 1213 de la Propuesta de Modernización del Código Civil en Matería de Obligaciones y Contratos, InDret 4/2009, www.indret.com. (zit. *Coderch*, Alteración, InDret 4/2009).

Conde Marín, Emilia/Camara Botia, Alberto, La buena fe en el contrato de trabajo: Un estudio de la buena fe como elemento de integración del contrato de trabajo, Madrid 2007 (zit. *Conde Marín/Camara Botia*, Buena fe).

Comisión General de Codificación, Propuesta de modernización del Código Civil en Materia de Obligaciones y contratos, Boletin de Información del Ministerio de Justicia, año XX LXIII, Januar 2009, 2. 1–70.

Däubler, Wolfgang, Die Anpassung von Tarifverträgen an veränderte wirtschaftliche Umstände, ZTR 1996, 241.

Danzer, Max (Hrsg), Das bayerische Landrecht vom Jahre 1756 in seiner heutigen Geltung München 1894 (zit. *Danzer*, das bayerische Landrecht).

Dauner-Lieb, Barbara/Dötsch Wolfgang, Prozessuale Fragen rund um § 313, NJW 2003, 921.

Dauner-Lieb, Barbara (Hrsg), Das neue Schuldrecht: Ein Lehrbuch, Heidelberg 2002 (zit. *Bearbeiter*, in: Dauner-Lieb, Das neue SchR).

– Kodifikation von Richterrecht, in: Wolfgang Ernst/Reinhard Zimmermann (Hrsg.), Zivilrechtswissenschaft und Schuldrechtsreform, Zum Diskussionsentwurf eines Schuldrechtsmodernisierungsgesetzes des Bundesministeriums der Justiz, Tübingen 2001, S. 305 (zit. *Dauner-Lieb* in: DiskE).

– Die geplante Schuldrechtsmodernisierung – Durchbruch oder Schnellschuß? JZ 2001, 8.

De Amunátegui Rodríguez, Christina, La cláusula rebus sic stantibus, Valencia 2003 (zit. *De Amunátegui Rodríguez*, Cláusula).

De Angel Yagüez, Ricardo/Zorilla Ruiz, Manuel Maria, La frustración del fin del contrato, Obligaciones de medios y de resultado, ADC 1984, 185.

De Bornier, Magnan, Essai sur la théorie de l' imprévision, Paris 1924 (zit. *De Bornier*, Essai sur la théorie de l'imprévision).

De Casso y Romero, D. Ignacio/Cervera y Jiménez-Alfaro, D. Francisco, Diccionario de Derecho privado, Barcelona, Madrid, Tomo I, A-F, 1950 (zit. *De Casso y Romero/Cervera y Jiménez-Alfaro*, Diccionario de derecho privado).

De Castro y Bravo, Frederico, El negocio jurídico, Madrid 1991 (zit. *De Castro y Bravo*, Negocio jurídico).

– Derecho Civil de España, Madrid 1991 (zit. *De Castro y Bravo*, Derecho Civil).

De Cossio, Manuel, Frustraciones y desequilibrios contractuales, Granada 1994 (zit. *De Cossio*, Frustraciones).

De la Haza Díaz, Pilar, El incumplimiento resolutorio, Análisis de la jurisprudencia de TS Madrid 1996 (zit. *De la Haza Díaz*, Incumplimiento resolutorio).

Delfini, Francesco, Autonomia privata e rischio contrattuale, Mailand 1999 (zit. *Delfini*, Autonomia privata).

Delgado de Miguel, Juan Francisco, Instituciones de Derecho privado, Tomo III obligaciones y contratos, Madrid 2004 (zit. *Delgado de Miguel*, Instituciones III).

De los Mozos, José Luis, El principio de la buena fe, Barcelona 1965 (zit. *De los Mozos*, Principio de la buena fe).

– La causa del negocio jurídico. Notas para una reconstrucción dogmática de su concepto, RDN 1961, 283.

De Ruggiero, Roberto, Instituciones de Derecho Civil, II , Derecho de obligaciones, Spanische Übersetzung der 4. italienischen Auflage, Band 2, Übersetzung und Anmerkungen von Ramón Serrano Suñer y José Santa-Cruz Teijeiro, Madrid 1931 (zit. *De Ruggiero*, Instituciones de Derecho Civil, Trad. esp., T. II).

De Verda y Beamonte, José Ramón, Algunas reflexiones en torno a la excusabilidad y recognoscibilidad del error en los conrtratos, in: Prats Albendosa (Hrsg.), FS Teresa Puente, Valencia 1996, 541.

Díaz Cruz, Mario, La „cláusula rebus sic stantibus" en el Derecho privado, RGLJ 1946, 530.

Díaz de Lezcano Sevillano, Ignacio, Antecedentes y Fundamento de la cláusula „rebus sic stantibus", Revista de Ciencias Jurídicas Nr. 1, 1996, 73.

Diederichsen, Uwe, Zur gesetzlichen Neuordnung des Schuldrechts, AcP 182 (1982), 101.

Díez Picazo, Luis, Ensayos Jurídicos (1953–2011), Tomo II Derecho de obligaciones y contratos, Derecho de danos. Enriquemiento injustifado, Madrid 2011. Daraus zitiert : La propuesta de Modernización del derecho de obligaciones y contratos (una presentación) en : Jornadas selebradas en febrero 2010, Boletín Información del Ministerio de Justicia, núm 2130, Abril 2011, S. 2790–2799.

- Fundamentos de Derecho patrimonial, Vol. II: Las relaciones obligatorias, 6. Auflage, Madrid 2008 (zit. *Díez-Picazo,* Fundamentos II).
- La cláusula rebus sic stantibus, Cuadernos de Derecho Judicial Nr. 26 1996, 669.
- Estudios sobre la jurisprudencia civil, Vol. I, 2. Auflage, Madrid 1979 (*Díez Picazo*, Estudios sobre la jurisprudencia).

Díez Picazo, Luis/Roca Trías, Encarna/Morales Moreno, Antonio Manuel, Los principios del Derecho Europeo de contratos, Madrid 2002 (zit. *Díez-Picazo/ Roca Trías/ Morales Moreno*, Los Principios del Derecho Europeo).

Díez Picazo, Luis/ Gullón Ballesteros, Antonio, Instituciones de Derecho Civil, Volumen 1, 2. Auflage, Madrid 1995 (zit. *Díez-Picazo/Gullón*, Instituciones de Derecho Civil I).

Dörner, Heinrich, „Mängelhaftung" bei Sperre des transferierten Fußballspielers? JuS 1977, 225.

Dualde Gómez, Joaquín, De la cláusula rebus sic stantibus, In AA.VV, Temas varios de Derecho público y privado, Barcelona 1943, S. 25 (zit. *Dualde Gómez*, in: AA.VV).

Dueñas Ruiz, Oscar José, Lecciones de hermenéutica jurídica, 4. Auflage Bogota 2008 (zit. *Dueñaz Ruiz*, Lecciones de hermeneutica jurídica).

Dütz, Wilhelm, Subjektive Umstände bei der Auslegung kollektivvertraglicher Normen, in: Franz Gamillschek (Hrsg.), Festschrift für Karl Molitor zum 60. Geburtstag, München 1988, S. 63 (zit. *Dütz*, in: FS Molitor).

Echevarría de Rada, Teresa, Los contratos de juego y apuesta, Barcelona 1996 (zit. *Echevarría de Rada*, Contratos de juego y apuesta).

Ehmann, Horst/Sutschet, Holger, Modernisiertes Schuldrecht, Lehrbuch der Grundsätze des neuen Rechts und seiner Besonderheiten, München 2002 (zit. *Ehmann/Sutschet*, Modernisiertes SchR).

Eidenmüller, Horst, Der Spinnerei-Fall – Die Lehre von der Geschäftsgrundlage nach der Rechtsprechung des Reichsgerichts und im Lichte der Schuldrechtsmodernisierung, Jura 2001, 824.

- Neuverhandlungspflichten bei Wegfall der Geschäftsgrundlage, ZIP 1995, 1063.

Eidenmüller, Horst/Faust, Florian/Grigoleit, Hans-Christoph/Jansen, Nils/Wagner, Gerhard; Zimmermann, Reinhard, Der Gemeinsame Referenzrahmen für das Europäische Privatrecht, JZ 2008, 529.

Emmerich, Volker, Das Recht der Leistungsstörungen, 6. Auflage, München 2005 (zit. *Emmerich*, Leistungsstörungen).

- Grundlagen des Vertrags- und Schuldrechts, München 1974 (zit. *Emmerich*, Grundlagen).

Erman, Walter (Begr.), Bürgerliches Gesetzbuch, Handkommentar, 14. Auflage, Köln 2014 (zit. Erman/*Bearbeiter*).

Ernst, Wolfgang, Zur Struktur des CFR, in: Martin Schmidt-Kessel (Hrsg.) Der gemeinsame Referenzrahmen, München 2009, S. 55 (zit. *Ernst*, in: Der gemeinsame Referenzrahmen).

Escutia Romero, Raquel, Derecho Civil. Derecho de los contratos, Madrid 2015 (zit.: Escutia Romero, Derecho de los contratos).

Espert Sanz, Vicente, La frustración del fin del contrato, Madrid 1968 (zit. *Espert Sanz*, Frustración).

Espinar Lafuente, Francisco, Resolución e indemnización en las obligaciones recíprocas, in: Estudios de Derecho Civil, Festschrift für Profesor Castán Tobeñas, Bd. II, Pamplona 1969, S. 111 (zit. *Espinar Lafuente*, in: FS Castan Tobeñas).

Esser, Josef, Fortschritte und Grenzen der Theorie der Geschäftsgrundlage bei Larenz Zu Larenz' Buch „Geschäftsgrundlage und Vertragserfüllung", JZ 1958, 113.

Falcón y Tella, Ramón, Editorial: Retroactividad de las normas tributarias y devengo del impuesto, Quincena Fiscal Dezember 1996-I, 5.

Fehre, Andrea, Unmöglichkeit und Unzumutbarkeit der Leistung, Berlin 2005 (zit. *Fehre*, Unmöglichkeit und Unzumutbarkeit).

Feldhahn, Peer, Die Störung der Geschäftsgrundlage im System des reformierten Schuldrechts, NJW 2005, 3381.

Fernández Campos, Juan Antonio, La imposibilidad de cumplimiento de la prestación debida, Anales de universidad de Murcia. Nr. 20 2002, 35.

Fernández Hierro, José Manuel, La modificación del contrato, Pamplona 1992 (zit. *Fernández Hierro*, Modificación).

Fernández López, Roberto Ignacio, La retroactividad de las normas tributarias en la reciente jurisprudencia, Jurisprudencia Tributaria 2000 II, 2121.

Fernández Rodríguez, Carlos, La Cláusula rebus sic stantibus, ADC1958, 1267.

- Einleitung, Larenz: Base del negocio jurídico y cumplimiento de los contratos, Madrid 1956, S. 15 (zit. *Fernández Rodríguez*, in: Larenz, Estudio Preliminar).

Fernández-Sancho Tahoces, Ana Suyapa, Kommentar zum STS vom 10. Februar 1997, CCJC 1997, 653.

Fikentscher, Wolfgang, Die Geschäftsgrundlage als Frage des Vertragsrisikos, München 1971 (zit. *Fikentscher*, Geschäftsgrundlage).

Fikentscher, Wolfgang/Heinemann, Andreas, Schuldrecht, 10. Auflage, Berlin 2006 (zit. *Fikentscher/Heinemann*m, SchR).

Finn, Markus, Erfüllungspflicht und Leistungshindernis: Die Bestimmung der Grenzen vertraglicher Primärhaftung nach § 275 Abs. 1 und 2 und § 313 BGB, Berlin 2007 (zit. *Finn*, Erfüllungspflicht und Leistungshindernis).

Flume, Werner, Allgemeiner Teil des Bürgerlichen Rechts. Zweiter Band. Das Rechtsgeschäft, 4. Auflage, Berlin/Heidelberg/New York 1992 (zit. *Flume*, AT II).

– Rechtsgeschäft und Privatautonomie in: Ernst von Caemmerer, Ernst Friesenhahn, Richard Lange (Hrsg.), Hundert Jahre Deutsches Rechtsleben, Festschrift zum hundertjährigen Bestehen des deutschen Juristentages 1860–1960, Band I, Karlsruhe 1960, S. 135 (zit. Flume, in: FS DJT Bd 1).

Fyot, Louis, Essai d'une justification nouvelle de la théorie de l'imprévision à l'égard des contrats portant sur des objets autres qu'une somme d'argent, Dijon 1921 (zit. *Fyot*, théorie de l'imprévision).

Galapero Flores, Rosa, Retroactividad de las normas fiscales y tratamiento fiscal de las rentas irregulares, Jurisprudencia Tributaria 2006, 3049.

Galgano, Franceso, El negocio jurídico, Übersetzung von Francisco Blasco Gascó und Lorenzo Prats Albentosa, Valencia 1992 (zit. *Galgano*, El negocio).

García Amigo, Manuel, Considerciones a la buena fe contractual AC 2000–1, 1.

García Calvente, Yolanda, Retroactividad de las normas tributarias que modifican o derogan exenciones (im Hinblick auf das STC 234/2001 vom 13. Dezember) JurisprudenciaTributaria 2002 I, 1953.

García Caracuel, Manuel, La alteración sobrevenida de las circunstancias contractuales, Madrid 2014 (zit.: *García Caracuel*, la alteración sobrevenida).

García Goyena, Florencio, Concordancias, motivos y comentarios del Código Civil español Tomo 3, Madrid 1858, Nachdruck: Barcelona1973 (zit. : *García Goyena*, Concordancias III).

García-Herrera Blanco, Principio de seguridad jurídica como límite a la retroactividad de las normas tributarias, Jurisprudencia Tributaria, Nr. 17 1998, 21.

García-Mon y González-Regueral, Fernando, Retroactividad, STC 31. Oktober 1996 Quincena Fiscal November 1996-II, 25.

García Novoa, César, El principio de seguridad jurídica en materia tributaria, Madrid 2000 (zit. *García Novoa*, Seguridad jurídica).

Gavidia Sánchez, Julio Vicente, Presuposición y riesgo contractual, ADC 1987, 525.

Gieg, Georg, Clausula rebus sic stantibus und Geschäftsgrundlage: ein Beitrag zur Dogmengeschichte, Aachen 1991 (zit. *Gieg*, Clausula).

Goltz, Hanno, Motivirrtum und Geschäftsgrundlage im Schuldvertrag, Rechtsvergleichende Untersuchung unter Berücksichtigung des französischen, schweizerischen, italienischen und deutschen Rechts, Köln 1973 (zit. *Goltz*, Motivirrtum und Geschäftsgrundlage).

Gómez Ferrer Sapiña, Rafael, Kommentar STS 21. Oktober1988, RGD 1990, 4389.
– Algunas consideraciones en torno a rebus sic stantibus en Derecho interno y privado RDN 1970, 103.

Gómez-Jara Díez, Carlos/Suárez Collía, José María, La retroactividad : Normas jurídicas retroactivas e irretroactivas, Madrid 2005 (zit. *Gómez-Jara Díez/ Suárez Collía*, Retroactividad).

Grothe, Hemut, Fremdwährungsverbindlichkeiten: Das Recht der Geldschulden mit Auslandsberührung; Kollisionsrecht - materielles Recht - Verfahrensrecht, Berlin 1999 (zit. *Grothe*, Fremdwährungsverbindlichkeiten).

Grub, Fritz, Die Lehre von der clausula rebus sic stantibus, Erlangen 1915 (zit. *Grub*, die Lehre von der clausula).

Grunsky, Wolfgang, Grenzen der Rückwirkung bei einer Änderung der Rechtsprechung: Vortrag gehalten vor der Juristischen Studiengesellschaft in Karlsruhe am 22. Januar 1970, Karlsruhe 1970 (*Grunsky*, Grenzen der Rückwirkung).

Haarmann, Wilhelm, Wegfall der Geschäftsgrundlage bei Dauerschuldverhältnissen, Berlin 1979 (zit. *Haarmann*, Wegfall der Geschäftsgrundlage).

Haas, Lothar/Medicus, Dieter/Rolland, Walter/Schäfer, Carsten/Wendtland, Holger, Das neue Schuldrecht, München 2002 (zit. *Bearbeiter*, in: Haas/Medicus/ Rolland/SchäferWendtland, Das neue SchuldR).

Härle, Philipp, Die Äquivalenzstörung: Ein Beitrag zur Lehre von der Geschäftsgrundlage, München 1995 (zit. *Härle*, Äquivalenzstörung).

Hagemeier, Christian/Kempen, Otto Ernst, Tarifvertragsgesetz, 4. Auflage, Frankfurt 2006 (zit. *Hagemeier/Kempen*, TVG).

Handkommentar, Kommentar zum Bürgerlichen Gesetzbuch, Reiner Schulze (Schriftleitung) 7. Auflage, München 2012 (zit. HK/*Bearbeiter*).

Hartkopf, Walfrid Otto, Abgrenzungen der Leistungsstörung von der Gewährleistung und dem Institut der Geschäftsgrundlag, Berlin 1983 (zit. *Hartkopf*, Leistungsstörungen).

Hauriou, Maurice, La teoría del riesgo imprevisible y los contratos influidos por Instituciones sociales, RDP 1926, 1.

Hedemann, Justus Wilhelm, Die Flucht in Generalklauseln, Eine Gefahr für Recht und Staat Tübingen 1933 (zit. *Hedemann*, Flucht in Generalklauseln).

Heinrichs, Helmut, Vertragsanpassung bei Störung der Geschäftsgrundlage. Eine Skizze der Anspruchslösung des § 313 BGB in: Stephan Lorenz (Hrsg.) Festschrift für Andreas Heldrich zum 70. Geburtstag, München 2005, S. 183 (zit. *Heinrichs*, in: FS Heldrich).

Helm, Andreas, Die Einordnung wirtschaftlicher Leistungserschwerungen in das Leistungsstörungsrecht nach der Schuldrechtsreform, Frankfurt 2005 (zit. *Helm*, Einordnung).

Henssler Martin, Flexibilisierung der Arbeitsmarktordnung, ZfA 1994, 487.

Henssler, Martin/Graf von Westphalen, Friedrich, Praxis der Schuldrechtsreform, 2. Auflage, Recklinghausen 2003 (zit.Hennsler/Graf von Westphalen/*Bearbeiter*, Schuldrechtsreform).

Hernandez Gil, Antonio/ Mono Ledesma, Sebastián, En torno a la ley de 5 de noviembre de 1940 sobre contratación en zona Roja , RDP 1941, 17.

Heß, Burkhard, Intertemporales Privatrecht, Tübingen 1998 (zit. *Heß*, Intertemporales Privatrecht).

Hey, Felix Christopher, Die Kodifizierung der Grundsätze über die Geschäftsgrundlage durch das Schuldrechtsmodernisierungsgesetz in: Kontinuität im Wandel der Rechtsordnung, Beiträge für Claus-Wilhelm Canaris zum 65. Geburtstag, Herausgegeben und verfasst von seinen Schülern, München 2002, S. 21 (zit. *Hey*, in: Beiträge für Canaris).

– Wegfall der Geschäftsgrundlage bei Tarifverträgen, ZfA 2002, 275.

Hirsch, Christian, Der Tatbestand der Geschäftsgrundlage im reformierten Schuldrecht, Jura 2007, 81.

Historisch-kritischer Kommentar zum BGB, Hrsg: Mathias Schmoeckel/Joachim Rückert/ Reinhard Zimmermann, Band II, Schuldrecht: Allgemeiner Teil, §§ 241–432, Tübingen 2007 (zit. HKK/*Bearbeiter*).

Höpfner, Clemens, Vertrauensschutz und Richterrecht – Zur Zulässigkeit rückwirkender Rechtsprechungsänderungen im Zivilrecht, RdA 2006, 156.

Hommelhoff ,Peter, Wegfall der Geschäftsgrundlage eines Heizölliefervertrages bei unerwarteter Ölpreissteigerung? JR 1979, 62.

Horn, Norbert, Die Vertragsdauer als schuldrechtliches Regelungsproblem. Empfiehlt sich eine zusammenfassende Regelung der Sonderprobleme von Dauerschuldverhältnissen und langfristigen Verträgen, in: Bundesministerium der Justiz, Gutachten und Vorschläge zur Überarbeitung des Schuldrechts, Band I, S. 551 (zit. *Horn*, BMJ Gutachten I).

– Neuverhandlungspflicht, AcP 181 (1981) 255.

Hromadka, Wolfgang, Reformbedarf im Tarifrecht in: Rudolf Anzinger/Rolf Wank (Hrsg.) Festschrift für Otfried Wlotzke, München 1996, 333 (zit. *Hromadka*, in: FS Wlotzke).

Huber, Ulrich, Leistungsstörungen: Empfiehlt sich die Einführung eines Leistungsstörungsrechts nach dem Vorbild des einheitlichen Kaufgesetzes? Welche Änderungen im Gesetzestext und welche praktischen Auswirkungen im

Schuldrecht würden sich dabei ergeben? In: Bundesministerium der Justiz, Gutachten und Vorschläge zur Überarbeitung des Schuldrechts, Band I, S. 647 (zit. *Huber*, BMJ, Gutachten I).

- Die Schadensersatzhaftung des Verkäufers wegen Nichterfüllung der Nacherfüllungspflicht und die Haftungsbegrenzung des § 275 Abs. 2 BGB neuer Fassung in: Ingeborg Schwenzer (Hrsg.), Festschrift für Peter Schlechtriem zum 70. Geburtstag, Tübingen 2003, S. 521 (zit. *Huber*, in: FS Schlechtriem, 2003).
- Die Unmöglichkeit der Leistung im Diskussionsentwurf eines Schuldrechtsmodernisierungsgesetzes, ZIP 2000, 2137.
- Das geplante Leistungsstörungsrecht, in: Ernst, Wolfgang/Zimmermann, Reinhard (Hrsg.), Zivilrechtswissenschaft und Schuldrechtsreform, Zum Diskussionsentwurf eines Schuldrechtsmodernisierungsgesetzes des Bundesministeriums der Justiz, Tübingen 2001, S. 31 (zit. *Huber*, in: DiskE).

Huber, Peter/Faust, Florian, Schuldrechtsmodernisierung: Einführung in das neue Recht München 2002 (zit. *Huber/Faust*, SchRmodernisierung).

Hübner, Heinz, Allgemeiner Teil der Bürgerlichen Gesetzbuchs, 2. Auflage, Berlin 1996 (zit. *Hübner*, AT).

Hübner, Ulrich/Constantinesco, Vlad, Einführung in das französische Recht, 4. Auflage, München 2001 (zit. *Hübner/Constantinesco*, Einführung in das französische Recht).

International Institute for the Unification of Private Law (Unidroit) (Hrsg.), Principles of international commercial contracts, Rom 2004 (zit. *Unidroit Principles*, Komm.).

Jauernig, Othmar (Hrsg.), Bürgerliches Gesetzbuch, 15. Auflage, München 2014 (zit. Jauernig/*Bearbeiter*).

Jiménez Compaired, Ismael, Seguridad jurídica y retroactividad de las normas tributarias : una primera declaración de inconstitucionalidad, Quincena Fiscal Abril 1997 II, 9.

Johlen, Heribert, Haftung des Grundstücksverkäufers bei Unbebaubarkeit des verkauften „Baugrundstücks", NJW 1979, 1531.

Jordanao Barea, Juan, Causa, Motivo y fin del negocio, Sentencia 30 Junio 1948 ADC 1949, 749.

Jordano Fraga, Francisco, Kommentar zum STS vom 13. März 1987, CCJC 1987, 4423.

- La responsabilidad contractual, Madrid 1987 (zit. *Jordano Fraga*, Responsibilidad contractual).

Josserand, Louis, Cours de droit civil positiv francais II, Théorie générale des obligation, les pricipaux contrats du droit civil, les suretés, 3. Auflage, Paris 1938 (zit. *Josserand,* Cours, T. II).

Junk, Daniel, Keine Preisgleitklausel für überlange Bindefrist: Wirksam?, OLG Stuttgart, Urteil vom 24.11.2008 – 10 U 97/08 (nicht rechtskräftig), IBR 2009,129.

Kaufmann, Erich, Das Wesen des Völkerrechts und die clausula rebus sic stantibus Tübingen 1911 (zit. *Kaufmann,* clausula rebus sic stantibus).

Kegel, Gerhard, Empfiehlt es sich, den Einfluss grundlegender Veränderungen des Wirtschaftslebens auf Verträge gesetzlich zu regeln und in welchem Sinn? Gutachten für den 40. Deutschen Juristentag, in: Verhandlungen des 40. Deutschen Juristentages, Band I, Tübingen 1953, S. 138 (zit. Kegel, Gutachten).

Keil, Ulrich, Die Systematik privatrechtlicher Rechtsprechungsänderungen, Tübingen 2007 (zit. *Keil,* Rechtsprechungsänderungen).

Klausch, Sebastian, Unmöglichkeit und Unzumutbarkeit im System des allgemeinen Leistungsstörungsrechts nach der Schuldrechtsmodernisierung 2002, Frankfurt 2004 (zit. *Klausch,* Unmöglichkeit).

Klinke, Ulrich, Causa und genetisches Synallagma, Zur Struktur der Zuwendungsgeschäfte Köln 1983 (zit. *Klinke,* Causa und genetisches Synallagma).

Kluth, Peter/Freigang Jan, Wirtschaftliches Risiko und Äquivalenzstörung – Zum Wegfall der Geschäftsgrundlage bei langfristigen Gewerberaummietverträgen, NZM 2006, 41.

Köbler, Gerhard, Juristisches Wörterbuch, 16. Auflage, München 2016 (zit. *Köbler,* Juristisches Wörterbuch).

Köbler, Ralf, Die „clausula rebus sic stantibus“ als allgemeiner Rechtsgrundsatz Tübingen 1991 (zit. *Köbler,* Clausula).

Köhler, Helmut, Die Lehre von der Geschäftsgrundlage als Lehre von der Risikobefreiung In: 50 Jahre Bundesgerichtshof – Festgabe aus der Wissenschaft, Band I. Bürgerliches Recht München 2000, S. 295 (zit. *Köhler,* in: FG 50 Jahre BGH I).

- Rückwirkende Vertragsanpassung bei Dauerschuldverhältnissen? in: Jürgen F. Bauer (Hrsg.), Festschrift für Ernst Steindorff zum 70.Geburtstag, Berlin, New York 1990, S. 611 (zit. *Köhler,* in: FS Steindorff).
- Grundprobleme der Lehre der Geschäftsgrundlage, JA 1979, 498.
- Unmöglichkeit und Geschäftsgrundlage bei Zweckstörungen im Schuldverhältnis München 1971 (zit. *Köhler,* Unmöglichkeit).

Koller, Ingo/Roth, Herbert/Zimmermann, Reinhard, Schudrechtmodernisierungsgesetz 2002, Regensburg 2002 (zit. *Koller/Roth/Zimmermann,* SchRmodernisierung 2002).

Kollhosser, Helmut, Rechtsprobleme der Geldentwertung, JA 1983, 49.

Krückmann, Paul, Die Voraussetzung als virtueller Vorbehalt, AcP 131 (1929) 1, 257.

Lacruz Berdejo, José Luis/De Asis Sancho Rebullida, Francisco/Luna Serrano Agustín/ Delgado Echeverría, Jesús/ Rivero Hernández, Francisco/Rams Albesa Joaquín, Elementos de Derecho Civil II. Derecho de Obligaciones. Vol. 2°, Madrid 2007 (zit. *Lacruz Berdejo*, Elementos II-2).

Lando, Ole; Beale, Hugh (Hrsg), Principles of European Contract Law, Parts I and II Prepared by the Commission of European Contract Law, Den Haag 2000 (zit. *Lando/Beale*, PECL).

Larenz, Karl, Lehrbuch des Schuldrecht. 1. Band, Allgemeiner Teil, 14. Auflage, München 1987 (zit. *Larenz*, SchR AT).

- Geschäftsgrundlage und Vertragserfüllung, Die Bedeutung veränderter Umstände im Zivilrecht, 3. Auflage, München/Berlin 1963 (zit. *Larenz*, Geschäftsgrundlage).
- Base del negocio jurídico y cumplimiento de los contratos, Madrid 1956 (zit. *Larenz*, Base del negocio jurídico).

Larenz, Karl (Begr)/Wolf, Manfred, Allgemeiner Teil des Bürgerlichen Rechts, 9. Auflage, München 2004 (zit. *Larenz/Wolf*, AT).

Larenz, Karl (Begr)/Neuner, Jörg (fortgeführt), Allgemeiner Teil des Bürgerlichen Rechts, 10. Auflage, München 2012 (zi.: *Larenz/Neuner*, AT).

Laurent, Francois, Principes de droit civil, Band 17, Paris, Brüssel 1879 (zit. *Laurent*, Principes de droit francais XVII).

Lasarte, Carlos, Derecho de Obligaciones, Principios de Derecho Civil, Band II, Madrid, Barcelona u.a. 2014 (zit.: *Lasarte*, Derecho de Obligaciones).

- Sobre la integración del contrato: La buena fe en la contratación (En torno a la Sentencia del TS de 27 de enero de 1977), RDP 1980, 50.

Lehmann, Heinrich/Hübner, Heinz, Allgemeiner Teil des Bürgerlichen Gesetzbuches, 16. Auflage, Berlin 1966 (zit. *Lehmann/Hübner*, AT).

Lehmann, Heinrich, Missbrauch der Geschäftsgrundlage, JZ 1952, 10.

Leisner-Egensperger, Anna, Kontinuitätsgewähr in der Finanzrechtsprechung, in: Heinz-Jürgen Pezzer (Hrsg.) Vertrauensschutz im Steuerrecht, 28. Jahrestagung der Deutschen Steuerjuristischen Gesellschaft, Köln 2004 (zit. *Leisner-Egensperger*, DStJG 27 2004).

Lenel, Otto, Die Lehre von der Voraussetzung (im Hinblick auf den Entwurf eines bürgerlichen Gesetzbuches) AcP 74 (1889), 213.

- Nochmals die Lehre von der Voraussetzung; AcP 79 (1892), 49.
- La cláusula rebus sic stantibus, Übersetzung von W. Roces, RDP 1923, 193.

Leonsegui Guillot, Rosa Adela, En torno a la posible aplicación a los contratos de opción de la cláusula rebus sic stantibus, in: J. M. González Porras, F. P. Méndez González (Hrsg.). Festschrift Manuel Albaladejo García, Vol. 2 Murcia 2004, S. 2685 (zit. *Leonsegui Guillot*, in: FS Albaladejo García).

Lete del Río, José Manuel/Lete Achirica, Javier, Derecho de obligaciones, Vol. II: Contratos, Navarra 2006 (*Lete del Rio/Lete Achirica*, Derecho de obligaciones).

Lettl, Tobias, Die Anpassung von Verträgen des Privatrechts, JuS 2001, 559, 660.

Lluis y Navas Brusi, Jaime, La llamada cláusula rebus sic stantibus como delimitadora del alcance del pricipio de que los pactos han de ser observados, RGLJ 1956, 370.

Lobinger, Thomas, Die Grenzen rechtsgeschäftlicher Leistungspflichten, Tübingen 2004 (zit. *Lobinger*, Grenzen rechtsgeschäftlicher Leistungspflichten).

Locher, Eugen, Geschäftsgrundlage und Geschäftszweck, AcP 121 (1923) 1.

Löhnig, Martin, Irrtumsrecht nach der Schuldrechtsmodernisierung, JA 2003, 516.

Looschelders, Dirk, Schuldrecht Allgemeiner Teil,14. Auflage, München 2016 (zit. *Looschelders*, SchR AT).

Lozano Romeral, Diego, Sobre retroactividad de la normativa tributaria, Kommentar STS vom 15. Februar und 17. Mai 1990, Crónica Tributaria, Nr. 61/1992, 113.

Lübbe, Christine, Grenzen der Rückwirkung bei Rechtsprechungsänderungen, Frankfurt 1998, (zit. *Lübbe*, Grenzen der Rückwirkung).

Luna Yorga, Álvaro und Xiol Bardají, María, Rebus sic stantibus: ¿Un paso atrás? Comentario a la STS, 1a, 15.10.2014 (Ar. 6129) y a la jurisprudencia posterior de la Sala Primera del Tribunal Supremo sobre la regla rebus sic stantibus, InDret 2/2015, www.indret.com (zit.: *Luna Yorga/ Xiol Bardají,* Rebus sic stantibus, *InDret 2/2015*).

Magnan de Bornier, Jean, Essai sur la théorie de l'imprévision, Paris 1924 (zit. *Magnan de Bornier*, la théorie de l'imprévision).

Martín Ballestero, Juan, La doctrina del riesgo imprevisible, Zaragoza 1941 (zit. *Martín-Ballestero*, Riesgo imprevisible).

Martín Bernal, José Manuel, Manual de Derecho Civil Patrimonial e introducción al Derecho, 3. Auflage, Madrid 2000 (zit: *Martín Bernal*, Manual de Derecho Civil Patrimonial).

Martín Queralt, Juan, Interpretación de normas tributarias y derecho constitucionales Cronica Tributaría Nr. 64/1992, S. 55.

Martínez de Aguirre y Aldaz, Carlos, La revisión de las obligaciones por alteración sobrevenida esencial de las circunstancias en el Fuero Nuevo, Revista jurídica de Navarra Nr. 30, 2000, 47.

- Curso de Derecho Civil, 2. Auflage, Madrid 2008 (zit : *Martínez de Aguirre y Aldaz*, Curso).

Martínez Velencoso, Luz María, La doctrina de la base del negocio en el Derecho alemán: antecedentes y nueva regulación en el § 313 BGB, RCDI 681(2004), 283.

- La alteración de las circunstancias contractuales : un análisis jurisprudencial, Madrid 2003 (zit. *Martinez Velencosco*, Alteración de las circunstancias).
- Kommentar STS vom 27. Mai 2002 : Relación entre el incumplimiento contractual y la cláusula rebus sic stantibus en el contrato de obra, Rev. de Der. Patr., No. 10 2003, 135.
- La doctrina de la cláusula rebus sic stantibus en la jurisprudencia española, Rev. de Der Patr. Nr. 11 2003, 369.
- Derecho de superficie y cláusula rebus sic stantibus, Kommentar STS vom 20. Februar 2001, Rev. de Der. Patr., Nr. 8 2002, 211.

Manrique López, Fernando, La modificación de la base del negocio jurídico convenido colectivamente, Rev. española de der. del Trabajo, Nr. 21, 1985, 59.

Matthias, Max, Rechtswirkungen der clausula rebus sic stantibus, Merseburg 1902 (zit. *Matthias*, Rechtswirkungen der clausula).

Maunz, Theodor/Dürig, Günter (Begr.), Grundgesetz, Kommentar, Loseblattsammlung, Band VI, Art. 86–106b, München, Stand: September 2015(zit. *Maunz/Dürig*).

Medicus Dieter (Begr.) / Petersen, Jens Bürgerliches Recht, 25 Auflage, München 2015 (zit. *Medicus / Petersen*, Bürgerliches Recht).

- */ Petersen, Jens,* Allgemeiner Teil des BGB, 11. Auflage, Heidelberg 2016 (zit. *Medicus/Petersen*, BGB AT).
- */ Lorenz, Stephan,* Schuldrecht I Allgemeiner Teil, 20. Auflage, München 2012 (zit: *Medicus / Lorenz*, SchR AT).

Ministerio de Justicia, Comentario del Código Civil, 2. Auflage, Madrid 1993 (zit. Ministerio de Justicia/*Bearbeiter*).

Miquel Calatayud, José Antonio, Consideraciones sobre el impago del precio en el compraventa, RCDI 1985, 1499.

Monterroso Casado, Esther, Derecho Civil. Derecho de las obligaciones, Madrid 2014 (zit.: *Monterroso Casado*, Derecho de las obligaciones).

Morales Moreno, Antonio-Manuel, El error en los contratos, Madrid 1988 (zit. *Morales Moreno*, Error).

- Intimidación, ausencia de causa, causa ilícita y culpabilidad de los contratantes (Anotaciones a la STS 11.12.1986), ADC 1988-II, 607.
- El alcance protector de las acciones edilicias, ADC 1980, 585.

Moreno Quesada, Bernardo, Curso de Derecho Civil II-2: Contratos en particular, cuasi-contratos y responsabilidad por hechos illícitos, Valencia 1998 (zit. *Moreno Quesada*, Curso de Derecho Civil II-2).

Motive zu dem Entwurfe eines Bürgerlichen Gesetzbuches für das deutsche Reich Band II, Recht der Schuldverhältnisse, Berlin 1888 (zit. *Motive II*).

Motos Guirao, Miguel, La interpretación del contrato mercantil y el art. 59 del código de comercio, RJC 1955, 34.

Motsch, Richard, Risikoverteilung im allgemeinen Leistungsstörungsrecht, JZ 2001, 428.

Muckel, Stefan, Kriterien des verfassungsrechtlichen Vertrauensschutzes bei Gesetzesänderungen, Köln 1989 (zit. *Muckel*, Kriterien des Vertrauensschutzes).

Müller, Christoph, Zur Diskussion um die Lehre vom Wegfall der Geschäftsgrundlage, JZ 1981, 337.

Münchener Kommentar zum Bürgerlichen Gesetzbuch (zit. MK/*Bearbeiter*).

- Band 2 Schuldrecht Allgemeiner Teil (§§ 241–432) 7. Auflage München 2016.
- 5. Auflage München 2007.
- Band 3 Schuldrecht Besonderer Teil I (§§ 433–534), Finanzierungsleasing, CISG, 7. Auflage München 2016.

Münzel, Hartmut, Die Pflicht zur Anpassung von Chefarztverträgen nach § 11 I 3 BPflG, NJW 1993, 2969.

Nauen, Bernd, Leistungserschwerung und Zweckvereitelung im Schuldverhältnis, Berlin 2001 (zit. *Nauen*, Leistungserschwerung und Zweckvereitelung).

Nicklisch, Fritz, Ergänzende Vertragsauslegung und Geschäftsgrundlagenlehre – ein einheitliches Rechtsinstitut zur Lückenausfüllung? BB 1980, 949.

Nomoskommentar BGB, Hrsg.: Barbara Dauner-Lieb/Prof. Dr. Werner Langen, Schuldrecht Band 2 Teilband I: §§ 241–610 BGB, 2. Auflage, Baden-Baden 2012 (zit. NK/*Bearbeiter*).

Núñez Lagos, Rafael, El enriquecimiento sin causa en el Derecho español. Madrid 1934 (zit. *Núñez Lagos*, El enriquecimiento sin causa).

Núñez Tomás, María José, Derecho de obligaciones y contratos : Temas de Derecho Civil a los programas de notarías y registros, Barcelona 1994 (zit. : *Núñez Tomás*, Derecho de obligaciones y contratos).

Obermayer, Klaus , Funke-Kaiser, Michael, Kommentar zum Verwaltungsverfahrensgesetz, 4. Auflage, Neuwied 2014 (zit.: Obermayer / *Bearbeiter*).

Oertmann, Paul, Die Geschäftsgrundlage, ein neuer Rechtsbegriff, Leipzig 1921 (zit. *Oertmann*, Geschäftsgrundlage).

- Invalidez e ineficacia de los negocios jurídicos, RDP 1929, 65.

Oetker, Hartmut, Das Dauerschuldverhältnis und seine Beendigung: Bestandsaufnahme und kritische Würdigung einer tradierten Figur der Schuldrechtsdogmatik, Tübingen 1994 (zit. *Oetker,* das Dauerschuldverhältnis und seine Beendigung).

- die Kündigung von Tarifverträgen, RdA 1995, 82.

Ossorio Morales, Juan, Jurisprudencia civil: Obligaciones y contratos, Kommentar STS vom 5.12.1940, RGLJ 1941, 245.

Otto, Hansjörg, Die Kündigung des Tarifvertrages aus wirtschaftlichen Gründen, in: Meinhard Heinze/ Alfred Söllner (Hrsg.) Arbeitsrecht in der Bewährung, Festschrift für Otto Rudolf Kissel zum 65. Geburtstag, Müchen 1994, S. 787 (zit. *Otto,* in: FS Kissel).

Palandt, Otto, Kommentar zum Bürgerlichen Gesetzbuch, 75. Auflage, München 2016 (zit.Palandt/*Bearbeiter*).- 61. Auflage, München 2001 (zit. Palandt/ *Bearbeiter* (61.Auflage).

Palao Taboada, Carlos, La disminucion retroactiva de bonifaciones fiscales y los decretos leyes en materia tributaria (Kommentar STC vom 4.2.1983), Cronica Tributaria Nr. 43 1982, 163.

Parra Lucan, Maria Angeles, Riesgo imprevisible y modificación de los contratos, InDret 4/2015, www.indret.com (zit.: *Parra Lucan,* Riesgo imprevisible, InDret 4/2015).

Pérez González, Blas/Alguer, José, in: Derecho de obligaciones, Anmerkungen in der 35, Auflage der Übersetzung von: Ennecerus/Lehmann, 1. Auflage Barcelona 1933 (zit. *Pérez González/Alguer,* Tratado (1933)), 2. Auflage Barcelona 1954 (zit. *Pérez González y Alguer,* Tratado).

- Anmerkungen in: Derecho de resolución por razón de la alteración de las circunstancias. Desaparición de la base del negocio, RJC enero-febrero 1933, 115.

Pérez Serrano, Nicolas, La imposibilidad de la prestación, especialmente en la vida mercantil, in: Cuestiones actuales de derecho mercantil, monetario y tributario conferencias del cursillo del año. Barcelona 1944 (zit. *Pérez Serrano,* in: Cuestiones actuales 1944).

Pfaff, Leopold, Die Clausel: Rebus sic stantibus in der Doktrin und der österreichischen Gesetzgebung, Festschrift zum 70. Geburtstag von Joseph Unger, Stuttgart 1898, 221 (zit: *Pfaff,* in: FS Unger).

Picker, Eduard, Schuldrechtsreform und Privatautonomie, JZ 2003, 1035.

- Richterrecht und Richterrechtsetzung. Zu neuen Rechtsbildungsmethoden des Bundesarbeitsgerichts im Urteil vom 9.7.1981 2 AZR 788/78, JZ 1984, 153.

Polo, Antonio, Jurisprudencia del TS – Derecho de las obligaciones mercantiles, Kommentar STS 14.12.1940, RDP 1941, 453.

Pothier, Robert Joseph, Traité de obligations, Paris 1883 (zit. *Pothier*, Traité de obligations). *Protokolle* der Kommission für die zweite Lesung des Entwurfs des Bürgerlichen Gesetzbuchs, Band I, Allgemeiner Teil, Berlin 1897 (zit. *Protokolle I*).

– Band II, Recht der Schuldverhältnisse, Berlin 1898 (zit. *Protkolle II*).

Prütting, Hanns/Wegen, Gerhard/Weinreich, Gerd (Hrsg.), Kommentar zum Bürgerlichen Gesetzbuch, 4. Auflage, Köln 2009 (zit. PWW/*Bearbeiter*).

Puig Brutau, José, Fundamentos de Derecho Civil. Obligaciones y contratos Tomo II, Vol. 1 :Doctrina General del Contrato, Barcelona 1988 (zit. *Puig Brutau*, Fundamentos de Derecho Civil II 1).

Puig Ferrol, Luis, Hundert Jahre deutsches Bürgerliches Gesetzbuch: Das deutsche Bürgerliche Gesetzbuch und das Spanische Zivilrecht, ZeuP 2000, 195.

Quass, Guido, Die Nutzungsstörung, Berlin 2003, (*Quass*, Nutzungsstörung).

Ragel Sánchez, Luis Felipe, Estudio Legislativo y jurisprudencial de Derecho Civil: Obligaciones y contratos, Madrid 2000 (zit. *Ragel Sánchez*, Derecho Civil).

Redeker, Konrad, Legitimation und Grenzen richterlicher Rechtsetzung, NJW 1972, 409.

Regelsberger, Ferdinand, Pandekten, Teil 1, Leipzig 1893 (zit. *Regelsberger*, Pandekten I).

Reiter, Christian, Vertrag und Geschäftsgrundlage im deutschen und italienischen Recht, Tübingen 2002 (zit. *Reiter*, Vertrag und Geschäftsgrundlage).

Remien, Oliver, Zweck, Inhalt, Anwendungsbereich und Rechtswirkung des Gemeinsamen Referenzrahmens: Eine erste Analyse des Standpunktes des Justizministerrates vom 18.4.2008, GPR 2008, 124.

Riesenhuber, Karl, Vertragsanpassung wegen Geschäftsgrundlagenstörung – Dogmatik, Gestaltung und Vergleich, BB 2004, 2697.

Roca Sastre, Ramón Maria/Puig Brutau, El problema de la alteración de las circunstancias, in: Estudios de Derecho privado, Tomo I, Madrid 1948, S. 233 (zit. *Roca Sastre/Puig Brutau*, in: Estudios de Derecho).

Rubio Torrano, Enrique, Comentarios al Fuero Nuevo. Compilacion de Derecho foral de Navarra. Pamplona 2002 (zit. Rubio Torrano/*Bearbeiter*, Comentarios al Fuero Nuevo).

Rüberg, Burkhard, Vertrauensschutz gegenüber rückwirkender Rechtsprechungsänderung, Hamburg 1977 (zit. *Rüberg*, Vertrauensschutz).

Rüthers, Bernd, Die unbegrenzte Auslegung: Zum Wandel der Privatrechtsordnung im Nationalsozialismus, 7. Auflage, Tübingen 2012 (zit. *Rüthers*, Die unbegrenzte Auslegung).

Rust, Kai-Oliver, Das rückwirkende Ereignis im Steuerrecht, Köln 1995 (zit. Rust, Das rückwirkende Ereignis).

Saborido Sánchez, Paloma, La causa ilícita: delimitación y efectos, Valencia 2005 (*Saborido Sánchez,* La causa ilícita).

Sánchez de Valle, José, Sugerencias a la doctrina de la cláusula rebus sic stantibus, RCDI 1954, 262.

Sánchez-Gonzalez, María Paz, Alteraciones económicas y Obligaciones contractuales: La cláusula rebus sic stantibus, Madrid 1990 (zit. *Sánchez-Gonzalez,* Alteraciones económicas).

Sánchez Jiménez, Roberto, El riesgo imprevisible en la vida del Derecho privado, Ensayo de doctrina y práctica. Madrid 1930 (zit. *Sánchez Jiménez,* Riesgo imprevisible).

Schaumburg, Heide, Rückwirkung und Planungssicherheit im Steuerrecht, DB 2000, 1884.

Schefold, Dietrich, Die europäischen Verordnungen über die Einführung des Euro, WM 1996, Sonderbeilage 4/1996,1.

Schering, August Friedrich, Allgemeines Landrecht für die preußischen Staaten: mit Anmerkungen und einem ergänzenden Nachtrage, im Auftrage des Justiz-Ministers und unter Benutzung der Akten des Königlichen Justiz-Ministeriums, Berlin 1862–1963. (zit. *Schering,* Allgemeines Landrecht für die Preußischen Staaten).

Schlechtriem, Peter, Internationales UN-Kaufrecht, 5. Auflage, ein Studien- und Erläuterungsbuch zum Übereinkommen der Vereinten Nationen über Verträge über den internationalen Warenkauf (CISG), Tübingen 2013 (zit. *Schlechtriem,* UN-Kaufrecht).

– Schuldrecht, Allgemeiner Teil, 4. Auflage, Tübingen 2000 (zit. *Schlechtriem* (4.Auflage), SchR AT).

Schlechtriem, Peter/Schmidt-Kessel, Martin, Schuldrecht Allgemeiner Teil, 6. Auflage Tübingen 2005 (zit. *Schlechtriem/Schmidt-Kessel,* SchR AT).

Schlechtriem, Peter/Schwenzer, Ingeborg (Hrsg), Kommentar zum einheitlichen UN-Kaufrecht: Das Übereinkommen der Vereinten Nationen über Verträge über den internationalen Warenkauf, 6. Auflage, München 2013 (zit. Schlechtriem/*Schwenzer*).

Schlüter, Andreas, Leistungsbefreiung bei Leistungserschwerungen. Zur Konkurrenz der Befreiungstatbestände im neuen Schuldrecht. (§§ 275, 313, 314 BGB) ZGS 2003, 346.

Schmidt, Karsten, Geld und Geldschuld im Privatrecht, JuS 1984, 737.

Schmidt-Kessel, Martin, Standards vertraglicher Haftung nach englischem Recht: Limits of frustration, Baden-Baden 2003 (zit. *Schmidt-Kessel*, Standards vertraglicher Haftung).

– Euro und AGB – einige Fragen zu Verbrauchergeschäften , WM 1997, 1732.

Schmidt-Kessel, Martin/Baldus, Christian, Prozessuale Behandlung des Wegfalls der Geschäftsgrundlage nach neuem Recht, NJW 2002, 2076.

Schmidt-Rimpler, Walter, Zum Problem der Geschäftsgrundlage, in: Rolf Dietz (Hrsg.) Festschrift für Hans Carl Nipperdey zum 60. Geburtstag, München 1955, S. 1.

Schneider, Wolfgang, Die völkerrechtliche clausula rebus sic stantibus und Art. 19 der Völkerbundsatzung, Berlin 1931 (zit. *Schneider*, Die völkerrechtliche clausula).

Schöne, Torsten, Wegfall der Steuerbefreiung für Zinsen bei Sozialpfandbriefen ohne Endfälligkeit, EWiR 1995, 461.

Schröder, Rainer, Grenzen der Inhaltskontrolle. Zur Wirksamkeit formularmäßiger Gewährleistungssicherheiten, Harm Peter Westermann/Klaus Mock (Hrsg.), Festschrift für Gerold Bezzenberger zum 70. Geburtstag, Berlin 2000, S. 591 (zit. *Schröder*, in: FS Bezzenberger).

Schwarze, Roland, Unmöglichkeit, Unvermögen und ähnliche Leistungshindernisse im neuen Leistungsstörungsrecht, Jura 2002, 73.

Serrano González, Antonio/Rittig, Gabriele, Ein Tag im Leben eines Gerichtspräsidenten: Kultur und Recht in Franco-Spanien. Frankfurt 2005 (zit. *Serrano González/Rittig*, Ein Tag im Leben eines Gerichtspräsidenten).

Soergel, Hans Theodor (Begr.), Kommentar zum BGB, (zit. Soergel/*Bearbeiter*).

– Band 2: Schuldrecht I (§§ 241–432) 12. Auflage, Stuttgart, Berlin, Köln, Mainz 1990.

– CISG, 13. Auflage, Stuttgart, Berlin, Köln, Mainz 2000.

Sohst, Wolfgang, Das spanische Bürgerliche Gesetzbuch (Código Civil) und Spanisches Notargesetz: Vollständige Gesetzestexte und Kommentar, 3. Auflage, Berlin 2016 (zit.: *Sohst*, Código Civil).

Spindler, Wolfgang, Vertrauensschutz im Steuerrecht, DStR 2001, 725.

Stahl, Leo, Die sogenannte clausula rebus sic stantibus, Erlangen 1909 (zit. *Stahl*, Clausula).

Stammler, Rudolph, Das Recht der Schuldverhältnisse in seinen allgemeinen Lehren Berlin 1897 (zit. *Stammler*, Recht der Schuldverhältnisse).

Staudinger, Julius von, Kommentar zum Bürgerlichen Gesetzbuch mit Einführungsgesetz und Nebengesetzen.

- Buch 2: Recht der Schuldverhältnisse (§§ 255–304), Leistungsstörungsrecht I, Neubearbeitung Berlin 2014 (zit.: Staudinger/*Bearbeiter*).
- Buch 2: Recht der Schuldverhältnisse. Einleitung zu § 241, §§241, 242, Gesetz zur Regelung der Allgemeinen Geschäftsbedingungen, 12. Auflage, Berlin 1983 (zit. Staudinger/*Bearbeiter*, (12. Auflage)).
- Buch 2: Wiener UN-Kaufrecht (CISG), Neubearbeitung 2013 ((zit.: Staudinger/*Bearbeiter*).
- Bd. 2: Recht der Schuldverhältnisse, Teil 1b: § 242, 11. Auflage, Berlin 1961 (zit. Staudinger/*Bearbeiter* (11. Auflage)).

Steffan, Ralf, Der praktische Fall - Arbeitsrecht - Ein (zu) langer Tarifvertrag; JuS 1993 1027.

Stötter, Victor, Versuch zur Präzisierung des Begriffs der mangelhaften Geschäftsgrundlage. Die rechtstheoretische Bewältigung des Problems der mangelhaften Geschäftsgrundlage in den letzten vier Jahrzehnten, AcP 166 (1966), 149.

Stoyanovitch, Konstantin, De l'intervention du juge dans le contrat en cas de survenance de circonstances imprévues, Marseille 1941 (zit. *Stoyanovitch*, De l'intervention du juge).

Teichmann, Arndt, Strukturveränderungen im Recht der Leistungsstörungen nach dem Regierungsentwurf eines Schuldrechtsmodernisierungsgesetzes, BB 2001, 1485.

Terraza Martorell, Juan, Modificación y resolución de los contratos por excesivaonerosidad o imposibilidad en su ejecución : teoría de la cláusula rebus sic stantibus, Barcelona 1951 (zit. *Terraza Martorell*, Modificación).

Thibaut, Anton Friedrich, System des Pandektenrechts II, Nachdruck der 8. Auflage, Jena 1834, Goldach 2000 (zit. *Thibaut*, System des Pandektenrechts II).

Tipke, Klaus (Begr.)/*Lang, Joachim*, Steuerrecht, 22. Auflage, Köln 2015 (zit. *Tipke/Lang*, Steuerrecht).

Ulmer, Peter, Wirtschaftslenkung und Vertragserfüllung – Zur Bedeutung staatlicher Lenkungsmaßnahmen für die vertragliche Geschäftsgrundlage, AcP 174 (1974) 167.

Vattier Fuenzalida, Carlos, La interpretación integradora del contrato en el Código Civil ADC 1987, 495.

Verdera Server, Rafael, STS vom 17.11.2000: Aplicación de la cláusula rebus sic stantibus en un contrato de suministro, CCJC Nr. 56 2001, 491.

Velasco Ángel, La Prestacion agobiante en las obligaciones de caracter mercantil RDM 1948, 431.

Viets, Bodo, Rechtsprechungsänderung und Vertrauensschutz: Dargestellt anhand der J Judikatur des Bundesarbeitsgerichts, Bern 1976 (zit. *Viets*, Rechtsprechungsänderungen).

Villar Palasi, José Luis, Comentario a un dictamen del Consejo de Estado, ADC, 1948, 547.

Vonkilch, Andreas, Das intertemporale Privatrecht, Wien 1999 (zit. *Vonkilch*, Das intertemporale Privatrecht).

Wahl, Friedrich, Schuldnerverzug: Bürgerliches Gesetzbuch, Rechtssystematik und Schuldrechtsreform, Berlin 1998 (zit. *Wahl*, Schuldnerverzug).

Wank, Rolf, Kündigung und Wegfall der Geschäftsgrundlage bei Tarifverträgen In: Monika Schlachter (Hrsg), Tarifautonomie für ein neues Jahrhundert, Festschrift für Günter Schaub zum 65. Geburtstag, München 1998, S. 761 (zit. *Wank*, in: FS Schaub).

Wassermeyer, Franz, Über die Kontinuität in der Rechtsprechung des BFH, DStR 1989, 561.

Weber, Adolph Dieterich, Systematische Entwickelung der Lehre von der natürlichen Verbindlichkeit und deren gerichtlichen Wirkung, Schwerin, Wismar, Bützow 1784 (zit. *Weber*, Systematische Entwickelung).

Weber-Grellet, Heinrich, Steuern im modernen Verfassungsstaat: Funktionen, Prinzipien und Strukturen des Steuerstaats und des Steuerrechts, Köln 2001 (zit. *Weber-Grellet*, Steuern im Verfassungsstaat).

Wendt, Otto, Lehrbuch der Pandekten, Jena 1888 (zit. *Wendt*, Pandekten).

Werder, Alexander, Dispositionsschutz bei der Änderung von Steuergesetzen zwischen Rückwirkungsverbot und Kontinuitätsgebot, Berlin 2005 (zit. *Werder*, Dispositionsschutz).

Westermann, Harm Peter (Begr), Bydlinski, Peter, Weber, Ralph, Schuldrecht AT, 8. Auflage, Heidelberg, München, Landberg, Frechen, Hamburg 2013 (zit. *Westermann/Bydlinski/Weber*, SchR AT).

Wieacker, Franz, Gemeinschaftlicher Irrtum der Vertragspartner und Clausula rebus sic stantibus, Bemerkungen zur Theorie der Geschäftsgrundlage, in: Günther Beitzke (Hrsg.), Festschrift zum 60. Geburtstag von Walter Wilburg, Graz 1965, S. 229 (zit. *Wieacker*, in: FS Wilburg 1965).

Wieling, Hans, Entwicklung und Dogmatik der Lehre von der Geschäftsgrundlage, Jura 1985, 505.

Wieser, Eberhard, Der Anspruch auf Vertragsanpassung wegen Störung der Geschäftsgrundlage, JZ 2004, 654.

Wilhelm, Jan, Schuldrechtsreform 2001, JZ 2001, 861.

Windscheid, Bernhard/Kipp, Theodor, Lehrbuch des Pandektenrechts 1, 9. Auflage Frankfurt 1906 (zit. *Windscheid/Kipp*, Pandektenrecht).

Windscheid, Bernhard, Die Lehre des römischen Rechts von der Voraussetzung Düsseldorf 1850 (zit. *Windscheid*, Voraussetzung).

– Die Voraussetzung, AcP 78 (1892) 161.

Wipprecht, Walter, Die Änderung der Rechtsprechung mit Wirkung nur für künftige Fälle: eine rechtsvergleichende Untersuchung zum US-amerikanischen und deutschen Recht unter Berücksichtigung des englischen und schweizerischen Rechts, Köln 1973 (zit. *Wipprecht*, Änderung der Rechtsprechung).

Zimmer, Daniel, Das neue Recht der Leistungsstörungen, NJW 2002, 1.

Zornoza Pérez, Juan/Falcón y Tella, Ramon, La retroactividad de las normas tributarias; especial referencia a las normas interpretativas, Rev. española de Der. Financiero, Nr. 43, 1984, 433.

Zuck, Rüdiger, Die Auswirkungen des Krankenhausfinanzierungsrechts auf bestehende Chefarztverträge, NZA 1988, 763.

Schriften der Deutsch-Spanischen Juristenvereinigung

Band 1 Santiago Gonzáles-Varas: Die Verwaltung in Privatrechtsform in Spanien und Deutschland. 2002.

Band 2 Eva Romanski: Sozialstaatlichkeit und soziale Grundrechte im Grundgesetz der Bundesrepublik Deutschland und in der spanischen Verfassung. 2000.

Band 3 Alexander von Kuhlberg: Änderung und Revision der spanischen Verfassung vom 29. Dezember 1978. 2000.

Band 4 Kai Christian Fischer: Verbraucherschutz im spanischen Vertragsrecht im Lichte der europäischen Rechtsangleichung. Eine Studie mit rechtsvergleichenden Bezügen zum deutschen Recht. 2000.

Band 5 Miguel Félix Rodríguez y Rowinski: Die Haftung für Hilfspersonen im spanischen Recht. 2001.

Band 6 Ole Brühl: Immissionsschutzrechtliche Vorhabengenehmigung in Deutschland und Spanien. Eine rechtsvergleichende Untersuchung unter besonderer Berücksichtigung der Rechtslage in den Autonomen Gemeinschaften Spaniens. 2001.

Band 7 Florian Pagenkemper: Die Mängelhaftung des Bauunternehmers in Spanien nach der *Ley de Ordenación de la Edificación* und dem *Código civil*. Eine Untersuchung der vertraglichen und gesetzlichen Haftung mit rechtsvergleichenden Bemerkungen zum deutschen Recht. 2002.

Band 8 Daniel Friedrich Berg: Die Rückabwicklung gescheiterter Verträge im spanischen und deutschen Recht. Eine rechtsvergleichende Untersuchung unter besonderer Berücksichtigung des Einheitsrechts. 2002.

Band 9 Maria Isabel Haas: Der Durchgriff im deutschen und spanischen Gesellschaftsrecht. Eine rechtsvergleichende Analyse. 2003.

Band 10 Sonja Kohtes: Das Recht der vorformulierten Vertragsbedingungen in Spanien. Die Umsetzung der Richtlinie 93/13/EWG über missbräuchliche Klauseln in Verbraucherverträgen. 2004.

Band 11 Markus Artz: Kollisionsrecht und ausländisches Recht in spanischen und deutschen Zivilverfahren. Eine rechtsvergleichende Untersuchung. 2004.

Band 12 Johannes F.K. Rheinheimer: Arbeitsrechtliche Fragen nationaler und internationaler Telearbeit in der Europäischen Union an den Beispielen Deutschland und Spanien. 2004.

Band 13 Julia B. Spaethe: Spaniens Abstammungsrecht in Geschichte und Gegenwart. Unter besonderer Berücksichtigung der Nichtehelichkeit. 2004.

Band 14 Thomas Reineke: Das Recht der Arbeitnehmerüberlassung in Spanien und Deutschland und sein Verhältnis zu der geplanten europäischen Regelung. 2004.

Band 15 Christian Gohm: Maßnahmen zur Beschleunigung und Konzentration im neuen spanischen und deutschen Zivilprozess.Eine rechtsvergleichende Analyse im Lichte der Europäisierung des Zivilprozessrechts. 2004.

Band 16 Till Pense: Das spanische Schwurgericht. Die Jury im Spannungsfeld von Rechtsstaat und Demokratie. 2006.

Band 17 Jan Hückel: Persönlichkeitsschutz und Geldersatz im deutschen und spanischen Zivilrecht. 2006.

Band 18 Ilja I. Selenkewitsch: Spanisches Tarifrecht. Mit spezieller Betrachtung der arbeitszeitrechtlichen Regelungen. 2006.

Band 19 Sven Klaiber: Mitwirkungsbefugnisse des Bürgers auf Seiten der Strafverfolgungsorgane in Deutschland und in Spanien im Rechtsvergleich. 2006.

Band 20 Raimundo Baglietto Bergmann: Der einstweilige Rechtsschutz nach der neuen spanischen Zivilprozeßordnung und der deutschen Zivilprozeßordnung. Eine rechtsvergleichende Untersuchung der Art. 721–747 LEC und der §§ 916–945 ZPO für den Bereich des Zivilprozeßrechts. 2007.

Band 21 Holger Dierkes: Sicherungspflichten des Bauträgers in Spanien und Deutschland. Insbesondere aus Art. 19 Ley de Ordenación de la Edificación und aus §§ 3 und 7 Makler- und Bauträgerverordnung. 2007.

Band 22 Nele Rades: Die *Sociedad Limitada Nueva Empresa.* Eine Diskussion des spanischen Gesetzes Nr. 7/2003 im Kontext des spanischen und deutschen GmbH-Rechts. 2008

Band 23 Peter Stadler: Das interregionale Recht in Spanien. Darstellung unter besonderer Berücksichtigung des Ehegüter- und Erbrechts. 2008.

Band 24 Christian Ochs: Die Haftung des GmbH-Geschäftsführers im deutschen und spanischen Recht. 2008.

Band 25 Janire Mimentza: Der Auskunftsanspruch im deutschen und spanischen Markenrecht. Vor dem Hintergrund der europäischen Richtlinie 2004/48/EG zur Durchsetzung der Rechte des geistigen Eigentums. 2008.

Band 26 Thomas Kaiser: Steuerliche Gewinnermittlung in Spanien und Deutschland. 2008.

Band 27 Thomas M. Mannsdorfer / Susana Navas Navarro: Spanisches Haftungs- und Versicherungsrecht. 2008.

Band 28 Annemarie Hofedank: Arbeitsmarkt und Kündigungsschutz in Spanien. 2009.

Band 29 Tobias Rösner : Verlust des Stammkapitals und Geschäftsführerhaftung in der GmbH. Ein deutsch-spanischer Rechtsvergleich. 2009.

Band 30 Sebastian Schalk: Deutsche Präjudizien und spanische „Jurisprudencia" des Zivilrechts. Eine vergleichende Gegenüberstellung. 2009.

Band 31 Anna-Maja Schaefer: Das autonome internationale Insolvenzrecht Spaniens im Vergleich zum deutschen Recht. 2009.

Band 32 Volkart Tresselt: Die Rechtsstellung des Verwalters einer spanischen Sociedad de Responsabilidad Limitada und des Geschäftsführers einer deutschen GmbH im Rechtsvergleich. 2009.

Band 33 Festschrift 25 Jahre Deutsch-Spanische Juristenvereinigung. Conmemoración de la Asociación Hispano-Alemana de Juristas. Herausgegeben von Marc André Gimmy und der Deutsch-Spanischen Juristenvereinigung. Editado por Marc André Gimmy y la Asociación Hispano-Alemana de Juristas. 2009.

Band 34 Alexander Tacer: Die territoriale Struktur Spaniens. Der Weg zum asymmetrischen Föderalismus. 2010.

Band 35 Hendrik R. Bott: Absicherung der Mängelrechte im spanischen Bauvertragsrecht unter rechtsvergleichenden Aspekten. Eine Untersuchung der Rechtsverhältnisse zwischen Besteller und Unternehmer. 2010.

Band 36 Ingo R. Müller: Spanisches Anwaltshaftungsrecht. 2010.

Band 37 Katharina Grüter: Kapitalaufbringung und Kapitalerhaltung bei der spanischen Sociedad de Responsabilidad Limitada und der deutschen Gesellschaft mit beschränkter Haftung. 2010.

Band 38 Florian Michallik: Instrumentarien zur Steuerung von Einzelhandel in Deutschland und Spanien. Ein Beitrag zu nachhaltiger Raum- und Stadtentwicklung. 2010.

Band 39 Franziska Hohlers: Der Vertragsschluss im e-Commerce nach deutschem und spanischem Recht. Unter besonderer Berücksichtigung der europarechtlichen Vorgaben zu den Informationspflichten. 2010.

Band 40 Kristina Orthmann: Kapitalmarktinformationshaftung der Vorstände von Aktiengesellschaften in Deutschland und Spanien. 2011.

Band 41 Bettina Janka: Corporate Governance in Deutschland und Spanien. 2011.

Band 42 Stefanie Espitalier: Die innerstaatliche Haftung für Unionsrechtsverstöße in Spanien. Eine Untersuchung der Verantwortungs- und Haftungsbeziehungen zwischen dem spanischen Zentralstaat und den Autonomen Gemeinschaften im Falle finanzwirksamer Entscheidungen der Europäischen Union. 2012.

Band 43 Hannah Rau: Strafrechtliche Vergangenheitsbewältigung am Beispiel Spanien. 2014.

Band 44 Christian Schönwandt: Wirkungsschwächen der Schenkung in Spanien und Deutschland. 2015.

Band 45 Benedikt Leffers: Die Einführung eines Präsenzbonus in Deutschland unter Berücksichtigung der *prima de asistencia* in Spanien. 2015.

Band 46 Britta Nietfeld: Mediation als Verfahren der konsensualen Konfliktbeilegung bei Trennung und Scheidung. Eine rechtsvergleichende Betrachtung des deutschen, spanischen und katalanischen Rechts. 2015.

Band 47 Jessika Henke: Die vorgerichtliche Beweisermittlung im gewerblichen Rechtsschutz vor dem Hintergrund der europäischen Rechtsangleichung. Eine vergleichende Betrachtung des deutschen und spanischen Rechts nach Umsetzung der »Enforcement«-Richtlinie. 2016.

Band 48 Karl Felix Oppermann: Die Unteranknüpfung nach der EuErbVO im Mehrrechtsstaat Spanien. 2016.

Band 49 Sven Hendrik Haumesser: Geschäftsleiterpflichten und -haftung in der Insolvenz im deutschen und spanischen Recht. 2016.

Band 50 Ingrid Schleper: Wegfall der Geschäftsgrundlage im deutschen und spanischen Recht. 2017.

www.peterlang.com

www.ingramcontent.com/pod-product-compliance
Ingram Content Group UK Ltd.
Pitfield, Milton Keynes, MK11 3LW, UK
UKHW021838290926
8980IPUK00004B/520